The Big Book of
Spoken
Chinese
汉语口语大全

李金如·编著　刘　昕·翻译

华语教学出版社
SINOLINGUA

First Edition 2012

ISBN 978-7-5138-0157-7
Copyright 2012 by Sinolingua
Published by Sinolingua
24 Baiwanzhuang Road, Beijing 100037, China
Tel: (86)10-68320585, 68997826
Fax: (86)10-68997826, 68326333
http://www.sinolingua.com.cn
E-mail: hyjx@sinolingua.com.cn
Printed by Beijing Songyuan Printing Co., Ltd.

Printed in the People's Republic of China

前　言

　　本书作者集几十年对外汉语教学的经验，并根据外国人在华工作、学习和生活的实际需要编写了此书。本书有以下几个特点：

　　1.注重使用的方便性。本书在编写中直接给出汉语常用句子、汉语拼音及英文译文。学习者在使用中可以省略遣词造句的步骤，只要掌握了汉语拼音，就可以很方便地运用特定场景中的完整句子来表达和交流。例如"交通"一篇中有六个题目，在"自驾车"这个标题下又分为四个小标题"a.问路；b.停车；c.加油；d.交通违章和交通事故"，涵盖了学习者出行中需面临的种种问题，使其在中文程度尚不足以应付这些问题的时候，便可凭借本书"畅行无阻"。

　　2.本书内容丰富，涉及几十个生活、工作和学习的场景，分类细，句式多，实用性强。为了便于学习者使用，本书除编写了语句、对话外，还在每个类别后面附上了生词表。书后设"附录"一章，集中了时间的表达方法、量词的用法等内容，便于使用者查找和参考。

　　3.本书侧重于句子的口语性，尽量符合普通人的汉语表达习惯。例如"炒鱿鱼"、"黄牛"等。

　　4.本书尽量收入当代常用词语，注重时代性。如"动车"、"博客"等。

　　5.本书在编写中非常注意语言和文化的不可分割性。为了使使用者了解一些句子中的文化内涵，特增加了注释，如关于十二生肖、关于中国传统节日的一些习俗等等。

　　本书的英文翻译部分得到了文天信先生的大力帮助，他认真细致地校对了部分章节，并对翻译风格提出了非常有益的建议；北京外交人员语言文化中心褚佩如女士的鼎力协助使得这本书能够顺利出版。在此对他们二位深表感谢！

编　者

2011.2

Preface

This book is the product of several decades of teaching experience by the author, who in this compilation give special consideration to the practical needs of foreigners working, studying and living in China. This has resulted in the following features:

1. Practicality. The book lists sentences in common use under classified headings, with pinyin and English translations. As long as readers know how to use pinyin, they can easily use the complete sentences provided in the book to express and communicate with others under specific scenarios. For example, in the chapter on Transportation, there are six headings, and under "Driving", there are four subheadings: "Asking for Directions", "Parking a Car", "Refuel", and "Traffic Violations and Accidents", covering most scenarios readers may face when getting around on wheels. With this book in hand, readers will have an "unimpeded pass" in situations where their Chinese levels may otherwise be insufficient to handle.

2. Wide Coverage. The book covers more than two dozen topics concerning everyday life, work, and study with detailed headings, multitudes of sentence patterns and relevant content. To make it more user-friendly, a vocabulary list is given following the sentences and conversations of each chapter, and appendixes have been included that offer useful references for learners ranging from expressions of time to common measure words.

3. Use of Colloquialisms. The book has a distinctive colloquial style, with particular attention given to habitual expressions of Chinese, such as sacked, scalper, etc.

4. Use of Contemporary Themes. The book strives to use contemporary themes and up-to-date words such as CRH high speed train,

blog, etc.

5. Integrated Approach. The book applies an integrated approach to join information on cultural background with language usage. A number of notes have been provided to facilitate a better understanding of the cultural connotations of some sentences, such as the notes on the 12 Chinese zodiac animals, traditional customs, etc.

We have been very lucky to have received enormous help with the English translation of this book from Mr George Weinmann, who has devoted his time generously in proofreading many of the chapters, and making very detailed and valuable suggestions concerning the style of the translation. Meanwhile, our deep appreciation also goes to Ms Chu Peiru from the Beijing Language and Cultural Center for Diplomatic Missions, who has contributed greatly to making this publication possible.

The Author
February 2011

目 录

Contents

第 一 篇　问 候

Chapter 1　Greetings

Dǎ Zhāohu
一、打 招 呼 Saying Hello

☕ **Chángyòng Jùxíng**
常 用 句型　Useful Expressions

Zǎoshang hǎo!
早 上　好!
Good morning!

Zǎo'ān!
早安!
Good morning!

Zǎo!
早!
Morning!

Nǐ hǎo!
你 好!
Hello!

Wǎnshang hǎo!
晚 上　好!
Good evening!

Wǎn'ān!
晚 安!
Good night!

☕ **Duìhuà （yī）**
对话（1）　Conversation 1

A:　Zǎoshang hǎo!
　　早 上　好!
　　Good morning!

B:　Zǎoshang hǎo!
　　早 上　好!
　　Good morning!

Nǐ lái de zhēn zǎo!
A: 你 来 得 真 早!
You are really early!

Nǐ yě bù wǎn.
B: 你 也 不 晚。
You, too.

☕ Duìhuà (èr)
对话（2） Conversation 2

Nín gāng xiàbān ā?
A: 您 刚 下班 啊?
Did you just get off work?

Shì, gāng huílai. Nín chī le ma?
B: 是，刚 回来。您 吃 了 吗?
Yeah, I just came back. Have you eaten?

Chīwán le. Chūlai zǒuzou.
A: 吃 完 了。出 来 走 走。
Yes, I have. I just came out for a walk.

☞ Note: When two acquaintances meet each other on informal occasions, their greetings are usually context specific. For example, if they meet each other on their way to work, they may exchange greetings like "Shàngbān qù?" "Duì, shàngbān qù."

Xúnwèn Jìnkuàng
二、询问 近况 Asking How Things Are Going

☕ Chángyòng Jùxíng
常 用 句型 Useful Expressions

Nǐ hǎo ma?
你 好 吗?
How are you?

Nǐ zuìjìn zěnmeyàng?
你 最近 怎么 样?
How have you been doing recently?

Nǐ zuìjìn máng shénme ne?
你 最近 忙 什么 呢?
What have you been up to lately?

Jiāli rén hái hǎo ba?
家里 人 还 好 吧?
How is your family?

Wǒ tǐng hǎo de, nǐ ne?
我 挺 好 的，你 呢?
I'm pretty good. How about you?

Wǒ yě búcuò.
我 也 不错.
Not bad, either.

Wǒ hái kěyǐ.
我 还 可以.
I'm OK.

Mǎmǎhūhū.
马马虎虎。
So-so.

Lǎo yàngzi.
老 样子。
Much the same.

☕ Duìhuà（yī） 对话（1） Conversation 1

Nǐ hǎo!
A: 你 好!
Hi!

Nǐ hǎo!
B: 你 好!
Hi!

Nǐ zuìjìn zěnmeyàng?
A: 你 最近 怎么 样?
How have you been doing recently?

Tǐng hǎo de. Nǐ ne?
B: 挺 好 的。你 呢?
Pretty good. How about you?

Wǒ yě búcuò. Nǐ jiāli rén yě dōu hǎo ba?
A: 我 也 不错。你 家里 人 也 都 好 吧?
I'm good, too. How is your family?

Tāmen dōu hǎo, xièxie.
B: 他们 都 好, 谢谢。
They are all fine, thank you.

☕ Duìhuà（èr） 对话（2） Conversation 2

Nǐ hǎo! Hǎojiǔ méi jiàn le!
A: 你 好! 好久 没 见 了!
Hello! Long time no see!

Nǐ hǎo! Wǒmen yǒu bànnián méi jiàn le. Nǐ hǎo ma?
B: 你 好! 我们 有 半年 没见 了。 你 好 吗?
Hello! It's been six months since we last saw each other. How have you been?

Wǒ hěn hǎo, nǐ zěnmeyàng?
A: 我 很 好, 你 怎么 样?
I'm good. How about you?

Qù Měiguó chūchāi， gāng huílai．
B: 去 美 国 出 差， 刚 回来。
I just came back from a business trip to the US.

Yǒu shíjiān wǒmen hǎohāo liáoliao．
A: 有 时 间 我 们 好 好 聊 聊。
We'll find the time to have a proper catch up.

Hǎo． Zàijiàn！
B: 好 。 再 见！
All right. See you!

三、代替 问候 Giving Your Regards
Dàitì　Wènhòu

常 用 句型 Useful Expressions
Chángyòng Jùxíng

Dài wǒ wèn nǐ fùmǔ hǎo！
代 我 问 你 父 母 好！
Give your parents my regards!

Dài wèn nín quánjiā hǎo！
代 问 您 全 家 好！
Send my greetings to your family!

Wǒ xiānsheng wèn nǐ hǎo！
我 先 生 问 你 好！
My husband says hello to you!

Wǒ nǚ'ér ràng wǒ wèn nǐ hǎo！
我 女 儿 让 我 问 你 好！
My daughter asked me to give you her regards!

对话（1） Conversation 1
Duìhuà （yī）

Hǎojiǔ méi jiàn， nǐ hǎo ma?
A: 好 久 没 见， 你 好 吗?
Long time no see. How have you been?

Wǒ hěn hǎo， nǐ ne?
B: 我 很 好， 你 呢?
I've been good, and you?

Yě búcuò． Nǐ fūrén shēntǐ zěnmeyàng?
A: 也 不 错。 你 夫 人 身 体 怎 么 样?
Not bad, either. How is your wife's health?

Tā háishi lǎo yàngzi．
B: 她 还 是 老 样 子。
Much the same.

Dài wǒ wèn tā hǎo！
A: 代 我 问 她 好！
Please give her my best regards!

Xièxie!

B: 谢谢!

Thanks!

对话（2）Conversation 2
Duìhuà (èr)

Nǐ hǎo! Jiàndào nǐ zhēn gāoxìng!

A: 你好！见到你真高兴！

Hello! I'm really glad to see you!

Wǒ yě hěn xiǎng nǐ.

B: 我也很想你。

I missed you too.

Zuìjìn jiànguo Xiǎo Wáng ma?

A: 最近见过小王吗？

Have you seen Xiao Wang lately?

Wǒ zuótiān gāng jiànguo tā, tā ràng wǒ wèn nǐ hǎo.

B: 我昨天刚见过他，他让我问你好。

I met him yesterday, and he asked me to give you his best regards.

Dài wǒ wèn tā hǎo!

A: 代我问他好！

Please send my regards to him!

四、问候病人 Inquiring After Patients
Wènhòu Bìngrén

常用句型 Useful Expressions
Chángyòng Jùxíng

Tīngshuō nǐ bìng le, hǎo yìdiǎnr le ma?

听说你病了，好一点儿了吗？

I heard you were sick. Are you better now?

Nǐ yǐjīng chū yuàn le? Wánquán hǎo le ma?

你已经出院了？完全好了吗？

You've been discharged from the hospital? Are you fully recovered?

Kàn nǐ de liǎnsè hái bú tài hǎo, yào zhùyì duō xiūxi.

看你的脸色还不太好，要注意多休息。

You still don't look good, you should take more rest.

Kàn nǐ de qìsè hěn hǎo, huīfù de búcuò ba?

看你的气色很好，恢复得不错吧？

You are in the pink. I guess you are well recovered?

Wǒ hǎoduō le.

我好多了。

I'm much better now.

Yǒu bìng bié yìng tǐng zhe, yào jíshí kàn dàifu.

有病别硬挺着，要及时看大夫。

Don't tough it out when you are ill. It's better to consult a doctor without delay.

Duō bǎozhòng!
多 保 重!
Take good care!

☕ Duìhuà （yī）
对话（1） Conversation 1

A: Nǐ hǎo! Tīngshuō nǐ bìng le, shénme bìng?
你 好! 听 说 你 病 了, 什么 病?
Hi, I heard you were sick. What was wrong?

B: Wǒ gǎnmào le. Zài jiā xiūxīle liǎng tiān.
我 感 冒 了。在 家 休 息了 两 天。
I caught a cold and rested at home for a couple of days.

A: Xiànzài hǎo le ma?
现 在 好 了 吗?
Are you OK now?

B: Hǎo le. Xièxie!
好 了。谢谢!
Yes, I'm good now. Thank you!

☕ Duìhuà （èr）
对话（2） Conversation 2

A: Wǎnshang hǎo! Tīngshuō nǐ zhùyuàn le, wǒmen lái kànkan nǐ.
晚 上 好! 听 说 你 住院 了, 我 们 来 看 看 你。
Good evening. We heard you were hospitalized and came to see you.

B: Zhè shì sòng nǐ de huā
这 是 送 你 的 花。
These flowers are for you.

C: Xièxie! xièxie! Bù hǎoyìsi, ràng nǐmen diànjì.
谢谢! 谢谢! 不好意思, 让 你们 惦记。
Thank you, thank you! Sorry to worry you.

B: Zěnmeyàng, hǎo diǎnr le ma?
怎么 样, 好 点 儿 了 吗?
So, are you feeling better now?

C: Hǎoduō le, kěnéng guò liǎng tiān jiù néng chū yuàn le.
好 多 了, 可 能 过 两 天 就 能 出 院 了。
Much better, I can probably leave the hospital in a couple of days.

A: Nǐ qìsè kàn qǐlái búcuò.
你 气色 看 起来 不错。
You look good.

B: Duō chī diǎnr hǎode, zhùyì xiūxi.
多 吃 点 儿 好 的, 注 意 休 息。
Get some good food and good rest.

C: Wǒ huì zhùyì de. Xièxie!
我 会 注 意 的。谢谢!
I will, thank you!

Yǒu shíjiān wǒmen zài lái kàn nǐ . Duō bǎozhòng!
A: 有 时间 我们 再来 看 你。 多 保 重 !
We'll come to see you again when we have time. Take care!

☞ Note: Chinese people believe one's diet has an important bearing on one's health, and that a nutritious diet is good for one's recovery.

Gàobié
五、告别 Saying Goodbye

Chángyòng Jùxíng
☕ 常 用 句型 **Useful Expressions**

Zàijiàn!
再见!
Goodbye!
Míngtiān jiàn!
明 天 见!
See you tomorrow!
Gǎi tiān jiàn!
改 天 见!
See you another time!
Xià xīngqī jiàn!
下 星期 见!
See you next week!
Míngnián jiàn!
明 年 见!
See you next year!

Duìhuà (yī)
☕ 对话 (1) **Conversation 1**

Xiàbān le . Xiǎo Lǐ , zàijiàn!
A: 下班 了。 小 李 , 再见!
I'm getting off work. Bye, Xiao Li!
Zàijiàn! Míngtiān jiàn!
B: 再见! 明 天 见!
Bye! See you tomorrow!

Duìhuà (èr)
☕ 对话 (2) **Conversation 2**

Nǐ shénme shíhou zài lái?
A: 你 什么 时候 再来?
When will you be back again?

Dàgài míngnián ba.
B: 大概 明 年 吧。
Probably next year.

Nà wǒmen míngnián jiàn ba!
A: 那我们 明 年 见 吧!
Let's meet again next year then!

Míngnián jiàn!
B: 明 年 见!
See you next year!

Cānkǎo Cíhuì
※ 参考词汇 Vocabulary

我	wǒ	I, me	挺	tǐng	very, quite
你	nǐ	you (singular)	很	hěn	very
他	tā	he, him	都	dōu	both, all
她	tā	she, her	再	zài	again
它	tā	it	别	bié	don't
我们	wǒmen	we, us	可能	kěnéng	probably
你们	nǐmen	you (plural)	大概	dàgài	roughly, probably
他们	tāmen	they	想	xiǎng	to miss
她们	tāmen	they (all female)	可以	kěyǐ	may
您	nín	you (polite form)	行	xíng	OK
早	zǎo	early	多	duō	many, much
早上	zǎoshang	morning	累	lèi	tired
晚	wǎn	late	忙	máng	busy
晚上	wǎnshang	evening	高兴	gāoxìng	happy, glad
真	zhēn	really	舒服	shūfu	to be well
也	yě	also	精神	jīngshen	spirit, energy
刚	gāng	just	见	jiàn	to see
还	hái	still	见到	jiàndào	to meet

第二篇　个人资料

Chapter 2　Personal Information

Xìngmíng，Niánlíng，Shēngrì，Shēngxiào，Jíguàn
一、姓名，年龄，生日，生肖，籍贯

Talking About Name, Age, Birthday, Chinese Zodiac Animals and Birthplaces

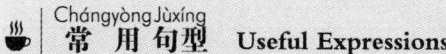
Chángyòng Jùxíng
常　用　句型　Useful Expressions

Nín guìxìng?
您贵姓？
May I know your last name?

Miǎn guì xìng Wáng.
免贵姓王。
My last name is Wang.

Nín xìng shénme?
您姓什么？
What's your last name, please?

Wǒ xìng Lǐ.
我姓李。
My last name is Li.

Nín jiào shénme míngzi?
您叫什么名字？
What's your name, please?

Wǒ jiào Wáng Jiànguó.
我叫王建国。
My name is Wang Jianguo.

Wǒ xìng Lǐ，wǒ jiào Lǐ Hóng.
我姓李，我叫李虹。
My last name is Li. I'm Li Hong.

Nǐ jǐ suì le?
你几岁了？
How old are you?

Wǒ bā suì le.
我八岁了。
I am eight years old.

Nǐ jīnnián duō dà le ?

你今年 多 大 了？

How old are you this year?

Wǒ jīnnián èrshíliù le .

我 今年二十六了。

This year I'm 26.

Nín duō dà niánjì le ?

您 多 大 年纪了？

How old are you? (For older people)

Nín gāoshòu le ?

您 高 寿 了？

May I know your age? (For elderly people)

Wǒ bāshíjiǔ suì le .

我八十九岁了。

I'm 89.

☞ Note: "Nín duō dà niánjì?" or "Nín gāoshòu le?" is a polite way to ask older people their age. Simply asking "Nǐ duō dà le?" may be considered rude.

Nǐ nǎ nián chūshēng de ?

你哪 年 出 生 的？

Which year were you born?

Wǒ yī jiǔ bā bā nián chūshēng de .

我1988 年 出 生 的。

I was born in 1988.

Nǐ de shēngrì shì nǎ tiān?

你的 生 日 是哪 天？

When is your birthday?

Wǒ de shēngrì shì jiǔ yuè shíjiǔ hào .

我的 生 日 是 九月十九号。

My birthday is September 19.

Nǐ shǔ shénme?

你属 什 么？

What's your zodiac animal?

Wǒ shǔ gǒu .

我 属 狗。

Mine is the dog.

☛ Note: The 12 zodiac animals (called 生肖 shēngxiāo or 属相 shǔxiàng in Chinese) represent a rotating 12-year cycle. These animals are: rat, ox, tiger, rabbit, dragon, snake, horse, sheep, monkey, rooster, dog, and pig. For example, people born in the first year of the 12-year cycle are said to be born in the year of rat, and the second year is the year of ox.

Nín de jíguàn shì nǎr ?
您的籍贯 是哪儿?
Where are you originally from?
Wǒ de jíguàn shì Guǎngdōng .
我的籍贯是 广 东 。
I'm from Guangdong.
Wǒ shì běndì rén .
我是本地人。
I'm local.

☕ | Duìhuà （yī）
对话（1） Conversation 1

Nǐ duō dà le ?
A: 你多 大 了？
How old are you?
Wǒ shíwǔ suì le .
B: 我十五岁了。
I'm fifteen.
Zhè shì nǐ mèimei ma? Tā jǐ suì?
A: 这 是你妹妹 吗？ 她几岁？
Is this your younger sister? How old is she?
Shì,   tā jiǔ suì .
B: 是，她九岁。
Yes she is. She is nine.

☕ | Duìhuà （èr）
对话（2） Conversation 2

Lǎo xiānsheng, nín duō dà niánjì le ?
A: 老 先 生，您 多 大年纪了？
May I know your age, sir?

Nín kàn ne ?
B: 您 看 呢？
What would you guess?
Nín kànqǐlai yě jiù liùshí suì .
A: 您看起来也就六十岁。
You look like you are only in your 60s.

Wǒ shēng zài yī jiǔ sān yī nián, shǔ hǔ de. Jīnnián zhěng bāshí.
B: 我 生 在 1 9 3 1 年，属虎的。今年 整 八十。
I was born in 1931, the year of tiger. I'm exactly eighty this year.

Nín kě bú xiàng. Nín shì nǎr rén?
A: 您可不像。您是哪儿人？
You don't look like you're eighty at all. Where are you from?

Wǒ shì Zhèjiāng rén, zài Běijīng shēnghuóle liùshí nián le.
B: 我是 浙 江 人，在 北京 生 活了 六十 年了。
Originally from Zhejiang, but I've lived in Beijing for 60 years.

Cānkǎo Cíhuì
☀ 参考词汇 Vocabulary

贵姓	guìxìng	your last name	生肖	shēngxiào	zodiac animal
像	xiàng	to look like	多大	duō dà	how old
姓名	xìngmíng	name	属相	shǔxiang	zodiac animal
老家	lǎojiā	native place	多	duō	how
出生	chūshēng	to be born	哪儿	nǎr	where
故乡	gùxiāng	hometown	年	nián	year
几	jǐ	how many	岁	suì	years old

Xìnggé
二、性格 Describing Personalities

Chángyòng Jùxíng
☕ 常 用 句型 Useful Expressions

Tā de xìnggé zěnmeyàng?
她的 性格 怎么样？
How is her personality?

Tā shì yí gè xìnggé wàixiàng de rén.
她是一个性格 外 向 的人。
She is an extrovert.

Wǒ de xìnggé hěn nèixiàng.
我的 性格 很 内 向。
I am a very quiet person (an introvert).

Tā hěn yǒu gèxìng.
她很 有 个性。
She has a strong personality.

Tā shì ge lèguān kāilǎng de gūniang.
她是个乐观 开 朗 的 姑 娘。
She is an outgoing and optimistic girl.

Tā hěn pōlà .
她很泼辣。
She is bold and assertive.

Tā bú tài ài shuō huà , búshàn jiāojì .
他不太爱说话，不善交际。
He is quiet and shy socially.

tā tèbié àomàn , shuí yě kànbuqǐ .
她特别傲慢，谁也看不起。
She is arrogant, and looks down upon everyone.

Tā shuō huà tài zhíshuài , róngyì dézuì rén .
他说话太直率，容易得罪人。
He is too outspoken and easily offends others.

Tā xìnggé hěn jízào , méinàixīn .
他性格很急躁，没耐心。
He has a short temper and no patience.

Zhè ge rén tǐng gùzhi de .
这个人挺固执的。
This person is really stubborn.

Duìhuà（yī）
对话（1）Conversation 1

Nǐmen xīn lái de jīnglǐ rén zěnmeyàng?
A: 你们新来的经理人怎么样？
How is the new manager?

Búcuò . Tā bànshì guǒduàn , yǒu pòlì .
B: 不错。他办事果断，有魄力。
He is very good. He is both bold and decisive.

Tā duì yuángōng hǎo ma?
A: 他对员工好吗？
Is he nice to the staff?

Tā duì yuángōng tǐng zūnzhòng , Shuō huà yě tǐng yōumò .
B: 他对员工挺尊重，说话也挺幽默。
He is respectful towards employees and a funny conversationalist.

Nǐmen hǎo yùnqi .
A: 你们好运气。
Lucky you.

Duìhuà（èr）
对话（2）Conversation 2

Nǐmen dānwèi xīn lái de tóngshì zěnmeyàng?
A: 你们单位新来的同事怎么样？
How do you like your new colleague?

Tā gāng lái , wǒ hái bù liǎojiě tā , zhǐ juéde tā bú tài ài shuō huà .
B: 他刚来，我还不了解他，只觉得他不太爱说话。
He just came, and I don't know him well. I just feel that he does not like to talk very much.

13

A:　Tā kě shì ge hǎorén, duì rén chéngkěn, ài bāngzhù rén. Jiùshì xìnggé yǒu-
　　他 可 是 个 好 人, 对 人 诚 恳, 爱 帮 助 人。就 是 性 格 有
　　diǎnr nèixiàng.
　　点 儿 内 向。
　　He is a really nice man, honest and always willing to help others. He's just a bit of an introvert.

B:　Nǐ zěnme zhīdào?
　　你 怎 么 知 道?
　　How do you know?

A:　Nà shì wǒ yǐqián de tóngshì.
　　他 是 我 以 前 的 同 事。
　　He is an old colleague of mine.

✳ Cānkǎo Cíhuì 参考词汇 Vocabulary

性格	xìnggé	character, personality
真诚	zhēnchéng	honest, sincere
脾气	píqi	temperament
善良	shànliáng	kind
天真	tiānzhēn	naive
热情	rèqíng	passionate
活泼	huópo	vivacious, lively
踏实	tāshi	steady, solid
单纯	dānchún	pure, simple
认真	rènzhēn	conscientious
大方	dàfang	generous
稳重	wěnzhòng	steady
自私	zìsī	selfish
乐于助人	lèyú-zhùrén	helpful
冷漠	lěngmò	indifferent
说大话	shuō dàhuà	to talk big
小气	xiǎoqi	mean　≠ dà qì
风风火火	fēngfēng-huǒhuǒ	hasty and rash; dynamic
任性	rènxìng	wilful
口是心非	kǒushì-xīnfēi	to have two faces
狡猾	jiǎohuá	cunning

三、形象，气质
Xíngxiàng， Qìzhì

Describing Appearances and Temperaments

常用句型 Useful Expressions
Chángyòng Jùxíng

Tā shì ge piàoliang de gūniang.
她是个漂亮的姑娘。
She is a beautiful girl.

Tā de liǎng zhī yǎnjing huì shuō huà.
她的两只眼睛会说话。
Her eyes can talk.

Tā zhǎng de hěn shuài.
他长得很帅。
He looks very handsome.

Tā de shēncái hěn kuíwú.
他的身材很魁梧。
He is tall and sturdy.

Tā shì ge shíshàng nǚxìng.
她是个时尚女性。
She is a fashionable lady.

Tā zǒng shì hěn jīngshen.
他总是很精神。
He always looks smart.

Zhè wèi nǚshì hěn yǒu qìzhì.
这位女士很有气质。
This lady has a very nice temperament.

Tā qìzhì yōuyǎ， gāoguì.
她气质优雅、高贵。
She is elegant and graceful.

Zhè wèi xiānsheng hěn yǒu jiàoyǎng.
这位先生很有教养。
He is a cultured man.

Zhè wèi tài bùjūxiǎojié.
这位太不拘小节。
This one is not fettered by conventions.

Tā de jǔzhǐ tài zuòzuo.
她的举止太做作。
Her manners are too affected.

对话 Conversation
Duìhuà

Jīntiān de pàiduì měinǚ rú yún.
A: 今天的派对美女如云。
Today's party is full of beautiful girls.

Kě wǒ què juéde nà wèi nǚshì suī bú suàn hěn piàoliang, dàn qìzhì yōuyǎ.

B: 可我 却觉得那位女士虽不 算 很 漂 亮 ，但气质优雅。

I think that lady may not be the most beautiful, but she has elegant looks.

Shì nà wèi chuān hēisè wǎnzhuāng de nǚshì ma?

A: 是那位 穿 黑色晚 装 的女士吗?

Do you mean the lady in the black evening dress?

Duì.

B: 对。

Yes.

Yǒu yì zhòng chāofán-tuōsú de mèilì.

A: 有一 种 超 凡脱俗的魅力。

Her charm is exceptional.

Cānkǎo Cíhuì

✳ 参考词汇 Vocabulary

苗条	miáotiao	slim
浓眉大眼	nóngméi-dàyǎn	bushy brows and big eyes
迷人	mírén	charming
潇洒大方	xiāosǎ-dàfang	free and natural
高大	gāodà	tall and big
绅士风度	shēnshì fēngdù	gentleman likely
前卫	qiánwèi	avant-garde
风度翩翩	fēngdù piānpiān	gracefully mannered
朴素	pǔsù	plain
品位高雅	pǐnwèi gāoyǎ	to have elegant taste
整洁	zhěngjié	neat
眉清目秀	méiqīng-mùxiù	to have fine and delicate features
土气	tǔqi	rustic
俗不可耐	súbùkěnài	vulgar
老气	lǎoqi	old-fashioned
矫揉造作	jiǎoróu-zàozuò	to behave in an affected way
俗气	súqi	vulgar
浓妆艳抹	nóngzhuāng-yànmǒ	to wear heavy make-up
性感	xìnggǎn	sexy
超凡脱俗	chāofán-tuōsú	(of beauty) exceptional
化妆	huàzhuāng	make-up
大家闺秀	dàjiāguīxiù	a girl of good breeding

打扮	dǎban	to dress up
小家碧玉	xiǎo jiā bì yù	a pretty girl of humble birth

Liàn'ài， Hūnyīn， Jiātíng， Shēngyù
四、恋爱，婚姻，家庭，生育
Discussing Love, Marriage, Family and Having Children

 Chángyòng Jùxíng
常 用 句型 Useful Expressions

Liàn'ài
1. 恋爱 Love

Tā liàn'ài le .
他恋爱了。
He is in love.

Tā yǒu nánpéngyou le .
她有男朋友了。
She already has a boyfriend.

Tā dōu èrshíbā suì le ， hái méiyǒu duìxiàng .
他都二十八岁了，还没有对象。
He is already 28, and doesn't have a girlfriend yet.

Yǒu héshì de ， bāng tā jièshào yí gè .
有合适的，帮他介绍一个。
If you happen to know some eligible girl, please help to introduce her to him.

Wǒ zhège hóngniáng dōu bāng tā jièshào sān gè nǚpéngyou le ， yí gè yě méi chéng .
我这个红娘都帮他介绍三个女朋友了，一个也没成。
I tried to be a matchmaker and have introduced three girls to him, but they didn't work out.

> ☛ Note: Many Chinese love and marriage relationships may involve a matchmaker who will arrange for a man and a woman to meet each other. A matchmaker is called 红娘 hóngniáng.

Tā zhǎngde tǐng piàoliang ， gōngzuò yě búcuò ， tiāo nánpéngyou yǎnguāng gāo .
她长得挺漂亮，工作也不错，挑男朋友眼光高。
As a pretty girl with a good job, she will aim high in her choice of boyfriend.

Tā zhǎole yí gè wàiguó nánpéngyou .
她找了一个外国男朋友。
She has been dating with a foreign boyfriend.

Tāmen liǎ zhēnshi lángcái-nǚmào .
他们俩真是郎才女貌。
The two of them, a smart man and a beautiful woman, make a perfect match.

Tā hé nǚpéngyou chuī le .
他和女朋友吹了。
He and his girlfriend broke up.

Tā hé nánpéngyou fēnshǒu le .
她和男朋友分手了。
She and her boyfriend split up.

Zhè shì tā de chūliàn .
这是她的初恋。
This is her first love.

Zhège nánrén tài huāxīn .
这个男人太花心。
This man is a womaniser.

Duìhuà 对话 Conversation

A: Tīngshuō nǐ yǒu nánpéngyou le ?
听说你有男朋友了？
I heard you have a boyfriend now?

B: Shì , tā shì wǒ de xiǎoxué tóngxué .
是，他是我的小学同学。
Yes, he was my classmate at elementary school.

A: À ! Qīngméi-zhúmǎ a ! Nǐ de 'Báimǎ Wángzǐ' jiā tiáojiàn zěnmeyàng?
啊！青梅竹马啊！你的"白马王子"家条件怎么样？
Wow! Childhood sweethearts! What is the family background of your 'Prince Charming'?

B: Yībān , gēn wǒ jiā chàbuduō .
一般，跟我家差不多。
Ordinary, like my own.

A: Nǐmen dàoshì méndāng-hùduì . Kě nǐ zhème piàoliang, zhǎo ge yǒu qián de bù nán .
你们倒是门当户对。可你这么漂亮，找个有钱的不难。
That's a good match in terms of social status. Though for a beautiful girl like you, it wouldn't be hard to find a rich guy.

B: Wǒ jià de shì rén , yòu bú shì qián .
我嫁的是人，又不是钱。
I'm marrying the person, not the money.

Cānkǎo Cíhuì 参考词汇 Vocabulary

谈恋爱	tán liàn'ài	to be in love with someone
谈朋友	tán péngyou	to date someone
吹了	chuī le	to break up with someone
娶	qǔ	to marry (a woman)

门当户对	méndāng-hùduì	a good match in terms of social status
爱情	àiqíng	love
婚介公司	hūn-jiè gōngsī	matrimonial agency
找对象	zhǎo duìxiàng	to find a boyfriend or girlfriend
看中	kànzhòng	to take a fancy to sb.
分手	fēnshǒu	to break up
嫁	jià	to marry (a man)
郎才女貌	lángcái-nǚmào	a smart man and a beautiful woman
青梅竹马	qīngméi-zhúmǎ	childhood sweetheart
媒人	méiren	matchmaker

Hūnyīn
2. 婚姻 Marriage

Tāmen dìnghūn le .
他们 订 婚 了。
They are engaged.

Tāmen yǐjing dēngjì jiéhūn le .
他们 已经 登记 结婚 了。
They are already married.

Tā qǔle yí wèi piàoliang de qīzi .
他娶了一位 漂 亮 的妻子。
He is married to a beautiful wife.

Tā jiàle yí wèi nénggàn de zhàngfu .
她嫁了一位 能 干 的丈 夫。
She is married to a capable husband.

Zhōngguórén de kuàguó hūnyīn yuèláiyuè duō .
中 国 人 的 跨 国 婚 姻 越 来 越 多。
There are more and more international marriages in China.

Tāmen de hūnshāzhào zhào de zhēn piàoliang .
他们的婚纱照 照 得 真 漂 亮。
Their wedding photos are great.

Hūnlǐ kě yào tiāo ge hǎo rìzi .
婚礼可要 挑个 好 日子。
You must pick a lucky day for the wedding.

☛ Note: The date of a Chinese wedding must be carefully chosen. A lucky day means an even number day in both the solar and lunar calendars, representing a couple, which falls on a weekend.

Kèrén sòng de lǐwù dàdū shì hóngbāo .
客人 送 的 礼物 大都 是 红 包 。
Most guests have brought red envelopes (containing money).

Hūnlǐ de zhǔchírén tǐng yōumò .
婚礼的 主持人 挺 幽默。
The MC of the wedding is pretty humourous.

☞ Note: Many weddings in urban China are held in hotels and hosted by MCs who are either hired by a wedding planning company or recommended by a friend.

Hūnlǐ hěn rènao , hěn háohuá .
婚礼很热闹， 很 豪华。
The wedding is joyous and extravagant.

Jīntiān wǎnshang wǒmen qù nào dòngfáng ba ?
今天 晚 上 我们去 闹 洞房 吧？
Tonight, let's go to the bridal chamber to tease the new couple.

☞ Note: 洞房 dòngfáng is the name of the bridal chamber on the wedding night from the olden days. Dates, peanuts, longans and chestnuts are often spread onto the bed of the bridal chamber, as the homophonic acronym of the four items means "to have a baby soon".

Zuì hǎo dài diǎnr zǎo , huāshēng , guìyuán hé lìzi .
最 好 带点儿枣、 花 生 、桂圆和栗子。
Better bring some dates, peanuts, longans and chestnuts.

Zhù tāmen zǎo shēng guì zǐ !
祝 他们 早 生 贵子!
We hope they will have a baby soon!

Zhù tāmen báitóu-dàolǎo , bǎinián-hǎohé!
祝 他们 白头到老， 百年 好合!
We wish them to grow grey together and enjoy life-long happiness and perfect harmony!

Duìhuà 对话 Conversation

Zhōumò chūqù wánr le ma?
A: 周 末 出去 玩儿了吗?
Did you go out over the weekend?

Wǒ qù cānjiā péngyou de hūnlǐ le .
B: 我去 参加 朋 友 的 婚礼了。
I went to a friend's wedding.

Duì le, xīngqīliù wǒ kànjiàn jiē shang hūnchē tèbié duō, shénme hǎo rìzi?
A: 对了，星期六我看见街上婚车特别多，什么好日子？
Oh yes, I saw a lot of wedding limousines in the street on Saturday. Was it a special day?

Yánglì yīnlì dōu shì shuāng rìzi, yòushì xīngqīliù, jiéhūn jiù zhāduīr.
B: 阳历阴历都是双日子，又是星期六，结婚就扎堆儿。
It was a Saturday and an even number day in both the solar and lunar calendars, so there were a lot of weddings.

Cānkǎo Cíhuì
☀ 参考词汇 Vocabulary

订婚	dìnghūn	engaged
结婚登记	jiéhūn dēngjì	marriage registration
婚纱	hūnshā	wedding gown
礼金	lǐjīn	gift money
新郎	xīnláng	bridegroom
新娘	xīnniáng	bride
闹洞房	nào dòngfáng	to tease the new couple in the bridal chamber on their wedding night
讲排场	jiǎng páichang	to be ostentatious
单	dān	odd
阳历	yánglì	solar calendar
双	shuāng	even
阴历	yīnlì	lunar calendar
热闹	rènao	lively
结婚	jiéhūn	to get married
婚礼	hūnlǐ	wedding
婚宴	hūn yàn	wedding banquet
度蜜月	dù mìyuè	to go on honeymoon
低调	dīdiào	low-key
扎堆儿	zhāduīr	(of people) to gather together

Jiātíng
3. 家庭 Family

Nín jiā yǒu jǐ kǒu rén?
您家有几口人？
How many people are there in your family?

Nín jiā dōu yǒu shénme rén?
您 家 都 有 什么 人？
Who are the people in your family?

Nín chéng jiā le méiyǒu?
您 成 家 了 没 有？
Do you have a family of your own?

Wǒ jiā yǒu wǔ kǒu rén， fùmǔqin， wǒ qīzi， wǒ érzi hé wǒ.
我 家 有 五 口 人，父 母亲，我 妻子，我 儿子 和 我。
There are five people in my family, my parents, my wife, my son and myself.

Wǒ shì dúshēngnǚ， méiyǒu xiōngdì-jiěmèi.
我 是 独 生 女，没 有 兄 弟 姐妹。
I am my parents' only daughter, I don't have any siblings.

Nǐmen yǒu háizi le ma?
你们 有 孩子 了 吗？
Do you have any children?

Tāmen bù xiǎng yào háizi.
他们 不 想 要 孩子。
They don't want to have children.

Wǒ mǔqin bāng wǒmen kān háizi.
我 母亲 帮 我们 看 孩子。
My mother helps us take care of our child.

Tāmen jiā hěn hémù.
他们 家 很 和睦。
They have a harmonious family.

Tāmen fūqī gǎnqíng bù hǎo， chángcháng chǎojià.
他们 夫妻 感 情 不 好，常 常 吵架。
That couple doesn't get along with each other and quarrels a lot.

Tā hé tā fūrén líhūn le. Háizi gēn māma guò.
他 和他 夫人 离 婚 了。孩子 跟 妈妈 过。
He and his wife are divorced. Their child lives with the mother.

Dānqīn jiātíng de háizi yuèláiyuè duō.
单 亲 家庭 的 孩子 越来越 多。
There are more and more children living in single-parent families.

Tāmen bǎ háizi jiàoyù de hěn hǎo.
他们 把 孩子 教育 得 很 好。
They did a good job in educating their child.

Hěn duō jiāzhǎng tài nì'ài háizi， shénme dōu tì háizi zuò.
很 多 家 长 太 溺爱 孩子，什 么 都 替 孩子 做。
Many parents spoil their children to the extent that they do everything for them.

Hěn duō dúshēng zǐnǚ de shēnghuó nénglì hěn chà.
很 多 独 生 子女的 生 活 能 力 很 差。
Many only children cannot take care of themselves.

对话 Duìhuà Conversation

A: Nǐ tīngshuō le ma? Xiǎo Zhāng líhūn le .
你 听 说 了吗? 小 张 离婚了。
Did you hear that Xiao Zhang is divorced?

B: Zhēnde? Tāmen jiéhūn méi jǐ nián a .
真 的? 他们 结婚 没 几 年 啊。
Really? They were not married for long.

A: Tīngshuō liǎng gè rén lǎo chǎo jià .
听 说 两个人 老 吵架。
I heard the two of them fought all the time.

B: Hāi, xiànzài niánqīngrén hé de lái jiù guò, hé bu lái jiù lí .
咳, 现在 年轻人 合得来就过, 合不来就离。
Ah well, nowadays young people will stay together if they get along well
with each other, otherwise, they will simply divorce each other.

A: Tāmen de háizi cái yí suì duō .
他们的孩子才一岁 多。
Their child is just over one year old.

B: Háizi gēn shuí?
孩子跟 谁?
Who is the child going to live with?

A: Gēn nǚfāng .
跟 女方。
With the mother.

B: Dānqīn jiātíng de háizi zhēn kělián !
单亲 家庭的孩子 真 可怜!
That poor child, living in a single-parent family!

参考词汇 Cānkǎo Cíhuì Vocabulary

离婚	líhūn	to divorce
再婚	zàihūn	to remarry
孝顺	xiàoshùn	filial
爱	ài	love
介绍	jièshào	to introduce
过	guò	to lead (a life)
带	dài	to take care of
过分	guòfèn	to overdo
单亲	dānqīn	single-parent
子女	zǐnǚ	child

两口子	liǎngkǒuzi	couple
婚外恋	hūnwàiliàn	extramarital affair
第三者	dìsānzhě	third party, the other man/woman
合得来	hédelái	to get along well
幸福	xìngfú	happy
不幸	búxìng	unhappy
美满	měimǎn	felicitous
家庭	jiātíng	family
生活	shēnghuó	life
过日子	guò rìzi	to live
宠爱	chǒng'ài	to dote on
单身	dānshēn	single
独身	dúshēn	unmarried
吵架	chǎojià	to quarrel, to fight
新婚燕尔	xīnhūnyàn'ěr	just married
情人	qíngrén	lover
感情破裂	gǎnqíng pòliè	relationship breakdown; estrange
可怜	kělián	poor

Shēngyù
4. 生育 Having Children

Chéngshì li de fūqī chàbuduō dōu zhǐ yào yí gè háizi .
城市里的夫妻差不多都只要一个孩子。
In urban areas, most couples will have only one child.

Chéngshì li fūqī shuāngfāng dōu shì dúshēng zǐnǚ de , kěyǐ shēng dì-èr tāi .
城市里夫妻双方都是独生子女的，可以生第二胎。
In urban areas, if both the husband and wife are only children, they are allowed to have two children.

Kěshì hěn duō fūqī bù xiǎng yào liǎng gè háizi .
可是很多夫妻不想要两个孩子。
But many couples do not want to have two children.

Yǎng háizi de huāfèi tài gāo .
养孩子的花费太高。
The costs are too high to bring up a child.

Zhōngguó yǐjīng jìnrùle lǎolíng shèhuì .
中国已经进入了老龄社会。
China has become an aging society.

Dúshēng zǐnǚ de fùdān hěn zhòng.
独 生 子女的 负担 很 重。
Only children have a heavy burden.

Zhōngguó rénkǒu de chūshēnglǜ jiàngdī le.
中 国 人口 的 出生率 降低了。
China's birth rate has dropped.

Duìhuà 对话 Conversation

A: Nǐ jiéhūn hěn cháng shíjiān le , gāi yào háizi le.
你结婚很 长 时间了，该要孩子了。
You have been married long enough now. It is time to have a child.

B: Wǒmen xiànzài kě bù xiǎng yào, yī méi qián, èr méi jīnglì.
我们现在可不 想 要，一没 钱，二没精力。
Not now, we don't have the money or the energy for it.

A: Qián bú shì wèntí ba ? Zhǐshì xiànzài gōngzuò yālì zhème dà, zhēn dài bu liǎo
钱 不是问题吧? 只是现在 工 作压力这么大， 真带不了
háizi.
孩子。
I don't think money is the problem. It's just work pressure that makes it difficult to have a child.

A: Xiān zhèng qián ba. Yào mǎi fángzi, mǎi chē, shēng háizi jiù guò liǎng
先 挣 钱吧。要买房子，买车， 生 孩子就过 两
nián zài shuō ba.
年 再 说 吧。
We'll have to earn money before that. We want to buy an apartment and a car first, and then we can think about having a baby in a year or two.

Cānkǎo Cíhuì 参考词汇 Vocabulary

避孕	bìyùn	contraception
避孕工具	bìyùn gōngjù	means of contraception
出生率	chūshēnglǜ	birth rate
避孕药	bìyùnyào	contraceptive pill

五、学历，就业，收入 Discussing Educational Backgrounds, Employment and Incomes

Xuélì , Jiùyè , Shōurù

常用句型 Useful Expressions
Chángyòng Jùxíng

Zhōngguó yìwù jiàoyù shì xiǎoxué liù nián, chūzhōng sān nián.
中国义务教育是小学六年，初中三年。
China's compulsory education includes six years of primary education and three years of secondary education.

Tā gāng xiǎoxué bìyè.
他刚小学毕业。
He just graduated from primary school.

Tā chūzhōng bìyè le, xiǎng kǎo gāozhōng.
他初中毕业了，想考高中。
He has finished secondary school and wants to take the exams for high school.

Tā jīnnián liù yuè yào cānjiā gāokǎo.
他今年六月要参加高考。
He will sit the National Higher Education Entrance Examination this June.

Tā shì shénme xuélì?
他是什么学历？
What is his level of education?

Tā shì zhōngzhuān bìyèshēng.
他是中专毕业生。
He is a polytechnic school graduate.

Tā de xuélì shì dàxué běnkē.
他的学历是大学本科。
He has a bachelor degree.

Tā de xuélì bù gāo.
他的学历不高。
His level of education is not high.

Tā kǎoshàngle Běijīng Dàxué.
她考上了北京大学。
She has been admitted to Peking University.

Tā dàxué bìyè hòu, xiǎng kǎo yánjiūshēng.
他大学毕业后，想考研究生。
When he graduates from university, he wants to take the graduate studies examinations.

Tā dàxué bìyè hòu xiǎng chū guó liúxué.
她大学毕业后想出国留学。
After she graduates from university, she wants to pursue higher education abroad.

Tā zhèngzài zhǔnbèi Yǎsī kǎoshì.
他正在准备雅思考试。
He is preparing for the IELTS.

Tā Tuōfú kǎoshì de fēn hěn gāo.
她托福考试的分 很 高。
She got exceptionally high scores in the TOEFL exams.

Tā nádàole shuòshì xuéwèi zhèngshū.
他拿到了硕士学位证书。
He has received his master's degree.

Tā zài Měiguó nádàole bóshì xuéwèi.
她在美国拿到了博士学位。
She has received her PhD in the US.

Tā jīnnián xiàtiān jiù dàxué bìyè le, zhèng mángzhe zhǎo gōngzuò.
他今年夏天就大学毕业了， 正 忙 着 找 工 作。
He is about to graduate this summer and is busy job-hunting now.

Jiùyè jīhuì bǐjiào duō.
就业机会比较 多。
There are plenty of employment opportunities.

Xiànzài jiùyè yālì hěn dà.
现在就业压力很 大。
Finding a job now is difficult.

Tā yǐjīng qùguò jǐ gè zhāopìnhuì le.
他已经去过几个招聘会了。
He has attended several job fairs.

Tā shuòshì bìyè hòu zài yí gè wài-qǐ gōngzuò.
她硕士毕业后 在一个外企 工 作。
After graduating with a master's degree, she worked at a foreign enterprise.

Tā bìyè hòu, zìjǐ zǔjiànle yí gè gōngsī.
他毕业后， 自己组建了一个公司。
After graduation, he set up his own company.

Tā xuélì bǐjiào dī, shēngzhí bǐjiào nán.
他学历比较低， 升 职 比较难。
Due to his poor educational background, it's relatively hard for him to get promoted.

Tā shēngzhí le, yǐjīng dāngshang bùmén jīnglǐ le.
他 升 职了，已经 当 上 部门经理了。
He has been promoted to department manager.

Tā bèi lǎobǎn jiěgù le.
他被老板解雇了。
He was dismissed by his boss.

Tā bèi lǎobǎn chǎo le.
他被老板 炒 了。
He was fired.

Tā tiàocáo le.
他跳槽了。
He quit for a better job.

Jīnnián yǒu jiā xīn de xīwàng ma?
今年 有加薪的希望 吗?
Are we going to get a raise this year?

Gōngsī xiàoyì búcuò, yǒu kěnéng huì jiā xīn.
公司 效益不错， 有可能会加薪。
The company is doing well, it's very likely that we'll get a raise.

Duìhuà 对话 Conversation

A: Nín de háizi jīnnián shàng jǐ niánjí le?
您的孩子今年 上 几年级了？
Which grade is your child in this year?

B: Shàng gāosān le.
上 高三了。
Grade 12.

A: Nà míngnián gāi cānjiā gāokǎo le?
那 明 年 该参加 高 考了？
So he'll sit the college entrance examination next year?

B: Shì ā! Jīnnián dàole chōngcì de shíhou le. Háizi de yālì hěn dà.
是啊！今年 到了 冲刺的时候了。孩子的压力很大。
Yes. It's time to make the last final effort. He is under great pressure.

A: Tā xiǎng kǎo nǎge dàxué?
他 想 考哪个大学？
Which university does he wish to attend?

B: Tā xiǎng kǎo Běi-Dà.
他 想 考 北大。
He wants to get into *Beida*.

☞ Note: Abbreviations are used for a lot of Chinese universities. For example, Peking University is called *Beida*; Tsinghua University is called *Qinghua*; Renmin University of China is called *Renda*.

Duìhuà 对话 Conversation

A: Tīngshuō jīnnián dàxué bìyèshēng jiùyè xíngshì bú tài lèguān.
听 说 今年大学 毕业生 就业形势 不太乐观。
It's said that this year's graduates will have difficulties in finding jobs.

B: Shì ā, Sēngduō-zhōushǎo. Jìngzhēng jīliè.
是啊，僧多粥少。竞 争 激烈。
That's right. There are too many candidates competing for too few jobs. There will be heated competition for these opportunities.

A: Yào xiǎng zhǎo ge zhuānyè duìkǒu, gōngzī yòu gāo de gōngzuò gèng shì nán
要 想 找个专业对口，工资又高的工作 更 是 难
shàng jiā nán.
上 加 难。
It will be even harder to find a job related to one's major that has a high salary.

B: Wǒ zhǐyào néng zài Běijīng zhǎodào gōngzuò, gàn shénme dōu xíng.
我只要能 在北京 找到 工作， 干 什么都行。
As long as I can find a job in Beijing, I don't care what job it is.

Cānkǎo Cíhuì
米 参考词汇 Vocabulary

学历	xuélì	educational level
学位	xuéwèi	academic degree
上学	shàngxué	to go to school
升学	shēngxué	to enter a more advanced school
考试	kǎoshì	examination
中考	zhōngkǎo	high school entrance examination
高考	gāokǎo	National Higher Entrance Examination
及格	jígé	to pass an exam
通过	tōngguò	to pass
报名	bàomíng	to sign up
录取	lùqǔ	to be admitted
毕业	bìyè	to graduate
结业	jiéyè	to complete a course
学校	xuéxiào	school
挑战性	tiǎozhànxìng	challenging
学士	xuéshì	bachelor's degree
硕士	shuòshì	master's degree
博士	bóshì	PhD
博士后	bóshìhòu	postdoctoral
就业	jiùyè	employment
跳槽	tiàocáo	to quit to take a better job
压力	yālì	pressure
找	zhǎo	to look for
留	liú	to stay
专业	zhuānyè	specialty, major
热门专业	rèmén zhuānyè	popular specialty
冷门专业	lěngmén zhuānyè	unpopular specialty
出国留学	chūguó liúxué	to study abroad
简历	jiǎnlì	résumé
海归	hǎiguī	overseas returnee
国企	guó-qǐ	state-owned enterprise (SOE)
外企	wài-qǐ	foreign enterprise
实力	shílì	strength, competence

第 三 篇　社 交 礼仪

Chapter 3　Social Etiquette

Chēngwèi,　Guānxián,　Zhíchēng
一、称 谓，官 衔，职 称 Forms of Address and Titles

Chángyòng Jùxíng
常 用 句型　Useful Expressions

Qǐngwèn, zěnme chēnghu nín?
请问，怎么 称 呼您？
Excuse me, how should I address you?

Nín kěyǐ jiào wǒ Xiǎo Wáng.
您可以叫 我 小　王 。
You may call me Xiao Wang.

Nín kěyǐ chēnghu wǒ Lǐ lǎoshī.
你可以称 呼 我李老师。
You may call me Teacher Li.

Zhè wèi shì Zhào zǒng, Zhào jīnglǐ.
这位是 赵　总，赵 经理。
This is Manager Zhao.

Zhè wèi lǎo xiānsheng shì Sūn jiàoshòu.
这位老 先 生 是 孙教授。
This older man is Professor Sun.

Zhāng xiānsheng hé Zhāng tàitai dōu dào le.
　张　先 生 和 张 太太都 到了。
Mr and Mrs Zhang are both here.

Jīntiān de cài shì chúshī Liú shīfu zuò de.
今天的菜是 厨师 刘师傅做 的。
Today's food is prepared by Master Liu, the chef.

Shūshu, āyí nǐmen hǎo.
叔叔、阿姨你们 好 。
Hello, aunts and uncles.

Duìhuà (yī)
对话（1）　Conversation 1

Nín jiùshì Wáng jīnglǐ ba? Nín hǎo!
A: 您就是 王　经理吧？您 好！
So you are Manager Wang, aren't you? Nice to meet you.

Duì. Qǐngwèn zěnme chēnghu nín?

B: 对。请问怎么称呼您?

Yes, I am. How should I address you, please?

Wǒ xìng Liú, wǒ shì gōngchéngshī.

A: 我姓刘,我是工程师。

My surname is Liu. I am an engineer.

Liúgōng, nín hǎo, rènshi nín hěn gāoxing.

B: 刘工,您好,认识您很高兴。

Hello Mr Liu, it's nice to meet you.

☕ Duìhuà (èr)
对话(2) Conversation 2

Zhāng yuànzhǎng, nín hǎo!

A: 张院长,您好!

Hello, Director Zhang.

Liú dàifu, nín hǎo!

B: 刘大夫,您好!

Hello, Doctor Liu.

Jièshào yíxiàr, zhè shì wǒ fūrén Lǐ Qīng.

A: 介绍一下儿,这是我夫人李清。

Allow me to introduce you, this is my wife Li Qing.

Liú fūrén, nín hǎo! Xìnghuì!

B: 刘夫人,您好!幸会!

Hello, Mrs Liu, it's nice to meet you!

Cānkǎo Cíhuì
☀ **参考词汇** Vocabulary

父亲	fùqin	father
母亲	mǔqin	mother
丈夫	zhàngfu	husband (formal)
夫人	fūrén	wife (formal)
太太	tàitai	Mrs, wife
妻子	qīzi	wife (formal)
老公	lǎogōng	husband (informal)
老婆	lǎopo	wife (informal)
老伴儿	lǎobànr	husband or wife (used between old couples)
婆婆	pópo	mother-in-law (husband's mother)
公公	gōnggong	father-in-law (husband's father)
岳父	yuèfù	father-in-law (wife's father)

岳母	yuèmǔ	mother-in-law (wife's mother)
儿媳	érxí	daughter-in-law
女婿	nǚxu	son-in-law
嫂子	sǎozi	sister-in-law (elder brother's wife)
妹夫	mèifu	brother-in-law (younger sister's husband)
小叔子	xiǎoshūzi	brother-in-law (husband's younger brother)
内弟	nèidì	brother-in-law (wife's younger brother)
弟妹	dìmèi	sister-in-law (younger brother's wife)
叔叔	shūshu	uncle
未婚夫	wèihūnfū	fiancé
未婚妻	wèihūnqī	fiancée
主席	zhǔxí	chairman, president
总理	zǒnglǐ	premier, prime minister
部长	bùzhǎng	minister
副部长	fù bùzhǎng	vice minister
司长	sīzhǎng	director general (of a department)
局长	júzhǎng	director (of a bureau)
处长	chùzhǎng	director of a division
科长	kēzhǎng	section chief
职员	zhíyuán	clerk
同事	tóngshì	colleague
同学	tóngxué	classmate
师傅	shīfu	master
先生	xiānsheng	Mr
女士	nǚshì	Ms, Miss
小姐	xiǎojie	Miss
阿姨	āyí	auntie
总裁	zǒngcái	president
董事长	dǒngshìzhǎng	director (a member of a board of directors)
总经理	zǒngjīnglǐ	general manager
经理	jīnglǐ	manager

厂长	chǎngzhǎng	factory director
院长	yuànzhǎng	dean
校长	xiàozhǎng	principal
教授	jiàoshòu	professor
副教授	fù jiàoshòu	associate professor
老师	lǎoshī	teacher
会计师	kuàijìshī	accountant
律师	lǜshī	lawyer
医师	yīshī	physician
厨师	chúshī	chef
工程师	gōngchéngshī	engineer
大夫	dàifu	doctor (more used as a form of address)
医生	yīshēng	doctor
下级	xiàjí	subordinate
上级	shàngjí	superior

二、礼貌用语 Polite Expressions
Lǐmào Yòngyǔ

 常 用 句型 **Useful Expressions**
Chángyòng Jùxíng

Duìbuqǐ !
对不起！
Sorry!

Hěn bàoqiàn !
很 抱歉！
I'm very sorry!

Méi guānxi.
没关系。
It doesn't matter.

Méi shìr.
没 事儿。
That's OK.

Xiè xie !
谢谢！
Thanks.

tài gǎnxiè nín le !
太感谢您了！
Thank you so much!

tài máfan nín le !

太麻烦 您了!

Sorry for giving you so much trouble!

Bù hǎoyìsi , dǎrǎo nín le .

不 好意思，打扰 您了。

Sorry to disburb you.

Bié kèqi .

别客气。

Don't be so polite.

Nín tài kèqi le .

您太客气了。

You are being too polite.

Láojià , qǐng ràng yi ràng .

劳驾，请 让一让。

Execuse me, let me pass.

Qǐng jìn !

请 进!

Come in, please!

Qǐng zuò !

请 坐!

Have a seat, please!

Qǐng hē chá !

请 喝茶!

Have some tea, please!

Qǐng màn zǒu !

请 慢 走!

Take care!

Qǐng shuōmàn yìdiǎnr .

请 说 慢一点儿。

Please speak slowly.

Qǐng zài shuō yí biàn .

请 再 说一遍。

Please say it again.

Qǐngwèn , ...

请 问，……

Excuse me, may I ...?

🍵 Duìhuà 对话　Conversation

Duìbuqǐ , dǎrǎo nín yíxià .

A: 对不起，打扰 您一下。

Sorry to disturb you.

Méi guānxi , nín yǒu shénme shì?

B: 没关系，您 有什么 事?

It's OK. Can I help you?

Qǐngwèn , Zhāng xiānsheng zài ma?

A: 请 问， 张 先生 在吗?

Is Mr Zhang here please?

Tā zài. Qǐng shāoděng.
B: 他在。 请 稍 等。
Yes, he is. Please wait a moment.

Xièxie!
A: 谢谢!
Thanks!

Bú kèqi!
B: 不客气!
You're welcome!

Cānkǎo Cíhuì
☀ 参考词汇 Vocabulary

礼貌	lǐmào	polite
太	tài	too
打扰	dǎrǎo	to disturb
非常	fēicháng	quite, very
麻烦	máfan	trouble
很	hěn	very
帮助	bāngzhù	to help; help
抱歉	bàoqiàn	sorry
邀请	yāoqǐng	to invite; invitation
礼物	lǐwù	present
劳驾	láojià	to excuse me
稍等	shāoděng	to wait a second
谢谢	xièxie	thanks
感谢	gǎnxiè	to thank

Zhùfú
三、祝福 Good Wishes

Chángyòng Jùxíng
☕ 常 用 句型 **Useful Expressions**

Zhù nín jiérì kuàilè!
祝 您节日快乐!
Wishing you a happy holiday!

Guò nián hǎo!
过 年 好!
Happy New Year!

Zhù nín shēngrì kuàilè!
祝 您 生 日 快乐!
Wishing you a happy birthday!

Zhù nín chángmìngbǎisuì!
祝 您 长 命 百 岁!
Wishing you a long life of 100 years!

Zhù nín fúrúdōnghǎi, shòubǐnánshān!
祝 您 福如东海, 寿 比 南 山!
Wishing you happiness (as boundless as the sea) and a long life (comparable to that of the hills)!

Zhù nín jiànkāng!
祝 您 健 康!
I wish you good health!

Zhù nín zǎorì kāngfù!
祝 您 早日康复!
Wishing for your early recovery!

Zhù nǐmen báitóu-xiélǎo, bǎinián-hǎohé!
祝 你们 白头偕老, 百年 好合!
Wish for you to grow grey together and enjoy life-long happiness and perfect harmony!

Zhù nín gōngzuò shùnlì!
祝 您 工 作 顺利!
I wish you every success in your work!

Zhù nín yílù-shùnfēng!
祝 您 一路 顺风!
Wishing you a smooth journey!

Zhù nín lǚtú yúkuài!
祝 您 旅途愉快!
Wishing you a pleasant journey!

Zhù nín jiàqī yúkuài!
祝 您 假期愉快!
Wishing you a pleasant holiday!

🍵 | Duìhuà 对话 Conversation

Míngtiān wǒ yào huí guó dùjià le.
A: 明 天 我 要 回 国 度假了。
Tomorrow I'm going back (to my home country) for a vacation.

Zhù nǐ yílù-píng'ān!
B: 祝 你一路平安!
I wish you a safe journey!

Zhù nǐ Shèngdàn Jié kuàilè!
C: 祝 你 圣 诞 节 快乐!
Wishing you a merry Christmas!

Wǒ yě zhù dàjiā Xīnnián kuàilè! wànshìrúyì! Míngnián jiàn.
A: 我也祝大家新年 快乐! 万事如意! 明 年 见。
Wishing everyone a happy New Year and all the best! See you next year.

Cānkǎo Cíhuì
☀ 参考词汇 Vocabulary

祝	zhù	to wish; wishing
祝贺	zhùhè	to congratulate
恭喜	gōngxǐ	to congratulate
周末	zhōumò	weekend
生日	shēngrì	birthday
节日	jiérì	holiday
新年	Xīnnián	New Year
春节	Chūn Jié	Spring Festival
圣诞节	Shèngdàn Jié	Christmas
愉快	yúkuài	pleasant
快乐	kuàilè	happy
长寿	chángshòu	longevity
幸福	xìngfú	happiness
健康	jiànkāng	health
平安	píng'ān	safety
顺利	shùnlì	smooth
大吉大利	dàjí-dàlì	good luck and auspiciousness
万事如意	wànshìrúyì	all the best

Yāoqǐng， Dáfù
四、邀请，答复 Invitations and Replies

Chángyòng Jùxíng
♨ 常用句型 Useful Expressions

Wǒmen gōngsī xià zhōuwǔ wǎnshang qī diǎn jǔxíng Xīnnián zhāodàihuì， nín néng
我们公司下周五晚上七点举行新年招待会，您能
cānjiā ma？
参加吗？
Our company will hold a New Year's reception at 7:00 p.m. next Friday. Will
you be able to come?

Wǒmen qǐng nín cānjiā wǒ gōngsī de kāiyè diǎnlǐ， jìng qǐng guānglín！
我们请您参加我公司的开业典礼，敬请光临！
We request the pleasure of your company at the opening ceremony of our company.

Wǒ hé wǒ fūren qǐng nín cānjiā wǒmen de hūnlǐ， zhè shì qǐngjiǎn.
我和我夫人请您参加我们的婚礼，这是请柬。
My wife and I would like to invite your to our wedding. This is the invitation.

Míngtiān shì wǒ de shēngrì, qǐng nǐmen cānjiā wǒ de pàiduì.

明 天 是 我 的 生 日，请 你 们 参 加 我 的 派 对。

Tomorrow is my birthday, and you are invited to my birthday party.

Xīngqīliù wǎnshang wǒ qǐng nǐ lái wǒ jiā chī fàn.

星 期 六 晚 上 我 请 你 来 我 家 吃 饭。

I would like to invite you to my home for dinner on Saturday evening.

Yǒu shíjiān qǐng lái wǒ jiā wánr.

有 时 间 请 来 我 家 玩 儿。

Please come over to my place when you have time.

☞ Note: In Chinese, 玩儿 wánr can be used to refer to children's games as well as general entertainment, sports, visiting people etc. as seen in 玩儿球 wánr qiú, 玩儿牌 wánr pái, 找朋友玩儿 zhǎo péngyou wánr, etc.

Nǐ zǒu yǐqián wǒ gěi nǐ jiànxíng.

你 走 以 前 我 给 你 饯 行。

I would like to give you a farewell dinner before you go.

Nǐ huílái le, míngtiān wǎnshang wǒ gěi nǐ jiēfēng.

你 回 来 了，明 天 晚 上 我 给 你 接 风。

Now that you are back, I'd like to invite you to a welcome back dinner tomorrow evening.

Xièxie nín de yāoqǐng, hěn gāoxìng cānjiā.

谢 谢 您 的 邀 请，很 高 兴 参 加。

Your invitation has been received, thank you. We'll be there on time.

Fēicháng róngxìng! Wǒ yídìng cānjiā.

非 常 荣 幸！我 一 定 参 加。

I'm honoured, I'll definitely be there.

Zhēn bù qiǎo, zhège zhōumò wǒ yǒu yuēhuì, xià cì ba.

真 不 巧，这 个 周 末 我 有 约 会，下 次 吧。

Unfortunately, I have an appointment this weekend. Maybe next time.

Bù hǎoyìsi, wǒ línshí yǒu shì, wǎn yìdiǎnr guòqu, bié děng wǒ le.

不 好 意 思，我 临 时 有 事，晚 一 点 儿 过 去，别 等 我 了。

I'm sorry I'll have to join you a bit later. I've been tied up by something at the last minute.

🍵 | Duìhuà
对话　**Conversation**

Wǒmen gōngsī dìng yú xià zhōuwǔ xiàwǔ sāndiǎn zài huìyì dàtīng jǔxíng

A: 我 们 公 司 定 于 下 周 五 下 午 三 点 在 会 议 大 厅 举 行

Xīnnián jiǔ huì, jìng qǐng nín guānglín.

新 年 酒 会，敬 请 您 光 临。

We would like to request your presence at our company's New Year's reception to be held at 3:00 p.m. on Friday in the conference hall.

Xièxie nǐmen de yāoqǐng. Qǐng shāo děng, wǒ kàn yíxiàr wǒ de ānpái.

B: 谢 谢 你 们 的 邀 请。请 稍 等，我 看 一 下 儿 我 的 安 排。

Thank you for your invitation. Please wait a moment, I'll check my schedule.

Méi guānxi, rúguǒ nín lái bu liǎo, kěyǐ pài dàibiǎo cānjiā. Qǐngjiǎn

A: 没 关系，如果 您 来不了，可以 派 代表 参加。请柬

wǒmen mǎshàng jìchū.

我们 马上 寄出。

It's OK if you cannot make it; you can send someone on your behalf. We will be sending out the invitations shortly.

Zhēn bàoqiàn, xià zhōuwǔ wǒ bú zài Běijīng, wǒ qǐng wǒmen fù-zǒng qù ba.

B: 真 抱歉，下 周五 我 不在 北京，我 请 我们 副总 去吧。

I'm really sorry, next Friday I'm not in Beijing, I'll ask our deputy general manager to go in my place.

Hǎo, xièxie.

A: 好，谢谢。

OK, thank you.

Cānkǎo Cíhuì

✸ 参考词汇 Vocabulary

邀请	yāoqǐng	invitation
请	qǐng	to invite
请柬	qǐngjiǎn	invitation card
招待会	zhāodàihuì	reception
宴会	yànhuì	banquet
聚会	jùhuì	get-together, party
约会	yuēhuì	appointment, date
音乐会	yīnyuèhuì	concert
派对	pàiduì	party
饯行	jiànxíng	farewell party
接风	jiēfēng	welcome party
光临	guānglín	presence
洗尘	xǐchén	to wash off the dust and throw a welcome dinner
接受	jiēshòu	to accept
出席	chūxí	to attend
遗憾	yíhàn	pity
做东	zuòdōng	to host
典礼	diǎnlǐ	ceremony

Bàifǎng， Jiēdài
五、拜访，接待 Visits and Receptions

Chángyòng Jùxíng
常 用 句型 Useful Expressions

Chūxí de Fúzhuāng
1. 出席的服装 Dress Code

Jīntiān de zhāodàihuì duì fúzhuāng yǒu yāoqiú ma?
今天的招待会对服装有要求吗?
Does today's reception have a dress code?

Qǐng jiǎn shang méi xiě， wǒ kàn háishì chuān zhèngzhuāng ba.
请柬上没写，我看还是穿正装吧。
The invitation letter doesn't say anything about it. I think we'd better dress formally.

Zhōumò de wǔhuì yāoqiú chuān wǎnzhuāng.
周末的舞会要求穿晚装。
Evening dress is required for the dance on the weekend.

Jīntiān yào huìjiàn kèhù， bù néng chuān de tài suíbiàn.
今天要会见客户，不能穿得太随便。
I'm meeting a client today. I shouldn't dress too casually.

Jīntiān qù jiāoyóu， búbì chuān de zhème zhèngshì. Xiūxiánfú zuì hǎo.
今天去郊游，不必穿得这么正式。休闲服最好。
We're having an outing today and you don't have to dress so formally, causal wear will be best.

Sòng Lǐwù
2. 送礼物 Gifts

Zhè shì sònggěi nín de lǐwù， qǐng shōuxià.
这是送给您的礼物，请收下。
This gift is for you. Please take it.

Yìdiǎnr xiǎo yìsi， qǐng xiàonà.
一点儿小意思，请笑纳。
It's nothing special, please take it.

Xièxie nín de lǐwù.
谢谢您的礼物。
Thank you for your gift.

Ràng nǐmen pòfèi le.
让你们破费了。
Sorry to put you to expense.

Zhāodài
3. 招待 Entertaining

Qǐngwèn， nín hē diǎnr shénme?
请问，您喝点儿什么?
Excuse me, what would you like to drink?

Qǐng chī diǎnr shuǐguǒ ba.
请吃点儿水果吧。
Please have some fruit.

Bié kèqi , jiù xiàng zài jiā yíyàng .
别 客气，就 像 在 家 一样。
Please make yourself at home.

Bú yào kèqi , qǐng suíbiàn yòng .
不 要 客气，请 随便 用。
Please help yourself to anything you would like.

Kěyǐ yòng yíxiàr nín de wèishēngjiān ma?
可以 用 一下儿您的 卫 生 间 吗?
May I use your bathroom?

4. 感谢，告辞 Expressing Gratitude and Saying Goodbye
Gǎnxiè, Gàocí

Xièxie nín ràng wǒmen dùguò le yí gè yúkuài de wǎnshang .
谢谢 您 让 我们 度过了一个愉快的 晚 上。
Thank you for a pleasant evening.

Jīntiān nín zuò de cài tài hàochī le , xièxie .
今天 您 做的菜太好吃了，谢谢。
The dishes you have cooked today are really delicious, thank you.

Xièxie nín de rèqíng kuǎndài .
谢谢您的热情 款 待。
Thank you for your hospitality.

Shíjiān bù zǎo le , wǒmen děi gàocí le .
时间不早了，我们 得告辞了。
It's getting late, we have to go.

5. 挽留，送 客 Asking Guests to Stay and Seeing Them Off
Wǎnliú, Sòng Kè

Shíjiān hái zǎo , zài wánr yíhuìr ba .
时间还早，再 玩儿一会儿吧。
It's still early. Please stay so we can enjoy ourselves for a little longer!

Gǎnxiè nǐmen de guānglín !
感谢 你们的 光 临！
Thank you for coming!

Zhāodài bù zhōu , qǐng duō yuánliàng .
招 待 不 周，请 多 原 谅。
Please forgive me for any lapses in hospitality.

Huānyíng nǐmen zài lái .
欢 迎 你们再来。
You're welcome to come again.

Zǒuhǎo !
走 好！
Goodbye!

Qǐng màn zǒu !
请 慢 走！
Take care!

对话（1）Conversation 1

Duìhuà (yī)

A:
Huānyíng! Huānyíng! Kuài qǐng jìn!
欢 迎！欢 迎！快 请 进！
Welcome! Come in please!

B:
Xièxie! Zhè shì sòng nín de lǐwù, wǒ yě bù zhīdào nín shì bu shì xǐhuan.
谢谢！这 是 送 您的礼物，我也不 知道 您 是 不 是 喜欢。
Thank you! Here's a present for you, I hope you will like it.

A:
Tài piàoliang le! Xièxie! Nín xiǎng hēdiǎnr shénme?
太 漂 亮 了！谢谢！您 想 喝点儿什么？
It's really beautiful! Thank you! What would you like to drink?

B:
Suíbiàn! Yào bù lái bēi kāfēi ba, bù jiā táng. Xièxie!
随 便！要 不来杯咖啡吧，不加糖。谢谢！
Anything! Perhaps a cup of coffee, no sugar, thanks.

对话（2）Conversation 2

Duìhuà (èr)

A:
Jīntiān tài kāixīn le, fēicháng gǎnxiè nín de kuǎndài.
今天太开心了，非 常 感 谢 您 的 款 待。
We had a great time today. Thank you very much for your hospitality.

B:
Nǎr de huà. Zhāodài bù zhōu, bù hǎoyìsi.
哪儿的话。招 待 不 周，不 好意思。
My pleasure. Sorry if I have been a poor host.

A:
Tài wǎn le, wǒmen děi gàocí le.
太 晚 了，我们 得告辞了。
It's getting late, we have to go.

B:
Zài zuò yíhuìr ba, shíjiān hái zǎo.
再 坐一会儿吧，时 间 还 早。
Stay for a while longer, it's still early.

A:
Bù le. Dǎrǎo le.
不了。打扰了。
Thanks, but no. We've already bothered you for long enough.

B:
Nà wǒ sòngsong nǐmen.
那我 送 送 你们。
OK, I'll see you out.

A:
Kuài bié sòng le, hái yǒu kèrén, qǐng liúbù!
快 别 送 了，还 有 客人，请 留步！
Don't bother, you still have guests here, please don't come any further.

B:
Qǐng màn zǒu! Zàijiàn.
请 慢 走！再见。
OK, take care. Bye!

Cānkǎo Cíhuì
☀ 参考词汇 Vocabulary

正装	zhèngzhuāng	formal dress
工服	gōngfú	work uniform
礼服	lǐfú	full dress
晚礼服	wǎnlǐfú	evening dress
休闲服	xiūxiánfú	causal wear
光临	guānglín	presence
随便	suíbiàn	as one likes
心意	xīnyì	good will
小意思	xiǎoyìsi	small token
笑纳	xiàonà	kindly accept sth.
破费	pòfei	to go to expense
告辞	gàocí	to say goodbye
款待	kuǎndài	to entertain hospitably
失陪	shīpéi	to excuse me
送	sòng	to see sb. off
开心	kāixīn	to have a good time
留步	liúbù	not to bother to see me out

Yànqǐng
六、宴请 Banquets

Chángyòng Jùxíng
常 用 句型 **Useful Expressions**

Jìng Jiǔ
1. 敬酒 Proposing a Toast

Wǒ tíyì , wèi wǒmen de yǒuyì gānbēi!
我 提议，为 我 们 的 友谊 干杯!
May I propose a toast to our friendship?

Wèi nín hé fūrén de jiànkāng gānbēi!
为 您 和 夫人 的 健康 干杯!
A toast to the health of you and your wife!

Wèi wǒmen de hézuò gānbēi!
为 我 们 的 合作 干杯!
To our cooperation!

Wèi xīn de yì nián de dàolái gānbēi!
为 新 的 一 年 的 到 来 干杯！
To the New Year!

Jìncān
2. 进餐 Dining

Zhù dàjiā hǎo wèikǒu!
祝 大 家 好 胃 口！
Bon appetit!

Cài zuò de bù hǎo, duō bāohán!
菜 做 得 不 好， 多 包 涵！
Please forgive me for being a poor cook!

Qǐng duō chī yìdiǎnr.
请 多 吃一点儿。
Please have some more.

Màn yòng.
慢 用。
Take your time to enjoy the food.

Zhèxiē cài dōu hěn hǎochī.
这些 菜 都 很 好吃。
These dishes are all very delicious.

对话 Duìhuà Conversation

A: Gè wèi, cài zuò de bù hǎo, qǐng dàjiā suíyì.
各 位， 菜 做 得 不 好， 请 大 家 随意。
Everybody, please make yourself at home, and bear with me if the food is not well cooked.

B: Nín zhǔnbèile zhème duō cài, tài máfan le!
您 准 备 了 这 么 多 菜， 太 麻 烦 了！
You've gone to too much trouble to prepare so many dishes.

A: Bié kèqi! Zhège cài shì wǒ fūrén de náshǒucài, dàjiā chángchang.
别 客气！ 这个 菜 是 我 夫人 的 拿手菜， 大家 尝 尝。
It's my pleasure! This dish is my wife's specialty, please try it.

C: Búcuò, hǎochī!
不 错， 好吃！
Good, it's very delicious!

B: Nín fūrén de shǒuyì zhēn búcuò, nín yǒu kǒufú.
您 夫人 的 手艺 真 不 错， 您 有 口福。
Your wife is a wonderful cook. You are a lucky man.

A: Nín guòjiǎng le! Zài lái yìdiǎnr ba.
您 过 奖 了！ 再来一点儿吧。
I am flattered! Have some more.

C: Xièxie! Wǒ chīhǎo le. Nǐmen màn yòng.
谢谢！ 我 吃 好 了。 你们 慢 用。
Thank you! I've eaten my fill. Please take the time to enjoy your food.

✳ 参考词汇 Vocabulary
Cānkǎo Cíhuì

敬（酒）	jìng (jiǔ)	to propose a toast
干（杯）	gān (bēi)	bottoms up, cheers
醉	zuì	drunk
痛快	tòngkuai	to one's heart's content
友谊	yǒuyì	friendship
健康	jiànkāng	health
合作	hézuò	cooperation
胃口	wèikǒu	appetite
敬意	jìngyì	respect
包涵	bāohán	to forgive
手艺	shǒuyì	skill
随意	suíyì	as one pleases
尝	cháng	to try, to taste
慢用	màn yòng	to take your time

Dì-sì Piān   Zhùfáng
第 四 篇   住 房

Chapter 4 Housing

Zhǎo Fáng
一、找 房 Apartment Hunting

Chángyòng Jùxíng
常 用 句型 Useful Expressions

Wǒ xiǎng zū yí tào fángzi， néng bāngmáng ma?
我 想 租 一 套 房子， 能 帮 忙 吗?
I would like to rent an apartment. Can you help me?

Nín xiǎng zū yí tào shénme yàng de fángzi?
您 想 租 一 套 什 么 样 的 房子?
What kind of apartment are you looking for?

Wǒ xiǎng zū yí tào liǎng jūshì de fángzi.
我 想 租 一 套 两 居室 的 房子。
I would like to rent a two-bedroom apartment.

Wǒ xiǎng zài gōngsī fùjìn zū yí tào fángzi. Shàngbān fāngbian.
我 想 在公司 附近 租 一 套 房子。 上 班 方 便。
I would like to rent an apartment near the company to make it convenient to go to and from work.

Wǒ xiǎng zài shì zhōngxīn zū tào fángzi.
我 想 在 市 中 心 租 套 房子。
I would like to rent an apartment in the downtown area.

Wǒ xiǎng zài jìn jiāoqū zū tào fángzi. Hǎo， hái piányi.
我 想 在近郊区 租 套 房子。 好， 还 便 宜。
I would like to rent an apartment in the suburbs. The air is fresh and the rent is cheap there.

Wǒ xiǎng zū ge sìhéyuàn， tǐhuì   yíxiàr lǎo Běijīngrén de shēnghuó.
我 想 租 个 四合院，体 会 一下儿 老 北京人 的 生 活。
I would like to rent a traditional courtyard dwelling so I could experience a bit of the life of the old Beijingers.

Wǒ xiǎng zū yí dòng biéshù.
我 想 租 一 栋 别墅。
I would like to rent a villa.

Wǒ xiǎng zū yí tào huánjìng hǎo yìdiǎnr de fángzi.
我 想 租 一 套 环 境 好 一点儿 的 房子。
I would like to rent an apartment in a nice area.

Wǒ xiǎng zū yí tào jiāotōng fāngbian yìdiǎnr de fángzi .
我 想 租一套 交通 方 便 一点儿 的 房子。
I would like to rent a conveniently located apartment in terms of nearby transport facilities.

Wǒ xiǎng zū yí tào yǒu yángtái de fángzi .
我 想 租一套 有 阳 台 的 房子。
I would like to rent a house with a balcony.

Wǒ xiǎng zū yí tào piányi yìdiǎnr de fángzi .
我 想 租一套 便宜 一点儿 的 房子。
I would like to rent an inexpensive place.

Wǒ xiǎng zū lóufáng， bù xiǎng zū píngfáng .
我 想 租楼房，不 想 租 平 房。
I would like to rent an apartment, not a single storey house.

二、看 房 Viewing Apartments
Kàn Fáng

常 用 句型 Useful Expressions
Chángyòng Jùxíng

Zhè tào fángzi miànjī yǒu duōshao píngfāngmǐ?
这 套 房子 面积 有 多 少 平 方 米?
How big is this apartment?

Zhè tào fángzi de chúfáng miànjī tài xiǎo le， yě jiù liǎng píngfāng mǐ ba .
这 套 房子的 厨 房 面积太 小 了,也 就 两 平 方 米 吧。
The kitchen in this apartment is too small; at most it is two square metres.

Zhè tào fángzi de wèishēngjiān zhǐ yǒu línyù， méiyǒu yùgāng .
这 套 房子的 卫 生 间 只有 淋浴， 没有 浴缸。
There is only a shower in the apartment's bathroom, no bathtub.

Zhè tào fángzi de cháoxiàng bú tài hǎo .
这 套 房子的 朝 向 不太 好。
This apartment has an unfavourable exposure.

Zhè tào fángzi bùjú bǐjiào hélǐ， huánjìng yě bú cuò .
这 套 房子 布局 比较合理， 环 境 也 不 错。
This apartment has a nice layout and good surroundings.

Zhè tào fángzi zūjīn piányi， kěshì tài jiù le .
这 套 房子租金便宜，可是太旧了。
This apartment is cheap, but too old.

Zhè tào fángzi chūzū shí dài jiājù hé jiāyòng diànqì ma?
这 套 房子出租时 带 家具 和 家用 电器 吗?
Is this apartment to be leased furnished and fitted out with electrical appliances?

Wǒ kěyǐ hé biérén hé zū zhè tào fángzi ma?
我 可以 和 别人 合租 这 套 房子 吗?
Can I share the apartment with a roommate?

Zhè dòng lóu jiànchéng duō jiǔ le ?
这 栋 楼 建 成 多 久 了?
How old is the building?

Zhètào fángzi wǒ hěn mǎnyì .
这套房子我很满意。
I'm very happy with the apartment.

Wǒmen zài kànkan biéchù de fángzi ba .
我们再看看别处的房子吧。
Let's keep looking.

三、买房 Purchasing Property
Mǎi Fáng

 常用句型 Useful Expressions
Chángyòng Jùxíng

Wǒ xiǎng zài Zhōngguó mǎi yí tào fángzi .
我想在中国买一套房子。
I want to buy a house in China.

Wǒ kànhǎole yí tào sìhéyuàn , xiǎng mǎi xiàlái .
我看好了一套四合院，想买下来。
I have my eyes on a courtyard dwelling that I would like to purchase.

Shǒufù yào duōshao qián? Yuègòng duōshao qián
首付要多少钱？月供多少钱？
How much is the down payment? How much is the monthly repayment?

Yínháng ànjiē zuì cháng kěyǐ duōshao nián?
银行按揭最长可以多少年？
What is the maximum length of time of a mortgage loan?

Wùyèfèi měi píngfāng mǐ duōshao qián?
物业费每平方米多少钱？
How much is the property management fee per square metre?

Shì qīfáng háishi xiànfáng?
是期房还是现房？
Is the apartment building ready or still under construction?

Jīng zhuāngxiū ma?
精装修吗？
Is it well decorated and fitted out?

四、订合同 Signing Contract
Dìng Hétong

常用句型 Useful Expressions
Chángyòng Jùxíng

Zhè tào fángzi wǒ zū le .
这套房子我租了。
I'll rent this apartment.

Wǒmen shì bu shì děi qiān yí gè hétong?
我们是不是得签一个合同？
Shall we sign the contract?

Qǐngwèn yào jiāo duōshao dìngjīn?
请 问 要 交 多 少 定 金？
How much do I have to deposit?

Rúguǒ tiáozhěng fángzū, qǐng tíqián dǎ zhāohu.
如果 调 整 房租，请 提前 打 招呼。
If you want to adjust the rent, please let me know in advance.

Wùyèfèi yóu fángzhǔ fù.
物业费 由 房主 付。
Property management fees are paid by the property owner.

Qǔnuǎnfèi yě yóu fángzhǔ fù.
取暖费 也 由 房主 付。
Heating fees are also paid by the landlord.

Shuǐfèi, diànfèi, ránqìfèi hé diànhuàfèi yóu fángkè fù.
水费、电费、燃气费和电话费 由 房客 付。
Utilities and telephone bills are paid by the tenant.

五、Bānjiā, Bùzhì
五、搬家，布置 Moving and Decorating

Chángyòng Jùxíng
常 用 句型 **Useful Expressions**

Qǐng bāng wǒ zhǎo yí gè bānjiā gōngsī.
请 帮 我 找 一 个 搬家 公司。
Please help me find a moving company.

Bānjiā gōngsī néng bāng wǒ dǎbāo ma?
搬家 公司 能 帮 我 打包 吗？
Will the moving company help me with packing?

Qǐng qīngná-qīngfàng.
请 轻拿轻 放。
Please handle things with care.

Qǐng bǎ gāngqín fàng zài zhèr.
请 把 钢琴 放 在 这儿。
Please put the piano here.

Qǐng bǎ jiāshīqì fàng zài nàr.
请 把 加湿器 放 在 那儿。
Please put the humidifier there.

Zhè kuài dìtǎn qǐng pū zài zhège fángjiān.
这 块 地毯 请 铺 在 这 个 房间。
Please spread out the carpet in this room.

Zhè fú huàr qǐng guà zài zhè miàn qiáng shang.
这 幅 画儿 请 挂 在 这 面 墙 上。
Please hang the painting on this wall.

Qǐng bāng wǒ bǎ zhège guìzi bāndào nàge fángjiān qù.
请 帮 我把 这个 柜子 搬到 那个 房间 去。
Please help me move this cabinet to that room.

Qǐng bāng wǒ bǎ chuáng wǎng zhōngjiān nuó yìdiǎnr .
请 帮 我 把 床 往 中 间 挪 一点儿。
Please help me move the bed to the centre of the room.
Fángjiān jīběn bùzhì hǎo le .
房 间 基本 布置 好 了。
The room is basically done.

Duìhuà （yī）
对话（1） Conversation 1

A: Wǒ xiǎng huàn ge fángzi , nǐ néng bāngmáng ma?
我 想 换 个 房子 , 你 能 帮 忙 吗?
I want to change apartments. Can you help me?

B: Nǐ xiànzài de fángzi bú shì tǐng hǎo ma?
你 现在 的 房子 不 是 挺 好 吗?
Isn't your current apartment good enough?

A: Wǒ xiǎng zū yí tào sān shì liǎng tīng de , zuìhǎo yǒu shì wài yángtái de .
我 想 租 一 套 三室 两 厅 的 , 最好 有 室外 阳台 的。
I would like to rent a three-bedroom apartment with two living rooms and a terrace.

B: Dìdiǎn ne?
地点 呢?
What about the location?

A: Zuìhǎo lí gōngsī jìn yìdiǎnr .
最好 离 公司 近 一点儿。
It would be better to be closer to my company.

B: Nǐ yí gè rén zū nàme dà de fángzi gànmá?
你 一 个 人 租 那么 大 的 房子 干吗?
What's the point of renting such a big apartment just for you?

A: Bú shì wǒ yí gè rén zhù , wǒ xiǎng hé liǎng gè péngyou yìqǐ zū .
不 是 我 一 个 人 住 , 我 想 和 两 个 朋友 一起 租。
Not just for myself, I would like to share it with two of my friends.

B: Zhè dào búcuò , yòu jīngjì yòu fāngbiàn . Wǒ bāng nǐ zhǎozhao kàn .
这 倒 不错 , 又 经济 又 方便。 我 帮 你 找 找 看。
That's not a bad idea; it's both economical and convenient. I will help you look for a place.

A: Xièxie le .
谢谢 了。
Thanks.

Duìhuà （èr）
对话（2） Conversation 2

A: Qǐngwèn , zhè tào fángzi de yuè zūjīn shì duōshao qián?
请 问 , 这套 房子 的 月 租金 是 多少 钱 ?
Excuse me, how much is the monthly rent for this apartment?

B: Zhè tào yìbǎi èrshí píngmǐ de fángzi， měi yuè zūjīn shì sìqiān wǔbǎi
这 套 一百二十 平米 的 房子， 每 月 租金 是 四千 五百
kuài qián.
块 钱。

This apartment is 120 square metres in size and the rent is 4,500 yuan per month.

A: Zhème guì ya！Wǒmen kě zū bu qǐ.
这么 贵 呀! 我们 可 租不起。

That's so expensive! We cannot afford that.

B: Wǒmen kěyǐ zài shāngliang shāngliang ma.
我们 可以 再 商 量 商 量 嘛。

It's a negotiable price.

A: Sānqiān kuài qián wǒmen jiù zū.
三 千 块 钱 我们 就 租。

We'll take it for 3,000 yuan.

B: Tài dī le. Wǒ háiyào gěi nǐmen jiāo qǔnuǎnfèi hé wùyèfèi ne. Zhèyàng
太 低 了。我 还要 给 你们 交 取暖费 和 物业费呢。 这 样
ba， sānqiān wǔ， xíng jiù zū.
吧， 三千 五， 行 就 租。

That's too little. I still have to pay the heating and property management fees for you. How about this, let's say you can have it for 3,500.

A: Nà nǐ zài gěi wǒmen zài wòshì ān yí gè kōngtiáo.
那 你 再 给 我们 在 卧室 安 一 个 空调。

In that case, you'll have to put in an air conditioner in the bedroom for us.

B: Hǎo， nà wǒmen qiān hétong ba. Nǐmen yào xiān jiāo yí gè yuè de
好， 那 我们 签 合同 吧。 你们 要 先 交 一 个 月 的
yājīn， yùfù sān gè yuè zūjīn.
押金， 预付 三 个 月 租金。

All right, let's sign the contract. You'll have to pay one month's rent as a deposit and three month's rent in advance.

A: Jīntiān méi dài qián， míngtiān qiān ba.
今天 没 带 钱， 明天 签 吧。

I didn't carry money on me today, let's sign it tomorrow.

B: Kěyǐ. Qǐng nín xiān fù wǔbǎi kuài qián dìngjīn ba.
可以。请 您 先 付 500 块 钱 定金 吧。

OK. Please pay a 500 yuan earnest money first.

Cānkǎo Cíhuì
☀ 参考词汇 Vocabulary

找房	zhǎo fáng	apartment hunting
租房	zū fáng	to rent an apartment
买房	mǎi fáng	to purchase an apartment
期房	qīfáng	future realty
现房	xiànfáng	existing house
平房	píngfáng	single storey house, bungalow

楼房	lóufáng	storied building
四合院	sìhéyuàn	courtyard dwelling, *siheyuan*
别墅	biéshù	villa
车位	chēwèi	parking space
套	tào	set
高档	gāodàng	high-end
公寓	gōngyù	apartment
两居室	liǎng jūshì	two-bedroom apartment
朝向	cháoxiàng	exposure
设计	shèjì	design
布局	bùjú	layout
合理	hélǐ	rational
周边环境	zhōubiān huánjìng	surrounding environment
噪音	zàoyīn	noise
阳台	yángtái	balcony
草坪	cǎopíng	lawn
便利	biànlì	convenience
方便	fāngbiàn	convenient
交通	jiāotōng	transportation
面积	miànjī	area
厨房	chúfáng	kitchen
卫生间	wèishēngjiān	bathroom, washroom
澡盆	zǎopén	bathtub
淋浴	línyù	shower
热水器	rèshuǐqì	water heater
饮水机	yǐnshuǐjī	drinking water dispenser
隔音	gé yīn	soundproof
家具	jiājù	furniture
家电	jiādiàn	household electrical appliances
空调	kōngtiáo	air conditioner
卧室	wòshì	bedroom
粉刷	fěnshuā	to paint

合租	hé zū	to share an apartment with one or more roommates
满意	mǎnyì	satisfied, happy with
签合同	qiān hétong	to sign a contract
押金	yājīn	deposit (returnable)
租金	zūjīn	rent
定金	dìngjīn	earnest money
首付	shǒufù	down payment
月供	yuègōng	monthly repayment
按揭	ànjiē	mortgage loan
收房租	shōu fángzū	to collect the rent
交	jiāo	to make a payment
付	fù	to pay
涨	zhǎng	to rise
提高	tígāo	to increase
调整	tiáozhěng	to adjust
通知	tōngzhī	to inform
打招呼	dǎ zhāohu	to let sb. know
物业费	wùyèfèi	property management fee
水电费	shuǐdiànfèi	utilities bills
爱护	àihù	to take good care of
改变	gǎibiàn	to change
修理	xiūlǐ	to repair
季度	jìdù	quarter
退租	tuì zū	to terminate a lease
搬家	bānjiā	to move
轻拿轻放	qīngná-qīngfàng	to handle with care
窗帘	chuānglián	curtain
画	huà	painting
盆花	pénhuā	pot plant
挪	nuó	to move
挂	guà	to hang sth. up

床	chuáng	bed
柜子	guìzi	cabinet
暖气	nuǎnqì	heating
窗户	chuānghu	window
基本	jīběn	basically
布置	bùzhì	arrangement
离	lí	away from
近	jìn	close
经济	jīngjì	economical
贵	guì	expensive
低	dī	low
租不起	zū bu qǐ	cannot afford
行	xíng	OK
银行	yínháng	bank

Dì-wǔ Piān Jiāwù

第五篇 家务

Chapter 5 Housework

Gù Āyí

一、雇阿姨 Hiring a Housemaid

Chángyòng Jùxíng

常用句型 Useful Expressions

Wǒ xūyào qǐng yí gè āyí.
我需要请一个阿姨。
I need to hire a housemaid.

Wǒ yào qǐng ge āyí dǎsǎo wèishēng.
我要请个阿姨打扫卫生。
I need to find a housemaid to do the housecleaning.

Wǒ yào qǐng ge āyí kān háizi.
我要请个阿姨看孩子。
I need a housemaid to look after my children.

Wǒ xiǎng zhǎo ge xiǎoshígōng.
我想找个小时工。
I want to find hourly paid help.

Wǒ xiǎng zhǎo ge měi xīngqī gōngzuò sān tiān de āyí.
我想找个每星期工作三天的阿姨。
I want to find a housemaid who will work for me three days a week.

Wǒ xiǎng zhǎo yí gè wǎnshang néng jiābān de āyí.
我想找一个晚上能加班的阿姨。
I want to find a housemaid who can work overtime during the evening.

Wǒ xiǎng zhǎo yí gè yǒu kān háizi jīngyàn de āyí.
我想找一个有看孩子经验的阿姨。
I want to find a housemaid who has experience in caring for babies.

Nǐ néng bāng wǒ zhǎo ge héshì de āyí ma?
你能帮我找个合适的阿姨吗?
Can you find me a suitable housemaid?

Nǐ bāng wǒ liúyì yíxiàr, yǒu héshì de āyí qǐng gàosu wǒ.
你帮我留意一下儿,有合适的阿姨请告诉我。
Please help me look for a housemaid who meets my requirements, and let me know if you find one who fits the bill.

Nǐ kěyǐ zhǎo jiāzhèng gōngsī jièshào āyí huò xiǎoshígōng.
你 可以 找 家政 公司 介绍 阿姨 或 小时 工。
You can go through a housekeeping service agency to find a housemaid or hourly paid help.

Zhè wèi āyí shì shénme dìfang rén?
这 位 阿姨 是 什么 地方 人?
Where is this housemaid from?

Tā shì cóng Ānhuī lái de.
她 是 从 安徽 来 的。
She is from Anhui Province.

Nǐ zài Běijīng gànguo jǐ nián?
你 在 北京 干过 几年?
How long have you worked in Beijing?

Nǐ yǒu shēnfènzhèng ma?
你 有 身份 证 吗?
Do you have an ID card?

Nǐ yǒu jiànkāngzhèng ma?
你 有 健康 证 吗?
Do you have a health certificate?

Wǒ juéde zhège āyí hái kěyǐ, xiān shì gōng yí gè yuè ba.
我 觉得 这个 阿姨 还 可以，先 试 工 一个 月 吧。
I think the housemaid is good. Les's start with a one month probation period.

Nǐ hái yǒu shénme yìjiàn hé yāoqiú ma?
你 还 有 什么 意见 和 要求 吗?
Do you have anything else to say or any other requests?

Rúguǒ méiyǒu biéde, wǒmen jiù dìng xiàlái le.
如果 没有 别的，我们 就 定 下来 了。
If there is nothing else, let's call it settled.

Nǐ kěyǐ cóng xià yuè yī hào kāishǐ shàngbān.
你 可以 从 下 月 一号 开始 上班。
You can start work on the first day of next month.

Zhè shì wǒ jiā de yàoshi, nǐ shōuhǎo, qiānwàn bié diū le.
这 是 我 家 的 钥匙，你 收好，千万 别 丢 了。
This is the key to my home. Keep it safe and do not lose it.

Qǐng bǎ nǐ de shēnfènzhèng fùyìnjiàn gěi wǒ yí fèn.
请 把 你 的 身份证 复印件 给 我 一份。
Please give me a copy of your ID card.

二、布置 阿姨 的 工作 Assigning Tasks to a Housemaid
Bùzhì Āyí de Gōngzuò

 Chángyòng Jùxíng
常 用 句型 **Useful Expressions**

Āyí, wǒ gěi nǐ jièshào yíxiàr wǒmen de jiā.
阿姨，我 给 你 介绍 一下儿 我们 的 家。
Miss, I would like to show you my home.

Wǒ jiā sì kǒu rén, wǒ xiānsheng, wǒ hé liǎng gè háizi.
我 家 四 口 人，我 先 生、我 和 两 个 孩子。
There are four people in my family, my husband, myself and my two children.

Wǒ de dà háizi shì nǚháir, shàng xiǎoxué, xiǎo érzi shàng yòu'éryuán.
我 的 大 孩子 是 女孩儿，上 小学，小 儿子 上 幼儿园。
The elder child is a girl at elementary school; the younger son is in kindergarten.

Nǐ de gōngzuò shì dǎsǎo wèishēng, yùn yīfu, cóng yòu'éryuán jiē wǒ érzi
你 的 工 作 是 打扫 卫 生、熨 衣服、从 幼儿园 接 我 儿子
huí jiā.
回家。
Your job is to do the cleaning and ironing, and pick up my son from kindergarten.

Nǐ chúle kān háizi, hái yào dǎsǎo yíxiàr wèishēng.
你 除了 看 孩子，还 要 打扫 一下儿 卫 生。
Apart from taking care of the children, you also have to do the cleaning.

Nǐ de gōngzuò shì dǎsǎo wèishēng hé zuò yí dùn wǎnfàn.
你 的 工 作 是 打扫 卫 生 和 做 一 顿 晚饭。
You job is to clean and make dinner.

Zhège xiǎo fángjiān shì nǐ yùn yīfu, chīfàn hé xiūxi de dìfang.
这个 小 房 间 是 你 熨 衣服、吃饭 和 休息 的 地方。
This small room is where you will eat and rest, and also do the ironing.

Zhège guìzi li fàng de dōu shì xǐdí yòngpǐn.
这个 柜子 里 放 的 都 是 洗涤 用 品。
This cabinet is where we keep the cleaning products.

Zhè yì píng shì qīngxǐ cānjù de.
这 一 瓶 是 清洗 餐具 的。
This bottle is for washing dishes.

Zhè yì píng shì cāxǐ dìbǎn de.
这 一 瓶 是 擦洗 地板 的。
This bottle is for cleaning the floor.

Zhèxiē mābù shì cāxǐ wèishēngjiān de.
这些 抹布 是 擦洗 卫 生 间 的。
The dust cloth is for cleaning the washroom.

Mābù juéduì bù néng hùn yòng.
抹布 绝对 不 能 混 用。
You should never mix up the dust cloths with the other cloths.

Mābù yídìng yào xǐ gānjìng zài yòng.
抹布 一定 要 洗 干净 再 用。
Be sure to wash the dust cloths clean before using them again.

Dìbǎn bù néng yòng tài shī de bù cā.
地板 不 能 用 太 湿 的 布 擦。
Don't use wet cloths on the floor.

Xīchénqì hé tàng yī bǎn, yùndǒu fàng zài zhèli.
吸尘器 和 烫 衣 板、熨斗 放 在 这里。
The vacuum cleaner, ironing board and iron are all kept here.

Qǐng zhùyì fángwū de měige jiǎoluò, jiājù xiàmiàn de dìmiàn dōu yào qīnglǐ
请 注意 房屋 的 每个 角落，家具 下面 的 地面 都 要 清理
gānjìng.
干净。
Please pay attention to each corner of the room, and clean the floors underneath the furniture.

Nǐ měi tiān shàngwǔ dǎsǎo wèishēng.
你 每 天 上 午 打扫 卫生。
Every morning you need to do the cleaning.

nǐ měi liǎng tiān xī yí cì dì.
你 每 两 天 吸 一 次 地。
You can vacuum once every two days.

Měi tiān cā yí cì dìbǎn.
每 天 擦 一 次 地板。
Please mop the floor once a day.

Cānjù xǐ gānjìng hòu yào yòng gān bù cā gānjìng.
餐具 洗 干净 后 要 用 干 布 擦 干净。
After you wash the dishes, please dry them with a dishcloth.

Bīngxiāng hé chúguì měi zhōu qīnglǐ yí cì.
冰 箱 和 橱柜 每 周 清理 一 次。
Please clean out the fridge and cupboards once a week.

Zào tái hé kǎoxiāng yào bǎochí qīngjié.
灶 台 和 烤 箱 要 保持 清洁。
Please keep the top of kitchen range and oven clean.

Wèishēngjiān de cízhuān qiáng, zǎopén, xǐshǒu pén hé mǎtǒng měi tiān dōu yào
卫 生 间 的 瓷 砖 墙 、澡 盆、洗 手 盆 和 马桶 每 天 都 要
cā gānjìng.
擦 干净。
Please clean the tiles, bathtub, washbasin and toilet every day.

Suǒyǒu jīnshǔ pèijiàn, bǐrú shuǐlóngtóu, pēntóu děng dōu yào cā gānjìng,
所有 金属 配件，比如 水 龙 头、喷 头 等 都 要 擦 干净，
bù néng yǒu shuǐzì.
不 能 有 水渍。
All metal accessories, such as the taps and nozzles, need to be wiped clean and left without water marks.

Jiājù yào měi tiān cā.
家具 要 每 天 擦。
The furniture needs to be wiped down every day.

Mù jiājù bù néng yòng shī bù cā.
木 家具 不 能 用 湿 布 擦。
Please do not use wet dust cloths on the wooden furniture.

Xiàwǔ nǐ kěyǐ tàng yīfu, cā chuānghu, zhòngdiǎn dǎsǎo mǒuge fángjiān.
下午 你 可以 烫 衣服、擦 窗 户，重 点 打扫 某个 房间。
In the afternoon you can do the ironing, clean the windows and focus on cleaning specific rooms.

Qǐng nǐ měi tiān lái de shíhou mǎi yìdiǎnr cài. Cài jīn wǒ huì gěi nǐ.
请 你 每 天 来 的 时候 买 一点儿 菜。菜 金 我 会 给 你。
Please buy vegetables on your way here every day; I'll give you money for that.

Zhōngwǔ nǐ jiù gěi wǒmen chǎo liǎng gè cài, zuò yìdiǎnr mǐfàn jiù kěyǐ le.
中 午 你 就 给 我 们 炒 两 个 菜, 做 一点儿 米 饭 就 可以 了。
Please just cook two hot dishes and some rice for us for lunch.

Nǐ chǎo cài shí qǐng shǎo fàng yóu.
你 炒 菜 时 请 少 放 油。
Please do not use too much oil when you stir-fry.

Shàngwǔ nǐ kěyǐ dài háizi chūqù sànsan bù.
上 午 你 可以 带 孩子 出去 散散步。
You can take the baby out for a walk in the morning.

Háizi cóng wàibian huílai, yídìng yào gěi tā huàn yīfu, xǐ shǒu xǐ liǎn.
孩子 从 外边 回来, 一定 要 给 她 换 衣服、洗 手 洗脸。
When my daughter comes back in from outside, make sure she changes clothes
and is cleaned up.

Qǐng nǐ bǎ zhèxiē yīfu sòng dào xǐyīdiàn gānxǐ.
请 你 把 这些 衣服 送 到 洗衣店 干洗。
Please send these clothes to the dry cleaners.

Āyí, qǐng nǐ bǎ sòngqù xǐ de yīfu qǔ huílái ba.
阿姨, 请 你 把 送去 洗 的 衣服 取 回来 吧。
Miss, please collect the clothes from the dry cleaners.

Qǐng nǐ qù mǎi yìxiē miànbāo.
请 你 去 买 一些 面包。
Please go and buy some bread.

Āyí, qǐng nǐ měi tiān zǎoshang dài gǒu chūqu liùliu.
阿姨, 请 你 每 天 早 上 带 狗 出去 遛遛。
Miss, please walk the dog every morning.

Qǐng gěi māo xǐ yíxiàr zǎo.
请 给 猫 洗 一下儿 澡。
Please bathe the cat.

Měitiān gěi māo wèi liǎng cì māo liáng.
每 天 给 猫 喂 两 次 猫 粮。
Please feed the cat twice a day with kitten formula.

Āyí, zhèxiē huā měi xīngqī jiāo yí cì.
阿姨, 这些 花 每 星期 浇 一 次。
Miss, these flowers need to be watered once a week.

Míngtiān nǐ kěyǐ zǎo yìdiǎnr lái ma?
明 天 你 可以 早 一点儿 来 吗?
Can you please come a bit earlier tomorrow?

Jīntiān nǐ kěyǐ wǎn yìdiǎnr zǒu ma?
今天 你 可以 晚 一点儿 走 吗?
Can you leave a bit later today?

三、修理 Making Repairs
Xiūlǐ

☕ | 常用句型 Useful Expressions
Chángyòng Jùxíng

Āyí, xiàshuǐdào dǔ le, qǐng zhǎo wùyè xiū yíxiàr.
阿姨，下水道堵了，请找物业修一下儿。
Miss, the drain is clogged, please contact property management for repairs.

Wèishēngjiān wū dǐng yǒu yí chù shuǐ jì, kěnéng lóushang lòu shuǐ le, qǐng
卫生间屋顶有一处水迹，可能楼上漏水了，请
wùyè lái kàn yíxià.
物业来看一下。
There is a water mark on the ceiling of the washroom. There might be a leak upstairs. Please get the property management workers to check it out.

Nuǎnqì bú rè, qǐng nǐ zhǎo wùyè lái kànkan.
暖气不热，请你找物业来看看。
The heating doesn't work properly. Please find someone from property management to check it out.

Wèishénme méi diàn le? Qǐng gěi wùyè dǎ ge diànhuà wènwen.
为什么没电了？请给物业打个电话问问。
Why is the power out? Please call property management to ask.

四、工作时间及休假 Working Hours and Vacations
Gōngzuò Shíjiān jí Xiūjià

☕ | 常用句型 Useful Expressions
Chángyòng Jùxíng

Nǐ měi zhōu gōngzuò wǔ tiān.
你每周工作五天。
You will work for five days a week.

Wǎnshang huò zhōumò xūyào nǐ jiābān, wǒmen huì tíqián gàosu nǐ, yě huì
晚上或周末需要你加班，我们会提前告诉你，也会
gěi nǐ jiābānfèi.
给你加班费。
If we want you to work overtime during the evenings or over the weekends, we'll let you know beforehand and pay you for the overtime.

Nǐ měi tiān cóng zǎoshang bā diǎn dào xiàwǔ wǔ diǎn gōngzuò, zhōngwǔ xiūxi
你每天从早上八点到下午五点工作，中午休息
yí gè xiǎoshí.
一个小时。
You will work from eight to five every day, with a one hour lunch break.

Zhōngwǔ nǐ kěyǐ hé wǒmen yìqǐ chī huòzhě zìjǐ dài fàn.
中午你可以和我们一起吃或者自己带饭。
For lunch, you may eat with us for lunch or bring your own lunch.

Rúguǒ nǐ tíqián zuòwánle, jiù kěyǐ huí jiā.
如果你提前做完了，就可以回家。
You may go home if you finish all of your work ahead of time.

rúguǒ nǐ yǒu shì huòzhě bìngle bù néng lái , qǐng tíqián gěi wǒmen dǎ diànhuà.
如果 你 有 事 或者 病了 不 能 来, 请 提前 给 我们 打 电 话。
If you cannot come because you have business to attend to or you are sick,
please give us a ring beforehand.

Jiéjiàrì xiūjià àn Zhōngguó zhèngfǔ de guīdìng.
节假日 休假 按 中 国 政府 的 规 定。
For public holidays, we will give you time off as per Chinese government's regulation.

Nǐ de nián jià jiù ānpái zài wǒmen xiūjià de shíhou.
你 的 年假 就 安排 在 我们 休假 的 时候。
You may take your annual leave when we have our vacation.

Duìhuà (yī)
对话（1） Conversation 1

A: Wǒ yào zhǎo yí gè āyí , nǐ néng bāngmáng ma?
我 要 找 一个 阿姨, 你 能 帮 忙 吗?
I need to find a housemaid. Can you help me?

B: Nǐ xiǎng zhǎo ge shénme yàng de āyí ā ?
你 想 找 个 什么 样 的 阿姨 啊?
What kind of housemaid are you looking for?

A: Zhǔyào shì dài háizi , dǎsǎo yīxiàr wèishēng.
主要 是 带 孩子, 打扫 一下儿 卫 生。
Mainly one who can take care of the baby and do the cleaning.

B: Zhè děi yào yǒu kān háizi jīngyàn de āyí.
这 得 要 有 看 孩子 经验 的 阿姨。
Then you need a housemaid with babysitting experience.

A: Hái děi kào de zhù de , wǎnshang néng jiābān de.
还 得 靠 得 住 的, 晚 上 能 加班 的。
Also one who is reliable and who can work overtime during the evening.

B: Hǎo , yǒu xiāoxi wǒ mǎshàng gàosu nǐ.
好, 有 消息 我 马 上 告诉 你。
OK, I'll let you know once I find someone.

A: Ràng nǐ fèi xīn le.
让 你 费心 了。
Sorry for putting you to all this trouble.

Duìhuà (èr)
对话（2） Conversation 2

A: Āyí , jīntiān huàn yíxiàr chuángshàng yòngpǐn.
阿姨, 今天 换 一下儿 床 上 用品。
Miss, please change the bed covers today.

B: Huàn nǎ tào?
换 哪套?
To which sheet sets?

A: Wǒ fàng zài chuáng shang le . Lìngwài , míngtiān wǎnshang wǒmen yǒu
我 放 在 床 上 了。另外，明 天 晚 上 我们 有
huódòng, nǐ néng wǎndiǎnr zǒu kān yíxiàr háizi ma?
活动，你 能 晚点儿 走 看 一下儿 孩子 吗？
I've put them out on the bed. One more thing, we have plans tomorrow evening, could you stay a bit later to take care of the children?

B: Méi wèntí . Nín dàgài jǐ diǎn néng huílái? Wǒ yào gàosu jiā li yì shēng .
没 问题。您 大概 几 点 能 回来？我 要 告诉 家 里 一 声。
No problem. What time will you be home roughly? I'll have to call my home.

A: Dàgài shí diǎn duō ba . Nǐ dǎ chē huíqù , wǒ gěi nǐ chē qián .
大概 十 点 多 吧。你 打 车 回去，我 给 你 车 钱。
It will probably be after ten. You can take a taxi home, we'll pay for that.

Cānkǎo Cíhuì
☀ 参考词汇 Vocabulary

阿姨	āyí	housemaid
小时工	xiǎoshígōng	hourly paid help
人品	rénpǐn	personality
靠得住	kào de zhù	reliable
经验	jīngyàn	experience
帮（助）	bāng (zhù)	to help
家政公司	jiāzhèng gōngsī	housekeeping service agency
找	zhǎo	to look for
房间	fángjiān	room
卧室	wòshì	bedroom
客厅	kètīng	living room
书房	shūfáng	study
客房	kèfáng	guest room
厨房	chúfáng	kitchen
餐厅	cāntīng	dining room
卫生间	wèishēngjiān	washroom
储藏室	chǔcángshì	storeroom
家具	jiājù	furniture
床	chuáng	bed
床头柜	chuángtóuguì	bed stand
衣柜	yīguì	wardrobe
梳妆台	shūzhuāngtái	dressing table

床上用品	chuángshàng yòngpǐn	bedding
床单	chuángdān	bed sheet
被罩	bèizhào	quilt cover
马桶	mǎtǒng	toilet
水龙头	shuǐlóngtóu	tap
喷头	pēntóu	nozzle
漏水	lòu shuǐ	to drip, to leak
镜子	jìngzi	mirror
毛巾	máojīn	towel
浴巾	yùjīn	bath towel
卫生纸	wèishēngzhǐ	toilet paper
洗手液	xǐshǒuyè	liquid soap
香皂	xiāngzào	soap
洗衣粉	xǐyīfěn	washing powder
衣物护理剂	yīwù hùlǐjì	fabric softener
洗涤剂	xǐdíjì	detergent
抹布	mābù	dishcloth, dust cloth
拖把	tuōbǎ	mop
桶	tǒng	bucket
打扫	dǎsǎo	to clean
整理	zhěnglǐ	to clean up
收拾	shōushi	to tidy up
擦	cā	to wipe, to polish
洗	xǐ	to wash
烫	tàng	to iron
熨	yùn	to iron
换	huàn	to change
养宠物	yǎng chǒngwù	to keep pets
猫	māo	cat
狗	gǒu	dog
浇花	jiāo huā	to water plants
开窗	kāi chuāng	to open the window

通风	tōngfēng	to let in fresh air
喂猫	wèi māo	to feed the cat
狗粮	gǒu liáng	dog food
干	gān	dry
湿	shī	wet
脏	zāng	dirty
乱	luàn	messy
干净	gānjìng	clean
整齐	zhěngqí	tidy
次	cì	times
遍	biàn	times
星期	xīngqī	week
放假	fàngjià	to have time off
休假	xiūjià	to go on vacation
休息	xiūxi	to rest
干活	gàn huó	to work
勤快	qínkuai	assiduous
利索	lìsuo	agile
工钱	gōngqián	wage
加班	jiābān	overtime

第六篇　交通

Chapter 6　Transportation

Chūxíng Fāngshì
一、出行方式 Means of Transportation

Chángyòng Jùxíng
☕ 常用句型 **Useful Expressions**

Wǒmen zěnme qù?
我们怎么去?
How shall we get there?

(Wǒ) kāi chē qù.
(我)开车去。
I'll drive.

(Wǒ) dǎ chē qù.
(我)打车去。
I'll take a taxi.

(Wǒ) zuò chē qù.
(我)坐车去。
I'll take the bus.

(Wǒ) zuò dìtiě qù.
(我)坐地铁去。
I'll take the subway.

(Wǒ) zuò chéngtiě qù.
(我)坐城铁去。
I'll take the light rail train.

(Wǒ) zuò fēijī qù.
(我)坐飞机去。
I'll fly there.

(Wǒ) zuò huǒchē qù.
(我)坐火车去。
I'll go by train.

(Wǒ) zuò chuán qù.
(我)坐船去。
I'll go by boat/ferry.

(Wǒ) dā tā de chē qù.
(我)搭他的车去。
He'll give me a ride.

(Wǒ) zǒuzhe qù .
（我）走着去。
I'll walk there.

(Wǒ) qí zìxíngchē qù .
（我）骑自行车去。
I'll go by bike.

Wǒ xǐhuan qí zìxíngchē guàng Běijīng de hútòng .
我 喜欢 骑 自行车 逛 北京的 胡同。
I like exploring Beijing's *hutong* on a bike.

Zuò gōngjiāochē qù hěn piányi .
坐 公 交 车 去 很 便宜。
It's cheap to go by bus.

Zuò dìtiě zuì kuài .
坐 地铁 最 快。
The subway is the quickest way to go.

Lù bù yuǎn , wǒmen zǒuzhe qù ba .
路不远，我们 走着 去吧。
It's not far. Let's walk there.

对话 Conversation
Duìhuà

A:　Xīngqīliù wǒ xiǎng qù Yùyuāntán Gōngyuán kàn yīnghuā . Nǐ xiǎng qù ma?
　　星期六我 想 去 玉渊潭 公 园 看 樱花。你 想 去吗?
　　I would like to go to Yuyuantan Park to see the cherry blossoms on Saturday. Do you care to go?

B:　Zěnme qù ā ?
　　怎么去啊?
　　How are we going to get there?

A:　Wǒmen xiān zuò gōnggòng qìchē dào Dōngzhímén , zài zuò dìtiě dào Jūnshì
　　我们 先 坐 公 共 汽车 到 东直 门，再 坐 地铁 到 军事
　　Bówùguǎn , xià chē bùxíng shí fēnzhōng jiù dào le .
　　博物馆，下 车 步行 十 分 钟 就到了。
　　We'll first take the bus to Dongzhimen, then change to subway and get off at Military Museum; it's 10 minutes' walk from there.

B:　Hǎo , tǐng fāngbiàn de .
　　好 , 挺 方 便 的。
　　All right, that's very convenient.

二、乘 出租车 Taking a Taxi
Chéng Chūzūchē

常 用 句型 Useful Expressions
Chángyòng Jùxíng

Qǐngwèn, nín qù nǎr?
请 问, 您去哪儿?
Excuse me, where are you going?

> Note: When you want to take a taxi in Beijing you can simply flag one down by the side of the road or you can call 96106 to order one.

Wǒ qù jīchǎng.
我去 机场。
I'm going to the airport.

Wǒ qù Pānjiāyuán Jiùhuò Shìchǎng.
我去潘家园 旧货 市 场。
I'm going to the Panjiayuan Antique Market.

Nàge dìfang wǒ bù shú.
那个 地方 我不熟。
I'm not familiar with that area.

Wǒ rènshi, wǒ gàosu nín.
我 认识, 我 告诉您。
I know the way and will tell you how to get there.

Cóng zhèr yìzhí zǒu.
从 这儿一直走。
Go straight ahead from here.

Dào shízì lùkǒu wǎng zuǒ (guǎi).
到十字路口 往 左 (拐)。
Turn left at the intersection.

Dào dì-sān gè lùkǒu wǎng yòu yìbǎi mǐ jiù dào le.
到 第三个 路口 往 右一百米就到了。
Turn right at the third crossing. It's about 100 metres ahead.

Dào qiánbian diào yíxiàr tóu.
到 前 边 掉一卜儿头。
Make a U-turn ahead.

Dào le, qǐng tíng chē.
到了, 请 停 车。
We are here. Please pull over.

Wǒ méiyǒu língqián, qǐng nín zhǎo ba.
我 没有 零钱, 请 您 找 吧。
I don't have any small change. Please make change for me.

Qǐng gěi wǒ fāpiào.
请 给我发票。
Please give me a receipt.

Qǐng nín dǎ biǎo.
请 您 打 表 。
Please use the meter.

Qǐng nín kāi de kuài yìdiǎnr , wǒ yǒu jí shì.
请 您 开 得 快 一 点儿 ， 我 有 急 事 。
Please hurry. I have urgent business.

Qǐng nín kāi de màn yìdiǎnr , zhùyì ānquán.
请 您 开 得 慢 一 点儿 ， 注意 安 全 。
Please drive slowly and be careful.

Zhè tiáo lù tài dǔ le , néng zǒu biéde lù ma?
这 条 路 太 堵 了 ， 能 走 别 的 路 吗?
This road is too jammed, can we try a different route?

Nín gēnzhe qiánbian de chē.
您 跟 着 前 边 的 车 。
Please follow the car in front of us.

Qǐng tíng yíxiàr.
请 停 一 下儿 。
Please pull over.

Qǐng nín děng wǒ liǎng fēnzhōng.
请 您 等 我 两 分 钟 。
Please wait for me for two minutes.

Qǐng bāng wǒ dǎkāi hòubèixiāng , wǒ ná xiāngzi.
请 帮 我 打 开 后备 箱 ， 我 拿 箱 子 。
Please open the car boot. I need to take out my suitcase.

Qǐng nín kāi yíxiàr kōngtiáo , tài rè le.
请 您 开 一 下儿 空 调 ， 太 热 了 。
Please turn on the air conditioner. It's too hot.

Qǐng nín kāi yíxiàr nuǎnfēng , tài lěng le.
请 您 开 一 下儿 暖 风 ， 太 冷 了 。
Please turn on the heat. It's too cold.

Rúguǒ nín gùyì rào lù huòzhě duō shōu qián , wǒ huì tóusù de.
如果 您 故意 绕 路 或 者 多 收 钱 ， 我 会 投 诉 的 。
I'll lodge a complaint if you make a detour on purpose or overcharge me.

Zài jīchǎng qiānwàn bié dǎ hēichē.
在 机 场 千 万 别 打 黑 车 。
Never take the "black" (unlicensed) taxis at the airport.

Chūzūchē yǒu wèntí yào jìzhù chē hào hé yào fāpiào , hǎo tóusù.
出 租 车 有 问 题 要 记 住 车 号 和 要 发 票 ， 好 投 诉 。
If you have a problem with a taxi, make sure you note down its license plate number and keep your receipt to lodge a complaint.

☛ Note: If you want to make a complaint about a taxi or bus, you can call either 68351150 or 96166. Make sure to keep your taxi receipt or note down the license plate number.

对话 Conversation
Duìhuà

A:
Nín hǎo, qǐngwèn nín qù nǎr?
您 好，请 问 您去哪儿？
Hello, where are you headed?

B:
Nín hǎo. Wǒ qù Déguó Dàshǐguǎn.
您 好。我去德国 大使馆。
Hello, I'm going to the German Embassy.

A:
Déguó Shǐguǎn wǒ bú tài shúxī.
德国 使馆 我不太熟悉。
I don't exactly know where the German Embassy is located.

B:
Cóng zhèr yìzhí wǎng běi zǒu, dào Nóngzhǎnguǎn wǎng zuǒ guǎi, guòle
从 这儿一直 往 北 走，到 农 展 馆 往 左 拐，过了
hónglǜdēng, yòubian lùkǒu dì-yī gè shǐguǎn jiù shì.
红绿灯，右边路口第一个 使 馆就是。
Go straight ahead from here, then turn left at the National Agriculture
Exhibition Center. After you pass the traffic lights, it's the first embassy
on your right.

A:
Zhīdào le.
知道了。
Got it.

B:
Shīfu, dào le, qǐng tíng chē. Gěi nín qián.
师傅，到了，请 停车。给您 钱。
Driver, we've arrived. Please pull over. Here's your money.

A:
Zhǎo nín sān kuài, zhè shì piào.
找 您三 块，这是票。
Here is three *kuai* change and your receipt.

B:
Xiè xie, zài jiàn.
谢谢，再见。
Thank you. Goodbye.

三、乘 公 交、地铁、城 铁
Chéng Gōngjiāo, Dìtiě, Chéngtiě
Taking a Bus, the Subway, or a Light Rail Train

常 用 句型 Useful Expressions
Chángyòng Jùxíng

Cóng Dōngzhímén dào Xīzhímén yǒu chéng tiě xiàn.
从 东直门 到 西直门有 城 铁线。
There is a light rail that runs between Dongzhimen and Xizhimen.

Qù jiāoqū de lǚyóu jǐngdiǎn kěyǐ qù Qiánmén lǚyóu chēzhàn zuò lǚyóuchē.
去郊区的旅游景点可以去前 门旅游车 站 坐 旅游车。
You can also take the tourist bus from the Qianmen tourist bus stop to several
scenic spots in the suburbs.

Qǐng zhùyì zǎobānchē hé mòbānchē de shíjiān .
请 注意早班车和末班车的时间。
Please pay attention to the times of the first and last bus services.

☞ Note: The bus service in Beijing usually runs from 5:00 a.m.-11:00 p.m.
Long distance buses have shorter service hours.

Yòng IC kǎ zuò gōngjiāochē hěn piányi .
用 IC 卡坐公交车很便宜。
Bus fares are very cheap with an IC card.

☞ Note: Public transportation IC cards are available at major subway
stations in Beijing. There is a refundable 20 yuan deposit for first time
purchases.

Qǐngwèn, zài nǎr kěyǐ mǎi IC kǎ?
请 问，在哪儿可以买 IC 卡?
Excuse me, where can I get a public transportation IC card?

Shīfu , xià chē hái yào shuā kǎ ma?
师傅，下车还要刷卡吗?
To get off the bus, do I need to swipe my card?

Zhè tàng chē zhǐ xū shàng chē shuā yí cì kǎ .
这 趟 车只需上车刷一次卡。
For this bus, just swipe your card once when you get on.

Zhè tàng chē xià chē hái yào shuā yí cì kǎ .
这 趟 车下车还要刷一次卡。
For this bus, you need to swipe your card again when you get off.

Méiyǒu kǎ yě kě mǎi piào huòtóu bì .
没有卡也可买 票或投币。
If you don't have a card, you can buy a ticket or drop the money into the box
on the bus.

Zuò tóu bì chē yào zhǔnbèi hǎo língqián, bùrán méi fǎ zhǎoqián .
坐 投币车要准备好零钱，不然没法找钱。
When riding buses that require the exact fare, have your money prepared
because you cannot get change back.

Qǐngwèn, dìtiě zhàn zài nǎr ?
请 问，地铁站在哪儿?
Excuse me, where is the subway station?

Qǐngwèn, zhōngtú hái yào huàn chē ma?
请 问，中途还要换车吗?
Excuse me, do I need to change buses along the way?

Qǐngwèn, wǒ děi huàn nǎ lù chē?
请 问，我得换哪路车?
Excuse me, which bus should I change to?

Shīfu , mǎi yì zhāng dào Hóngqiáo Shìchǎng de piào .
师傅，买一张到虹桥市场的票。
Ma'am/Sir, I'd like to buy a ticket to Hongqiao Market.

Shīfu , máfan nín dào zhàn tíxǐng wǒ yíxiàr .
师傅，麻烦 您 到 站 提醒 我一下儿。
Ma'am/Sir, may I trouble you to let me know when we get to my stop?

Shīfu , dào Xiùshuǐ Shìchǎng zài nǎr xià chē?
师傅，到 秀水 市 场 在哪儿下 车?
Excuse me, where do I get off to go to the Silk Market?

☞ Note: 师傅 shīfu is a general term of address for people with certain skills, such as drivers, ticket conductors, repairmen, etc. It is more often used in northern China.

Láojià , ràng yi ràng , wǒ xià chē .
劳驾, 让一 让 , 我 下 车。
Pardon me, let me pass. I'm getting off.

☕ Duìhuà (yī)
对话（1） Conversation 1

A: Shīfu , mǎi yì zhāng piào .
师傅，买一 张 票。
One ticket please, Ma'am.

B: Nín dào nǎr ?
您 到哪儿?
Where to, Sir?

A: Wǒ qù Hóngqiáo Shìchǎng .
我去 虹桥 市 场。
I am going to Hongqiao Market.

B: Yí kuài qián . Gěi nín piào .
一 块 钱。给 您 票。
That will be one *kuai*, here is your ticket.

A: Dào zhàn qǐng nín tíxǐng wǒ yíxiàr . Xièxie .
到 站 请 您提醒我 一下儿。谢谢。
Please let me know when we get there, thank you.

B: Méi wèntí .
没 问题。
No problem.

☕ Duìhuà (èr)
对话（2） Conversation 2

A: Wǒ yào zài IC kǎ li chōng wǔshí kuài qián .
我 要 在 IC 卡里 充 5 0 块 钱。
I want to put 50 yuan credit on this IC card.

B: Hǎo .
好。
OK.

Wǒ de kǎ li hái yǒu duōshao qián?

A: 我的卡里还有多少钱？

How much money did my card still have?

Nín de kǎ li hái shèng liù kuài qián， xiànzài kǎ li yígòng yǒu wǔshíliù kuài qián.

B: 您的卡里还剩六块钱，现在卡里一共有五十六块钱。

You still had six *kuai* left, now you have 56 *kuai* altogether.

Xièxie.　Qǐng gěi wǒ fāpiào.

A: 谢谢。请给我发票。

Thanks, please give me a receipt.

Duìhuà（sān）
对话（3）　Conversation 3

Qǐngwèn， nǎ liàng chē shì qù Shísānlíng hé Bādálǐng Chángchéng de?

A: 请问，哪辆车是去十三陵和八达岭长城的？

Excuse me, which bus goes to the Ming Tombs and the Great Wall at Badaling?

Nà liàng chē.

B: 那辆车。

That bus.

Yí gè rén duōshao qián?

A: 一个人多少钱？

How much is the fare for one person?

Měi rén wǎngfǎn liùshí yuán.

B: 每人往返六十元。

It is 60 yuan per person for a return ticket.

Huílai yě zuò zhè liàng chē ma?

A: 回来也坐这辆车吗？

Do I also take this bus back?

Duì， zuò yuán chē fǎnhuí.

B: 对，坐原车返回。

That's right, you take the same bus back.

Zài jǐngdiǎn tíngliú duō cháng shíjiān?

A: 在景点停留多长时间？

How long do we stay at the scenic spots?

Sījī huì gàosu nǐmen.　Qǐng jìzhù chē hào， zhǔnshí huídào chē shang，

B: 司机会告诉你们。请记住车号，准时回到车上，

bié wùle chē.

别误了车。

The driver will tell you that. Please remember the license number and get back on time. Don't miss the bus.

四、自驾车 Driving
Zì Jià Chē

常用句型 Useful Expressions
Chángyòng Jùxíng

1. 问路 Asking for Directions
Wèn Lù

Yǒu Hànyǔ hé Yīngyǔ shuāng yǔ de jiāotōngtú ma?
有 汉语和英语 双 语的交通图吗?
Do you have bilingual road maps in Chinese and English?

Zìjǐ kāichē qù Běijīng zhōubiān wánr, hěn fāngbiàn.
自己开车去北京 周边 玩儿, 很 方 便。
It's more convenient to drive yourself when touring the outskirts of Beijing.

Qǐngwèn, qù Mùtiányù Chángchéng zěnme zǒu?
请 问, 去慕田峪 长 城 怎么走?
Excuse me, how do I get to the Great Wall at Mutianyu?

Qǐngwèn, zhè tiáo lù kěyǐ dào Shísānlíng ma?
请 问, 这 条路可以到 十三陵吗?
Excuse me, does this way lead to the Ming Tombs?

Qǐngwèn, dào Tánzhèsì hái yǒu biéde lù ma?
请 问, 到 潭柘寺还 有别的 路吗?
Excuse me, is there another way to get to the Tanzhe Temple?

Qǐngwèn, dào Sīmǎtái Chángchéng hái yǒu duōshao gōnglǐ?
请 问, 到 司马台 长 城 还 有 多 少 公里?
Excuse me, how many more kilometres is it to get to the Simatai Great Wall?

Zǒu Jīng-Shěn Gāosù kěyǐ dào Běidàihé ma?
走 京 沈 高速可以到 北戴河吗?
Does the Jingshen Expressway lead to Beidaihe?

Cóng Běijīng dào Běidàihé yào duō cháng shíjiān?
从 北京 到 北戴河要 多 长 时间?
How long is the ride from Beijing to Beidaihe?

Zài shānqū kāichē hěn wēixiǎn, yào xiǎoxīn.
在 山区 开车很 危险, 要 小心。
It's dangerous to drive in mountainous areas. Be careful.

Qǐng zhùyì lùbiāo.
请 注意路标。
Please pay attention to the road signs.

Nín zǒucuò le.
您 走错了。
You are going in the wrong direction.

Nín zǒuguò le.
您 走过了。
You've gone passed it.

Zhèlǐ jìnzhǐ tōngxíng.
这里禁止通 行。
This area is closed to traffic.

Tíngchē
2. 停车 Parking a Car

Zhèr jìnzhǐ tíngchē.
这儿禁止停车。
This is a no parking zone.

Qǐngwèn, nǎr kěyǐ tíngchē?
请问，哪儿可以停车？
Excuse me, where can I park?

Qǐngwèn, tíngchēchǎng zài nǎr?
请问，停车场在哪儿？
Excuse me, where is the parking lot?

Tíngchēfèi zěnme shōu?
停车费怎么收？
How will the parking fee be charged?

Qǐng gěi wǒ tíngchēfèi shōujù.
请给我停车费收据。
Please give me a receipt.

Jiā Yóu
3. 加油 Refuel

Wǒ de chē gāi jiā yóu le.
我的车该加油了。
My car needs refuelling.

Fùjìn yǒu jiāyóuzhàn ma?
附近有加油站吗？
Is there a petrol filling station nearby?

Qǐngwèn, jiāyóuzhàn zài nǎr?
请问，加油站在哪儿？
Excuse me, where is the gas station?

Shīfu, jiǔshísān hào yóu, jiāmǎn.
师傅，9 3 号油，加满。
Please fill it up with 93 octane.

Jiāotōng Wéizhāng, Jiāotōng Shìgù
4. 交通 违章，交通 事故 Traffic Violations and Accidents

Wǒmen de chē chuāng shang yǒu yì zhāng fákuǎndān, yīnwèi wéizhāng tíngchē.
我们的车窗上有一张罚款单，因为违章停车。
There is a ticket on our windshield for illegal parking.

Tā de chē jīntiān chuǎng hóngdēng, bèi diànzǐyǎn pāi xiàlai le.
他的车今天闯红灯，被电子眼拍下来了。
His car ran a red light today and was caught on film by the road safety camera.

Wǒ de chē bèi zhuīwěi le.
我的车被追尾了。
My car was hit from behind.

Wǒ de chē bèi guǎ le .
我的车被刮了。
My car was sideswiped.

Tā de chē bèi zhuàng le .
他的车被撞了。
His car was hit.

Wǒmen bàojǐng ba .
我们报警吧。
Let's call the police.

Dǎ yāo yāo líng huòzhě dǎ yāo èr èr dōu kěyǐ .
打 1 1 0 或者打 1 2 2 都可以。
You can dial 110 or 122 for the police.

Zhè shì wǒ de zérèn ma?
这是我的责任吗？
Is this my fault?

Bǎoxiǎn gōngsī huì péicháng ma?
保险公司会赔偿吗？
Will the insurance company pay for the damage?

Nǐ shàng bǎoxiǎn le ma?
你上保险了吗？
Are you insured?

Wǒ gāi zěnme péicháng nǐ ?
我该怎么赔偿你？
How shall I pay for your loss?

☕ Duìhuà (yī)
对话（1） Conversation 1

A: Zánmen zǒu de lù duì ma?
咱们走的路对吗？
Are we on the right road?

B: Háishi zhǎo rén wènwen ba .
还是找人问问吧。
We had better find somebody to ask.

A: Hǎo , wǒ qù wèn . Qǐngwèn , xiānsheng , qù Tánzhèsì shì zǒu zhè tiáo lù ba?
好，我去问。请问，先生，去潭柘寺是走这条路吧？
All right, I'll go ask. Excuse me sir, does this road lead to the Taizhe Temple?

C: Duì , méi cuò .
对，没错。
That's right. It does.

A: Hái yǒu duō yuǎn?
还有多远？
How much further away is it?

C: Chà bu duō sì-wǔ gōnglǐ ba .
差不多四五公里吧。
About four or five kilometres.

A:
Xièxie .
谢谢。
Thanks.

🍵 | 对话（2） Conversation 2

A:
Bù hǎo , chē bèi zhuīwěi le .
不 好，车 被 追 尾 了。
Oh no, we were hit from behind.

B:
Zánmen kuài xià chē kànkan .
咱们 快 下 车 看看。
Quickly, let's get out and have a look.

A:
Xiānsheng , nín shì zěnme kāi de chē?
先 生，您 是 怎么 开 的 车？
Mister, how could you drive like that?

C:
Duìbuqǐ , nín kàn , wǒmen zěnme jiějué?
对不起，您 看，我们 怎么 解决？
I'm sorry, how do you suggest we resolve this?

A:
Wǒmen bào jǐng ba .
我们 报 警 吧。
Let's call the police.

B:
Wǒ dǎ yāo yāo líng .
我 打 1 1 0 。
I'll dial 110.

C:
Hǎo , wǒmen děng jǐngchá lái jiějué ba .
好，我们 等 警察 来 解决吧。
All right, let's wait for the police to handle it.

五、骑自行车 Riding a Bike
Qí Zìxíngchē

🍵 | 常 用 句型 Useful Expressions
Chángyòng Jùxíng

Zhōumò qí chē qù guàng hútòng , zhēn shì yì zhǒng xiǎngshòu .
周 末 骑车去 逛 胡同，真 是 一 种 享 受。
It's a pleasure to explore the *hutong* by bike on the weekends.

Wǒ děi qù mǎi yí liàng zìxíngchē .
我 得去买一 辆 自行车。
I've got to buy a bicycle.

Wǒ tīngshuō xīn chē chángcháng diū , wǒ xiǎng mǎi liàng jiù chē .
我 听说新 车 常 常 丢，我 想 买 辆 旧车。
I heard new bikes are easily lost, so I'm thinking of buying a second-hand one.

Xiànzài yǒu yì zhǒng zhédié zìxíngchē , hěn qīngqiǎo .
现在 有一 种 折叠自行车，很 轻 巧。
There is a foldable bike available on the market now. It's very handy.

Nǎr kěyǐ zū zìxíngchē? Yào duōshao yājīn?
哪儿可以租自行车？要 多 少 押金？
Where can I rent a bike? How much is the deposit?

Wǒ de zìxíngchē méi qì le.
我的自行车没气了。
My bike has a flat tyre.

Nǎr yǒu xiū chē de?
哪儿有 修 车 的？
Where can I find a person/place to fix bicycles?

Shīfu, gěi wǒ xiūxiu chē.
师傅，给 我 修修 车。
Sir, please fix my bike for me.

Wǒ shénme shíhou kěyǐ qǔ chē?
我 什 么 时候可以取车？
When can I come to collect my bike?

Zìxíngchē bié luàn fàng, róngyì diū.
自行车 别 乱 放，容易 丢。
Don't leave your bike just anywhere. It will be easily lost (stolen).

Zìxíngchē fàng zài cúnchēchù bǎoxiǎn.
自行车 放 在 存车处 保 险。
It's safer to leave your bicycle in the parking shed.

Cúnchēfèi duōshao qián?
存车费 多 少 钱？
How much is the parking shed fee?

☕ | Duìhuà
对话 **Conversation**

A: Shīfu, wǒ de zìxíngchē méi qì le.
师傅，我的自行车 没 气了。
Sir, my bike has a flat tyre.

B: Zhèr yǒu dǎqìtǒng, nín zìjǐ dǎ ba.
这儿有 打气筒，您自己 打吧。
We have a pump here that you can use.

A: Xièxie, duōshao qián?
谢谢，多 少 钱？
Thanks, how much?

B: Liǎng máo.
两 毛。
Two *mao*.

Dǔ Chē
六、堵 车 Traffic Jams

Chángyòng Jùxíng
常 用 句型 Useful Expressions

Lùshang dǔ chē, wǎnlebàn ge xiǎoshí.
路上 堵 车，晚了 半 个 小时。
There was a traffic jam on the way, so we're half an hour late.

Lùshang yǒu jiāotōng guǎnzhì, dǔ chēdǔ de tài lìhai le.
路上 有 交 通 管 制，堵 车 堵 得 太 厉害 了。
There is traffic control on the roads and it's causing terrible traffic jams.

Lùshang chūle jiāotōng shìgù, dǔ chē dǔle yí ge duō xiǎoshí.
路上 出了 交 通 事故，堵 车 堵 了 一个 多 小时。
On the way there was a traffic accident, and I was stuck in a traffic jam for over an hour.

Sàng-xiàbān gāofēng chángcháng dǔ chē.
上 下班 高峰 常 常 堵 车。
Traffic jams are common during rush hours.

Duìhuà
对话 Conversation

Qiánbian chū shénme shì le? wèishénme dǔ chē zhème lìhai?
A: 前 边 出 什么 事了？为什么 堵 车 这么 厉害？
What happened up ahead? Why is the traffic so bad?

Tīngshuō qiánbian chū chēhuò le.
B: 听 说 前 边 出 车祸了。
I heard there was a traffic accident ahead.

Bù zhī děi děngdào shénme shíhou.
A: 不知 得 等 到 什么 时候。
How long we will have to wait?

Zhè hěn nánshuō.
B: 这 很 难 说。
It's hard to tell.

Wǒ děi gěi péngyoudǎ ge diànhuà, ràng tāmen bié děng wǒ le.
A: 我 得 给 朋 友 打 个 电话，让 他们 别 等 我 了。
I've got to call my friends and tell them not to wait for me.

Cānkǎo Cíhuì
参考词汇 Vocabulary

方向	fāngxiàng	direction
东（边）	dōng (bian)	east (side)
西（边）	xī (bian)	west (side)
南（边）	nán (bian)	south (side)

北（边）	běi (bian)	north (side)
东南	dōngnán	southeast
东北	dōngběi	northeast
西南	xīnán	southwest
西北	xīběi	northwest
上（边）	shàng (bian)	upper (side); on
下（边）	xià (bian)	lower (side); below, under
左（边）	zuǒ (bian)	left (side)
右（边）	yòu (bian)	right (side)
前（边）	qián (bian)	front
后（边）	hòu (bian)	behind
里（边）	lǐ (bian)	inside
外（边）	wài (bian)	outside
中间	zhōngjiān	middle
对面	duìmiàn	opposite side
旁边	pángbiān	beside
附近	fùjìn	nearby
从	cóng	from
到	dào	to
往	wǎng	towards
向	xiàng	towards
离	lí	away from
上车	shàng chē	to get on/in
下车	xià chē	to get off
换车	huàn chē	to change
车站	chēzhàn	bus stop
站牌	zhàn pái	stop sign
走	zǒu	to walk, to go
来	lái	to come
去	qù	to go
坐（车）	zuò (chē)	to take (a bus)
拐	guǎi	to turn

停	tíng	to stop
远	yuǎn	far
近	jìn	near
快	kuài	fast
慢	màn	slow
十字路口	shízì lùkǒu	intersection
红绿灯	hónglùdēng	traffic lights
掉头	diàotóu	U-turn
主路	zhǔlù	main road
辅路	fǔlù	side road
环路	huánlù	ring road
高速路	gāosùlù	expressway
国道	guódào	national highway
省道	shěngdào	provincial highway
马路	mǎlù	road
便道	biàndào	pavement
人行横道	rénxíng-héngdào	pedestrian crossing
出口	chūkǒu	exit
入口	rùkǒu	entrance
大街	dàjiē	street, avenue
胡同	hútòng	*hutong* (small alley)
超速	chāosù	speeding
闯红灯	chuǎng hóngdēng	to run the red light
酒后驾车	jiǔhòu jià chē	drunk driving
违章	wéizhāng	to break traffic regulations
处罚	chǔfá	penalty
警察	jǐngchá	police
交通规则	jiāotōng guīzé	traffic regulation
交通标志	jiāotōng biāozhì	traffic sign
交通事故	jiāotōng shìgù	traffic accident
追尾	zhuīwěi	to bump into the rear end of a car
剐蹭	guǎ cèng	to sideswipe

注意	zhùyì	to watch out for
小心	xiǎoxīn	careful
最高时速	zuì gāo shísù	maximum speed per hour
提醒	tíxǐng	to remind
公里	gōnglǐ	kilometre
米	mǐ	metre
公共汽车	gōnggòng qìchē	bus
地铁	dìtiě	subway
高铁	gāotiě	high speed rail
二手车	èrshǒuchē	second-hand car
过户	guòhù	transfer of ownership
上保险	shàng bǎoxiǎn	to buy insurance
保险公司	bǎoxiǎn gōngsī	insurance company
驾驶执照	jiàshǐ zhízhào	driving license
考驾照	kǎo jiàzhào	to take a driving test

Dì-qī Piān　Yòng Cān
第七篇　用餐

Chapter 7　Eating

Tíyì
一、提议 Making Suggestions

 Chángyòng Jùxíng
常 用 句型 Useful Expressions

Zánmen bàngōnglóu pángbiān xīn kāile yì jiā xīcānguǎn, qù chángchang hǎo ma?
咱们 办公楼 旁 边 新开了 一家 西餐馆,去 尝 尝 好吗?
There is a new Western restaurant near our office building, shall we go and try it?

Wǒ è le, zhǎo ge dìfang chīfàn ba.
我 饿 了, 找 个 地方 吃饭 吧。
I'm hungry. Let's find a place to eat.

Wǒ tíyì, zánmen jīntiān qù nàgè xīn kāi de Sìchuān cānguǎn chīfàn ba.
我 提议, 咱们 今天 去 那个 新开 的 四川 餐馆 吃饭 吧。
I suggest we go to eat at the newly opened Sichuan restaurant today.

> ☞ Note: Chinese cuisine has eight major distinctive styles. They are styles of Sichuan, Guangdong, Zhejiang, Shandong, Jiangsu, Hunan, Anhui and Fujian. Many restaurants serve different styles of food.

Jīntiān shíjiān tài jǐn, wǒmen háishi qù chī kuàicān ba.
今天 时间 太 紧, 我们 还是 去 吃 快餐 吧。
We are very pushed for time today. Let's go for fast food.

Wǒ tíyì zánmen AA - zhì.
我 提议 咱们 AA 制。
I suggest we go Dutch.

Zhōumò nǐ yǒu shíjiān ma? Wǒmen yìqǐ chī ge fàn ba.
周末 你 有 时间 吗? 我们 一起 吃 个 饭 吧。
Do you have any free time over the weekend? Let's meet for a meal.

二、订餐 Making Reservations
Dìng Cān

☕ | 常用句型 Useful Expressions
Chángyòng Jùxíng

Wǒ lái dìng cān ba.
我来订餐吧。
Let me make the reservation.

Shuí yǒu zhège fàndiàn de dìng cān diànhuà?
谁有这个饭店的订餐电话？
Who has the number of the restaurant to make a reservation?

Qǐngwèn, shì X X cānguǎn ma?
请问，是××餐馆吗？
Excuse me, is this XX Restaurant?

Qǐng gěi wǒmen dìng yì zhāng kào chuāng de zhuōzi.
请给我们订一张靠窗的桌子。
Please reserve a table by the window for us.

Qǐng gěi wǒmen dìng yí gè bāojiān.
请给我们订一个包间。
Please reserve a private room for us.

> ☞ Note: A private room is also called a separate room (单间 dānjiān)
> or VIP room (雅座 yǎzuò). Some upscale restaurants may have service
> charges. Others may not but will have a minimum charge.

Yǒu liǎng zhāng zhuōzi de bāojiān ma?
有两张桌子的包间吗？
Do you have a private room with two tables?

Bāojiān yào jiā shōu fúwùfèi ma?
包间要加收服务费吗？
Are there any extra service charges for the private room?

Bāojiān yǒu zuì dī xiāofèi de xiànzhì ma?
包间有最低消费的限制吗？
Is there any minimum charge amount for the private room?

Wǒmen míngtiān wǎnshang qī diǎn dào, liù wèi.
我们明天晚上七点到，六位。
We would like to make a reservation for six people at 7 p.m. tomorrow.

Qǐng zhǔnshí lái jiùcān, wǒmen cāntīng zhǐ děng nín shíwǔ fēnzhōng. Guòshí
请准时来就餐，我们餐厅只等您15分钟。过时
bù néng bǎozhèng.
不能保证。
Please be punctual. We'll only hold the table for you for 15 minutes. After that,
we cannot guarantee you a table.

Duìbuqǐ, míng wǎn de bāojiān dōu dìng chūqù le.
对不起，明晚的包间都订出去了。
Sorry, all the private rooms are booked out for tomorrow.

三、点菜 Ordering Food
Diǎn Cài

常用句型 Useful Expressions
Chángyòng Jùxíng

Qǐngwèn, kěyǐ diǎn cài le ma?
请问，可以点菜了吗？
Excuse me, may I take your order now?

Děng yíhuìr diǎn cài, hái yǒu rén méi dào.
等一会儿点菜，还有人没到。
Please wait a moment, we're expecting someone.

Qǐngwèn, yǒu Yīngwén càidān ma?
请问，有英文菜单吗？
May I ask if you have an English menu?

Fúwùyuán, diǎn cài.
服务员，点菜。
Waiter, we would like to order now.

Qǐngwèn, yào shénme liángcài?
请问，要什么凉菜？
What cold dishes would you like?

Yí gè pāihuángguā.
一个拍黄瓜。
I'll have a crushed cucumber in sauce.

Yí gè xiǎocōngbàndòufu.
一个小葱拌豆腐。
We'll have a tofu with spring onion.

Nín yào shénme rè cài?
您要什么热菜？
What hot dishes would you like?

Nǐmen yǒu shénme tèsècài?
你们有什么特色菜？
What are your specialities?

Nǐ kěyǐ gěi wǒmen tuījiàn jǐ gè cài ma?
你可以给我们推荐几个菜吗？
Can you give us any recommendations?

Wǒmen yào yí gè gōngbǎojīdīng.
我们要一个宫保鸡丁。
We'll have a Kung Pao Chicken.

Yào yí gè mápódòufu.
要一个麻婆豆腐。
We'll have a Mapo Tofu (stir-fried tofu in hot sauce).

☛ Note: Chinese cuisine is famous for its appealing colours, appetizing smells and delicious flavours. Chinese menus are also full of fancy names, some of which are based on legends, e.g., 麻婆豆腐, Mapo Tofu is named after the inventor of the dish, Mapo, and 芙蓉鸡片, Lotus Chicken is a dish of sautéed chicken slices in egg white, which looks like a plate of lotus flowers.

Wǒ yào yí gè xīhóngshìchǎojīdàn.
我 要 一 个 西红柿炒鸡蛋。
I'll have the scrambled egg with tomato.

Wǒmen yào yì zhī kǎoyā, bú yào yājiàtāng.
我 们 要 一 只 烤鸭，不 要 鸭架汤。
We'll have a roast duck, but not the duck soup.

Yào yí gè suānlàtāng.
要 一 个 酸辣汤。
We'll have the hot and sour soup.

Yào liǎng wǎn mǐfàn.
要 两 碗 米饭。
We would like two bowls of rice, please.

Yào èrshí gè jiǎozi, jiǔcài jīdàn xiànr de.
要 2 0 个 饺子，韭菜鸡蛋馅儿 的。
We'll have 20 Chinese dumplings with leek and egg filling.

Bú yào tài là.
不 要 太 辣。
Not too spicy, please.

Yóu bú yào fàng tài duō.
油 不 要 放 太 多。
Not too much oil, please.

Qǐng bú yào fàng wèijīng.
请 不 要 放 味精。
Please do not put MSG in the food.

Wǒmen bù chī dòngwù nèizàng.
我 们 不 吃 动 物 内脏。
We don't eat animal organs.

Yǒu shénme chá?
有 什 么 茶?
What kind of tea do you have?

Yǒu shénme guǒzhī?
有 什 么 果汁?
What kind of juice do you have?

Wǒ yào yì bēi chéngzhī.
我 要 一 杯 橙 汁。
I'll have an orange juice.

Wǒ yào yì hú júhuāchá.
我 要 一 壶 菊花茶。
I would like to have a pot of chrysanthemum tea.

Wǒ yào yì bēi bīng shuǐ.
我 要 一 杯 冰 水。
I'll have a glass of ice water.

Yǒu zhāpí ma?
有 扎啤 吗?
Do you have draught beer?

Wǒ yào yì píng Qīngdǎo píjiǔ, yào bīng de.
我 要 一 瓶 青 岛 啤酒, 要 冰 的。
Give me a cold bottle of Tsingtao Beer.

Qǐng kuài yìdiǎnr shàng cài, wǒmen gǎn shíjiān.
请 快 一点儿 上 菜, 我们 赶 时间。
Please serve us quickly. We are in a hurry.

Fúwùyuán, qǐng gěi wǒmen yìdiǎnr cānjīnzhǐ.
服务员, 请 给 我们 一点儿 餐巾纸。
Waiter, please bring us some napkins.

Qǐng gěi wǒ yí gè bēizi, yì shuāng kuàizi.
请 给 我 一 个 杯子, 一 双 筷子。
Please bring me a cup and a pair of chopsticks.

四、结账 Settling the Bill
Jiézhàng

常 用 句型　Useful Expressions
Chángyòng Jùxíng

Fúwùyuán, jiézhàng.
服务员, 结 账。
Waiter, the bill please.

Fúwùyuán, mǎidān.
服务员, 买单。
Waiter, bring me the bill.

Qǐngwèn, kěyǐ shuākǎ ma?
请 问, 可以 刷卡 吗?
May I pay with credit card?

Fúwùyuán, yǒu yōuhuì ma?
服务员, 有 优惠 吗?
Waiter, are there any special discounts being offered?

Fúwùyuán, zhè liǎng gè cài qǐng dǎbāo.
服务员, 这 两 个 菜 请 打包。
Waiter, please give me two doggie bags for these two dishes.

对话（1）Conversation 1
Duìhuà (yī)

Wǎnshang hǎo! Qǐngwèn, nín yígòng jǐ wèi?
A:　晚 上 好! 请 问, 您 一共 几 位?
Good evening! How many in your party?

B: Wǒmen zuótiān yǐjīng dìngle yì zhāng zhuōzi.
我们 昨天 已经 订了 一 张 桌子。
We booked a table yesterday.

A: Duìbuqǐ, qǐngwèn, nín guìxìng?
对不起, 请问, 您贵姓?
Sorry, may I have your last name please?

B: Wǒ xìng Fútè.
我 姓福特。
Ford.

A: Qǐng gēn wǒ lái. zhè shì nín de zhuōzi.
请 跟我来。这是您的桌子。
Please follow me. This is your table.

B: Xièxie.
谢谢。
Thanks.

A: Qǐngwèn, nǐmen hē diǎnr shénme?
请问, 你们喝点儿什么?
What would you like to drink?

B: Liǎng píng Qīngdǎo píjiǔ, yào bīng de. Yì bēi chéngzhī, yì bēi bīng shuǐ.
两 瓶 青岛 啤酒, 要冰的。一杯 橙汁, 一杯冰水。
Two cold bottles of Tsingtao Beer, one orange juice and one ice water.

A: Diǎn cài ma?
点菜吗?
May I take your order now?

B: Yào yì zhī Běijīng kǎoyā, yì tiáo sōngshǔ guìyú.
要 一只 北京 烤鸭, 一条 松鼠桂鱼。
We'd like to have a Beijing roast duck and the sweet and sour mandarin fish.

A: Yào liángcài ma?
要 凉菜 吗?
Any cold dishes?

B: Yào yí gè suānlàhuángguātiáo, zài yào yí gè nuòmǐǒu.
要 一个 酸辣黄瓜条, 再要一个 糯米藕。
One plate of cucumber strips in hot and sour sauce, and one of the steamed lotus roots stuffed with sweet sticky rice.

A: Yào tāng ma?
要 汤 吗?
Would you like soup?

B: Yào yí gè suānlàtāng, liǎng wǎn mǐfàn. Qǐng kuài yìdiǎnr.
要 一个 酸辣汤, 两 碗 米饭。请 快 一点儿。
We would like one hot and sour soup and two bowls of rice. Please be quick.

A: Hǎo, qǐng shāoděng.
好, 请 稍 等。
All right, wait a minute please.

☞ Note: Generally speaking, soup is served as the last course in a Chinese meal, indicating the end of a Chinese dinner. There is usually no dessert, but sometimes restaurants will offer customers a complimentary fruit platter.

对话（2） Conversation 2
Duìhuà (èr)

A: 服务员，结账。
Fúwùyuán, jiézhàng.
Waiter, bill please.

B: 好，给您账单。
Hǎo, gěi nín zhàngdān.
Here's the bill.

A: 请问，现在有优惠吗？
Qǐngwèn, xiànzài yǒu yōuhuì ma?
Are there any special deals at the moment?

B: 有，吃100返30元餐券。
Yǒu, chī yìbǎi fǎn sānshí yuán cānquàn.
Yes, we are giving people a 30 yuan coupon for every 100 yuan they spend.

A: 什么时候都可以用吗？
Shénme shíhou dōu kěyǐ yòng ma?
Can I use the coupon at any time?

B: 一个月内，只有午餐可以用。
Yí gè yuè nèi, zhǐyǒu wǔcān kěyǐ yòng.
You can use it within one month from today, but only during lunch hours.

A: 服务员，这两个菜请打包。谢谢。
Fúwùyuán, zhè liǎng gè cài qǐng dǎbāo. Xièxie.
Please give me two doggie bags for these two dishes, thank you.

B: 不客气。慢走，欢迎再来。
Bú kèqì. Màn zǒu, huānyíng zài lái.
You are welcome. Goodbye, please come again.

五、家庭宴请 Family Feast
Jiātíng Yànqǐng

常用句型 Useful Expressions
Chángyòng Jùxíng

周末有20个客人来吃饭，得请一位厨师、一位招待员。
Zhōumò yǒu èrshí gè kèrén lái chīfàn, děi qǐng yí wèi chúshī, yí wèi zhāodàiyuán.
There will be 20 guests for dinner over the weekend; I've got to hire a chef and a waiter.

请帮我介绍一位好的厨师。
Qǐng bāng wǒ jièshào yí wèi hǎo de chúshī.
Please help me find a good chef.

这位厨师有多年在使馆工作的经验。
Zhè wèi chúshī yǒu duō nián zài shǐguǎn gōngzuò de jīngyàn.
This chef has many years' experience of serving at the embassy.

他中西餐做得都很棒。
Tā zhōng-xīcān zuò de dōu hěn bàng.
He is good at both Chinese and Western food.

Nín xiān nǐ gè càidān wǒ kànkan.
您 先 拟 个 菜 单 我 看看。
Please work out a menu for me to take a look at.

Zhè shì càijīn, nín qù mǎi cáiliào.
这 是 菜 金，您 去 买 材料。
This is the money for you to buy ingredients.

Qǐng yídìng yào mǎi xīnxiān de.
请 一 定 要 买 新 鲜 的。
Please be sure to get the fresh products.

Qǐng nín zhùyì zhǎngwò hǎo liàng, qiānwàn bié bú gòu, duō yìdiǎnr méi guānxì.
请 您 注意 掌 握 好 量，千 万 别 不 够，多 一点儿 没 关系。
Please weigh up the amount of food; we would rather have too much than too little.

Tīngshuō nín de tiándiǎn zuò de búcuò, nín duō zuò yìdiǎnr.
听 说 您 的 甜 点 做 得 不 错，您 多 做 一点儿。
I heard you are good at making desserts, please prepare a few more.

Nín zài dài yí wèi zhāodàiyuán lái ba.
您 再 带 一 位 招 待 员 来 吧。
Please bring along a waiter with you.

Zhāodàiyuán kěyǐ zǎo yìdiǎnr lái bāng wǒ bǎizhuō ma?
招 待 员 可以 早 一点儿 来 帮 我 摆 桌 吗？
Can the waiter come a bit early to help me lay the table?

Fàn hòu, qǐng nín hé zhāodàiyuán bǎ chúfáng shōushi hǎo.
饭 后，请 您 和 招 待 员 把 厨房 收拾 好。
Please tidy up the kitchen with the waiter after dinner.

Qǐngwèn, chúshī zuò yì cān fàn yìbān shōufèi duōshao?
请 问，厨 师 做 一 餐 饭 一般 收费 多 少？
May I ask how much the chef charges for a feast?

Zhāodàiyuán yí gè wǎnshang shōufèi duōshao?
招 待 员 一 个 晚 上 收费 多 少？
How much is the cost of hiring a waiter for one night?

Shīfu, kèrén hěn xǐhuan nín zuò de cài, tāmen xiǎng jiànjian nín.
师傅，客人 很 喜欢 您 做 的 菜，他们 想 见 见 您。
The guests love the dishes you cooked; they would like to meet you.

Kuàicān
六、快餐 Fast Food

Chángyòng Jùxíng
常 用 句型 Useful Expressions

Wǒ xǐhuan xīshì kuàicān.
我 喜欢 西式 快餐。
I like Western fast food.

Wǒ ài chī zhōngshì kuàicān.
我 爱 吃 中式 快餐。
I like Chinese fast food.

Wǒmen qù chī Lánzhōu lāmiàn ba.
我们 去 吃 兰 州 拉面 吧。
Let's go to eat Lanzhou hand-pulled noodles.

Wǒ xiǎng qù chī Màidāngláo.
我 想 去 吃 麦 当 劳。
I want to go to McDonald's.

Wǒ yào yí fèn tàocān.
我 要 一 份 套餐。
I'll have the set meal.

Yào yí gè jī tuǐ hànbǎo, yì bēi kělè.
要 一 个 鸡 腿 汉 堡, 一 杯 可乐。
I'll have a chicken burger and a cola.

Duìhuà 对话 Conversation

A: Qǐngwèn, nín yào shénme?
请 问 , 您 要 什 么?
What would you like?

B: Wǒ yào yì wǎn niúròu lāmiàn, shǎo fàng làjiāo.
我 要 一 碗 牛 肉 拉面 , 少 放 辣椒。
A bowl of hand-pulled beef noodles with just a little hot pepper oil.

A: Hǎo. Shāo děng.
好。 稍 等。
OK, one minute please.

C: Qǐngwèn, dāoxiāomiàn duōshao qián yì wǎn?
请 问 , 刀 削 面 多 少 钱 一 碗?
How much is a bowl of sliced noodles, please?

A: Bā kuài, zhè shì Shānxī fēngwèir de, hǎo chī.
八 块 , 这 是 山 西 风味儿的, 好 吃。
Eight *kuai*. This is Shanxi style food. It's very tasty.

C: Nà hǎo, wǒ yào yì wǎn Shānxī dāoxiāomiàn.
那 好 , 我 要 一 碗 山 西 刀 削 面。
All right, I'd like a bowl.

A: Qǐng shāo děng. Miàn hǎo le, miànlikěyǐ fàng yìdiǎnr cù, gèng hǎochī.
请 稍 等 。 面 好了, 面 里可以 放 一点儿醋, 更 好吃。
One minute, please. Your noodles are done, you can add some vinegar to them for flavour if you'd like.

C: Xièxie. À, zhēn xiāng, wèidào yídìng búcuò.
谢谢。 啊, 真 香 , 味 道 一 定 不 错。
Thank you. Ah, these smell so good. They must be delicious.

Cānkǎo Cíhuì
✹ 参考词汇 Vocabulary

饿	è	hungry
饱	bǎo	full
渴	kě	thirsty
好吃	hǎochī	delicious
不好吃	bù hǎochī	not tasty
吃饭	chīfàn	to eat meals
早饭（早点）	zǎofàn (zǎodiǎn)	breakfast
午饭	wǔfàn	lunch
晚饭	wǎnfàn	dinner
夜宵	yèxiāo	midnight snack
饭店	fàndiàn	hotel
饭馆	fànguǎn	restaurant
餐厅	cāntīng	restaurant
酒吧	jiǔbā	bar
小吃店	xiǎochīdiàn	snack bar
快餐店	kuàicāndiàn	fast food restaurant
麦当劳	Màidāngláo	Mcdonald's
肯德基	Kěndéjī	KFC
大排档	dàpáidàng	sidewalk food stall, food court
自助餐	zìzhùcān	buffet
野餐	yěcān	picnic
中餐	zhōngcān	Chinese style food
西餐	xīcān	Western style food
特色菜	tèsècài	specialty
拿手菜	náshǒucài	specialty
菜单	càidān	menu
点菜	diǎn cài	to order
酒水	jiǔshuǐ	beverage
饮料	yǐnliào	drink
凉菜	liángcài	cold dish
热菜	rè cài	hot dish
主食	zhǔshí	staple food
米饭	mǐfàn	rice
面条	miàntiáo	noodle
包子	bāozi	steamed stuffed bun

嫩	nèn	tender
老	lǎo	tough
鲜	xiān	fresh, tasty
酸	suān	sour
甜	tián	sweet
苦	kǔ	bitter
辣	là	spicy, hot
咸	xián	salty
淡	dàn	tasteless
麻辣	málà	hot and spicy
糖醋	tángcù	sweet and sour
盐	yán	salt
糖	táng	sugar
胡椒粉	hújiāofěn	pepper
辣椒油	làjiāoyóu	chili oil
香油	xiāngyóu	sesame oil
酱油	jiàngyóu	soy sauce
醋	cù	vinegar
烤	kǎo	to roast
炒	chǎo	to stir-fry
蒸	zhēng	to steam
煮	zhǔ	to boil
炸	zhá	to deep fry
杯子	bēizi	cup
盘子	pánzi	plate
碗	wǎn	bowl
筷子	kuàizi	chopsticks
勺子	sháozi	spoon
叉子	chāzi	fork
刀子	dāozi	knife
餐巾纸	cānjǐnzhǐ	napkin
打包	dǎbāo	to take with a doggie bag
结账（买单）	jiézhàng (mǎidān)	to settle the bill
啤酒	píjiǔ	beer
葡萄酒	pútaojiǔ	wine
白酒	báijiǔ	spirits

茉莉花茶	mòlì huāchá	jasmine tea
菊花茶	júhuāchá	chrysanthemum tea
可口可乐	Kěkǒukělè	Coca-Cola
雪碧	xuěbì	Sprite
冰水	bīngshuǐ	ice water
开水	kāishuǐ	boiling water
咖啡	kāfēi	coffee
果汁	guǒzhī	juice
猪肉	zhūròu	pork
牛肉	niúròu	beef
羊肉	yángròu	lamb
鸡肉	jīròu	chicken
鱼	yú	fish
鸡蛋	jīdàn	egg
北京烤鸭	Běijīng kǎoyā	Beijing Roast Duck
宫保鸡丁	gōngbǎojīdīng	Kung Pao Chicken
京酱肉丝	jīngjiàngròusī	sautéed shredded pork in sweet bean sauce
鱼香肉丝	yúxiāngròusī	Yu-Shiang Shredded Pork
古老肉	gǔlǎoròu	sweet and sour pork
铁板牛柳	tiěbǎnniúliǔ	sizzling beef
黑椒牛柳	hēijiāoniúliǔ	sautéed beef fillet with black pepper
水煮鱼	shuǐzhǔyú	fish fillets in hot chili oil
西红柿炒鸡蛋	xīhóngshìchǎojīdàn	scrambled egg with tomato
尖椒土豆丝	jiānjiāotǔdòusī	shredded potato with hot peppers
酸辣黄瓜条	suānlàhuángguātiáo	cucumber strips with hot and sour sauce
小葱拌豆腐	xiǎocōngbàndòufu	tofu with spring onion
酸辣汤	suānlàtāng	hot and sour soup
海鲜	hǎixiān	seafood
火锅	huǒguō	hotpot
涮羊肉	shuànyángròu	Mongolian Hotpot

Dì-bā Piān Gòu Wù
第八篇 购物

Chapter 8 Shopping

Gòu Wù Zīxún
一、购物咨询 Asking About Shopping

Chángyòng Jùxíng
♨ 常用句型 Useful Expressions

Fùjìn yǒu dà de chāoshì ma?
附近有大的超市吗?

Is there a big supermarket nearby?

Nǐ zhīdào nǎge shāngdiàn zài dǎzhé ma?
你知道哪个商店在打折吗?

Do you know which stores are on sale now?

Cùxiāo huódòng cóng shénme shíhou kāishǐ?
促销活动从什么时候开始?

When does the promotion start?

Qǐngwèn értóng fúzhuāng zài jǐ lóu?
请问儿童服装在几楼?

Excuse me, which floor has children's clothes?

Qǐngwèn, zhèr yǒu zhège páizi de zhuāngguì ma?
请问,这儿有这个牌子的专柜吗?

Excuse me, does this brand have a section here?

Nǐmen jǐ diǎn kāimén?
你们几点开门?

What time do you open?

Nǐmen jǐ diǎn guānmén?
你们几点关门?

What time do you close?

Chūn Jié qījiān nǐmen zhàocháng yíngyè ma?
春节期间你们照常营业吗?

Are you keeping normal business hours during the Spring Festival?

Zhège diàn èrshísì xiǎoshí yíngyè.
这个店24小时营业。

This shop is open 24 hours.

Jiéjiàrì shāngdiàn dàdū kāimén.
节假日商店大都开门。

Most of the shops are open during public holidays.

Qù zhège shāngchǎng hǎo tíng chē ma?
去 这 个 商 场 好 停 车 吗?
Is it easy to find parking at this shopping mall?

Duìhuà
对话 Conversation

Zhōumò wǒxiǎng qù chāoshì mǎi diǎnr dōngxi.
A: 周 末 我 想 去 超 市 买 点儿 东 西。
I would like to do some grocery shopping at the supermarket over the weekend.

Wǒ gēn nǐ yìqǐ qù ba, wǒ yě děi mǎi yìdiǎnr shípǐn.
B: 我 跟 你 一起 去 吧, 我 也 得 买 一点儿 食品。
I'll go with you. I also need to buy some food.

Wǒmen qù Jiālèfú ba, nàr dōngxi duō.
A: 我 们 去 家乐福 吧, 那儿 东 西 多。
Let's go to Carrefour. There is plenty of stuff there.

Kěshì bù hǎo tíng chē.
B: 可 是 不 好 停 车。
But parking there is not easy.

Wǒmen dǎ chē qù.
A: 我 们 打 车 去。
We'll grab a cab.

Cānkǎo Cíhuì
参考词汇 Vocabulary

商场	shāngchǎng	shopping mall
商店	shāngdiàn	shop, store
市场	shìchǎng	market
超市	chāoshì	supermarket
专卖店	zhuānmàidiàn	specialty store
卖	mài	to sell
买东西	mǎi dōngxi	to do some shopping
促销	cùxiāo	promotion
打折	dǎzhé	discount, sale
返券	fǎn quàn	in-store rebate promotion
优惠	yōuhuì	discount
经理	jīnglǐ	manager
老板	lǎobǎn	boss
顾客	gùkè	customer
回头客	huítóukè	repeat customer

Zài Zhuānmàidiàn
二、在 专 卖 店 At the Specialty Stores

Chángyòng Jùxíng
常 用 句型 Useful Expressions

Zài Fúzhuāngdiàn
1. 在 服 装 店 At an Apparel Store

Qǐngwèn, zhè yīfu shì shénme liàozi de?
请 问 ，这 衣服 是 什么 料子 的？
Excuse me, what material is this clothing?

Shì chún mián de ma?
是 纯 棉 的 吗？
Is it pure cotton?

Zhè shì zhēnsī de ma?
这 是 真丝 的 吗？
Is it pure silk?

Zhè shì chún yángróng de ma?
这 是 纯 羊绒 的 吗？
Is this pure cashmere?

Yángróng de hánliàng yǒu duōshao?
羊绒 的 含量 有 多 少？
How high is the cashmere content?

Zhè shì chún máo de ma?
这 是 纯 毛 的 吗？
Is this pure wool?

Zhè shì zhēn pí de ma?
这 是 真 皮 的 吗？
Is this pure leather?

Kěyǐ shuǐ xǐ ma?
可以 水 洗 吗？
Can this be washed in water?

Kěyǐ jī xǐ ma?
可以 机洗 吗？
Is it machine washable?

Xǐ hòu huì suōshuǐ ma?
洗后 会 缩水 吗？
Will it shrink after washing?

Xǐ hòu huì biànxíng ma?
洗后 会 变 形 吗？
Will it lose its shape after washing?

Shuǐ xǐ huì diàoshǎi ma?
水 洗 会 掉 色 吗？
Will it fade after washing?

Xǐ hòu yào tàng ma?
洗后 要 烫 吗？
Does it need to be ironed after washing?

Zhè zhǒng yīfu dōu yǒu shénme yánsè de?
这 种 衣服都 有 什么 颜色的?

What different colours does this piece come in?

Yǒu xiānyàn yìdiǎnr de ma?
有 鲜 艳一点儿的吗?

Is there a brighter colour?

Yǒu dīyāokù ma?
有 低腰裤吗?

Do you have low rise trousers?

Yǒu jiǔfēnkù ma?
有 九分裤吗?

Do you have ankle length trousers?

Wǒ děi mǎi yí tào xiūxiánzhuāng, lǚyóu chuān.
我 得 买一套休闲 装 , 旅游 穿 。

I've got to buy a casual suit for travelling.

Wǒ yào mǎi yí tào zhèngzhuāng.
我 要 买一套 正 装 。

I need to buy a formal suit.

Wǒ yào mǎi yí tào wǎnlǐfú.
我 要 买一套晚礼服。

I need to buy an evening dress.

Wǒ xiǎng mǎi yí tào zhōngshì fúzhuāng.
我 想 买一套中 式 服 装 。

I would like to get a set of traditional Chinese style clothes.

Wǒ xiǎng gěi nǚ péngyou mǎi yí jiàn qípáo.
我 想 给女 朋 友 买 一件 旗袍。

I would like to buy a cheongsam for my girlfriend.

Yǒu dàhào de ma?
有 大号的吗?

Do you have a large size?

Yǒu xiǎo yí hào de ma?
有 小 一号的 吗?

Do you have a smaller size?

Wǒ kěyǐ shìshi ma?
我 可以试试 吗?

Can I try it on?

Yǒu shìyījiān ma?
有 试衣间 吗?

Do you have a fitting room?

Yǒu diǎnr cháng.
有点儿 长 。

It's a bit too long.

Yǒu diǎnr shòu.
有点儿 瘦 。

It's a bit too tight.

Bù héshì kěyǐ huàn ma?
不合适可以 换 吗?

Can I exchange it if it doesn't fit?

Zhè jiàn yīfu bù héshì, néng tuì ma?
这 件 衣服 不 合适 , 能 退 吗?
This piece of clothing doesn't fit. Can I return it?

Duìhuà 对话 Conversation

A: Qǐngwèn, Zhè zhǒng yàngzi de niúzǎikù yǒu wǒ chuān de ma?
请 问 , 这 种 样子 的 牛仔裤 有 我 穿 的 吗?
Excuse me, does this style of jeans come in my size?

B: Nín chuān duō dà yāowéi de?
您 穿 多 大 腰围 的?
What's your waist measurement, please?

A: Wǒ chuān èr chǐ yī de.
我 穿 二尺一 的。
2.1 chi (70cm).

B: Yǒu, nín shìshi zhè tiáo.
有 , 您 试试 这 条。
Yes it does. Try this pair please.

A: Zhè tiáo shì bu shì yǒudiǎnr shòu?
这 条 是不是 有点儿 瘦 ?
This pair is a bit too tight, isn't it?

B: Zhè zhǒng niúzǎibù yǒu tánlì, bāo shēn yìdiǎnr hǎokàn.
这 种 牛仔布 有 弹力, 包 身 一点儿 好看。
This kind of fabric is stretchable, a close fit looks better.

A: Hǎo, wǒ jiù yào zhè tiáo le.
好 , 我 就要 这 条 了。
OK, I'll take this one.

Cānkǎo Cíhuì 参考词汇 Vocabulary

衣服	yīfu	clothes
衬衣	chènyī	shirt
毛衣	máoyī	sweater
外衣	wàiyī	outfit
大衣	dàyī	overcoat
风衣	fēngyī	windbreaker
羽绒服	yǔróngfú	down coat
T恤衫	T-xùshān	T-shirt
裤子	kùzi	trousers
牛仔裤	niúzǎikù	jeans
休闲装	xiūxiánzhuāng	casual wear

运动装	yùndòngzhuāng	sports wear
裙子	qúnzi	skirt
连衣裙	liányīqún	dress
吊带裙	diàodàiqún	slip dress
西装	xīzhuāng	suit
正装	zhèngzhuāng	formal suit
工服	gōngfú	working uniform
晚装	wǎnzhuāng	evening dress
内衣	nèiyī	underwear
内裤	nèikù	underpants
胸罩	xiōngzhào	bra
领子	lǐngzi	collar
袖子	xiùzi	sleeve
胸围	xiōngwéi	chest measurement, bust
腰围	yāowéi	waistline
臀围	túnwéi	hipline
身长	shēncháng	length (of a garment from shoulder to hemline)
衣料	yīliào	fabric, material
免烫	miǎn tàng	iron free
红色	hóngsè	red
黄色	huángsè	yellow
蓝色	lánsè	blue
白色	báisè	white
黑色	hēisè	black
绿色	lǜsè	green
灰色	huīsè	grey
橙色	chéngsè	orange
棕色	zōngsè	brown
深色	shēnsè	dark-coloured
浅色	qiǎnsè	light-coloured
大	dà	big

小	xiǎo	small
肥	féi	loose
瘦	shòu	tight
长	cháng	long
短	duǎn	short
厚	hòu	thick
薄	báo	thin
款式	kuǎnshì	style
样子	yàngzi	design

Zài Xié Diàn
2. 在 鞋 店 At a Shoe Shop

Zhè zhǒng liángxié yǒu sìshí hào de ma?
这 种 凉鞋 有 40 号 的 吗?
Do these sandals come in Size 40?

Wǒ chuān sìshísì hào de.
我 穿 44 号 的。
I wear a Size 44.

Zhè shuāng xié yǒudiǎnr shòu.
这 双 鞋 有点儿 瘦。
This pair of shoes is a bit too tight.

Zhè zhǒng xié yǒu jǐ zhǒng yánsè?
这 种 鞋 有 几 种 颜色?
How many different colours do these shoes come in?

Zhè shuāngxié dǐr tài yìng, yǒu ruǎn yìdiǎnr de ma?
这 双 鞋底儿太硬, 有 软 一点儿 的 吗?
The soles of these shoes are too hard. Do you have softer ones?

Wǒ xǐhuan chuān xiédǐ hòu yìdiǎn de xié.
我 喜欢 穿 鞋底 厚一点儿的鞋。
I like shoes with thicker soles.

Qǐngwèn, zhè xié shì pí de ma?
请 问, 这 鞋是皮的吗?
Excuse me, is this pair of shoes made of leather?

Zhè shì zhēn niúpí de ma?
这 是 真 牛皮的吗?
Is this real calfskin?

Zhè xié shì yángpí de ma?
这 鞋是 羊皮的吗?
Is this pair of shoes of sheepskin?

☕ | Duìhuà
对话 Conversation

Tiān rè le , wǒ děi qù mǎi yì shuāng liángxié .
A: 天热了，我得去买一双凉鞋。
It's getting warmer. I've got to buy a pair of sandals.

Wǒ péi nǐ qù , wǒ yào qù lǚyóu le , děi mǎi yì shuāng jiēshi de lǚyóuxié .
B: 我陪你去，我要去旅游了，得买一双结实的旅游鞋。
I'll go with you. I've got to buy a pair of durable hiking shoes for my upcoming trip.

zài xiédiàn
（在鞋店）
(At the shoe shop)

Qǐngwèn , èr wèi xūyào shénme xié?
C: 请问，二位需要什么鞋?
What kind of shoes are you looking for?

Zhè zhǒng yàngzi de liángxié yǒu sìshíliù hào de ma?
A: 这种样子的凉鞋有４６号的吗?
Do these sandals come in Size 46?

Duìbuqǐ , wǒmen diàn méiyǒu zhème dàhào de liángxié . Nín qù biéde diàn
C: 对不起，我们店没有这么大号的凉鞋。您去别的店
kànkan ba .
看看吧。
Sorry, we don't have large size at our shop. You may want to try other stores.

Qǐngwèn , zhè zhǒng lǚyóuxié yǒu sānshíjiǔ hào de ma ?
B: 请问，这种旅游鞋有３９号的吗?
Excuse me, do these sneakers come in Size 39?

Yǒu , wǒ gěi nín ná , nín shìshi .
C: 有，我给您拿，您试试。
Yes, I'll get a pair for you to try.

Hěn héshì . Qǐngwèn , zhè xiémiàn shì shénme cáizhì de?
B: 很合适。请问，这鞋面是什么材质的?
They fit perfectly. May I ask what material they are made from?

Niúpí hé fǎng pí pīnjiē de , xiédǐ shì xiàngjiāo de . Tòuqìxìng hǎo , yě jiēshi .
C: 牛皮和仿皮拼接的，鞋底是橡胶的。透气性好，也结实。
The uppers are made from calfskin pieced together with artificial leather, and the soles are rubber which is very breathable and durable.

Hǎo , wǒ yào zhè shuāng .
B: 好，我要这双。
All right. I'll take this pair.

Cānkǎo Cíhuì
☀ 参考词汇 Vocabulary

皮鞋	pí xié	leather shoes
布鞋	bù xié	cloth shoes
凉鞋	liángxié	sandals
拖鞋	tuōxié	slippers
皮靴	pí xuē	leather boots
运动鞋	yùndòngxié	sports shoes, sneakers
旅游鞋	lǚyóuxié	hiking shoes
鞋帮	xiébāng	shoe side
鞋底	xiédǐ	sole
鞋带儿	xiédàir	shoestring
牛皮	niúpí	calfskin
羊皮	yángpí	sheepskin
仿皮	fǎng pí	artificial leather

Zài HuàzhuāngpǐnDiàn
3. 在 化 妆 品 店 At a Cometics Store

Běijīng de dōngtiān tài gànzào le . Wǒ děi mǎi yìxiē bǎoshī de hùfūpǐn .
北京的冬天太干燥了。我得买一些保湿的护肤品。
Beijing's winter is too dry. I need to buy some moisturizer.

Běijīng xiàtiān tài shài le , děi mǎi fángshàishuāng .
北京夏天太晒了，得买防晒霜。
The sun is too strong in Beijing in summer. I need to buy some sunscreen.

Wǒ yào mǎi rùnchúngāo .
我要买润唇膏。
I want to buy a moisturizing lipstick.

Duìhuà
☕ 对话 Conversation

Nín xūyào miànmó ma? Wǒmen zài zuò cùxiāo .
A: 您需要面膜吗？我们在作促销。
Do you want any face packs? We're having a promotion.

Zhèxiē miànmó yǒu shénme bù tóng?
B: 这些面膜有什么不同？
What's special about those face packs?

Yǒude jiāle réncān, yǒude jiāle yànwō, yǒude jiāle língzhī bāozǐ .
A: 有的加了人参，有的加了燕窝，有的加了灵芝孢子。
Some contain ginseng, some bird's nest, and some ganoderma spore.

Jiāle zhèxiē chéngfèn， yǒu shénme zuòyòng？ Huì guòmǐn ma？
B: 加了这些 成分， 有 什么 作用？ 会 过敏 吗？
What is the function? Will these cause allergies?

Dōu shì zhōngyào chéngfèn， yìbān bú huì guòmǐn。 Kěyǐ jìnghuà pífū，
A: 都 是 中 药 成分，一般 不会 过敏。可以 净化皮肤，
zēngjiā pífū yíngyǎng， kàng yǎnghuà。
增加 皮肤营养， 抗 氧化。
All of them can be made into herbal medicines and are unlikely to cause allergies.They can help to cleanse and nourish the skin and help it to fight against oxidation.

Nà wǒ měi zhǒng mǎi jǐ piàn ba．
B: 那我 每 种 买 几片 吧。
OK, I'm thinking of buying several pieces each.

Cānkǎo Cíhuì
☀ 参考词汇 Vocabulary

名牌	míngpái	brand name
化妆品	huàzhuāngpǐn	cosmetics
洗面奶	xǐmiànnǎi	cleaning cream
柔肤水	róufūshuǐ	toner
润肤霜	rùnfūshuāng	cream
防晒霜	fángshàishuāng	sunscreen
面膜	miànmó	face pack
粉底	fěndǐ	foundation cream
唇膏	chúngāo	lipstick
眼影	yǎnyǐng	eyeshadow
腮红	sāihóng	rouge, blush
粉饼	fěnbǐng	pressed powder
眉笔	méibǐ	eyebrow pencil
睫毛膏	jiémáogāo	mascara
睫毛夹	jiémáojiā	eyelash curler
卸妆水	xièzhuāngshuǐ	makeup remover
洗发水	xǐfàshuǐ	shampoo
护发素	hùfàsù	hair conditioner
染发剂	rǎnfàjì	hair colour
沐浴露	mùyùlù	body wash, shower gel
香水	xiāngshuǐ	perfume
化妆包	huàzhuāngbāo	cosmetic kit

Zài Shípǐn Diàn
4. 在 食品 店 At a Food Store

Qǐngwèn, zhè zhǒng miànbāo duōshao qián yí gè?
请问, 这 种 面 包 多 少 钱 一个?
Excuse me, how much is this kind of bread?

Wǒ yào liǎng gè fǎshì miànbāogùn.
我 要 两个法式面 包 棍。
I want two baguettes.

Wǒ yào yí gè quán mài miànbāo.
我 要一个全 麦 面 包。
I want one loaf of whole wheat bread.

Wǒ yào yí gè sānmíngzhì.
我 要一个 三 明 治。
I want one sandwich.

Wǒ yào liǎng gè règǒu.
我 要 两个热狗。
I want two hotdogs.

Wǒ yào yí gè xiǎo bǐsàbǐng.
我 要一个 小 比萨饼。
I want a small pizza.

Wǒ yào dìng yí gè shēngrì dàngāo.
我 要 订一个 生 日 蛋糕。
I would like to order a birthday cake.

Wǒ yào èrbǎi kè huǒtuǐ.
我 要 200 克火腿。
I want 200g of ham.

Wǒ yào yìbǎi kè huángyóu.
我 要 100 克 黄 油。
I want 100g of butter.

Wǒ yào yì píng cǎoméijiàng.
我 要一瓶 草 莓 酱。
I want a jar of strawberry jam.

Qǐng gěi wǒ chēng yíxiàr zhè kuài nǎilào.
请 给我 称 一下儿这 块 奶酪。
Please weigh this cheese for me.

Qǐngwèn, zhèzhǒng suānnǎishì tuōzhī de ma?
请 问, 这 种 酸奶 是 脱脂的吗?
Excuse me, is this skimmed yogurt?

Qǐngwèn, nǎ zhǒng suānnǎishì yuánwèi de?
请 问, 哪 种 酸奶 是 原味的?
Excuse me, which kind of yogurt is plain flavoured?

Qǐng gěi wǒ ná liǎng tǒng niúnǎi.
请 给我拿 两 桶 牛奶。
Please give me two containers of milk.

Zè shì zài bǎozhìqī nèi de ma?
这是在保质期内的吗?
Is this still in date?

Wǒ yào yì xiāng píjiǔ . Néng bāng wǒ bān dào qìchē shang ma?
我 要 一 箱 啤酒 。 能 帮 我 搬 到 汽车 上 吗?
I want a crate of beer. Can you help me load it into my car?

Qǐng gěi wǒ ná yì píng kuàngquánshuǐ . Yào bīng de .
请 给 我 拿 一 瓶 矿 泉 水 。要 冰 的 。
Please get me a bottle of iced mineral water.

Yǒu bīnghóngchá ma? Lái yì píng .
有 冰 红 茶 吗? 来一 瓶 。
Do you have an iced black tea? Give me a bottle of it, please.

Duìhuà 对话 Conversation

A: Qǐngwèn , nín yào shénme?
请 问 ，您 要 什 么 ?
What can I get you?

B: Qǐng gěi wǒ chēng èrbǎi kè sàlāmǐcháng .
请 给 我 称 200 克萨拉米肠。
Please weigh 200g of salami for me.

A: Hǎo , duō yìdiǎnr kěyǐ ma?
好 , 多 一点儿可以吗?
All right. Is it OK if it's more than that?

B: Kěyǐ , bié tài duō .
可以, 别 太 多 。
Sure, but not too much.

A: Èrbǎi yīshí kè , yào qiēpiàn?
2 1 0 克，要 切 片?
210g, would you like to have it sliced?

B: Yào , xièxie .
要 , 谢谢。
Yes, please. Thanks.

Cānkǎo Cíhuì 参考词汇 Vocabulary

食品	shípǐn	food
食品店	shípǐndiàn	food store
面包	miànbāo	bread
全麦面包	quán mài miànbāo	whole wheat bread
三明治	sānmíngzhì	sandwich
热狗	règǒu	hotdog
比萨	bǐsà	pizza
蛋糕	dàngāo	cake
饼干	bǐnggān	biscuit, cracker

方便面	fāngbiànmiàn	instant noodles
火腿	huǒtuǐ	ham
香肠	xiāngcháng	sausage
黄油	huángyóu	butter
奶酪	nǎilào	cheese
果酱	guǒjiàng	jam
蜂蜜	fēngmì	honey
牛奶	niúnǎi	milk
酸奶	suānnǎi	yogurt
果汁	guǒzhī	juice
矿泉水	kuàngquánshuǐ	mineral water
冰激凌	bīngjīlíng	ice cream
桶	tǒng	container
盒	hé	crate
支	zhī	piece (measure word for long, thin objects)
袋	dài	packet
块	kuài	bar
根	gēn	piece (measure word for long, thin objects)

5. 在 家具店 At a Furniture Shop
Zài Jiājù Diàn

Wǒ xūyào mǎi shāfā hé yìxiē chuángshàng yòngpǐn.
我需要买沙发和一些 床 上 用品。
I need to buy a sofa and some bedding.

Qù Yíjiā mǎi dōngxi hěn fāngbiàn, dōngxi hěn quán.
去宜家买东西很方便，东西很全。
It's convenient to shop at IKEA as they have a wide selection of goods.

Wǒ xiǎng mǎi yìxiē zhōngshì de lǎo jiājù.
我想买一些中式的老家具。
I want to buy some classic Chinese style furniture.

Xiǎng mǎi lǎo jiājù huòzhě dìngzuò kěyǐ qù Gāobēidiàn jiājù yì tiáo jiē huò Pān-
想买老家具或者定做可以去高碑店家具一条街或潘
jiāyuán Shìchǎng.
家园 市场。
Gaobeidian Furniture Street or Panjiayuan Market are the places to go for buying old furniture or having it reproduced.

Qǐngwèn, zhè shì shénme mùliào de?
请 问 ，这 是 什 么 木 料 的？
Excuse me, what type of wood is this?

Qǐngwèn, zhè shì shénme cháodài de shìyàng?
请 问 ，这 是 什 么 朝 代 的 式 样？
Excuse me, which dynasty is this style from?

Qǐngwèn, zhè shì xīn de háishi lǎo de?
请 问 ，这 是 新 的 还 是 老 的？
Excuse me, is this piece new or old?

Zhè shì hóngmù de, Míngdài de yàngzi.
这 是 红 木 的， 明 代 的 样 子。
This is made of padauk wood (rosewood) in the Ming (1368-1644) style.

Zhè shì fǎngzhì de.
这 是 仿 制 的。
This is an imitation.

Wǒ xiǎng dìngzuò jǐ jiàn jiājù, kěyǐ ma?
我 想 定 做 几 件 家 具， 可以吗？
Can I have several pieces of furniture made here?

Wǒ gěi nín yàngzi hé chǐcùn, qǐng àn wǒ de yāoqiú zuò.
我 给 您 样 子 和 尺 寸， 请 按 我 的 要 求 做。
Please follow the sample picture and size I gave you.

Néng sòng huò ma?
能 送 货 吗？
Can you deliver it?

Yào jiāo dìngjīn ma?
要 交 定 金 吗？
Do I need to pay a deposit?

Jiājù chūle wèntí, nǐmen guǎn xiū ma?
家 具 出 了 问 题， 你 们 管 修 吗？
Is there a warranty period in case there are any problems with the furniture?

Wǒmen yào qiān hétong, xiān jiāo yí bùfen dìngjīn.
我 们 要 签 合 同， 先 交 一 部 分 定 金。
We need to sign a contract and pay a deposit in advance.

☕ Duìhuà
对话 **Conversation**

Qǐngwèn, zhège guìzi shì shénme mùliào de?
A: 请 问 ，这 个 柜 子 是 什 么 木 料 的？
Excuse me, what wood is this cabinet made of?

Lǎo yúmù de.
B: 老 榆 木 的。
It's made from an old elm.

Shì lǎo de háishi xīn de?
A: 是 老 的 还 是 新 的？
Is it an old or new piece?

Shì Mínguó shíqī de .
B: 是 民 国 时 期 的。
It's from the period of the Republic of China (1912-1949).

Zhè shì shénme dìfang chū de ?
A: 这 是 什 么 地 方 出 的？
Which area is it from?

Shānxī .
B: 山 西。
Shanxi.

Cānkǎo Cíhuì
☀ 参 考 词汇 Vocabulary

家具市场	jiājù shìchǎng	furniture market
老家具	lǎo jiājù	old funiture
精致	jīngzhì	refined
雕刻	diāokè	sculpture
木料	mùliào	wooden materials
紫檀木	zǐtánmù	red sandalwood
黄花梨	huánghuālí	rosewood
鸡翅木	jīchìmù	Jambire (chicken wing wood)
酸枝木	suānzhīmù	mahogany
老红木	lǎo hóngmù	old padauk wood
老榆木	lǎo yúmù	old elm
明式	Míngshì	Ming style
清式	Qīngshì	Qing(1636-1912) style
定做	dìngzuò	tailor-made
定金	dìngjīn	deposit
送货	sòng huò	delivery

Zài Huāhuì Shìchǎng
6. 在 花卉 市 场 At a Flower Market

Nín zhīdào nǎr yǒu huāhuì shìchǎng ma?
您 知道哪儿有 花卉 市 场 吗?
Do you know where I can find a flower market?

Wǒ xiǎng mǎi jǐ pén huā zhuāngshì yíxiàr fángjiān hé yángtái .
我 想 买几盆花 装 饰 一下儿房间和阳台。
I want to buy some pot plants to decorate my room and my balcony.

Wǒ xiǎng mǎi jǐ gè qīng huā huāpén .
我 想 买 几个 青 花 花盆。
I would like to buy some flowerpots in blue and white porcelain.

Wǒ xiǎng mǎi yí gè bōli huāpíng .
我 想 买一个玻璃花瓶。
I would like to buy a glass vase.

Mǎi dà pén de huā néng sòng huò ma?
买大盆的花 能 送 货 吗?
Do you have a delivery service for large pot plants?

Zhè zhǒng pénhuā zěnme jiāo shuǐ?
这 种 盆花 怎么 浇 水?
How should I water this kind of pot plant?

Zhè zhǒng pénhuā zěnme shīféi ? Shī shénme féi ?
这 种 盆花 怎么 施肥? 施 什么 肥?
How should I apply fertiliser to this kind of pot plant? What kind of fertiliser should I use?

Zhè zhǒng pénhuā shēngle chóngzi zěnme bàn?
这 种 盆花 生了 虫子 怎么 办?
What should I do if I find insects in this pot plant?

Qǐngwèn , kāngnǎixīn duōshao qián yì zā?
请 问 , 康乃馨 多 少 钱 一扎?
Excuse me, how much is a bunch of carnations?

Qǐngwèn , hóng méigui duōshao qián yì zhī?
请 问 , 红 玫瑰 多 少 钱 一枝?
Excuse me, how much is a red rose?

Zhè shì jīntiān lái de huā ma?
这是今天来的花 吗?
Are these flowers from today?

Wǒ yào wǔ zhī yùjīnxiāng .
我 要 五枝 郁金香。
Get me five tulips.

Qǐng bāng wǒ pèi yí shù huā . Sòng bìngrén de .
请 帮 我 配一束 花。送 病人的。
Please make a bouquet for me to bring to visit a patient.

Nǐmen yǒu sòng huā de yèwù ma?
你们 有 送 花的业务吗?
Do you have a flower delivery service?

☞ Note: Flower markets and florists usually provide delivery services. The customer can give them the receiver's address, phone number and any special requirements, and then have them deliver the flowers.

Duìhuà
对话 Conversation

A: Nín hǎo, nín xūyào diǎnr shénme huā?
您好，您需要点儿什么花？
Hello, what kind of flowers are you looking for?

B: Wǒ xiǎng pèi yí shù huā, sòng péngyou zuò shēngrì lǐwù.
我想配一束花，送朋友作生日礼物。
I'm looking for a bouquet for my friend's birthday.

A: Nín xiǎng yòng nǎxiē huā lái pèi? Shénme sèdiào de?
您想用哪些花来配？什么色调的？
What kind of flowers would you like? What colours do you prefer?

B: Wǒ xǐhuan dàn sè diào de, yòng báisè de bǎihé zuò zhǔ huā, qítā nín
我喜欢淡色调的，用白色的百合作主花，其他您
kànzhe pèi.
看着配。
I'm fond of light colours. Let's use white lilies as the main flower, and then you choose the rest of the bouquet.

A: Hǎo, méi wèntí. Nín kàn, yòng zhè zhǒng dàizi jì húdiéjié kěyǐ ma?
好，没问题。您看，用这种带子系蝴蝶结可以吗？
Sure, no problem. Have a look. Is it OK if I use this kind of ribbon to tie the bow?

B: Búcuò, hěn piàoliang. Yǒu shēngrìkǎma? Qǐng bāng wǒ chāshàng.
不错，很漂亮。有生日卡吗？请帮我插上。
It's nice, very beautiful. Do you have birthday cards? Please attach one to the bouquet for me.

Cānkǎo Cíhuì
参考词汇 Vocabulary

花卉市场	huāhuì shìchǎng	flower market
盆花	pénhuā	pot plant
鲜花	xiānhuā	fresh flower
束	shù	bouquet
扎	zā	bunch
枝	zhī	(measure word for one flower)
盆	pén	pot
花盆	huāpén	flowerpot
花瓶	huāpíng	vase
花肥	huāféi	fertiliser
杀虫药	shāchóngyào	pesticide
玫瑰	méigui	rose

百合	bǎihé	lily
郁金香	yùjīnxiāng	tulip
非洲菊	fēizhōujú	gerbera (African daisy)
向日葵	xiàngrìkuí	sunflower
蝴蝶兰	húdiélán	phalaenopsis (moth orchid)
杜鹃	dùjuān	azalea
红掌	hóngzhǎng	anthurium (flaming plant)
牡丹	mǔdān	peony
荷花	héhuā	water lily
包装纸	bāozhuāng zhǐ	wrapping paper
彩带	cǎidài	ribbon
蝴蝶结	húdiéjié	bow

Zài Shūdiàn
7. 在 书 店 At a Book Shop

Wǒ yào mǎi yì běn Dé-Hàn, Hàn-Dé shuāngjiě cídiǎn.
我 要 买 一 本 德汉、汉德 双 解 词典。
I want to buy a German-Chinese and Chinese-German dictionary.

Wǒ xiǎng mǎi yì běn xiùzhēn Yīng-Hàn cídiǎn.
我 想 买 一 本 袖 珍 英汉 词典。
I want to buy a pocket English-Chinese dictionary.

Wǒ yào mǎi yì běn Hànyǔ dà cídiǎn.
我 要 买 一 本 汉语大词典。
I need to buy an unabridged Chinese dictionary.

Qǐngwèn, wàiwén cídiǎn zài nǎlǐ mài?
请 问，外 文 词典在哪里卖？
Excuse me, where can I buy foreign language dictionaries?

Qǐngwèn, Yīngwén shūjí zài nǎge shūjiàshàng?
请 问，英 文 书籍在哪个书架 上？
Excuse me, which aisle sells English books?

Qǐngwèn, duìwài Hànyǔ jiàoxué shūjí zài nǎge shūjiàshàng?
请 问，对外 汉语 教学 书籍在哪个书架 上？
Excuse me, which aisle sells books on Chinese as a foreign language?

Qǐngwèn, yǒu xiǎoháizi kěyǐ kàn de Hànyǔ xiǎorénshū ma?
请 问，有 小孩子 可以看的汉语 小人书 吗？
Excuse me, do you have Chinese comics for kids?

Qǐngwèn, yǒu guānyú Zhōngguó wénwù gǔjì de túshū ma?
请 问，有 关 于 中 国 文物古迹的图书吗？
Excuse me, do you have books on China's cultural sites and historical relics?

Qǐngwèn, yǒu zuì xīn de Yīngwén de Běijīng dìtú ma?

请问，有最新的英文的北京地图吗？

Excuse me, do you have the latest map of Beijing in English?

Qǐngwèn, yǒu zuì xīn de Běijīng jiāotōng dìtú ma?

请问，有最新的北京交通地图吗？

Excuse me, do you have the latest road map of Beijing?

Qǐngwèn, yīnxiàng zhìpǐn zài jǐ lóu mài?

请问，音像制品在几楼卖？

Excuse me, which floor sells audio and video products?

Qǐngwèn, zhè zhāng diànyǐng DVD pán yǒu Yīngwén zìmù ma?

请问，这张电影DVD盘有英文字幕吗？

Excuse me, does this DVD have English subtitles?

Duìhuà (yī)
对话（1）Conversation 1

A: Qǐngwèn, wàiwén cídiǎn zài nǎlǐ mài?

请问，外文词典在哪里卖？

Excuse me, where can I get foreign language dictionaries?

B: Nà nín děi qù èr lóu.

那您得去二楼。

Please go to the second floor to find them.

A: Qǐngwèn, yǒu zuì xīn de Yīng-Hàn cídiǎn ma?

请问，有最新的英汉词典吗？

Excuse me, do you have the latest English-Chinese dictionary?

C: Zhè shì zuì xīn de, nín kànkan.

这是最新的，您看看。

This is the latest edition. Please feel free to have a look at it.

A: Yǒu xiùzhēn de Yīng-Hàn、Hàn-Yīng cídiǎn ma?

有袖珍的英汉、汉英词典吗？

Do you have a pocket English-Chinese and Chinese-English dictionary?

C: Duìbuqǐ, màiwán le. Búguò, nín kěyǐ liúxià diànhuà, shū láile gěi nín dǎ diànhuà.

对不起，卖完了。不过，您可以留下电话，书来了给您打电话。

Sorry, it's sold out. However, if you leave us your telephone number, we'll let you know when it's in stock again.

A: Nà tài hǎo le. Wǒ xiān mǎi zhè běn cídiǎn. Duōshao qián?

那太好了。我先买这本词典。多少钱？

That would be great. I'll get this one first, how much is it?

C: Shū hòu yǒu dìngjià, qǐng nín dào shōuyíntái jiāo fèi.

书后有定价，请您到收银台交费。

The price is on the back cover. Please pay at the cashier.

A: Xièxie.

谢谢。

Thanks.

☞ Note: The prices of books in China are usually printed on the back cover. Book shops will attach a separate price tag to discounted books.

☕ | Duìhuà （èr）
对话（2） Conversation 2

Qǐngwèn， yǒu diànyǐng *Yīngxióng* de DVD ma?
A: 请 问， 有 电 影《英雄》的 DVD 吗?
Excuse me, do you have DVD for the movie *Hero*?

Yǒu， zài zhèr．
B: 有， 在 这儿。
Yes, right here.

Zhè zhāng pán de duìhuà shì Yīngyǔ de háishi Hànyǔ de?
A: 这 张 盘的对话是英语的还是汉语的?
Is this dubbed in English or is it the original Chinese?

Shì Hànyǔ de， yǒu Yīngwén zìmù．
B: 是 汉语的， 有 英 文 字幕。
It's in Chinese with English subtitles.

Shì zhèngbǎn háishi dàobǎn de?
A: 是 正 版 还是 盗 版的?
Is it a legal copy or pirated?

Dāngrán shì zhèngbǎn de．
B: 当 然 是 正 版的。
Of course it's a legal copy.

Wǒ yào zhè zhāng pán．
A: 我 要 这 张 盘。
I'll take it.

Cānkǎo Cíhuì
✳ 参考词汇 Vocabulary

书店	shūdiàn	book shop
词典	cídiǎn	dictionary
课本	kèběn	textbook
小说	xiǎoshuō	novel
地图	dìtú	map
外文	wàiwén	foreign language
原版	yuánbǎn	original edition
音像制品	yīnxiàng zhìpǐn	audio and video products
CD 盘	CD pán	CD

DVD 盘	DVD pán	DVD
字幕	zìmù	subtitle
正版	zhèngbǎn	legal copy
盗版	dàobǎn	pirated copy

Zài Zhūbǎo Shìchǎng
8. 在 珠 宝 市 场 At a Jewellery Shop

Hóngqiáo Shìchǎng de zhēnzhū shìpǐn fēicháng duō， yě hěn piányi.
红 桥 市 场 的 珍珠 饰品 非 常 多， 也 很 便宜。
There is a wide selection of pearls at reasonable prices at Hongqiao Market.

Zhè zhǒng xiàngliàn duōshao qián yì tiáo?
这 种 项 链 多 少 钱 一 条？
How much is a necklace like this?

Zhè zhǒng zhēnzhū jièzhi de quānr shì shénme cáiliào de?
这 种 珍珠 戒指的 圈儿 是 什么 材料的？
What material is the shank of the pearl ring made of?

Zhēnzhū ěrdīng de tuōr shì yín de ma?
珍 珠 耳钉 的 托儿 是 银 的吗？
Is the base of this pearl earring silver?

Nín kěyǐ ànzhào wǒ de yāoqiú dān zuò yì tiáo zhēnzhū xiàngliàn ma?
您 可以 按照 我的 要求 单 做 一条 珍珠 项 链 吗？
Can you make a pearl necklace per my requirements?

Zhè zhǒng cǎisè zhēnzhū shì tiānrán de háishi réngōng rǎnsè de?
这 种 彩色 珍珠 是 天然的 还是 人 工 染色的？
Is this pearl colour natural or artificial?

Zhè zhǒng xiàngliàn shì duōshao K jīn de?
这 种 项 链 是 多 少 K 金的？
How many carats is this gold necklace?

Èrshísì K jīn de shìpǐn duōshao qián yí kè?
2 4 K 金的 饰品 多 少 钱 一克？
What's the unit price for 24-carat gold jewellery?

Zhè shì chún yín de ma?
这 是 纯 银 的吗？
Is this sterling silver?

Zhèxiē fěicuì dōu shì A huò ma?
这些 翡翠 都 是 A 货 吗？
Are these all grade A jade?

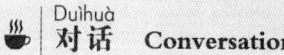
Duìhuà
对话 Conversation

Qǐng gěi wǒ kànkan zhè zhǒng zhēnzhū xiàngliàn.
A: 请 给 我 看看 这 种 珍珠 项 链。
Please show me this pearl necklace.

Kěyǐ , nín kànkan .

B: 可以，您看看。

Sure, here it is.

Xiàngliàn kòur yǒu shénme yàng de?

A: 项 链 扣儿有 什么 样 的？

What are the options for the necklace clasp?

Yǒu yín de , yě yǒu shísì K jīn de . Nín yào nǎ zhǒng?

B: 有 银的，也有 14K 金的。您 要 哪 种 ？

We have silver clasps and 14-carat gold ones, which kind would you prefer?

Wǒ yào shísì K jīn de .

A: 我 要 14K 金的。

I want the 14-carat gold one.

Hǎo , nín shāo děng , wǒ mǎshàng gěi nín zuòhǎo .

B: 好，您 稍 等 ，我 马上 给您 做好。

All right, please wait a moment. We'll have it done for you in a minute.

Xiànzài nín kěyǐ shì dài yíxiàr , zhè shì jìngzi .

B: 现在 您可以试 戴一下儿，这 是 镜子。

You can try it on now. The mirror is over here.

Hěn piàoliang , xièxie .

A: 很 漂 亮 ，谢谢。

It is very pretty, thank you.

Cānkǎo Cíhuì

☀ 参考词汇 Vocabulary

首饰	shǒushi	jewellery
珍珠	zhēnzhū	pearl
淡水珠	dànshuǐzhū	freshwater pearl
海水珠	hǎishuǐzhū	seawater pearl
宝石	bǎoshí	precious stone
红宝石	hóngbǎoshí	ruby
蓝宝石	lánbǎoshí	sapphire
翡翠	fěicuì	emerald
玛瑙	mǎnǎo	agate
水晶	shuǐjīng	crystal
纯金	chún jīn	pure gold
纯银	chún yín	sterling silver
K金	K jīn	carat gold
铂金	bójīn	platinum
项链	xiàngliàn	necklace
耳环	ěrhuán	earring

耳钉	ěrdīng	stud earring
戒指	jièzhi	ring
手镯	shǒuzhuó	bracelet
袖扣	xiùkòu	cufflink
胸针	xiōngzhēn	brooch
项链坠	xiàngliànzhuì	pendant
真货	zhēn huò	genuine goods
假货	jiǎ huò	fake product

Zài Jiādiàn Shāngchǎng

9. 在家电 商 场 At a Home Appliances Store

Běijīng de dàxíng jiādiàn shāngchǎng yǒu 'Guóměi', 'Dàzhōng' děng.

北京的大型家电 商 场 有 "国美"、"大 中" 等 。

Gome and Dazhong are two of the biggest home appliances stores in Beijing.

Zài zhèxiē zhuānyíngdiàn mǎi diànqì gèng piányi.

在 这些 专 营 店 买 电器 更 便宜 。

It's cheap to buy electrical appliances at these kinds of franchise stores.

Wǒ xiǎng mǎi yì tái sānshíqī cùn de yèjīng diànshì.

我 想 买一台 3 7 吋的液晶电视 。

I would like to buy a 37-inch LCD TV.

Wǒ děi mǎi yí gè xīn de bǐjìběn diànnǎo.

我 得 买一个 新 的 笔记本 电 脑 。

I need to buy a new laptop.

Qǐngwèn, zhè tái sān mén diànnǎo bīngxiāng shì duōshao lìshēng de?

请 问 , 这台三 门 电脑 冰箱 是 多 少 立升 的?

Excuse me, what is the capacity of this three-door computerized fridge in cubic litres?

Wǒ yīnggāi mǎi guì shì kōngtiáo háishi bìguàshì kōngtiáo?

我 应 该 买 柜 式 空调 还是 壁挂式 空调?

Shall we buy a floor standing or wall-mounted air conditioner?

Zhè shì zuì xīn kuǎn de DVD ma?

这 是 最 新 款 的 DVD 吗?

Is this DVD player the latest model?

Zhè tái shùmǎ zhàoxiàngjī shì duōshao xiàngsù de?

这台数码 照相机 是 多 少 像素 的?

How many pixels is this digital camera?

Yǒu bǐjiào xiǎoqiǎo de shùmǎ shèxiàngjī ma?

有 比较 小 巧 的 数码 摄像机 吗?

Do you have a pocket-sized digital camera?

Zhè tái jīqì de hàodiànliàng dà ma?

这台 机器 的 耗 电 量 大吗?

Does it have a high power consumption?

Nín néng gěi wǒ shìshi zhè tái jīqì ma?
您 能 给 我 试试 这 台 机器 吗?
Can you test this machine for me to see?

Qǐngwèn, yǒu nǎxiē shòuhòu fúwù?
请 问, 有 哪些 售 后 服务?
Excuse me, do you provide after sale support?

Qǐngwèn, zhǔjī bǎoxiū jǐ nián?
请 问, 主机保修几年?
How many years long is the warranty for the main engine?

Yǒu wèntí kěyǐ huàn ma?
有 问题可以 换 吗?
Can I exchange it if there are problems?

Wèntí yánzhòng kěyǐ tuì ma?
问题 严 重 可以退 吗?
Can I return it if it has serious problems?

☛ Note: There are state regulations concerning after sale support for household electrical appliances. If any of these rules are breached, consumers may lodge a complaint with the Consumers' Association.

☕ Duìhuà
对话 **Conversation**

A: Qǐngwèn, xǐyījī shénme páizi de hǎo?
请 问, 洗衣机 什么 牌子 的 好?
Excuse me, what are the good brands of washing machine?

B: 'Xīménzǐ', 'Hǎi'ěr' de dōu búcuò.
"西门子", "海尔" 的 都 不错。
Siemens and Haier are both good brands.

A: Wǒ xiǎng kànkan 'Xīménzǐ' gǔntǒng shì de.
我 想 看看 "西门子" 滚 筒 式的。
I would like to have a look at the Siemens cylindrical washing machine.

B: Zhè liǎng kuǎn dōu shì zuì xīn de.
这 两 款 都 是 最 新的。
These two models are both the latest.

A: Nín néng gěi wǒ kōng jī shìjī ma?
您 能 给 我 空 机 试机吗?
Can you test them for me?

B: Kěyǐ.
可以。
Sure.

A: Búcuò, wǒ yào zhè tái. Yǒu tóng xínghào de hōnggānjī ma?
不错, 我 要 这台。有 同 型 号 的 烘干机 吗?
Not bad, I'll take this one. Do you have a dryer of the same model?

B: Yǒu, nín kànkan ba.
有, 您 看看 吧。
Yes, please have a look.

Xǐyījī hé hōnggānjī wǒ dōu yào. Shénme shíhou sòng huò?
A: 洗衣机和烘干机我 都 要。什么 时候 送 货?
I'll take both the washing machine and the dryer. When can you deliver them?

Jīntiān xiàwǔ gěi nín sòng huò hé ānzhuāng.
B: 今天下午给您 送 货和安 装。
We will deliver and install them for you this afternoon.

Hǎo, xièxie.
A: 好，谢谢。
OK, thanks.

Cānkǎo Cíhuì
✳ 参考词汇 Vocabulary

家用电器	jiāyòng diànqì	home appliance
数码相机	shùmǎ xiàngjī	digital camera
数码摄像机	shùmǎ shèxiàngjī	digital video camera
DVD 机	DVD jī	DVD player
油烟机	yóuyānjī	range hood
燃气灶	ránqìzào	gas stove
饮水机	yǐnshuǐjī	water dispenser
小家电	xiǎo jiādiàn	small home appliance
牌子	páizi	brand
型号	xínghào	model
安装	ānzhuāng	to install
售后服务	shòuhòu fúwù	after sale support
保修	bǎoxiū	warranty
功率	gōnglù	power
耗电量	hàodiànliàng	power consumption

Zài Nóngmào Shìchǎng
10. 在 农 贸 市 场 At a Farmers' Market

Wǒ yào yì gōngjīn zhū lǐji.
我 要一公斤 猪里脊。
Give me a kilogramme of pork tenderloin.

Qǐng gěi wǒ chēng yíxiàr zhè kuài sānwényú.
请 给 我 称 一下儿这 块 三文鱼。
Please weigh this salmon for me.

Wǒ yào chún shòuròu.
我 要 纯 瘦 肉。
I want lean meat only.

Qǐngwèn, yángcōng zěnme mài?
请 问 ， 洋 葱 怎么 卖？
Excuse me, how much are the onions?

Xīhóngshì duōshao qián yì jīn?
西红柿 多 少 钱 一斤？
How much is a *jin* of tomatoes?

☛ Note: A *jin* is a unit of weight measurement in China equivalent to
500g, i.e., one kilogramme is equal to two *jin*.

Yǒu xīlánhuā ma?
有 西兰花 吗？
Do you have broccoli?

Zhè xīguā tián ma?
这 西瓜 甜 吗？
Is this watermelon sweet?

Kěyǐ zìjǐ tiāo ma?
可以 自己 挑 吗？
Can I choose one myself?

Zhège bù hǎo, qǐng gěi wǒ huàn yí gè.
这个 不 好， 请 给 我 换 一个。
This one isn't good. Please give me another one.

Qǐng nín bāng wǒ tiāo yí gè xīguā ba, wǒ bú huì tiāo.
请 您 帮 我 挑 一个 西瓜 吧， 我 不 会 挑。
Please choose a watermelon for me. I don't know how to judge them.

Duìhuà (yī)
对话（1） **Conversation 1**

A: Zhè táozi tián ma?
这 桃子 甜 吗？
Is this peach sweet?

B: Tèbié tián. Nín mǎi yìdiǎnr ba, duō xīnxian a!
特别 甜。 您 买 一点儿 吧， 多 新鲜 啊！
Particularly sweet. You should get some, just look how fresh they are!

A: Wǒ kěyǐ zìjǐ tiāo ma?
我 可以 自己 挑 吗？
Can I choose some myself?

B: Xíng, nín qīng ná qīng fàng.
行， 您 轻 拿 轻 放。
Yes, just be gentle.

A: Hǎo, nín chēngcheng zhè jǐ gè ba.
好， 您 称 称 这 几个 吧。
All right, please weigh these for me.

Duìhuà (èr)
对话（2）Conversation 2

Jīntiān xiàwǔ mǎi de xīguā shì shēng de, bù néng chī.

A: 今天下午买的西瓜是 生 的，不 能 吃。

The watermelon I bought this afternoon is not ripe and edible.

Bù hǎoyìsi, wǒ gěi nín huàn yí gè.

B: 不 好意思，我 给 您 换 一个。

I'm sorry, let me change that for another one for you.

Zhè huí nín děi gěi wǒ tiāo yí gè hǎo de.

A: 这 回 您 得 给 我 挑 一个 好 的。

This time be sure to give me a good one.

Zhège yídìng hǎo.

B: 这个 一定 好。

I guarantee this is a good one.

Cānkǎo Cíhuì
参考词汇 Vocabulary

调料	tiáoliào	seasoning
食用油	shíyòngyóu	cooking oil
橄榄油	gǎnlǎnyóu	olive oil
黄油	huángyóu	butter
胡椒粉	hújiāofěn	pepper
辣椒	làjiāo	hot pepper, capsicum
芥末	jièmo	mustard
花椒	huājiāo	Chinese pepper
大料（八角）	dàliào (bājiǎo)	aniseed
蔬菜	shūcài	vegetable
茄子	qiézi	eggplant
黄瓜	huángguā	cucumber
西红柿	xīhóngshì	tomato
土豆	tǔdòu	potato
菜花	càihuā	cauliflower
西兰花	xīlánhuā	broccoli
菠菜	bōcài	spinach
芹菜	qíncài	celery
白菜	báicài	Chinese cabbage

荷兰豆	Hélándòu	snow pea
胡萝卜	húluóbo	carrot
芦笋	lúsǔn	asparagus
南瓜	nánguā	pumpkin
生菜	shēngcài	lettuce
洋葱	yángcōng	onion
圆白菜	yuánbáicài	cabbage
蘑菇	mógu	mushroom
水果	shuǐguǒ	fruit
香蕉	xiāngjiāo	banana
苹果	píngguǒ	apple
梨	lí	pear
西瓜	xīguā	watermelon
荔枝	lìzhī	lichee
菠萝	bōluó	pineapple
草莓	cǎoméi	strawberry
樱桃	yīngtáo	cherry
李子	lǐzi	plum
桃子	táozi	peach
葡萄	pútao	grape
橙子	chéngzi	orange
芒果	mángguǒ	mango
猕猴桃	míhóutáo	kiwi fruit
柠檬	níngméng	lemon
干果	gānguǒ	nut
腰果	yāoguǒ	cashew
开心果	kāixīnguǒ	pistachio
花生米	huāshēngmǐ	peanut
松子	sōngzǐ	pine nut
榛子	zhēnzi	hazelnut
杏仁	xìngrén	almond
栗子	lìzi	chestnut
核桃	hétao	walnut

Zài Yàodiàn
11. 在 药 店 At a Pharmacy

Zhōngguó de yàodiàn yǒu liǎngzhǒng — xīyàodiàn hé zhōngyàodiàn.
中 国 的 药 店 有 两 种——西药店和中药店。

There are two types of pharmacies in China, Western pharmacies and traditional Chinese pharmacies.

Zhōngguó zuì yǒumíng de zhōngyàodiàn shì 'Tóngréntáng'.
中 国 最 有 名 的 中 药 店 是 "同 仁 堂"。

The most famous traditional Chinese pharmacy is Tongrentang.

Wǒ xiǎng mǎi yìdiǎnr rénshēn, nín néng bāng wǒ tiāo yíxiàr ma?
我 想 买一点儿人参, 您 能 帮 我 挑一下儿吗?

I want to buy some ginseng. Could you please help me choose some?

Rénshēn zěnme chī? Pào jiǔ hē háishi hánfú?
人 参 怎么吃? 泡酒喝还是含服?

How is ginseng taken, is it steeped in liquid first or taken orally?

Tǐwēnbiǎo duōshao qián yì zhī?
体 温 表 多 少 钱 一 支?

How much is a thermometer?

Yǒu kǒuzhào ma? Duōshao céng de?
有 口 罩 吗? 多 少 层 的?

Do you have gauze masks? How many layers thick are they?

Wǒ mǎi liǎng hé 'chuāngkětiē'.
我 买 两 盒 "创 可 贴"。

Get me two boxes of Band-Aids.

Duìhuà
对话 Conversation

A: Qǐngwèn, nín xūyào shénme?
请 问 , 您 需 要 什 么?

Excuse me, can I help you?

B: Tīngshuō Zhōngguó yǒu yì zhǒng qīngliángyóu, kěyǐ zhì hěn duō bìng?
听 说 中 国 有 一 种 清 凉 油, 可以治很多病?

I heard there is a Chinese medicine called cooling ointment that has wide applications.

A: Zhè shì xiàtiān bìbèi de wài yòng yàopǐn, kěyǐ zhì wénchóng yǎo, tóuyūn děng.
这是夏天必备的外 用 药品, 可以治蚊虫咬, 头晕等。

It is a must-have in summer for external use because it's good for insect bites and dizziness.

B: Nín gěi wǒ kànkan.
您 给 我 看 看。

Let me take a look at it, please?

A: Hǎo, hái yǒu yì zhǒng fēngyóujīng, yě hěn hǎo yòng.
好 , 还 有 一 种 风 油 精, 也 很 好 用。

Sure. We also have essential balm. It's also very useful.

B: Zhēn de hěn piányi yě hěn shíyòng. Wǒ měi yàng yào liǎng gè.
真 的 很 便 宜 也 很 实 用。我 每 样 要 两 个。

These really are cheap and useful. I will take two of each.

Cānkǎo Cíhuì
☀ 参考词汇 Vocabulary

西药店	xīyàodiàn	Western pharmacy
中药店	zhōngyàodiàn	traditional Chinese pharmacy
药方	yàofāng	prescription
抓药	zhuā yào	to fill a prescription
中草药	zhōngcǎoyào	Chinese herbal medicine
中成药	zhōngchéngyào	Chinese patent medicine
煎药	jiān yào	decoction
清热感冒冲剂	qīngrè gǎnmào chōngjì	instant herbal mixture for colds
止咳糖浆	zhǐké tángjiāng	cough syrup
人参	rénshēn	ginseng
灵芝	língzhī	ganoderma
药酒	yàojiǔ	medicinal liquor
清凉油	qīngliángyóu	cooling ointment
风油精	fēngyóujīng	essential balm
体温表	tǐwēnbiǎo	thermometer
血压计	xuèyājì	sphygmomanometer
口罩	kǒuzhào	gauze mask

Zài CháyèDiàn
12. 在 茶叶店 At a Tea Shop

Zhōngguó de cháyè hěn yǒumíng.
中 国 的 茶叶 很 有 名 。
Chinese tea is very famous.

Zuì zhǔyào de yǒu lǜchá, huāchá, hóngchá, wūlóngchá děng.
最 主要 的 有 绿茶、 花茶、 红茶、 乌龙茶 等 。
Major kinds include green tea, jasmine tea, black tea, oolong tea, etc.

Zuìjìn tīngshuō Yúnnán de pǔ'ěrchá hěn yǒumíng.
最近 听 说 云 南 的 普洱茶 很 有 名 。
I recently heard that the Pu'er tea from Yunnan is very famous.

Qīngmíng Jié qián cǎizhāi de lǜchá zuì hǎo, jiào 'míngqiánchá'.
清 明 节 前 采摘 的 绿茶 最 好， 叫 "明 前 茶"。
The best green tea is plucked before Qingming (also known as Pure Brightness, a seasonal division point, usually on the 5th or 6th of April), and is also known as pre-Qingming tea.

Xiàtiān hē lǜchá duì shēntǐ yǒu hǎochù.
夏天 喝 绿茶 对 身体 有 好处。
It's healthy to drink green tea in summer.

Jùshuō wūlóngchá yǒu jiǎnféi de zuòyòng, shì ma?
据说 乌龙茶 有 减肥 的 作用， 是 吗？
It is said that oolong tea can help with weight loss. Is that true?

Zhè zhǒng lóngjǐngchá shì míngqiánchá ma?
这 种 龙井茶 是 明 前 茶 吗？
Is this Dragon Well tea picked before Qingming?

Zhè shì jīnnián de xīn chá ma?
这 是 今年 的 新 茶 吗？
Is this newly picked tea from this year?

Wǒ yào èr liǎng lóngjǐng.
我 要 二 两 龙井。
I want two *liang* (100 grammes) of Dragon Well tea.

Zhè zhǒng júhuāchá shì Hángzhōu chǎn de ma? Duōshao qián yí dài?
这 种 菊花茶 是 杭 州 产 的吗？ 多 少 钱 一袋？
Is this chrysanthemum tea produced in Hangzhou? How much is it for a bag?

Duìhuà
🍵 **对话 Conversation**

A: Qǐngwèn, nín yào shénme chá?
请 问 , 您 要 什么 茶？
Excuse me, what kind of tea are you looking for?

B: Yǒu jīnnián de lóngjǐngchá ma?
有 今年 的 龙井茶 吗？
Do you have Dragon Well tea from this year?

A: Yǒu, zhè jǐ zhǒng dōu shì. Nín yào nǎ zhǒng?
有, 这 几 种 都 是。 您 要 哪 种？
Yes, these are all from this year. Which kind would you like?

B: Wǒ yào wǔbǎi kuài qián yì jīn de, yào èr liǎng.
我 要 500 块 钱 一斤 的 , 要 二 两。
I want two *liang* of that is 500 yuan per *jin*.

A: Nín hái yào biéde ma?
您 还 要 别的 吗？
Anything else?

B: Zhè zhǒng júhuāchá shì Hángzhōu chǎn de ma?
这 种 菊花茶 是 杭 州 产 的吗？
Is this chrysanthemum tea from Hangzhou?

A: Duì, yě shì jīnnián de xīn chá. Nín yào jǐ dài?
对, 也 是 今年 的 新 茶。 您 要 几袋？
Yes, it's also been picked this year. How many bags do you want?

B: Yào yí dài.
要 一袋。
One please.

Cānkǎo Cíhuì
❋ 参考词汇 Vocabulary

茶叶店	cháyèdiàn	tea shop
茶	chá	tea
绿茶	lǜchá	green tea
花茶	huāchá	jasmine tea
红茶	hóngchá	black tea
乌龙茶	wūlóngchá	oolong tea
普洱茶	pǔ'ěrchá	Pu'er tea
沱茶	tuóchá	bowl-shaped compressed tea
龙井茶	lóngjǐngchá	Dragon Well tea
菊花茶	júhuāchá	chrysanthemum tea
明前茶	míngqiánchá	pre-Qingming tea
茶壶	cháhú	teapot
茶杯	chábēi	teacup
茶碗	cháwǎn	tea bowl
盖碗	gàiwǎn	teacup with a cover

Zài GōngyìpǐnDiàn
13. 在 工艺品店 At a Handicrafts Shop

Wǒ tīngshuō Zhōngguó de gōngyìpǐn hěn yǒumíng.
我 听说 中 国 的 工艺品 很 有 名。
I heard that Chinese handicrafts are very famous.

Běijīng Wángfǔjǐng de Gōngyì Měishù Dàshà shāngpǐn pǐnzhǒng hěn quán.
北京 王府井 的 工艺 美术 大厦 商品 品 种 很 全。
The Arts and Handicrafts Department Store in Wangfujing has a great selection of many varieties of handicrafts.

Wǒ yào mǎi yí tào cíqì cānjù.
我 要 买 一套 瓷器 餐具。
I want to buy a china tableware set.

Wǒ xiǎng mǎi yí tào Yíxīng níhú sòng māma.
我 想 买 一套 宜兴 泥壶 送 妈妈。
I want to buy a set of boccaro teapots for my mum.

Wǒ xiǎng sòng péngyou yì fú shūfǎ, nín néng bāng wǒ xuǎn yíxiàr ma?
我 想 送 朋 友 一幅 书法，您 能 帮 我 选 一下儿 吗?
I want to give my friend a calligraphy work. Could you help me pick one, please?

Wǒ xiǎng mǎi yí gè jīngzhì de fēngzheng sòng wǒ gēge de háizi.
我 想 买 一个 精致的 风 筝 送 我 哥哥的 孩子。
I want to buy a fine kite for my elder brother's kid.

Duìhuà
对话　Conversation

A: Xiānsheng, wǒ xiǎng mǎi yì fú shūfǎ zuòpǐn, nín juéde shénme zì bǐjiào hǎo?
先生，我想买一幅书法作品，您觉得什么字比较好？
I would like to buy a calligraphy work. Which character would you recommend, sir?

B: Qǐngwèn, nín zìjǐ xǐngshǎng háishi sòng rén?
请问，您自己欣赏还是送人？
Is this for yourself or for somebody else?

A: Shì sòng wǒ fùqin de shēngrì lǐwù.
是送我父亲的生日礼物。
It's a birthday present for my father.

B: Nà nín xuǎn yì fú 'shòu' zì ba, jiù shì chángshòu de yìsi. Zhè shì duì
那您选一副"寿"字吧，就是长寿的意思。这是对
lǎorén de zuì hǎo zhùfú.
老人的最好祝福。
Then you can choose the character *shou*, which means longevity. This is the best blessing to give to the elderly.

A: Nà shénme zìtǐ hǎo ne?
那什么字体好呢？
What about the style of calligraphy?

B: Zhè yào kàn nín xǐhuan shénme zìtǐ.
这要看您喜欢什么字体。
We'll see which style you prefer.

A: Wǒ xǐhuan zhè fú 'shòu' zì.
我喜欢这幅"寿"字。
I like this *shou*.

B: Zhè fú cǎotǐ de 'shòu' zì shì hěn búcuò, érqiě zhuāngbiǎo de yě búcuò.
这幅草体的"寿"字是很不错，而且装裱得也不错。
This cursive style is indeed very good, and it's well mounted too.

A: Hǎo, qǐng bāng wǒ bāozhuāng yíxiàr ba. Xièxie.
好，请帮我包装一下儿吧。谢谢。
OK, please wrap it for me. Thank you.

Cānkǎo Cíhuì
参考词汇　Vocabulary

古董	gǔdǒng	antique
工艺品	gōngyìpǐn	handicraft
中国书法	Zhōngguó shūfǎ	Chinese calligraphy
装裱	zhuāngbiǎo	to mount (a picture)
水墨画	shuǐmòhuà	Chinese ink and wash
景泰蓝	jǐngtàilán	cloisonné

苏绣	Sūxiù	Su style embroidery
湘绣	Xiāngxiù	Xiang style embroidery
双面绣	shuāngmiànxiù	double-faced embroidery
印章	yìnzhāng	seal
风筝	fēngzheng	kite
扇子	shànzi	fan

Tǎojià-huánjià
14. 讨价还价 Bargaining

Qǐngwèn, zhège zuì dī duōshao qián?
请 问 , 这个最低多 少 钱 ?
Excuse me, what is the best price for this?

Guì le , piányi diǎnr .
贵 了, 便宜点儿。
That's too expensive, please make it cheaper.

Xíng wǒ jiù yào , bù xíng jiù suàn le .
行 我就要, 不 行 就 算了。
I'll take it if you accept the price. If not, forget it.

☛ Note: Comparing different offers is the golden rule of shopping in China. Due to different supply channels, locations and rent, retail prices vary greatly. Bargaining is possible in most markets or small stores.

Zhège néng dǎzhé ma?
这个 能 打折 吗?
Can I have a discount?

Dǎ jǐ zhé?
打几折?
How much is the discount?

Duō mǎi néng zài piányi yìdiǎnr ma?
多 买 能 再便宜一点儿吗?
Can I have it at a cheaper price if I buy more?

Lǎo gùkè le , néng yōuhuì yìdiǎnr ma?
老 顾客了, 能 优惠一点儿吗?
I am an old frequent customer, can you give me a discount?

Duìhuà
♨ 对话 Conversation

Qǐngwèn, zhège duōshao qián?
A: 请 问 , 这个多 少 钱 ?
Excuse me, how much is this?

Yìbǎi bāshí kuài.
B: 一百八十块。

180 *kuai*.

Zuì dī duōshao?
A: 最低多少？

What is the lowest price you can offer?

Zuì dī yìbǎi liùshí.
B: 最低一百六十。

160 is the lowest price.

Tài guì le ba?　Piányi diǎnr.
A: 太贵了吧？便宜点儿。

That's too expensive. Come on, make it cheaper.

Nín shuō ge jià.
B: 您说个价。

You can make me an offer.

Liùshí.
A: 六十。

60.

Tài shǎo le，nín zài jiā diǎnr.
B: 太少了，您再加点儿。

That's too low. Add a bit more to it.

Xíng jiù yào，bù xíng jiù suàn le.
A: 行就要，不行就算了。

I'll take it if you'll accept that price. If not, forget it.

Hǎo，gěi nín ba.　Yǐhòu cháng lái.
B: 好，给您吧。以后常来。

All right, you can have it. Please come back again often.

Cānkǎo Cíhuì
☀ 参考词汇 Vocabulary

价格	jiàgé	price
价目表	jiàmùbiǎo	price list
价签	jiàqiān	price tag
价钱	jiàqian	price
贵	guì	expensive
便宜	piányi	cheap
最低	zuì dī	the lowest
砍价	kǎnjià	bargain
不讲价	bù jiǎng jià	no bargaining
打折	dǎzhé	to offer a discount
折扣	zhékòu	discount
优惠	yōuhuì	discount

Tóusù
15. 投诉 Making Complaints

Zhège chǎnpǐn de zhìliàng tài chà le, shāngjiā yòu bù gěi tuì, zěnme bàn?
这个 产品 的 质量 太差了, 商家 又 不给退, 怎么办?

This product is of poor quality and the shop won't take it back. What can I do?

Gāng mǎi de jiāyòng diànqì jiù huài le, xiūle jǐ cì yě bù xíng, zěnme bàn?
刚 买 的 家用 电器 就 坏 了, 修了 几次也 不 行, 怎么办?

This household appliance broke down shortly after I bought it, and even though I had it repaired a couple of times it still doesn't work. What should I do about it?

Mǎi dōngxi yídìng yào bǎocún hǎo fāpiào.
买 东西 一定 要 保存 好 发票。

Be sure to keep the receipts for your purchases.

Fāpiào shì zhòngyào de tóusù yījù.
发票 是 重 要 的 投诉 依据。

Receipts are important papers needed for lodging complaints.

Gùkè shòule qīpiàn, kěyǐ tóusù.
顾客 受了 欺骗, 可以 投诉。

Customers who have been cheated can lodge a complaint.

Nín kěyǐ zhǎo shìchǎng guǎnlǐ bùmén tóusù.
您可以 找 市 场 管理 部门 投诉。

You can complain to the market administration office.

Nín yě kěyǐ dào xiāofèizhě xiéhuì tóusù.
您也可以 到 消 费者 协会 投诉。

You can also complain to the Consumers' Association.

☞ Note: If you are deceived or cheated as a customer, you can dial 12315 to complain to the Consumers' Association. Remember to pay particular attention to keeping the receipt when you buy expensive goods.

Duìhuà
☕ 对话 **Conversation**

Wǒ gāng mǎi de shǒujī xiūle sān cì le, hái bù hǎo yòng.
A: 我 刚 买 的手机 修了 三次 了, 还 不 好 用。

I've had my newly bought mobile phone repaired three times, and it still doesn't work properly.

Guò bǎoxiūqī le ma?
B: 过 保修期 了吗?

Is it still in the warranty period?

Méiyǒu. Wǒ yào tuì huò, shāngdiàn bù dāying, shuō zhǐ néng xiū.
A: 没有。我 要 退货, 商 店 不答应, 说 只 能 修。

Yes. I want to return it, but the shop will only agree to repair it.

Shāngdiàn bù dāying, nǐ jiù qù zhǎo xiāofèizhě xiéhuì ma.
B: 商 店 不答应, 你就去 找 消费者 协会 嘛。

If the shop refuses to take it back, you can go to the Consumers' Association.

Zěnme zhǎo a ?

A: 怎么 找 啊?

How can I do that?

Nǐ dǎ yāo èr sān yāo wǔ zhège diànhuà gēn xiāo-xié liánxì .

B: 你打 1 2 3 1 5 这个 电 话 跟 消 协联系。

Dial 12315 to contact the Association.

Hǎo , xièxie .

A: 好 ， 谢谢。

OK, thanks.

Cānkǎo Cíhuì

✴ 参考词汇 Vocabulary

投诉	tóusù	to complain
举报	jǔbào	to report (an offence)
消费者	xiāofèizhě	consumer
消费者协会 （消协）	xiāofèizhě xiéhuì (xiāo-xié)	Consumers' Association
假货	jiǎhuò	fake product
欺诈行为	qīzhà xíngwéi	deceiving action
权益	quányì	interests

Dì-jiǔ Piān　Zài Yínháng
第九篇　在银行

Chapter 9　At the Bank

Duìhuàn
一、兑换 Changing Money

 Chángyòng Jùxíng
常 用 句型　**Useful Expressions**

Fùjìn yǒu yínháng ma?
附近 有 银 行 吗?
Is there a bank nearby?

Wǒ děi qù yínháng huàn yìdiǎnr qián.
我 得 去 银 行 换 一点儿 钱。
I need to change some money at the bank.

Qǐngwèn, nǎge chuāngkǒu kěyǐ huàn qián?
请 问, 哪个 窗 口 可以 换 钱?
Excuse me, which window should I go to change some money?

Wǒ yào yòng Měiyuán huàn Rénmínbì.
我 要 用 美 元 换 人民币。
I want to change some US dollars into RMB.

Wǒ yào yòng Yīngbàng huàn Rénmínbì.
我 要 用 英 镑 换 人民币。
I want to change some pounds sterling into RMB.

Wǒ yào yòng Ōuyuán huàn Měiyuán.
我 要 用 欧 元 换 美 元。
I want to change some Euros into US dollars.

Jīntiān Měiyuán duì Rénmínbì de huìlù shì duōshao?
今天 美 元 兑 人民币 的 汇率 是 多 少?
What's the exchange rate between the US dollar and the RMB today?

Jīntiān Ōuyuán duì Rénmínbì de huìlù shì duōshao?
今天 欧 元 兑 人民币 的 汇率 是 多 少?
What's the exchange rate between the Euro and the RMB today?

Jīntiān Ōuyuán duì Měiyuán de huìlù shì duōshao?
今天 欧 元 兑 美 元 的 汇率 是 多 少?
What's the exchange rate between the Euro and the US dollar today?

Xiànzài huàn hěn hésuàn.
现在 换 很 合算。
It's a good time to change money now.

Huàn qián yào shōu shǒuxùfèi ma?

换 钱 要 收 手续费 吗？

Are there any service charges to change money?

Shōu bǎi fēn zhī jǐ de shǒuxùfèi?

收 百分之 几 的 手续费？

How much is the service charge?

Qǐngwèn, yí cì kěyǐ huàn duōshao qián?

请 问，一次 可以 换 多少 钱？

Excuse me, what is the maximum amount I can change?

Wǒ huàn wǔbǎi Ōuyuán de Rénmínbì。

我 换 五百 欧元 的 人民币。

I want to change 500 Euros into RMB.

Wǒ huàn èrbǎi Měiyuán de Rénmínbì.

我 换 二百 美元 的 人民币。

I want to change 200 US dollars into RMB.

Yǒu yànchāojī ma?

有 验钞机 吗？

Do you have a counterfeit currency detector?

Kāi Hù, Cún Qǔ Qián

二、开户，存 取 钱 Opening a Bank Account, Making a Deposit and Withdrawing Money

Chángyòng Jùxíng

常 用 句型 Useful Expressions

Qǐngwèn, zài nǎge chuāngkǒu kāi hù?

请 问，在 哪个 窗 口 开户？

Excuse me, at which window can I open a bank account?

Wǒ yào kāi yí gè hùtóu。

我 要 开一个 户头。

I want to open a bank account.

Qǐngwèn, zài nǎge chuāngkǒu cún qián?

请 问，在 哪个 窗 口 存 钱？

Excuse me, at which window do I make a deposit?

Wǒ yào cún qián.

我 要 存 钱。

I want to make a deposit.

Qǐngwèn, Cún kuǎn de lìxī shì duōshao?

请 问，存 款 的 利息 是 多少？

Excuse me, what is the savings interest rate please?

Yào jiāo lìxīshuì ma?

要 交 利息税 吗？

Do I have to pay interest tax?

Lìxīshuì zěnme jiāo?
利息税 怎么 交？

How much tax do I have to pay on interest?

Wǒ yào qǔ qián .
我 要 取 钱。

I want to withdraw some money.

Nín qǔ duōshao?
您 取 多 少？

How much do you want to withdraw?

Qǐng shū mìmǎ .
请 输 密码。

Please enter your PIN number.

Mìmǎ bú duì , qǐng zài shū yí cì .
密码 不 对，请 再 输 一 次。

Your PIN number is incorrect. Please re-enter it.

Qítā   Yèwù
三、其他 业务 Conducting Other Business

Chángyòng Jùxíng
常 用 句型 **Useful Expressions**

Wǒ yào bàn xìnyòngkǎ , qǐngwèn , zài nǎge guìtái?
我 要 办 信用卡，请 问，在 哪个 柜台？

I want to apply for a credit card. Which counter do I go to please?

Wǒ lái jiāo diànhuàfèi , qǐngwèn , zài nǎge guìtái?
我 来 交 电话费，请 问，在 哪个 柜台？

I'm here to pay telephone bills. Which counter do I go to please?

Qǐng bǎ nín de míngzi hé diànhuà hàomǎ tiánhǎo , zài guìtái jiāo qián .
请 把 您的 名字 和 电话 号码 填好，在 柜台 交 钱。

Please fill out your name and telephone number, and then pay at the counter.

Wǒ mǎi yìqiān dù diàn . Zhè shì diànkǎ .
我 买 一千 度 电。这 是 电卡。

I want to buy 1,000 KWH of electricity. Here's my electricity card.

Qǐngwèn , néng gěi wǒ huàn yìbǎi kuài de língqián ma?
请 问，能 给 我 换 100 块 的 零钱 吗？

Excuse me, can you break this 100 yuan note for me?

Qǐng bāng wǒ huàn yì zhāng wǔshí kuài de , wǔ zhāng shíkuài de .
请 帮 我 换 一 张 五十 块 的，五 张 十块 的。

Please break this 50 yuan note into five 10 yuan notes.

Wǒ yào zhǐbì , qǐng bié gěi wǒ yìngbì .
我 要 纸币，请 别 给 我 硬币。

I want notes only, no coins please.

四、自助取款 Withdrawing Money at ATMs
Zìzhù Qǔ Kuǎn

常用句型 Useful Expressions
Chángyòng Jùxíng

Duìbuqǐ, qǐng nín zhàn zài yì mǐ xiàn hòubian, wǒ zài qǔ qián.
对不起，请您站在一米线后边，我在取钱。
Please stay behind the waiting line. I'm withdrawing some money.

Hěn duō dìfang dōu yǒu zìdòng guìyuánjī, bú yòng qù yínháng qǔ qián.
很多地方都有自动柜员机，不用去银行取钱。
You can find ATMs in many places; you don't have to go to the bank to withdraw money.

Rúguǒ shǐyòng **ATM** jī shí chūle wèntí, yīnggāi mǎshàng dǎ yínháng kèfú
如果使用 ATM 机时出了问题，应该马上打银行客服
diànhuà.
电话。
If problems occur while you are using the ATM, please call the customer service number immediately.

Qǐngwèn, wǒ de yínhángkǎ bèi **ATM** jī tūn le, zěnme bàn?
请问，我的银行卡被 ATM 机吞了，怎么办？
Excuse me, the ATM ate my card. What should I do?

对话（1） Conversation 1
Duìhuà (yī)

Qǐngwèn, mǎi diàn de yèwù zěnme bànlǐ?
A: 请问，买电的业务怎么办理？
Excuse me, how can I buy electricity?

Qǐng nín názhe diànkǎ dào guìtái, jiāogěi yíngyèyuán hòu gàosu tā nín
B: 请您拿着电卡到柜台，交给营业员后告诉他您
yào mǎi duōshao dù diài jiù xíng le.
要买多少度电就行了。
Please take your electricity card to the counter, give it to the clerk and tell him how many KWHs of electricity you want to buy.

Hǎo, xièxie.
A: 好，谢谢。
All right, thanks.

对话（2） Conversation 2
Duìhuà (èr)

Xiānsheng, wǒ de yínhángkǎ bèi zìdòng guìyuánjī tūn le, zěnme bàn?
A: 先生，我的银行卡被自动柜员机吞了，怎么办？
Sir, my bank card was swallowed by the ATM. What should I do?

Qǐng nín gàosu wǒ, nín shì zài nǎge zìdòng guìyuánjī qǔ kuǎn de?
B: 请您告诉我，您是在哪个自动柜员机取款的？
Can you please tell me at which ATM you withdrew money?

Shì Liàngmǎhé Dàshà èr lóu de guìyuánjī.
A: 是 亮马河 大厦 二 楼 的 柜员机。

The ATM on the second floor of the Landmark Towers.

Hǎo, zhīdào le. Qǐng nín zài nàr děng wǒmen. Wǒmen mǎshàng pài
B: 好, 知道 了。 请 您 在 那儿 等 我们。 我们 马 上 派
rén qù bāngzhù nín.
人 去 帮 助 您。

OK, got it. Please stay there and wait. We'll send someone to help you immediately.

Nà tài hǎo le, xièxie.
A: 那 太 好 了, 谢谢。

That's great, thanks.

Cānkǎo Cíhuì
☀ 参考 词汇 Vocabulary

金融机构	jīnróng jīgòu	financial institution
中国人民银行	Zhōngguó Rénmín Yínháng	People's Bank of China
中国银行	Zhōngguó Yínháng	Bank of China
中国工商银行	Zhōngguó Gōngshāng Yínháng	Industry and Commercial Bank of China
中国建设银行	Zhōngguó Jiànshè Yínháng	China Construction Bank
招商银行	Zhāoshāng Yínháng	Merchants Bank
交通银行	Jiāotōng Yínháng	Bank of Communications
中国农业银行	Zhōngguó Nóngyè Yínháng	Agricultural Bank of China
银行账号	yínháng zhànghào	account number
外汇	wàihuì	foreign currency
兑换	duìhuàn	exchange
换钱	huàn qián	to change money
汇率	huìlǜ	exchange rate
买入价	mǎirù jià	buying price
卖出价	màichū jià	selling price
中间价	zhōngjiānjià	middle rate
手续费	shǒuxùfèi	service change
美元	Měiyuán	US dollar
欧元	Ōuyuán	Euro
英镑	Yīngbàng	pound sterling

人民币	Rénmínbì	RMB
日元	Rìyuán	Japanese yen
港币	Gǎngbì	Hong Kong dollar
自动柜员机	zìdòng guìyuánjī	Automatic Teller Machine
ATM 机	ATM jī	ATM
验钞机	yànchāojī	counterfeit currency detecter
纸币	zhǐbì	paper currency, note
硬币	yìngbì	coin
假钞	jiǎchāo	counterfeit
现金	xiànjīn	cash
支票	zhīpiào	cheque
储蓄	chǔxù	saving
定期储蓄	dìngqī chǔxù	fixed deposit, time deposit
活期储蓄	huóqī chǔxù	current deposit
开户	kāi hù	to open an account
存折	cúnzhé	deposit book
存款	cún kuǎn	to make a deposit
取款	qǔ kuǎn	to withdraw money
存单	cúndān	deposit receipt
利率	lìlǜ	interest rate
利息	lìxī	interest
设密码	shè mìmǎ	to set a PIN number
信用卡	xìnyòngkǎ	credit card
透支	tòuzhī	to overdraft
转账	zhuǎnzhàng	to transfer payment
证券公司	zhèngquàn gōngsī	securities company
上市公司	shàngshì gōngsī	listed company
股票	gǔpiào	stock
基金	jījīn	fund
国债	guózhài	national bonds
投资	tóuzī	investment

Dì-shí Piān Zài Yóujú
第十篇 在邮局

Chapter 10 At the Post Office

Jì Xìn
一、寄信 Sending Letters

Chángyòng Jùxíng
常用句型 Useful Expressions

Qǐngwèn, fùjìn yǒu yóujú ma?
请问，附近有邮局吗？
Excuse me, is there a post office near here?

Qǐngwèn, lí zhèr zuì jìn de yóujú zěnme zǒu?
请问，离这儿最近的邮局怎么走？
Excuse me, how do I get to the nearest post office from here?

Qǐngwèn, zài nǎr jì xìn?
请问，在哪儿寄信？
Excuse me, where can I post a letter?

Wǒ yào jì yì fēng xìn.
我要寄一封信。
I want to post a letter.

Wǒ yào jì yì fēng hángkōngxìn.
我要寄一封 航空信。
I want to send a letter by airmail.

Wǒ yào jì yì fēng guàhàoxìn.
我要寄一封 挂号信。
I want to send something by registered mail.

Wǒ yào jì yì zhāng míngxìnpiàn.
我要寄一张 明信片。
I want to send a postcard.

Zhè fēng xìn jì wǎng Měiguó.
这 封信寄往 美国。
This letter is being sent to the US.

Qǐngwèn, yào tiē duōshao qián de yóupiào?
请问，要贴多少 钱的邮票？
Excuse me, how much is the postage?

Yǒu jìniàn yóupiào ma?
有纪念 邮票吗？
Do you have commemorative stamps?

Qǐngwèn, jì wǎng Měiguó de hángkōngxìn jǐ tiān kěyǐ dào?
请问，寄往美国的航空信几天可以到？
Excuse me, how long does it take for airmail to get to the US?

Qǐngwèn, yǒu jiāoshuǐ ma?
请问，有胶水吗？
Excuse me, is there glue here?

Jì wǎng Zhōngguó guónèi de xìnfēng xiěfǎ hé jì wǎng wàiguó de bù yíyàng.
寄往中国国内的信封写法和寄往外国的不一样。
Domestic mail and international mail envelopes are addressed differently.

Jì wǎng Zhōngguó guónèi de xìn qǐng xiě shang yóuzhèng biānmǎ.
寄往中国国内的信请写上邮政编码。
For domestic mail, please fill in the postcode.

Nín néng bāng wǒ chá yíxiàr yóuzhèng biānmǎ ma?
您能帮我查一下儿邮政编码吗？
Can you look up a postcode for me?

Jì wǎng Zhōngguó guónèi de xìn, rúguǒ bù chāozhòng, tiēhǎo yóupiào kěyǐ
寄往中国国内的信，如果不超重，贴好邮票可以
zhíjiē tóurù xìnxiāng.
直接投入信箱。
Domestic mail that isn't overweight and already has stamps affixed can be dropped directly into public mail box to be sent.

二、寄取 印刷品、包裹 Sending and Collecting Printed Matter and Parcels
Jì Qǔ Yìnshuāpǐn, Bāoguǒ

☕ 常用句型 Useful Expressions
Chángyòng Jùxíng

Wǒ yào jì yìxiē yìnshuāpǐn.
我要寄一些印刷品。
I want to post some printed matter.

Qǐngwèn, zěnme jì yìnshuāpǐn?
请问，怎么寄印刷品？
Excuse me, how can I post some printed matter?

Qǐngwèn, zěnme jì bāoguǒ?
请问，怎么寄包裹？
Excuse me, how do I post a parcel?

Qǐngwèn, zài nǎge chuāngkǒu jì bāoguǒ?
请问，在哪个窗口寄包裹？
Excuse me, at which window can I send a parcel?

Nín jì bāoguǒ, qǐng xiān tián yíxiàr bāoguǒdān.
您寄包裹，请先填一下儿包裹单。
Please fill out a postal form before sending a parcel.

Yòng Zhōngwén háishi yòng Yīngwén?
用中文还是用英文？
Is it in Chinese or in English?

Wǒ bú huì xiě Hànzì, nín néng bāng wǒ xiě yíxiàr ma?
我 不 会 写 汉字, 您 能 帮 我 写 一下儿 吗?
I don't know how to write Chinese characters. Could you please help me out?

Qǐng bú yào bǎ bāoguǒ fēngsǐ, wǒmen yào jiǎnchá yíxiàr.
请 不 要 把 包裹 封死, 我们 要 检查 一下儿。
Please don't seal the parcel yet. We need to inspect it.

Yǒuxiē wùpǐn shì bù néng yóujì de.
有些 物品 是 不 能 邮寄 的。
Some articles cannot be posted.

Bǐrú yì rán, yì bào wùpǐn, jiù bù néng yóujì.
比如 易燃、易爆 物品, 就 不 能 邮寄。
Inflammables and explosives cannot be posted.

Wǒ jì de shì yīfu.
我 寄的 是 衣服。
I'm posting some clothes.

Wǒ jì de shì yìxiē sīchóu, wéijīn.
我 寄的 是 一些 丝绸、围巾。
I'm posting things like silks and scarves, etc.

Qǐng nín qù nàbian de guìtái, tāmen kěyǐ bāng nín xuàn héshì de bāozhuāng.
请 您 去 那边 的 柜台, 他们 可以 帮 您 选 合适 的 包 装。
Please go to the counter over there. They'll help you choose an appropriate-sized package.

Jì wǎng guówài de wùpǐn yào dào hǎiguān chuāngkǒu bàn yíxiàr guòguān shǒuxù.
寄 往 国外 的 物品 要 到 海关 窗 口 办 一下儿 过关 手续。
Overseas bound articles have to go through the procedures at the customs window.

Bànwán shǒuxù jiù kěyǐ bǎ bāoguǒ fēnghǎo le.
办完 手续 就 可以 把 包裹 封 好 了。
After going through the customs procedures, you may seal the parcel.

Qǐng nín zài bāoguǒ shang xiěhǎo shōujiànrén dìzhǐ, xìngmíng, jìjiànrén de dìzhǐ hé xìngmíng.
请 您 在 包裹 上 写好 收件人 地址、 姓名、 寄件人的 地址 和 姓名。
Please write down the address and name of both the recipient and sender on the parcel.

> ☞ Note: There is a standard format used for addressing domestic mail envelopes in China: the top line is the recipient's address, the middle line is the recipient's name, and the bottom line contains the sender's address, name and postcode. The recipient's postcode is written in the boxes in the top left corner of the envelope or package.

Qǐngwèn, duō cháng shíjiān kěyǐ dào?
请 问, 多 长 时间 可以 到?
How long will it take to arrive?

Qǐngwèn, qǔ bāoguǒ zài nǎge chuāngkǒu?
请问，取包裹在哪个窗口？

Excuse me, at which window can I collect parcels?

Biérén kěyǐ dài qǔ bāoguǒ ma?
别人可以代取包裹吗？

Can someone else collect a parcel for me?

Qǐng biérén dài qǔ bāoguǒ, bìxū dàihǎo qǔ bāoguǒ de dānzi hé liǎng gè
请别人代取包裹，必须带好取包裹的单子和两个
rén de yǒuxiào zhèngjiàn.
人的有效证件。

If you ask someone else to collect a parcel for you, he/she must bring the parcel notification slip and both of your ID cards.

Qǐng nín gěi wǒ qǔ bāoguǒ de dānzi hé nín de zhèngjiàn.
请您给我取包裹的单子和您的证件。

Please give me the parcel notification slip and your ID.

Zhè shì nín de bāoguǒ, qǐng jiǎnchá yíxiàr.
这是您的包裹，请检查一下儿。

This is your parcel, please check it over.

Qǐngwèn, zěnme jì tèkuài zhuāndì?
请问，怎么寄特快专递？

Excuse me, how do I send express mail?

Wǒ yào jì tèkuài zhuāndì, zhè shì tiánhǎo de dānzi.
我要寄特快专递，这是填好的单子。

I want to send some express mail. This is the postal form.

Zhè shì shōujù, yǒu wèntí nín kěyǐ názhe shōujù lái cháxún.
这是收据，有问题您可以拿着收据来查询。

This is your receipt. If any problems occur, you can use it to come and inquire about your mail.

三、购买邮品 Buying Postal Items
Gòumǎi Yóupǐn

常用句型 Useful Expressions
Chángyòng Jùxíng

Qǐngwèn, yǒu jìniàn yóupiào ma?
请问，有纪念邮票吗？

Excuse me, do you have commemorative stamps?

Zhè zhǒng jìniàn yóupiào duōshao qián yí tào?
这种纪念邮票多少钱一套？

How much is a set of this kind of commemorative stamp?

Néng mǎi qùnián quán nián de jìniàn yóupiào ma?
能买去年全年的纪念邮票吗？

Do you have the complete collection of commemorative stamps issued last year?

Kěyǐ yùdìng míngnián quán nián de jìniàn yóupiào ma?
可以预订明年全年的纪念邮票吗？

Can I pre-order the complete collection of commemorative stamps to be issued next year?

Měi nián shíyī yuè zhōng yùdìng xià yì nián de jìniàn yóupiào.
每 年 十一 月 中 预订 下 一年 的 纪念 邮票。

In mid-November every year, you may pre-order the commemorative stamps that will be issued the following year.

Yùdìng yǐhòu zěnme qǔ ne?
预订 以后 怎么 取 呢?

How should I collect them after I have ordered them?

Nín kěyǐ měi yuè lái qǔ yí cì, yě kěyǐ dào niándǐ yí cì qǔqīng.
您 可以 每 月 来 取 一次, 也 可以 到 年底 一次 取清。

You can come and collect them monthly, or just once at the end of the year.

Zhè zhǒng míngxìnpiàn duōshao qián yí tào?
这 种 明信片 多 少 钱 一 套?

How much is a set of these postcards?

Míngxìnpiàn líng mài ma?
明信片 零 卖 吗?

Can I buy postcards individually?

Qǐngwèn, xìnfēng dōu yǒu shénme yàng de?
请 问, 信封 都 有 什么 样 的?

Excuse me, what kind of envelopes do you have?

Qǐngwèn, yóuzhèng hèkǎ zěnme mài?
请 问, 邮 政 贺卡 怎么 卖?

Excuse me, how much are the greeting cards?

Duìhuà
对话 Conversation

Wǒ yào jì yí gè bāoguǒ.
A: 我 要 寄 一个 包裹。

Excuse me, I need to post a parcel.

Qǐng nín tián yíxiàr bāoguǒdān. Jì wǎng guójiā qǐng yòng Zhōngwén xiě.
B: 请 您 填 一下儿 包裹单。寄 往 国家 请 用 中 文 写。

Please fill out the postal form, and write the name of the overseas country in Chinese.

Wǒ bú huì xiě Hànzì, nín néng bāng wǒ xiě yíxiàr ma?
A: 我 不 会 写 汉字, 您 能 帮 我 写 一下儿 吗?

I don't know how to write Chinese characters. Could you help me out?

Kěyǐ. Qǐngwèn, nín jì de shì shénme dōngxi?
B: 可以。 请 问, 您 寄 的 是 什么 东西?

Sure. What are you posting?

Yīfu.
A: 衣服。

Clothes.

Qǐng bú yào fēng kǒu, nín děi xiān qù hǎiguān chuāngkǒu bàn yíxiàr
B: 请 不 要 封 口, 您 得 先 去 海关 窗 口 办 一下儿
guòguān shǒuxù.
过 关 手续。

Please leave it unsealed. You have to go through the customs procedures at the customs window.

Ránhòu hái dào nín zhèr lái ma?

A: 然后 还 到 您 这儿 来 吗？

And then do I come back here?

Duì, bànwán hǎiguān shǒuxù, nín kěyǐ bǎ bāoguǒ fēng kǒu, zài dào

B: 对，办完 海关 手续，您 可以 把 包裹 封 口，再 到

wǒ zhèr lái.

我 这儿 来。

Yes, after going through customs, you can seal the parcel and come back here.

Hǎo, xièxie.

A: 好，谢谢。

OK, thanks.

Cānkǎo Cíhuì

☀ 参考词汇 Vocabulary

邮局	yóujú	post office
平信	píngxìn	ordinary mail
航空信	hángkōngxìn	airmail
挂号信	guàhàoxìn	registered mail
明信片	míngxìnpiàn	postcard
特快专递	tèkuài zhuāndì	express mail
印刷品	yìnshuāpǐn	printed matter
信封	xìnfēng	envelope
包裹	bāoguǒ	parcel
寄	jì	to post
填写	tiánxiě	to fill out
包裹单	bāoguǒdān	postal parcel form
收信人	shōuxìnrén	addressee
寄件人	jìxìnrén	addresser
邮政编码	yóuzhèng biānmǎ	postcode
海关	hǎiguān	customs
检查	jiǎnchá	to inspect
包装	bāozhuāng	to pack
包装袋	bāozhuāngdài	package
包装箱	bāozhuāngxiāng	package box
邮费	yóufèi	postage
邮戳	yóuchuō	postmark

邮票	yóupiào	stamp
纪念邮票	jìniàn yóupiào	commemorative stamp
集邮	jíyóu	philately
集邮册	jíyóucè	stamp album
凭	píng	by virtue of
有效证件	yǒuxiào zhèngjiàn	valid ID
护照	hùzhào	passport
查询	cháxún	inquiry

Dì-shíyī Piān　Zài Měiróng Měifà Diàn
第十一篇　在美容美发店

Chapter 11　At the Hairdresser's and Beauty Parlour

Měifà
一、美发 Having One's Hair Done

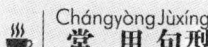 ChángyòngJùxíng
常用句型 **Useful Expressions**

Nǐ zhīdào nǎge měifàdiàn búcuò ma?
你 知道 哪个 美发店 不错 吗?
Do you know which hairdresser's is good?

Nǐ rènshi bú rènshi bǐjiào hǎo de fàxíngshī?
你 认识 不 认识 比较 好 的 发型师?
Do you know a good hair stylist?

Néng gěi wǒ jièshào yí gè hǎo yìdiǎnr de lǐfàshī ma?
能 给 我 介绍 一个 好 一点儿 的 理发师 吗?
Can you introduce me to a good barber?

Wǒ xūyào yí gè yǒu gěi wàiguórén lǐfà jīngyàn de lǐfàshī.
我 需要 一个 有 给 外国人 理发 经验 的 理发师。
I need a barber who has experience of serving foreigners.

Nín juéde nǎge fàxíng shìhé wǒ?
您 觉得 哪个 发型 适合 我?
Which style do you think suits me?

Nín juéde zhège fàxíng zěnmeyàng?
您 觉得 这个 发型 怎么样?
How do you like this hairstyle?

Qǐng nín àn zhàopiàn shang de fàxíng jiǎn.
请 您 按 照片 上 的 发型 剪。
Please copy the hairstyle in the picture.

Qǐng nín àn lǎo yàngzi jiǎn.
请 您 按 老 样子 剪。
Please give me my usual haircut.

Wǒ yào tàngtóu.
我 要 烫头。
I want to have my hair permed.

Wǒ yào xǐ, jiǎn, chuī.
我 要 洗、剪、吹。
Give me a wash, cut and blow dry.

Wǒ zhǐ jiǎn tóu.
我 只 剪 头。
I want a dry cut.

Wǒ yào zuò ge fà mó.
我 要 做 个 发膜。
I want to have a hair mask.

Qǐng bǎ hòubian de tóufa jiǎn de shāo duǎn yìdiǎnr.
请 把 后边 的 头发 剪 得 稍 短 一点儿。
Please cut my hair shorter in the back.

Hòubian de tóufa qǐng gěi wǒ liú de cháng yìdiǎnr.
后边 的 头发 请 给 我 留 得 长 一点儿。
Please keep my hair longer in the back.

Qǐng nín bǎ tóufa jiǎndào qí ěr cháng.
请 您 把 头发 剪到 齐 耳 长 。
Please cut my hair to ear length.

Liúhǎi búyào jiǎn de tài duǎn.
刘海 不要 剪 得 太 短。
Don't cut my bangs too short.

Wǒ de tóufa tài duō, qǐng xiāo de báo yìdiǎnr.
我 的 头发 太 多，请 削 得 薄 一点儿。
My hair is too thick. Please thin it out.

Qǐng nín bǎ fà shāo xiāochū céngcì lái.
请 您 把 发梢 削出 层次 来。
Please layer the ends of my hair.

Qǐngwèn, nín xiǎng yòng nǎ zhǒng fāngfǎ tàngfà?
请 问，您 想 用 哪 种 方法 烫发？
Excuse me, what kind of perm would you like?

Wǒ xiǎng zuò lízǐtàng.
我 想 做 离子烫 。
I would like to have an ionic perm.

Qǐngwèn, nín xiǎng yòng nǎzhǒng tàngfàshuǐ?
请 问，您 想 用 哪种 烫发水？
Excuse me, which kind of perming agent would you like to use?

Wǒ yào yòng jìnkǒu de tàngfàshuǐ.
我 要 用 进口 的 烫发水。
I would like to use the imported one.

Wǒ yào tàngchéng dàhuā de.
我 要 烫 成 大花 的。
I would like to have a wavy perm.

Wǒ yào bǎ tóufa lāzhí.
我 要 把 头发 拉直。
I want to straighten my hair.

Wǒ zhǐ tàng liúhǎi.
我 只 烫 刘海。
I only want to have my bangs permed.

Qǐngwèn, nín yào rǎn fà ma?
请 问，您 要 染发 吗？
Excuse me, would you like to dye your hair?

Qǐngwèn, nín yào jújóu ma?

请问，您要焗油吗？

Would you like a conditioning hair treatment?

Qǐngwèn, nín duì rǎnfàjì guòmǐn ma?

请问，您对染发剂过敏吗？

Excuse me, are you allergic to dye?

Nín xiǎng rǎn shénme yánsè de?

您想染什么颜色的？

What colour would you like to dye your hair?

Wǒ yào rǎnchéng pútaojiǔ hóngsè de.

我要染成葡萄酒红色的。

I want to dye it burgundy.

Wǒ yào rǎnchéng jīnsè de.

我要染成金色的。

I want to dye it golden.

Wǒ zhǐ xiǎng tiǎo rǎn jǐ liǔ.

我只想挑染几绺。

I just want to get some highlights.

Qǐngwèn, nín yào zuò tóubù ànmó ma?

请问，您要做头部按摩吗？

Excuse me, would you like a head massage?

Zuò tóubù ànmó shōuqǔ fèiyòng ma?

做头部按摩收取费用吗？

Is the head massage free?

Qǐng nǐ ànmó shí qīng yìdiǎnr.

请你按摩时轻一点儿。

Please be gentle when you are massaging my head.

Qǐngwèn, nǎwèi lǐfàshī zuò nánshì fàxíng bǐjiào hǎo?

请问，哪位理发师做男士发型比较好？

Excuse me, which barber is good at doing men's hair?

Qǐng àn yuánlái de yàngzi jiǎnduǎn yìdiǎnr.

请按原来的样子剪短一点儿。

Please trim my hair, keeping to my current style of haircut.

Wǒ xiǎng lǐ ge bǎncùn.

我想理个板寸。

I would like to have a crew cut.

Lǐwán le, nín zhàozhao jìngzi, kànkan mǎnyì ma?

理完了，您照照镜子，看看满意吗？

It's finished. Have a look into the mirror, is it satisfactory?

Nín zuò de búcuò, xià cì wǒ hái zhǎo nín.

您做得不错，下次我还找您。

Yes, you did well. I'll see you next time.

Měiróng
二、美容 Going to the Beauty Parlour

Chángyòng Jùxíng
常 用 句型 Useful Expressions

Néng gěi wǒ jièshào yí gè měiróngdiàn ma?
能 给 我 介绍 一个 美容店 吗?
Can you introduce me to a beauty parlour?

Wǒ xiǎng zuò miànbù pífū hùlǐ .
我 想 做 面部 皮肤 护理。
I would like to have a facial.

Nín zuìhǎo xiàwǔ sì diǎn dào bā diǎn zhījiān zuò bǎoyǎng, pífū xīshōu yíngyǎng
您 最好 下午 四点 到 八点 之间 做 保养，皮肤 吸收 营养
kuài .
快。
You'd be best to do your skin care between 4:00-8:00 p.m. when the skin absorbs nutrition the fastest.

Wǒ yào zuò ge jīngyóu ànmó.
我 要 做 个 精油 按摩。
I would like to have an essential oil massage.

Wǒ xiǎng zuò ànmó jiǎnféi .
我 想 做 按摩 减肥。
I would like to have a massage to help me lose weight.

Wǒ xiǎng zuò miànbù hé jǐngbù de qù zhòu .
我 想 做 面部 和 颈部 的 去 皱。
I want to get an anti-wrinkle treatment for my face and neck.

Duìhuà
对话 Conversation

Nín xiǎng zěnme zuò tóufa ?
A: 您 想 怎么 做 头发？
How would you like your hair done?

Nín zhèr yǒu yàngběn ma?
B: 您 这儿 有 样本 吗？
Do you have a sample book?

Zhèxiē dōu shì, nín kěyǐ zìjǐ xuǎn .
A: 这些 都 是，您 可以 自己 选。
All of these are sample books. You can choose any style you like from them.

Nín yǒu jīngyàn, nín néng bāng wǒ xuǎn yí gè ma?
B: 您 有 经验，您 能 帮 我 选 一个 吗？
You are experienced, can you help me pick one?

Wǒ juéde zhège fàxíng hěn shìhé nín de liǎnxíng hé qìzhì .
A: 我 觉得 这个 发型 很 适合 您的 脸型 和 气质。
I think this hairstyle is a good match with your face and temperament.

Wǒ yě juéde zhège fàxíng búcuò, jiù àn zhège lǐ ba .
B: 我 也 觉得 这个 发型 不错，就 按 这个 理 吧。
I think so, too. Let's go with this one.

Hǎo. qǐng nín dào zhèr xǐ tóu.
A: 好。请您到这儿洗头。
OK. Please come here to have your hair washed.

Qǐng dào zhèr chuī gān. Dǎ yìdiǎnr mósī ba?
A: 请到这儿吹干。打一点儿摩丝吧?
Please come here to have your hair blow dried. Would you like some mousse in your hair?

Hǎo.
B: 好。
All right.

Nín lǐ de búcuò, xià cì wǒ hái zhǎo nín.
B: 您理得不错,下次我还找您。
You cut it well. I'll come to see you next time.

Xièxie.
A: 谢谢。
Thank you.

Cānkǎo Cíhuì
☀ 参考词汇 Vocabulary

美发店	měifàdiàn	the hairdresser's, the barber's
发廊	fàláng	hair salon
美容店	měiróngdiàn	beauty parlour
发型师	fàxíngshī	hairstylist
理发师	lǐfàshī	barber
造型师	zàoxíngshī	stylist
理发	lǐfà	to have a haircut
洗头	xǐ tóu	to wash hair
剪头	jiǎn tóu	to cut hair
吹风	chuī fēng	to blow dry hair
烫头	tàngtóu	to have a perm
染发	rǎn fà	to dye hair
挑染	tiāo rǎn	highlights
设计发型	shèjì fàxíng	hairstyle design
发型样本	fàxíng yàngběn	sample book
长发	chángfà	long hair
短发	duǎnfà	short hair
发质	fà zhì	hair quality
发梢	fàshāo	hair ends

卷发	juǎnfà	curly hair
直发	zhífà	straight hair
洗发液	xǐfàyè	shampoo
护发素	hùfàsù	hair conditioner
染发剂	rǎnfàjì	hair dye
烫发水	tàngfàshuǐ	perming agent
进口	jìnkǒu	imported
国产	guóchǎn	homemade
皮肤护理	pífū hùlǐ	skin care
去斑	qù bān	to remove freckles
去皱	qù zhòu	anti-wrinkle
减肥	jiǎnféi	to lose weight

第十二篇　在服装店做衣服

Chapter 12　At the Tailor's

Zīxún
一、咨询 Consultation

 Chángyòng Jùxíng
常用句型 **Useful Expressions**

Tīngshuō zài Zhōngguó zuò yīfu bǐjiào piányi, shì ma?
听说在中国做衣服比较便宜，是吗？
I heard it's cheap to have clothes made in China. Is that true?

Zài Běijīng mǎi yīliào zuò yīfu hěn hésuàn.
在北京买衣料做衣服很合算。
It's a bargain to buy materials and have clothes tailor-made in Beijing.

Nín néng gěi wǒ tuījiàn jǐ ge zuò yīfu de dìfang ma?
您能给我推荐几个做衣服的地方吗？
Can you recommend me some tailors?

Nín néng gěi wǒ jièshào yí gè hǎo cáifeng ma?
您能给我介绍一个好裁缝吗？
Can you introduce me to a good tailor?

Nín zhīdào nǎge cáifeng jìshù hǎo ma?
您知道哪个裁缝技术好吗？
Do you know which tailor is the best?

Zuò Zhōngshì yīfu, bǐrú qípáo, nǎr zuò de hǎo?
做中式衣服，比如旗袍，哪儿做得好？
Which tailoring shops make good traditional Chinese clothes, such as cheongsams?

☞ Note: You can find tailors in such markets as the Silk Market and Yashow Market in Beijing, as well as in most textile shops. There are also tailors specialised in making Western suits and traditional Chinese clothing.

Nǎr zuò xīzhuāng zuò de hǎo?
哪儿做西装做得好？
Where is a good tailoring shop for making Western suits?

Nǎge cáiféng zuò xīzhuāng zuò de hǎo?
哪个 裁缝 做 西装 做得 好？
Which tailor makes good Western suits?

Wǒ bù zhīdào zěnme mǎi yīliào, zěnme bàn?
我 不 知道 怎么 买 衣料，怎么 办？
What if I don't know how to buy materials?

Shīfu, nín néng bāng wǒ cānmóu yíxiàr ma?
师傅，您 能 帮 我 参谋 一下儿 吗？
Sir/Madam, can you please give me some advice?

Qǐngwèn, zhè zhǒng liàozi zuò xīzhuāng hǎo ma?
请 问，这 种 料子 做 西装 好 吗？
Excuse me, is this kind of material good for making Western suits?

Qǐngwèn, nǎ zhǒng liàozi zuò lǐzi hǎo?
请 问，哪 种 料子 做 里子 好？
Excuse me, which kind of material makes a good lining?

Nín mǎi chuígǎn hǎo de liàozi zuò qípáo bǐjiào hǎo.
您 买 垂 感 好 的 料子 做 旗袍 比较 好。
It is better for you to use materials that drape well to make cheongsams.

Zhè zhǒng shā zhī gāo de chún miánbù zuò nán shì chènshān hǎo.
这 种 纱 支 高 的 纯 棉布 做 男 式 衬 衫 好。
This high count cotton material is good for making men's shirts.

Chún mián, zhēnsī de liàozi dōu huì suōshuǐ, yào duō mǎi yìxiē.
纯 棉、真丝 的 料子 都 会 缩水，要 多 买 一些。
Cotton and silk materials will shrink in the wash so you need to buy a bit more of them.

Qǐngwèn, zhè zhǒng liàozi de suōshuǐlǜ shì bǎi fēn zhī duōshao?
请 问，这 种 料子 的 缩水率 是 百 分 之 多 少？
Excuse me, how much does this material shrink?

Qǐngwèn, zhè zhǒng liàozi huì diàoshǎi ma?
请 问，这 种 料子 会 掉色 吗？
Excuse me, will this kind of material fade?

Qǐngwèn, zhè zhǒng liàozi néng shuǐ xǐ ma?
请 问，这 种 料子 能 水 洗 吗？
Excuse me, is this kind of material washable?

Qǐngwèn, zhè zhǒng liàozi xǐ hòu yào yùn ma?
请 问，这 种 料子 洗后 要 熨 吗？
Excuse me, does this kind of material need ironing after washing?

Zhè zhǒng liàozi kěyǐ shuǐxǐ, bú diàoshǎi.
这 种 料子 可以 水洗，不 掉色。
This material is washable and colourfast.

Zhè zhǒng liàozi miǎn yùntàng.
这 种 料子 免 熨烫。
This kind of material doesn't require ironing.

Zuò Yīfu
二、做衣服 Having Clothes Made

Chángyòng Jùxíng
常用句型 Useful Expressions

Wǒ yào zuò yí jiàn nǚ shì chènshān.
我要做一件女式衬衫。
I want to have a blouse made.

Wǒ yào zuò yí jiàn yángróng dàyī.
我要做一件羊绒大衣。
I want to have a cashmere overcoat made.

Wǒ yào gěi wǒ xiānsheng zuò yí tào xīzhuāng.
我要给我先生做一套西装。
I want to have a suit made for my husband.

Qǐngwèn, zuò yí tào nán shì xīzhuāng duōshao qián?
请问，做一套男式西装多少钱？
How much does it cost to have a men's suit made, please?

Zhè kuài liàozi zuò yí jiàn liányīqún, gòu ma?
这块料子做一件连衣裙，够吗？
Is this material enough to make a dress?

Qǐngwèn, nín yào zuò shénme yàngzi de?
请问，您要做什么样子的？
What kind of cut would you like?

Qǐng nín àn zhè tiáo qúnzi de yàngzi hé chǐcùn zuò.
请您按这条裙子的样子和尺寸做。
Please tailor it to the cut and size of this dress.

Wǒ xiǎng àn yàngběn shang de zhège yàngzi zuò.
我想按样本上的这个样子做。
I want the same cut as the one in your sample book.

Wǒ yào gěi nín liàng yíxiàr chǐcùn.
我要给您量一下儿尺寸。
Let me take your measurements.

Qǐng nín zhànhǎo.
请您站好。
Please stand straight.

Xiōngbù bié tài jǐn.
胸部别太紧。
Don't make the it too tight around the chest.

Yāobù yào shōu yìdiǎnr.
腰部要收一点儿。
Please put in darts at the waist.

Túnbù shāo kuānsōng yìxiē.
臀部稍宽松一些。
Make it looser around the hips.

Lǐngkǒu yào kāi de gāo yìdiǎnr.
领口要开得高一点儿。
I'd like the collar opening to be higher.

Wǒ yào yòng tóngyàng bùliào bāo de kòuzi .
我 要 用 同样 布料 包 的 扣子。
I want the buttons to be covered in the same fabric.

Wǒ yào Zhōngshì pánkòu .
我 要 中 式 盘扣。
I would like to have the Chinese-style knotted coil buttons.

Qǐng nín yòng hé liàozi yánsè chàbuduō de xiàn bāo fèng .
请 您 用 和 料子 颜色 差不多 的 线 包 缝。
Please overlock it with a similar colour thread to the material.

Duìjīn de tiēbiān qǐng bú yào yòng chènbù, yòng yuán bùliào zuò chèn .
对襟 的 贴边 请 不 要 用 衬布, 用 原 布料 做 衬。
Please do not use the lining material behind the hem of the front buttons. Back them with the same outer material.

Wǒ shénme shíhou lái shì yàngzi?
我 什么 时候 来 试 样子?
When can I come for a fitting?

Shǒugōngfèi duōshao qián?
手 工 费 多少 钱?
How much do you charge for tailoring?

Wǒ shì nín de lǎo gùkè le , néng piányi yìdiǎnr ma?
我 是 您 的 老 顾客 了, 能 便宜 一点儿 吗?
Can you make it cheaper for an old customer like me?

三、试 样子 Having a Fitting
Shì Yàngzi

常 用 句型 Useful Expressions
Chángyòng Jùxíng

Nín hǎo , wǒ lái shì yàngzi .
您 好, 我 来 试 样子。
Hello, I'm here to try my clothing sample.

Jiān tài kuān le .
肩 太 宽 了。
The shoulders are too broad.

Yāowéi yǒudiǎnr féi .
腰 围 有点儿 肥。
The waist is a bit too loose.

Xiōngwéi yǒudiǎnr shòu , néng fàngchū yìdiǎnr ma?
胸 围 有点儿 瘦, 能 放出 一点儿 吗?
Can you let it out a little bit at the chest? It's a bit too tight.

Kù cháng yǒudiǎnr duǎn , děi fàng yìdiǎnr .
裤 长 有点儿 短, 得 放 一点儿。
The trousers are a bit too short, please let down a bit.

Zuòhǎo yǐhòu yǒu bù héshì de dìfang , wǒmen hái kěyǐ gǎi .
做 好 以后 有 不 合适 的 地方, 我们 还 可以 改。
We can still make alterations after it is made if needed.

Qǐngwèn, wǒ shénme shíhou kěyǐ lái qǔ?
请 问，我 什 么 时候 可以 来 取？
May I know when it can be collected?

Xiūgǎi
四、修改 Making Alterations

Chángyòng Jùxíng
常 用 句型　Useful Expressions

Zhè tiáo kùzi de lāsuǒ huài le, néng gěi wǒ huàn yì tiáo ma?
这 条 裤子 的 拉锁 坏 了，能 给 我 换 一 条 吗？
The zipper on this pair of trousers doesn't work properly. Can you change it for me?

Qǐng bǎ zhè tiáo xīn kùzi gǎiduǎn yìdiǎnr.
请 把 这 条 新 裤子 改短 一点儿。
Please raise the hemline of this pair of new trousers.

Zhè jǐ jiàn yīfu dōu tài féi le, qǐng bāng wǒ gǎishòu yìdiǎnr.
这 几 件 衣服 都 太 肥 了，请 帮 我 改瘦 一点儿。
These clothes are all too loose. Please make them smaller for me.

Zhè tiáo kùzi de kùkǒu mópò le, néng huàn ge tiēbiān ma?
这 条 裤子 的 裤口 磨破 了，能 换 个 贴 边 吗？
The bottom of this pair of trousers is worn. Can you change the facing for me?

Duìhuà (yī)
对话（1）Conversation 1

Qǐngwèn, nín yào zuò shénme yīfu?
A: 请 问，您 要 做 什 么 衣服？
What kind of clothing would you like to make?

Wǒ yào zuò yí tào nánshì xīzhuāng.
B: 我 要 做 一套 男式 西装。
I want to have a men's suit made.

Shì nín chuān ma?
A: 是 您 穿 吗？
Is it for you?

Duì, yào mǎi duōshao liàozi?
B: 对，要 买 多 少 料子？
Yes, how much material should I buy?

Nín yào mǎi shénme liàozi?
A: 您 要 买 什 么 料子？
What kind of material would you like?

Hái méi juédìng, nín néng bāng wǒ xuàn yíxiàr ma?
B: 还 没 决定，您 能 帮 我 选 一 下儿 吗？
I haven't quite decided. Could you please help me choose?

Méi wèntí . Zhè kuài liàozi zuò xīzhuāng búcuò, yòu báo yòu tǐng,
A: 没 问题。这 块 料子 做 西装 不错，又 薄 又 挺，
zhìliàng yě hěn hǎo.
质量 也 很 好。
No problem. This material is good for making suits. It's thin and stiff, and of high quality.

Wǒ yě hěn xǐhuan. Yào mǎi duōshao?
B: 我 也 很 喜欢。要 买 多 少？
I like it, too. How much do I need to buy?

Sān mǐ. Lǐzi kěyǐ yòng zhè zhǒng zhēnsī.
A: 三 米。里子 可以 用 这 种 真丝。
Three metres. You can use this silk for the lining.

Lǐzi yě mǎi sān mǐ ma?
B: 里子 也 买 三 米 吗？
Do I also need to buy three metres for the lining?

Liǎng mǐ wǔ jiù gòu le .
A: 两 米 五 就 够 了。
Two and half metres will be enough.

☕ | Duìhuà (èr)
对话（2）Conversation 2

Nín xiǎng zuò shénme yàngzi de xīzhuāng?
A: 您 想 做 什么 样子 的 西装？
Which style of suit would you like?

Hé wǒ shēnshang chuān de yíyàng .
B: 和 我 身 上 穿 的 一样。
Same as the one I am wearing.

Nà wǒ gěi nín liàng yíxiàr chǐcùn .
A: 那 我 给 您 量 一下儿 尺寸。
Let me take your measurements.

Dàxiǎo yě àn zhè tào zuò.
B: 大小 也 按 这 套 做。
Also, please make it the same size as this one.

Hǎo . Nín háiyǒu shénme yāoqiú ma?
A: 好。您 还有 什么 要求 吗？
All right, any other requirements?

Qǐng nín zuò de zǐxì yìdiǎnr . Yào shì yàngzi ma?
B: 请 您 做 得 仔细 一点儿。要 试 样子 吗？
Please do a careful job. Do I have to have a fitting?

Duì, yí gè xīngqī yǐhòu lái shì yàngzi . Qǐng nín náhǎo qǔ yī dānzi .
A: 对，一 个 星期 以后 来 试 样子。请 您 拿好 取 衣 单子。
Yes, come back in a week. Please make sure to keep this receipt.

Hǎo, zàijiàn .
B: 好，再见。
OK, goodbye.

Cānkǎo Cíhuì
☀ 参考词汇 Vocabulary

裁缝	cáifeng	tailor
量尺寸	liáng chǐcùn	to take measurements
裁衣服	cái yīfu	to cut clothing patterns
身长	shēncháng	length (from the shoulder to the hemline)
肩宽	jiānkuān	shoulder breadth
胸围	xiōngwéi	chest measurement
腰围	yāowéi	waistline
臀围	túnwéi	hipline
领子	lǐngzi	collar
领口	lǐngkǒu	neckline, collarband
袖子	xiùzi	sleeve
袖口	xiùkǒu	cuff
裤长	kùcháng	length of trousers
口袋	kǒudai	pocket
衣料	yīliào	material
面料	miànliào	fabric
里子	lǐzi	lining
够	gòu	enough
打褶	dǎzhě	pleat
衬	chèn	lining
辅料	fǔliào	garment accessory
贴边	tiēbiān	facing
丝绸	sīchóu	silk
毛料	máoliào	woollen material
亚麻	yàmá	flax
修改	xiūgǎi	to alter
配	pèi	to match
扣子	kòuzi	button
包扣	bāokòu	covered button
盘扣	pánkòu	knotted coil button

花边儿	huābiānr	lace
腰带	yāodài	waistband, belt
带子	dàizi	band
松紧带	sōngjǐndài	elastic band
拉链	lāliàn	zipper
米	mǐ	metre
手工	shǒugōng	handwork
手工费	shǒugōngfèi	tailoring fee

Dì-shísān Piān　Xiūlǐ
第十三篇　修理

Chapter 13　Repairs

Xiūlǐ　Qìchē
一、修理 汽车 Car Repairs

Chángyòng Jùxíng
常 用 句型　Useful Expressions

Wǒ de qìchē huài le, qǐng bāng wǒ gěi xiūlǐchǎng dǎ ge diànhuà.
我 的 汽车 坏 了，请 帮 我 给 修理厂 打 个 电 话。
My car broke down. Please help me call the repair shop.

Wǒ de qìchē huài zài lù shang le, qǐng nǐmen pài tuōchē lái, bāng wǒ tuō-
我 的 汽车 坏 在 路 上 了，请 你们 派 拖车 来，帮 我 拖
dào xiūlǐchǎng.
到 修理厂。
My car broke down on the road. Please send a tow truck to tow it to the garage.

Wǒ de qìchē shāchē yǒu wèntí.
我 的 汽车 刹车 有 问题。
The brakes of my car have problems.

Wǒ de qìchē bǎoxiǎngàng bèi zhuàng le.
我 的 汽车 保险 杠 被 撞 了。
My bumper was hit.

Wǒ de chē děi huàn yí ge chētāi.
我 的 车 得 换 一 个 车胎。
My car needs a new tyre.

Wǒ de qìchē bèi guǎ le, qǐng nín bǔ pēn yíxiàr qī.
我 的 汽车 被 刮 了，请 您 补 喷 一下儿 漆。
My car was sideswiped. Please touch up the damage with paint.

Wǒ de qìchē diànchí méi diàn le.
我 的 汽车 电池 没 电 了。
My car battery is dead.

Wǒ yào gěi chē zuò dù mó.
我 要 给 车 做 镀膜。
I want to give my car a coating.

Wǒ yào gěi qìchē dǎng fēng bōli hé chē shēn bōli zuò gérèmó.
我 要 给 汽车 挡 风 玻璃 和 车 身 玻璃 做 隔热膜。
I want a heat insulation coating put on the windshield and other windows of my car.

Wǒ de chē děi zuò yí cì quánmiàn bǎoyǎng.
我 的 车 得 做 一 次 全 面 保 养。
My car needs a full service.

Wǒ de chē děi dàxiū.
我 的 车 得 大修。
My car needs an overhaul.

二、修理 自行车 Bicycle Repairs
Xiūlǐ　Zìxíngchē

常 用 句型 Useful Expressions
Chángyòng Jùxíng

Qǐngwèn, nǎr yǒu xiūlǐ zìxíngchē de?
请 问，哪儿 有 修理 自行车 的？
Excuse me, where can I find a bicycle repair person/place?

Qǐngwèn, fùjìn yǒu xiūlǐ zìxíngchē de ma?
请 问，附近 有 修理 自行车 的 吗？
Excuse me, is there a bicycle repair person/place near here?

Qǐngwèn, diàndòng zìxíngchē néng xiū ma?
请 问，电 动 自行车 能 修 吗？
Excuse me, can you fix an electric bike?

Ān yí gè jīnshǔ chē líng duōshao qián?
安一个 金属 车 铃 多 少 钱？
How much does a metal bell cost?

Shīfu, wǒ de zìxíngchē huài le, nín bāng wǒ kànkan.
师傅，我 的 自行车 坏 了，您 帮 我 看看。
My bicycle broke down. Please check it out for me.

Nǎr huài le?
哪儿 坏 了？
Where is it broken?

Chēliànzi diào le.
车 链子 掉 了。
The chain came off.

Chēzhá duàn le.
车 闸 断 了。
The bicycle brake was broken.

Wǒ de chēdài biě le.
我 的 车带 瘪 了。
I have a flat tyre.

Zhè chē jiǎodēngzi yǒu máobìng.
这 车 脚蹬子 有 毛 病。
My bicycle pedals have problems.

Zhè chē zěnme qí bu dòng a?
这 车 怎么 骑不 动 啊？
Why is it so hard to get this bike going?

Wǒ gěi nín jiǎnchá yíxiàr .
我 给 您 检查 一下儿。
Let me check it out for you.

Chēzhá děi huàn xīn de ,
车闸 得 换 新的,
You need a new brake.

Qìménxīn lǎohuà le , huàn yí gè xīn de ba .
气门芯 老化 了, 换 一个 新的 吧。
The air valve has aged; I suggest you get a new one.

Qǐngwèn , bǔ yí gè dòng yào duōshao qián?
请问, 补 一个 洞 要 多少 钱?
Excuse me, how much will it cost to patch a hole in my tyre?

Huàn yì tiáo xīn chēdài yào duōshao qián?
换 一条 新车带 要 多少 钱?
How much does a new tyre cost?

Nín duō cháng shíjiān néng xiūhǎo?
您 多 长 时间 能 修好?
How long does it take to fix it?

Nín yí gè xiǎoshí yǐhòu lái qǔ ba .
您 一个 小时 以后 来 取 吧。
Please come back to pick it up in an hour.

三、修理 皮鞋 皮包 Repairing Shoes and Bags
Xiūlǐ Pí Xié Píbāo

常 用 句型 Useful Expressions
Chángyòng Jùxíng

Qǐngwèn , nǎli yǒu xiūlǐ píxié de?
请问, 哪里 有 修理 皮鞋 的?
Excuse me, where can I find a cobbler?

Shīfu , wǒ de píxié huài le , néng xiū ma?
师傅, 我 的 皮鞋 坏 了, 能 修 吗?
My leather shoes are worn out. Can you mend them for me?

Wǒ de xié kāijiāo le , nín néng gěi zhānhǎo ma?
我 的 鞋 开胶 了, 您 能 给 粘 好 吗?
My shoes have come unglued. Can you glue them back together for me?

Wǒ de xié kāixiàn le , nín néng gěi fénghǎo ma?
我 的 鞋 开线 了, 您 能 给 缝 好 吗?
My shoes have come unstitched. Can you sew them back together for me?

Shīfu , zhège píbāo de lāliàn huài le , nín néng xiū ma?
师傅, 这个 皮包 的 拉链 坏 了, 您 能 修 吗?
The zipper of this bag doesn't work. Can you repair it for me?

Zhège píbāo de dàizi duàn le , néng xiū ma?
这个 皮包 的 带子 断 了, 能 修 吗?
The strap of this bag is broken. Can you fix it?

四、家居 修理 Odd Jobs Around the House
Jiā jū Xiū lǐ

☕ **常 用 句型** Useful Expressions
Chángyòng Jùxíng

Fángzi yǒu wèntí zěnme bàn?
房子 有 问题 怎么 办?
What do I do about problems with my house?

Yǒu wèntí zhǎo wùyè jiějué.
有 问题 找 物业 解决。
If there are any problems with your house, contact the property management office.

Yǒu wèntí zhǎo fángzhǔ jiějué.
有 问题 找 房主 解决。
If you have a problem, ask your landlord to take care of it.

Duìbuqǐ, wǒ jiā nuǎnqì de fámén lòu shuǐ, qǐng lái xiū yíxiàr.
对不起, 我 家 暖气 的 阀门 漏水, 请 来 修 一下儿。
Sorry, the heating valve at my apartment is leaking water. Please come over to fix it.

Chúfáng de shuǐlóngtóu lòu shuǐ.
厨房 的 水龙头 漏水。
The tap in my kitchen is leaking.

Wèishēngjiān de xiàshuǐdào dǔ le.
卫生间 的 下水道 堵了。
The bathroom drain is clogged.

Mǎtǒng de shuǐxiāng yìzhí lòu shuǐ.
马桶 的 水箱 一直 漏水。
The toilet tank keeps on leaking water.

Wèishēngjiān de wūdǐng lòu shuǐ.
卫生间 的 屋顶 漏水。
The roof of the washroom is leaking water.

Wèishēngjiān de zǎopén huài le.
卫生间 的 澡盆 坏了。
The bathtub in the bathroom is broken.

Wǒ jiā de diànyuán bǎoxiǎn shāo le.
我家 的 电源 保险 烧了。
The fuses at my apartment have blown.

Wǒ jiā de duìjiǎngqì huài le.
我 家 的 对讲器 坏了。
The access intercom in my apartment doesn't work.

Wǒ jiā de ménlíng huài le, qǐng nín gěi huàn yí gè.
我 家 的 门铃 坏了, 请 您 给 换 一个。
My door bell doesn't work. Please change it for me.

Wǒmen lóudào de dēng huài le.
我们 楼道 的 灯 坏了。
The lights in our hallway are out.

Néng gěi wǒmen huàn ge dēngpào ma?
能 给 我们 换 个 灯泡 吗?
Can you please change the light bulb for us?

Wǒ jiā de kōngtiáo bú zhìlěng.
我家的空调不制冷。
The air conditioner at our apartment doesn't produce cold air.

Zhè shàn chuānghu guān bu yán.
这扇窗户关不严。
This window won't shut properly.

Qǐng nín huàn yíxiàr zhè shàn shāchuāng de chuāngshā.
请您换一下儿这扇纱窗的窗纱。
Please change this window screen mesh.

Qǐng nín gěi zhè chuānghu zuò yí gè zhēyángpéng.
请您给这窗户做一个遮阳蓬。
Please install an awning for this window.

Qǐng bāng wǒmen bǎ kètīng de dēng huànchéng diàodēng.
请帮我们把客厅的灯换成吊灯。
Please change the light in the living room to a hanging light.

Wǒ jiā de qiángbì tài jiù le, néng gěi wǒ chóngxīn fěnshuā yíxiàr ma?
我家的墙壁太旧了，能给我重新粉刷一下儿吗？
The walls in our apartment are too old. Can you repaint them for me?

Wǒ xiǎng bǎ chúfáng gǎichéng kāifàngshì de, kěyǐ ma?
我想把厨房改成开放式的，可以吗？
Can I change the kitchen into an open kitchen?

Duìhuà (yī) 对话（1） Conversation 1

Shīfu, wǒ de zìxíngchē zěnme jǐ bu dòng a? Nín gěi kànkan.
A: 师傅，我的自行车怎么骑不动啊？您给看看。
Sir/Madam, how come my bicycle doesn't work? Please take a look at it for me.

Hǎo, wǒ kànkan. Shì gǔnzhū de wèntí.
B: 好，我看看。是滚珠的问题。
OK, let me have a look. It's a problem with the ball bearings.

Gǔnzhū dōu suì le?
A: 滚珠都碎了？
All the balls are crushed?

Shì a, suǒyǐ nǐ qí bu dòng. Děi huàn xīn de.
B: 是啊，所以你骑不动。得换新的。
Yes, that's why it is difficult to ride. You need new ones.

Hǎo, nín duō cháng shíjiān néng xiūhǎo?
A: 好，您多长时间能修好？
All right, how long will it take you to fix it?

Guò bàn ge xiǎoshí nǐ lái qǔ ba.
B: 过半个小时你来取吧。
Come back to pick it up in half an hour.

Xièxie.
A: 谢谢。
Thanks.

Duìhuà (èr)
对话（2）Conversation 2

A: Wǒ jiā nuǎnqì lòu shuǐ, qǐng wùyè de shīfu qù kànkan ba.
我 家 暖气 漏 水, 请 物业 的 师傅 去 看看 吧。
The radiator at my apartment is leaking water. Please get someone from the property management office to check it out.

B: Hǎo, wǒ mǎshàng hé nín yìqǐ qù kànkan.
好，我 马 上 和 您 一起 去 看看。
OK, I'll go with you to check it out right away.

B: Qǐngwèn, shì nǎge fángjiān de nuǎnqì lòu shuǐ?
请 问，是 哪个 房 间 的 暖气 漏 水？
Excuse me, which room's radiator has the leak?

A: Chúfáng de nuǎnqì.
厨 房 的 暖气。
It's the radiator in the kitchen.

B: Wǒ kànkan. Wèntí bú dà, yíhuìr jiù néng xiūhǎo.
我 看看。问题 不 大，一会儿 就 能 修好。
Let me have a look. It's not a big problem, it can be fixed in a minute.

A: Máfan nín le.
麻烦 您 了。
Sorry to bother you.

B: Bú kèqi. Xiūhǎo le.
不客气。修好 了。
No bother. It's fixed now.

A: Xièxie.
谢谢。
Thank you.

Cānkǎo Cíhuì
参考 词汇 Vocabulary

修理	xiūlǐ	repair; to repair
修理厂	xiūlǐchǎng	repair shop
坏	huài	broken; don't work
断	duàn	broken
碎	suì	crushed
弯	wān	to bent
瘪	biě	flat; to deflate
漏气	lòu qì	leakage
慢撒气	màn sāqì	to leak slowly
有毛病	yǒu máobing	to have problems

有问题	yǒu wèntí	to have problems
刹车	shāchē	brake
保险杠	bǎoxiǎngàng	bumper
漆	qī	paint
剐蹭	guǎ cèng	to scrape; scrape
保养	bǎoyǎng	service
大修	dàxiū	overhaul
零件	língjiàn	spare parts
车闸	chēzhá	brake
车带	chēdài	tyre
车链子	chēliànzi	chain
脚蹬子	jiǎodèngzi	pedal
车轴	chēzhóu	axle
滚珠	gǔnzhū	ball
气门芯	qìménxīn	rubber tube valve
补带	b dài	to mend a tyre
打气	dǎ qì	to inflate
水箱	shuǐxiāng	water tank
水龙头	shuǐlóngtóu	tap, faucet
上水管	shàngshuǐguǎn	water supply
下水管	xiàshuǐguǎn	water sewage
漏水	lòu shuǐ	to leak water; to drip
堵	dǔ	clogged
粉刷	fěnshuā	to paint

Dì-shísì Piān   Qìhòu
第十四篇　气候

Chapter 14   Climate and Weather

Sìjì hé Jiéqi
一、四季和节气 The Four Seasons and Solar Terms

Chángyòng Jùxíng
常用句型 Useful Expressions

Chūnjì
1. 春季 Spring

Zài Zhōngguó měi nián èryuè chū jiù lìchūn le .
在 中 国 每 年 二月 初 就 立春 了。
In China, the Beginning of Spring comes in February.

Lìchūn shì Zhōngguó èrshísì jiéqi de dì-yī gè jiéqi .
立春 是 中 国 二十四 节气 的 第一 个 节气。
The Beginning of Spring marks the start of the first of the 24 solar terms in China.

☛ Note: There are 24 solar terms in the Chinese lunar calendar, all of which are connected to the seasonal changes in the weather and agricultural production. There are 14-15 days between each solar term, and the 24 terms in order include: 立春 lìchūn Beginning of Spring, 雨水 yǔshuǐ Rain Water, 惊蛰 jīngzhé Waking of Insects, 春分 chūnfēn Spring Equinox, 清明 qīngmíng Pure Brightness, 谷雨 gǔyǔ Grain Rain, 立夏 lìxià Beginning of Summer, 小满 xiǎomǎn Grain Full, 芒种 mángzhòng Grain in Ear, 夏至 xiàzhì Summer Solstice, 小暑 xiǎoshǔ Slight Heat, 大暑 dàshǔ Great Heat, 立秋 lìqiū Beginning of Autumn, 处暑 chǔshǔ Limit of Heat, 白露 báilù White Dew, 秋分 qiūfēn Autumn Equinox, 寒露 hánlù Cold Dew, 霜降 shuāngjiàng Frost's Descent, 立冬 lìdōng Beginning of Winter, 小雪 xiǎoxuě Light Snow, 大雪 dàxuě Heavy Snow, 冬至 dōngzhì Winter Solstice, 小寒 xiǎohán Slight Cold, 大寒 dàhán Great Cold.

Zhōngguó de xīnnián zài lìchūn qiánhòu , suǒyǐ yě jiào Chūn Jié .
中 国 的 新年 在 立春 前后 , 所以 也 叫 春节。
The Beginning of Spring is the first of the 24 solar terms in China. Chinese New Year falls around the Beginning of Spring, thus it is also known as the Spring Festival.

Chūntiān, dàdì fùsū, shēngjībóbó.
春 天， 大地复苏， 生机勃勃。
In spring, nature comes back to life and once again full of vigour.

Chūnguāng míngmèi, niǎoyǔ-huāxiāng.
春 光 明 媚， 鸟语花香。
When spring is in its full brightness and charm, birds sing and flowers give forth their fragrances.

Zhōngguó běifāng chūntiān duō gānhàn, duō fēngshā.
中 国 北方春天多干旱， 多风沙。
In northern China, spring is usually dry, windy and dusty.

Qīngmíng Jié qiánhòu, jìshì rénmen jìdiàn gùrén de shíhou, yěshì rénmen
清 明 节 前 后， 既是人们祭奠故人的时候， 也是 人们
jiāoyóu de hǎo shíjī.
郊 游的好时机。
Before and after the Pure Brightness Festival (Tomb Sweeping Day) is the time to honour one's ancestors and spend time outdoors enjoying the early springtime.

2. 夏季 Summer
Xiàjì

Zhōngguó nánfāng xiàjì duō yǔ, shǎo fēng, tiān mēnrè de xiàng ge zhēnglóng.
中 国 南方夏季多雨、 少 风， 天 闷热得 像个蒸 笼。
In southern China, summer is muggy with lot of rain and little wind.

Zhōngguó běifāng de xiàtiān gān rè, duō léizhènyǔ.
中 国 北方的夏天 干 热， 多 雷阵雨。
In northern China, it's hot and dry in summer, with a lot of thunder storms.

Xiàjì yě shì jiàngyǔliàng zuì dà de jìjié.
夏季也是降 雨 量 最大的季节。
Summer is the season with the highest rainfall.

Xīnjiāng Tǔlǔfān shì Zhōngguó xiàjì zuìyánrè de dìfang, yǒu 'huǒzhōu' zhī chēng.
新 疆 吐鲁番是 中 国 夏季最炎热的地方， 有 " 火 洲 " 之 称 。
Tulufan in Xinjiang is the hottest place in China in summer, and is known as the Land of Fire.

Zhōngguó xiàjì zuì rè de shíhou zài 'sānfú'.
中 国 夏季最热的时候 在 "三伏"。
The hottest period in China's summer is known as *sanfu* in Chinese.

'Sānfú' dàyuē zài qīyuè zhōng dào bāyuè zhōng, chíxù yí gè yuè dào sìshí tiān.
" 三伏 " 大约在 七月 中 到 八 月 中 ， 持续一个月 到 四十 天。
Sanfu starts around mid-July to mid-August, and lasts for a month to 40 days.

☞ Note: *Sanfu* is the general term for the first, second and third *fu*. This period lasts from mid-July to mid-August and is the hottest time of the year. The first *fu* and the third *fu* last for 10 days each, while the second *fu* lasts for 10 or 20 days.

Zhège shíhou yídìng yào yùfáng zhòngshǔ .
这个 时候 一定 要 预防 中 暑。
This time of year people need to take precautions against sunstroke.

Zhè guǐ tiānqì , yào bǎ rén rèsǐ .
这 鬼 天气，要 把 人 热死。
This horrible hot weather is killing me.

Tàiyáng tài dú le , kuài bǎ rén shàihuà le .
太阳 太毒了，快 把人 晒 化了。
The burning sun is melting me.

Wǒ kuài rèyùn le .
我 快 热晕了。
This heat is making me dizzy.

Xiànzài , rénmen xiàtiān xǐhuan qù Dàlián , Qīngdǎo děng hǎibīn chéngshì bìshǔ .
现在，人们 夏天 喜欢 去 大连、 青 岛 等 海滨 城 市 避暑。
Nowadays, people prefer to go to coastal cities such as Dalian and Qingdao to spend their summers.

Zài hǎi biān , rénmen xiǎngshòu zhe bì shuǐ , lántiān , hǎifēng , shātān de
在 海边， 人们 享 受 着 碧 水、 蓝天、 海 风、 沙滩 的
qīngliáng .
清 凉。
When they are by the sea, people can enjoy the cool ocean breezes, blue skies and beaches.

Yóuyǒng kě bié wàngle mǒ fángshàishuāng . Bùrán pífū huì bèi shài tuōpí .
游 泳 可别 忘了 抹 防 晒 霜 。不然 皮肤 会 被 晒 脱皮。
Don't forget to wear sunscreen while swimming or your skin may peel as a result of sunburn.

Xiàtiān , lǜchá shì zuì shòu rénmen huānyíng de fángshǔ yǐnpǐn .
夏天，绿茶是 最 受 人们 欢 迎 的 防暑 饮品。
In the summer, green tea is the most popular refreshment.

Xiàjì dōngnán yánhǎi cháng yǒu táifēng .
夏季 东 南 沿海 常 有 台风。
In the summer, typhoons frequently hit the coastal areas in southeast China.

Qiūjì
3. 秋季 Autumn

Qiūtiān shì Běijīng zuì měi de jìjié .
秋 天 是 北 京 最 美 的 季节。
Autumn is the most beautiful season in Beijing.

Tiānqì hěn liángshuǎng .
天气 很 凉 爽 。
The weather is crisp.

Qiūtiān de Běijīng qiūgāo-qìshuǎng , qìhòu yírén .
秋天 的 北京 秋 高 气 爽，气候 宜人。
Beijing's autumn has pleasant temperatures, as well as clear skies and fresh air.

Zhōngqiū Jié yě shì Zhōngguórén zuì zhòngyào de chuántǒng jiérì .
中 秋 节也 是 中 国 人 最 重 要 的 传 统 节日。
Mid-Autumn Festival is one of the most important traditional Chinese festivals.

Sòngdài Sū Shì de cí ' Dànyuàn rén chángjiǔ, qiān lǐ gòng chánjuān '
宋 代 苏 轼 的 词 " 但 愿 人 长 久 , 千 里 共 婵 娟 "
jiāyù-hùxiǎo.
家喻户晓。

"May we all be blessed with longevity. Though far apart, we are still able to share the beauty of the moon together" are well-known phrases from a poem written by Su Shi of the Song Dynasty (960-1279).

☞ Note: Su Shi was a famous man of letters during the Song Dynasty. His works are meaningful and refreshing, and cultivate an attitude of heroic abandon. His poem "*shui diao ge tou*, Remembering Su Che on the Mid-Autumn Festival" is a renowned work of Chinese literature.

Lìqiū de nà tiān, dàjiā dōu huì chī ròushí, yì wéi ' tiē qiūbiāo '.
立秋的那天, 大家都会吃肉食, 意为 " 贴 秋 膘 "。
On the day of the Beginning of Autumn, people eat meat to signify the gaining of weight during autumn.

Dōngjì
4. 冬季 Winter

Zài Zhōngguó, lìdōng zài měi nián de shíyī yuè chū.
在 中 国 , 立冬 在 每 年 的 11 月 初。
In China, winter begins in early November every year.

Zhēnzhèng jìnrù hánlěng de dōngjì shì zài ' dōngzhì ' jiéqi yǐhòu.
真 正 进入 寒 冷 的 冬季 是 在 " 冬 至 " 节气 以后。
Really chilly weather starts after the Winter Solstice.

Zhōngguó běifāng dōngjì bǐjiào lěng, dàn yángguāng cànlàn.
中 国 北 方 冬季 比较 冷 , 但 阳 光 灿烂。
Winter in northern China is relatively cold, but sunny.

Hēilóngjiāng, Jílín děng dì shì huábīng, huáxuě de hǎo dìfang.
黑 龙 江 、 吉林 等 地 是 滑 冰 、 滑 雪 的 好 地方。
Heilingjiang and Jinlin provinces are wonderful places for ice skating and skiing.

Tiānqì tài lěng le, ěrduo dōu dòng mámù le.
天气 太 冷 了, 耳朵 都 冻 麻木 了。
It's so cold that my ears have become numb.

Nǐ de bízi dōu dònghóng le.
你的鼻子都 冻 红 了。
You nose has become red because of the freezing cold.

Wǒ de jiǎo dòng de dōu méiyǒu zhījué le.
我的脚 冻 得都 没有 知觉 了。
My feet are numb from the freezing cold.

Jiāngnán dōngtiān yīnlěng, méiyǒu nuǎnqì.
江 南 冬 天 阴冷 , 没有 暖气。
It's cold and gloomy in the areas south of the Yangtze River where there is no indoor heating during winter.

Dōngtiān zuì lěng de shíhou zài ' sānjiǔ '.
冬 天 最 冷 的 时候 在 " 三九 "。
The coldest period of winter is the 'third nine-day period'.

'Dàhán' shì èrshísì jiéqi zhōng de zuìhòu yí gè jiéqi .
"大寒"是二十四节气 中 的最后一个节气。

The Great Cold is the last of the 24 solar terms.

Guòle 'dàhán' jiù kuài guò Chūn Jié le .
过了"大寒"就快 过 春节了。

The Spring Festival follows quickly after the Great Cold.

Jìjié Jiāotì yǔ Qìhòudài
5. 季节交替与气候带 Alternating Seasons and Climate Zones

Zhōngguó shì diǎnxíng de dàlùxìng qìhòu , jìjié tèzhēng hěn míngxiǎn .
中 国是 典型的大陆性气候,季节特 征 很 明显。

China has a typical continental climate with distinctive seasonal features.

Chūnjì wēnnuǎn gānzào, xiàjì yánrè duō yǔ, qiūjì liángshuǎng yírén, dōngjì
春季温 暖干燥,夏季炎热多雨,秋季凉 爽 宜人,冬季
hánlěng duō fēng .
寒冷多 风。

It's warm and dry in spring, hot and rainy in summer, cool and pleasant in autumn, and cold and windy in winter.

Jìjié jiāotì shí rén hěn róngyì shēngbìng .
季节交替时人很 容易 生 病。

It's s easy to become ill when the seasons alternate.

Zhōngguó yǒu hěn duō guānyú rén yǔ tiānqì de yànyǔ .
中 国 有 很 多 关于人与天气的谚语。

There are a lot of Chinese proverbs about climate and its bearings on man.

'Chūnwǔ-qiūdòng, yí bèizi bù shēngbìng' . Yìsi shì shuō, dōng chūn, xià
"春捂秋冻,一辈子不生 病"。意思是 说, 冬 春、夏

For instance, "Keep warm in spring and cool in autumn, then one will be spared from illness" is such a proverb.

qiū huànjì shí bú yào zháojí huàn yīfu , bùrán róngyì shēngbìng .
秋换季时不要着急 换衣服,不然容易 生 病。

This means that one should not hurry to change their clothing when winter and spring or summer and autumn alternate, because one is likely to fall ill if one does.

Duìhuà
对话 Conversation

Běijīng zěnme zhème rè a ?
A: 北京 怎么 这么热啊?

How can Beijing be so hot?

Nín cóng Běiōu dì-yī cì lái Běijīng, yòu gǎnshang sānfú tiān, yídìng hěn bù
B: 您 从 北欧第一次来北京,又 赶 上 三伏天,一定 很不
xíguàn.
习惯。

It's your first time coming to Beijing from Scandinavia and you happened to catch the *sanfu* days. You will not be able to get used to the heat.

Shénme jiào sānfú tiān a?
A: 什么 叫 三伏天啊?
What does *sanfu* days mean?

Jiù shì xiàtiān zuì rè de shíhou. Búguò dào bā yuè dǐ jiù huì hǎo yìxiē le.
B: 就是 夏天 最热的时候。不过 到八月底就会 好一些了。
They are the hottest days in summer, but by August things will be better.

Hái yǒu èrshí duō tiān na. Bù néng tiāntiān dōu dāi zài fángjiān li a!
A: 还有 二十多 天哪。不能 天天 都待在 房间 里啊!
There are more than 20 days to go until then. I cannot just stay inside all those days.

Nàwǒ jiànyì nín zhōumò qù Běidàihé bìbi shǔ.
B: 那我建议您 周末 去北戴河避避暑。
Then I suggest you go to Beidaihe to get away from the heat for the weekend.

Běidàihé yuǎn ma?
A: 北戴河远 吗?
Is it far?

Kāichē liǎng ge duō xiǎoshí jiù kěyǐ dào hǎi biān le.
B: 开车 两个多 小时 就可以 到 海边了。
It's just a two hour drive, then you will be at the beach.

Nà tài hǎo le.
A: 那太好了。
That'll be wonderful.

Cānkǎo Cíhuì
☀ 参考词汇 Vocabulary

季节	jìjié	season
四季	sìjì	four seasons
春季（天）	chūnjì (tiān)	spring
夏季（天）	xiàjì (tiān)	summer
秋季（天）	qiūjì (tiān)	autumn
冬季（天）	dōngjì (tiān)	winter
春风	chūnfēng	spring breeze
春雨	chūnyǔ	spring drizzle
春游	chūnyóu	spring outing
温暖	wēnnuǎn	warm
暖和	nuǎnhuo	warm
炎热	yánrè	hot
避暑	bìshǔ	to get away from the heat
晒	shài	to suntan
防暑降温	fángshǔ jiàngwēn	heatstroke prevention

凉快	liángkuai	cool
凉爽	liángshuǎng	crisp
团圆	tuányuán	reunion
冷	lěng	cold
寒冷	hánlěng	chilly
寒冬	hándōng	cold winter
暖冬	nuǎndōng	warm winter
换季	huànjì	seasonal change

二、气象 Meteorological Conditions
Qìxiàng

☕ | 常用句型 Useful Expressions
Chángyòng Jùxíng

1. 风 Wind
Fēng

Qīngfēng xíxí , lìng rén shénqīng-qìshuǎng .
清 风 习习，令 人 神 清 气 爽。
Cool breezes are very refreshing.

Héfēng xìyǔ , ràng rén xīnkuàng-shényí .
和 风 细雨，让 人 心 旷 神 怡。
Light breezes and gentle rains put people in a cheerful frame of mind.

Chūnfēng chuīlǜle hé biān de yángliǔ .
春 风 吹绿了河 边 的杨柳。
Spring breeze has painted the riverside willows green.

Chūnfēng chuīkāile zhītóu de huālěi .
春 风 吹开了枝头的花蕾。
The buds on the trees are blossoming in the spring breeze.

Qǐ fēng le .
起 风 了。
The wind is blowing.

Guā dàfēng le .
刮 大风了。
A strong wind is blowing hard.

Míngtiān yǒu wǔ liù jí dàfēng .
明 天 有 五六级大风。
Tomorrow, there will be winds up to force five or six.

Míngtiān dàfēng jiàngwēn .
明 天 大风 降 温。
There will be strong winds and a drop in temperature tomorrow.

Fēng tài dà le , qí bu liǎo chē .
风 太大了，骑不 了 车。
It's too windy to ride a bike.

Fēng dà de kuài bǎ rén guā pǎo le .
风大得快把人刮跑了。

The strong wind almost blew me away.

Tiān dōu guāhuáng le , bú huì yòu shì shāchénbào ba?
天都刮黄了，不会又是沙尘暴吧?

There is sand in the wind and the sky has turned yellow. Will this turn out to be a sandstorm?

Táifēng jìjié dào le .
台风季节到了。

Typhoon season has come.

Jīnnián de táifēng yí gè jiēzhe yí gè .
今年的台风一个接着一个。

This year the typhoons have come one after another.

Zhè cì táifēng shì cóng Zhèjiāng dēnglù de .
这次台风是从浙江登陆的。

This typhoon landed in Zhejiang.

Zhè cì táifēng zhōngxīn fēnglì yǒu shí'èr jí .
这次台风中心风力有１２级。

The wind at the centre of typhoon is at force 12.

Yǔ
2. 雨 Rain

Tiān yīn de zhème chén , yào xià yǔ le .
天阴得这么沉，要下雨了。

The sky is so gloomy, it's going to rain.

Nóngyàn shuō , 'Zǎoxiá bù chū mén , wǎnxiá xíng qiān lǐ '.
农谚说，"早霞不出门，晚霞行千里"。

There is a farming proverb that says "Red sky in the morning, one better stay at home for the day; Red sky in the evening, one can travel afar."

Fēng shì yǔ de tóu . Fēng guā de zhème dà , zhè cháng yǔ xiǎo bù liǎo .
风是雨的头。风刮得这么大，这场雨小不了。

Wind is the forerunner of rain. As this wind is very strong, it portends a heavy rain.

Dǎ léi le , kuài xià yǔ le .
打雷了，快下雨了。

There was just a thunderclap. It's going to rain soon.

Zhè tiān zhème mēnrè , kěnéng kuài xià yǔ le .
这天这么闷热，可能快下雨了。

It's so sultry that it's likely to rain soon.

Jīnnián chūntiān tài gānzào le , kuài xià diǎnr yǔ ba .
今年春天太干燥了，快下点儿雨吧。

This year's spring is so dry. I hope there will be some rain soon.

Xià yǔ le .
下雨了。

It is starting to rain.

Zhè yǔ xià de zhēn shi shíhou .
这雨下得真是时候。

This rain has come just in time.

Máomaoyǔ xià ge bù tíng .
毛毛雨 下个不 停。
It kept drizzling.

Yǔ xiàdà le .
雨下大了。
The rain is growing heavier.

Yǔ xià de zhēn dà .
雨下得真大。
It isn't so much raining as it is pouring.

Zuótiān xiàle yí yè dàbàoyǔ .
昨天 下了一夜大暴雨。
Yesterday, the rain came down thick and fast all night long.

Jīn wǎn yǒu bàofēngyǔ .
今 晚 有 暴风雨。
There is going to be rainstorm this evening.

Běijīng xiàtiān duō léizhènyǔ .
北京 夏天 多 雷阵雨。
Beijing's summer sees a lot of thunderstorms.

Dōngbiān rì chū xībiān yǔ , xià yí zhèn jiù guòqu le .
东 边 日出 西边雨，下 一阵 就过去了。
It's s half rainy and half sunny, in a little while the rain will ccase.

Yǔ xiàle zhěngzhěng yì tiān .
雨下了 整 整 一天。
It has rained all day long.

Yǔ mànman xiǎo le .
雨 慢 慢 小了。
The rain has gradually abated.

Yǔ tíng le .
雨停了。
The rain has stopped.

Yǔguò-tiānqíng le .
雨过天晴了。
The sky has cleared up and the sun is shining again after the rain.

Kuài lái kàn , chū cǎihóng le .
快 来看， 出 彩虹了。
Come quickly and look at the rainbow.

Zhè yǔ méi xiàtòu , gèng mēnrè le .
这雨没 下透， 更 闷热了。
There was not enough rain to clear the air and now it's even muggier.

Yì cháng qiū yǔ yì cháng hán , xiàguo yǔ qìwēn jiàngle hěn duō .
一 场 秋雨一 场 寒，下过雨气温降了 很 多。
There was an autumn rain shower and then a cold spell. After the rain, the temperature dropped considerably.

Xià yǔ le , nǐ yòu méi dài yǔjù , xiān zhǎo ge dìfang bì yi bì .
下雨了，你又 没 带雨具， 先 找 个地方避一避。
It's raining and you have no umbrella. Try and find shelter from the rain.

Yǔ xià dà le， zài wǒ jiā zài dāi yíhuìr， děng yǔ tíng le zài zǒu.
雨 下 大 了，在 我 家 再 待 一 会 儿， 等 雨 停 了 再 走。
It's raining more heavily now, stay a while longer at my house and wait for the rain to stop.

Wǒ méi xiǎng dào huì xià yǔ， méi dài sǎn， lín chéng le luò tāng jī.
我 没 想 到 会 下 雨，没 带 伞， 淋 成 了 落 汤 鸡。
I didn't know that it would rain, and with no umbrella I was soaked to the skin like a drenched chicken.

Zǒu dào bànlù， gǎnshang yǔ le.
走 到 半 路， 赶 上 雨 了。
We were caught in the rain halfway to our destination.

Tā zuótiān lín le yǔ， wǎnshang jiù kāishǐ fāshāo le.
她 昨 天 淋 了 雨， 晚 上 就 开 始 发 烧 了。
After being caught in the rain yesterday, she began to run a fever yesterday night.

Wǒ de míngpái píxié quán bèi lín huài le.
我 的 名 牌 皮 鞋 全 被 淋 坏 了。
My good leather shoes were ruined by the rain.

Xià yǔ dì huá， kāichē xiǎoxīn.
下 雨 地 滑， 开 车 小 心。
It has been raining, be careful of the slippery roads and drive carefully.

Jīntiān yǒu yǔ jiā xuě， kāichē màn yìdiǎnr.
今 天 有 雨 夹 雪， 开 车 慢 一 点 儿。
There will be sleet today so drive slowly.

Xuě
4. 雪 Snow

Tiān yīn le， kōngqì li yǒu yìdiǎnr shīrùn de wèidào， kěnéng yào xià xuě le.
天 阴 了，空 气 里 有 一 点 儿 湿 润 的 味 道， 可 能 要 下 雪 了。
It's overcast and the air is so humid that you can smell it. Snow is probably going to fall.

Zhè cháng xuě kě tài jíshí le.
这 场 雪 可 太 及 时 了。
This snow came in good time.

Tiān bù lěng， xuě tài xiǎo， xuěhuā luò dì jiù huà le.
天 不 冷，雪 太 小， 雪 花 落 地 就 化 了。
The light snow just melts as soon as it falls onto ground because the weather is not cold enough.

Xuě yuè xià yuè dà le.
雪 越 下 越 大 了。
The snow is falling more and more heavily.

Jīnnián de dì-yī cháng xuě jiù xià de zhème dà， tài bàng le.
今 年 的 第 一 场 雪 就 下 得 这 么 大， 太 棒 了。
It's fantastic to have the first snowfall of the year be big as this.

Nóngyàn shuō， 'Bā yuè shíwǔ yún zhē yuè， zhēngyuè shíwǔ xuě dǎ dēng'.
农 谚 说，"八 月 十 五 云 遮 月， 正 月 十 五 雪 打 灯"。
There is a farming proverb that says, "If on August 15 on the lunar calendar, the moon hides behind the clouds, then on January 15 there will be snow

falling on the lanterns."

> ☛ Note: If August 15 on the lunar calendar (the Mid-Autumn Festival) is overcast, then on January 15 (the Lantern Festival) it will probably snow.

Dàxuě bǎ zhěngge chéngshì biànchéngle yínsè de shìjiè .
大雪把整个城市变成了银色的世界。
Heavy snowfall has turned the whole city into a silver world.

Wǒmen duī xuěrén hǎo ma?
我们堆雪人好吗?
Shall we make a snowman?

Chūqù sǎo xuě ba .
出去扫雪吧。
Let's go and shovel the snow.

Jīntiān zǎo gāofēng , yīnwèi xià xuě , jiāotōng shìgù bù shǎo .
今天早高峰,因为下雪,交通事故不少。
Due to the snow, there were several traffic accidents during the morning rush hours today.

Xià xuě lù huá , hěn duō rén shuāishāng le .
下雪路滑,很多人摔伤了。
The roads were slippery due to the snow, many people fell and were injured because of it.

Yóuyú xià xuě , jǐ tiáo gāosùlù dōu fēngbì le .
由于下雪,几条高速路都封闭了。
Several motorways were closed due to the snow.

Wùmái
5. 雾霾 Fog and Haze

Qiū dōng jìjié wù mái tiānqì bǐ jiào duō .
秋冬季节雾霾天气比较多。
It is often foggy and hazy in autumn and winter.

Tiān wùméngméng de , néng jiàndù hěn chà .
天雾蒙蒙的,能见度很差。
The visibility is rather low in such foggy weather.

Yīnwèi nóngwùlǒngzhào , néngjiàndù dī , gāosùlù dōu guānbì le .
因为浓雾笼罩,能见度低,高速路都关闭了。
Motorways were closed due to heavy fog and poor visibility.

Wù tài dà , jīchǎng hěn duō hángbān dōu yánwù le .
雾太大,机场很多航班都延误了。
The heavy fog caused many delays at the airport.

Wùtiān kōngqì bù hǎo , róngyì dé hūxīdào jíbìng .
雾天空气不好,容易得呼吸道疾病。
The air quality is bad on foggy days and people are more prone to respiratory illnesses.

Duìhuà 对话 Conversation

A: Dōu zǎoshang qī diǎn le, wàibian zěnme hái nàme hēi?
都 早 上 七点了，外 边 怎么 还那么 黑?
It's already seven o'clock. Why is still so dark outside?

B: Nǎr a, shì xià dà wù le.
哪儿啊，是 下大雾了。
Oh, it's the fog.

A: Yòu xià wù le, zěnme nàme duō de wù a.
又 下雾了，怎么 那么 多 的 雾啊。
Again it's the fog. The fog comes so frequently.

B: Jiùshì, jiāotōngtái guǎngbō shuō, gāosùlù dōu guānbì le.
就是，交 通 台 广 播 说，高速路都 关闭了。
Yes. The traffic radio channel said the motorways were closed.

A: Wǒ děi gǎnkuài zǒu, bùrán lù shang hěn máfan.
我 得 赶 快 走，不然 路 上 很 麻烦。
I need to hurry then, or else the traffic would be too bad.

Cānkǎo Cíhuì 参考词汇 Vocabulary

刮风	guā fēng	(of the wind) to blow
微风	wēifēng	breeze
大风	dàfēng	strong wind
龙卷风	lóngjuǎnfēng	tornado
沙尘暴	shāchénbào	sandstorm
台风	táifēng	typhoon
下雨	xià yǔ	to rain
毛毛雨	máomaoyǔ	drizzle
梅雨	méiyǔ	intermittent drizzle
大雨	dàyǔ	heavy rain
暴雨	bàoyǔ	torrential rain
雷阵雨	léizhènyǔ	thunder shower
下雪	xià xuě	to snow
小雪	xiǎo xuě	light snow
大雪	dàxuě	heavy snow
暴风雪	bàofēngxuě	blizzard
雪景	xuějǐng	snow scenery

下雾	xià wù	(of fog) to descend
雾霾	wùmái	fog and haze
能见度	néng jiàndù	visibility
关闭	guānbì	closed

Zìrán Zāihài
三、自然灾害 Natural Disasters

Chángyòng Jùxíng
常 用 句型 Useful Expressions

Jīnnián yǔshuǐdà , nánfāng yòu fā dàshuǐ le .
今年雨水大，南方又发大水了。
There has been a lot of rain this year; there is flooding again in the south.

Zhège chéngshì jīhū měi nián xiàjì dōu bèi shuǐ yān .
这个城市几乎每年夏季都被水淹。
This city suffers from floods almost every summer.

Jīnnián xiàjì jiàngshuǐtài duō , Sìchuān , Yúnnán fāshēng níshíliú le .
今年夏季降水太多，四川、云南发生泥石流了。
Mudslides occurred in both Sichuan and Yunnan this summer due to heavy rainfalls.

Jīxuě tài shēn le , yǒuxiē fángzi bèi yātā le .
积雪太深了，有些房子被压塌了。
The accumulated snow was so deep that some houses collapsed under its weight.

Yóuyú jīxuě tài shēn , dàolù jiāotōng dōu zǔduàn le .
由于积雪太深，道路交通都阻断了。
The accumulated snow was so deep that it blocked road transportation.

Bàofēngxuě shǐ lùmiàn jié bīng , zhìshǐ duō liàng chē shīkòng xiāng zhuàng .
暴风雪使路面结冰，致使多辆车失控相撞。
After the blizzard, the road became icy and several vehicles crashed as drivers lost control of their vehicles.

Dēngshānduì yùdàole xuěbēng , yǒu jǐ gè duìyuán yùnàn le .
登山队遇到了雪崩，有几个队员遇难了。
The mountaineering team was struck by an avalanche that claimed the lives of several team members.

Léi jīzhōngle gāoyāxiàn , zhè yídài tíng diàn le .
雷击中了高压线，这一带停电了。
The lightning struck the high voltage power line, and the power supply for this area was cut off.

Xiàle shíjǐ fēnzhōng báozi , záhuàile bù shǎo bōlichuāng .
下了十几分钟雹子，砸坏了不少玻璃窗。
The hail lasted for more than ten minutes and damaged many windows.

Zhè chǎng báozāiràngnóngmín sǔnshī cǎnzhòng .
这场雹灾让农民损失惨重。
The farmers have suffered heavy losses as a result of this hail.

Zhuāngjia bèi báozi zá de méile shōucheng.
庄 稼 被 雹子 砸得 没了 收 成。
The hail led to a low crop production.

Zhè cì táifēng láishìxiōngxiōng, hěn lìhai.
这次台风 来势 汹汹, 很 厉害。
The typhoon is blowing hard; it's quite threatening.

Táifēng dàilái de bàoyǔ shǐ hěn duō fángwū jìn shuǐ le.
台风带来 的暴雨 使 很多 房屋进水了。
The torrential rain that accompanied the typhoon burst into many houses.

Dìzhèn yǐnqǐle hǎixiào.
地震引起了海啸。
The earthquake led to a tsunami.

Zài hǎi li yóuyǒng de rén gēnběn méi gǎnjué dào, jiù bèi dà làng tūnmòi le.
在海里游泳的人 根本 没 感觉 到, 就被大浪 吞没了。
Those who were swimming in the sea were devoured by giant waves before they were even aware of them.

Hǎibiān de wūshè dàdū zài hǎixiào zhōng huǐdiào le.
海边的屋舍大都在 海啸 中 毁掉了。
Many seaside houses were destroyed by the tsunami.

☕ Duìhuà 对话　Conversation

A: Tīngshuō le ma, nánfāng jǐ shěng yòu fā hóngshuǐ le!
听 说 了吗, 南方 几 省 又发洪 水了!
Did you hear that there was another flood in the southern provinces?

B: Zuótiān wǎnshang wǒ kàn diànshì xīnwén le, táifēng hái méi zǒu, hóngshuǐ yòu lái le.
昨天 晚 上 我 看 电视 新闻了, 台风 还 没 走, 洪水 又来了。
Yeah, I watched the news last night. The flood came before the typhoon was even gone.

A: Zhè kě zhēn shi xuěshàng jiāshuāng.
这可真是 雪 上 加霜。
This was really a "snow plus frost" situation.

B: Wǒmen yě gāi wèi zāiqū rénmín zuò diǎnr shénme.
我 们 也该 为 灾区 人民 做 点儿 什么。
We should do something for people in the disaster-stricken areas.

A: Wǒmen juān diǎnr qián hé yīwù ba.
我 们 捐 点儿 钱和衣物 吧。
We can make donations of money and goods.

B: Hǎo, bāngzhù zāiqū rénmín, pǐfūyǒuzé.
好, 帮 助 灾区人民, 匹夫有责。
Yes, everyone should share the duty to help out those in the disaster-stricken areas.

Cānkǎo Cíhuì
※ 参考词汇 Vocabulary

自然	zìrán	nature; natural
灾害	zāihài	disaster
水灾	shuǐzāi	flood
水患	shuǐhuàn	inundation
洪水	hóngshuǐ	flood
泛滥	fànlàn	overflow
淹（没）	yān (mò)	to submerge
吞没	tūnmò	to devour
泥石流	níshíliú	mudslide
切断	qiēduàn	to cut off
阻断	zǔduàn	to obstruct
结冰	jié bīng	to freeze
冻死	dòngsǐ	to be frozen to death
袭击	xíjī	to attack
失控	shīkòng	out of control
相撞	xiāng zhuàng	to collide
困	kùn	to be stuck
遇难	yùnàn	to meet with misfortune
失踪	shīzōng	missing
雷击	léijī	thunderbolt
下雹子	xià báozi	to hail
砸	zá	to hit
登陆	dēnglù	to hit land
海啸	hǎixiào	tsunami
破坏	pòhuài	to destroy
伤亡	shāngwáng	casualties
损失	sǔnshī	losses
雪上加霜	xuěshàng jiāshuāng	snow plus frost situation; to exacerbate

Tiānqì
四、天气 Weather

ChángyòngJùxíng
常 用 句型 Useful Expressions

HǎoTiānqì
1. 好天气 Good Weather

Běijīng zhè jǐ tiān tiānqì fēicháng hǎo.
北京 这几天天气 非 常 好。
The weather has been very nice in Beijing for the past few days.
Tīngshuō zhōumò tiānqì búcuò.
听 说 周 末 天气不错。
I heard that the weather will be fine for the weekend.
Jīntiān yángguāng cànlàn.
今天 阳 光 灿烂。
It's a sunny day.

Tiānqì Bù Hǎo
2. 天气不好 Bad Weather

Míngtiān qíng zhuǎn yīn, yǒu yǔ.
明天 晴 转 阴, 有雨。
Tomorrow it will be overcast and rainy after a sunny spell.
Wǎnshang yǒu léizhènyǔ.
晚 上 有雷阵雨.
There will be a thunder shower in the evening.
Tiānqì yùbào shuō, míngtiān yǒu dàfēng.
天气预报 说, 明 天 有大风。
The weather forecast reports strong winds tomorrow.
Míngtiān yǒu wǔ-liù jí piān běi fēng.
明 天 有五六级偏 北风。
There will be northerly wind of force 5 to 6 tomorrow.
Yùbào shuō míngtiān shì shāchéntiānqì.
预报 说 明 天是沙尘天气。
The weather forecast says there will be a sandstorm tomorrow.

Wēndù
3. 温度 Temperature

Jīntiān zuì gāo qìwēn shì èrshí'èr dù.
今天 最 高 气温是 2 2 度。
The highest temperature today is supposed to be 22 degrees.
Zuì dī qìwēn shí'èr dù.
最 低气温 1 2 度。
The lowest temperature is 12 degrees.
Míngtiān qìwēn huì xiàjiàng wǔ dù, zhùyì bǎonuǎn.
明 天 气温会 下降 五度, 注意保 暖。
Tomorrow the temperature will drop by 5 degrees. Please keep yourself warm.

Qìwēn huíshēng huǎnmàn .
气温 回升 缓慢 。
The temperature is slowly rising.

Wēnchā tài dà , róngyì gǎnmào .
温差太大，容易感冒。
The big change in temperature makes it easy for people to catch a cold.

Zǎowǎn hěn liáng , zhōngwǔ rè , yì tiān fēn liǎng jì .
早晚 很 凉 ，中午热，一天分 两季。
Mornings and evenings are cool while noontimes are hot. It's almost as if the days have been divided into two seasons.

Zhè jǐ tiān qìwēn biànhuà tài dà , zhùyì zēngjiǎn yīfu .
这几天气温变化太大，注意增减衣服。
The weather is very changeable these days. Take care to dress yourself properly.

4. 湿度 Humidity
Shīdù

Jīntiān báitiān de zuì xiǎo xiāngduì shīdù shì bǎi fēn zhī sānshíwǔ .
今天 白天的最小 相 对湿度是　35%　。
The lowest relative humidity today is supposed to be 35%.

Jīntiān yèjiān de zuì dà xiāngduì shīdù shì bǎi fēn zhī jiǔshí .
今天 夜间的最大 相 对湿度是　90%　。
The highest relative humidity tonight will be 90%.

Běifāng dōng chūn jìjié kōngqì gānzào , shì nèi zuì hǎo shǐyòng jiāshīqì .
北方 冬 春季节空气干燥，室内最好 使用加湿器。
It's very dry during winter and spring in the north so humidifiers are advised for indoor use.

Xiàtiān nánfāng shīdù tài dà , dàochù shīhūhū de .
夏天 南方湿度太大， 到处 湿乎乎的。
The humidity is too high during summer in the south. You can feel the moisture everywhere.

Nánfāng chūn qiū liǎng jì shīdù shìzhōng , gǎnjué hǎo jí le .
南方 春秋 两季湿度适 中， 感觉 好极了。
In spring and autumn, the humidity is moderate in the south, which is very comfortable.

5. 风 向 风力 Wind Direction and Wind Force
Fēngxiàng Fēnglì

Jīntiān fēnglì yǒu jǐ jí ?
今天风力有几级?
What is the wind force today?

Dàgài yǒu liù jí .
大概 有六级。
Probably force 6.

Míngtiān běi zhuǎn nán fēng èr-sān jí jiàn sì jí .
明 天 北 转 南 风 二三级间四级。
There will be northerly wind that will change direction to become a southerly wind tomorrow of force 2-3 and sometimes force 4.

Duìhuà 对话 Conversation

A: Nǐ tīng tiānqì yùbào le ma? Míngtiān tiānqì zěnmeyàng?
你听天气预报了吗？ 明天天气怎么样？
Did you hear the weather forecast? What's the weather going to be like tomorrow?

B: Gāngcái guǎngbō li shuō, míngtiān duōyún zhuǎn yīn, bàngwǎn yǒu léizhènyǔ.
刚才广播里说，明天多云转阴，傍晚有雷阵雨。
The radio forecast said that it will be cloudy and overcast tomorrow, with an expected thunder shower in the evening.

A: Běijīng de tiān zhēn yǒu yìsi, cháng zài wǎnshang huò yèli xià yǔ.
北京的天真有意思，常在晚上或夜里下雨。
The weather in Beijing is really interesting. It rains a lot in the evenings or during the night.

B: Nà hái bù hǎo, bù dānwù nǐ chū mén.
那还不好，不耽误你出门。
That's good. It doesn't cause you any problems when you have to go out.

A: Zhèng xiāngfǎn, wǒ míngtiān wǎnshang yǒu yìngchou, hái děi dài yǔjù.
正相反，我明天晚上有应酬，还得带雨具。
On the contrary, I have to go out tomorrow evening and I will have to take an umbrella.

B: Yě búcuò, hái liángkuai ne.
也不错，还凉快呢。
Well that's good too. It will be cooler weather.

Cānkǎo Cíhuì 参考词汇 Vocabulary

天气预报	tiānqì yùbào	weather forecast
晴	qíng	fine
阴	yīn	overcast
多云	duōyún	cloudy
晴间多云	qíng jiàn duōyún	fine with cloudy spells
气温	qìwēn	temperature
风向	fēngxiàng	wind direction
风力	fēnglì	wind force
偏北风	piān běi fēng	northerly wind
级	jí	force
相对	xiāngduì	relative

Dì-shíwǔ Piān　Qínggǎn
第十五篇　情　感

Chapter 15　Sentiments and Feelings

Jīngxǐ，Xīngfèn，Xìngfú
一、惊喜，兴奋，幸福 Expressing Pleasant Surprise, Excitement, and Happiness

 Chángyòng Jùxíng
常 用 句型　**Useful Expressions**

Zhè shì zhēn de ma? zhēn bù gǎn xiāngxìn.
这 是 真 的 吗? 真 不 敢 相 信。
Is this real? I can hardly believe it.

Jiù shì xiǎng gěi nǐ yí gè jīngxǐ.
就是 想 给你一个惊喜。
I just want to give you a pleasant surprise.

Zhè jiǎnzhí tài bàng le.
这 简直太 棒 了。
This is just fantastic.

Wǒmen gāoxìng de bùdéliǎo.
我 们 高 兴 得不得了。
We couldn't be happier.

Zhège xiāoxi tài ràng wǒ kāixīn le.
这个消息太 让 我开心了。
I was carried away by the good news.

Tā jīdòng de lèiliú mǎnmiàn.
她激动得泪流满面。
She was moved to tears.

Tā kuài gāoxìngfēng le.
他快 高兴疯了。
He is going nuts.

Tā xiào de zuǐ dōu hé bu shàng le.
他笑得嘴 都合不 上 了。
He smiled from ear to ear.

Wǒ jiǎnzhí bù zhī yòng shénme yǔyán lái xíngróng zìjǐ cǐkè de xìngfú xīnqíng.
我 简直不知 用 什么 语言来形 容自己此刻的幸福心情。
Words fail me in describing how happy I am now.

Tāmen zhēn shì xìngfú de yíduìr .
他们 真 是 幸福的一对儿。
They are a happy couple.

二、尊敬，孝敬，欣赏，崇拜 Showing Respect, Filial Piety, Appreciation, and Admiration

Zūnjìng, Xiàojìng, Xīnshǎng, Chóngbài

☕ 常 用 句型 Useful Expressions

Chángyòng Jùxíng

Nín shì wǒmen de zhǎngbèi, wǒmen fēicháng zūnjìng nín.
您 是 我们的长 辈，我们 非 常 尊 敬您。
You are our elder. We respect you greatly.

Wǒmen dōu hěn jìngzhòng tā de wéirén.
我们 都 很 敬 重 他的为人。
We all hold him in high esteem for his integrity.

Yào xiǎng dédào biérén de zūnzhòng, shǒuxiān yào zūnzhòng biérén.
要 想 得到 别人的尊 重，首先 要 尊 重 别人。
To gain the respect of others, one needs to first respect others.

'Bǎi shàn xiào wéi xiān' shì Zhōnghuá mínzú de chuántǒng měidé.
"百 善 孝 为 先" 是 中 华 民族的传 统 美德。
Filial piety ranks first among all of China's traditional virtues.

Tā jiā de háizi fēicháng xiàoshùn.
他家的孩子非 常 孝 顺。
He has very filial children.

Wǒ fēicháng xīnshǎng tā de cáihuá.
我 非 常 欣 赏他的才华。
I admire his talents.

Zǒngcái fēicháng shǎngshí tā.
总 裁 非常 赏 识他。
The president appreciates him greatly.

Gōngsī hěn qìzhòng tā.
公 司 很 器 重 他。
The company sets great store by him.

Wǒ chóngbài yīngxióng.
我 崇 拜 英 雄。
Who do you admire?

Tā chóngbài tǐyù míngxīng.
他 崇 拜 体育明 星。
He worships sporting heroes.

Tā shì Lǐ Yǔchūn de 'fěnsī'.
她是李宇春的 "粉丝"。
She is a fan of Li Yuchun.

Liú Xiáng shì wǒmen de ǒuxiàng.
刘 翔 是 我们 的 偶 像。
Liu Xiang is our idol.
Wǒ pèifú tā de yìlì.
我 佩服 他的 毅力。
I admire his perseverance.
Tā de nénglì ràng wǒ xīnfú-kǒufú.
他的能力 让 我心服口服。
I admire his talent from the bottom of my heart.

Bùmǎn, Qìfèn, Shāngxīn
三、不满，气愤，伤心
Expressing Resentment, Anger, and Sadness

Chángyòng Jùxíng
常 用 句型 **Useful Expressions**

Duì tā de suǒzuò-suǒwéi, wǒ hěn bù mǎnyì.
对他的 所作 所为， 我 很 不 满意。
I'm very displeased about what he is doing.
Lóu shàng de línjū tài chǎo le, zěnme shuō dōu méi yòng.
楼 上 的 邻居太吵了，怎么 说 都 没 用。
The people upstairs make a lot of noise and I can't reason with them.
Tā zěnme néng zhème shuō wǒ ne?
他怎么 能 这么 说 我呢?
How could he say such things about me?
Tā zěnme néng zhème duì wǒ ne?
他怎么 能 这么 对我呢?
How could he treat me like this?
Tā zěnme zhème bù dǒngshì ne?
他怎么 这么 不 懂 事呢?
How could he be so unreasonable?
Tā yě tài bú xiànghuà le, wǒ dōu kàn bu guòqu le.
他也太不像 话了，我 都 看不过去了。
This is too much. Even I cannot stand him.
Zhēn qìsǐ rén le.
真 气死人了。
This is outrageous.
Tā tài guòfèn le.
他太过分了。
He is going too far.
Tā qì de huǒmàosānzhàng.
他气得火冒 三 丈。
He is furious.

Wǒ de fèi dōu kuài qìzhà le .
我的肺都 快气炸了。

My lungs are bursting with anger.

Nǐ yào bǎ wǒ qìsǐ ma?
你要 把我气死吗？

Do you want to drive me mad?

Tā zhème bù lǐjiě wǒ , zhēn ràng rén shāngxīn .
他这么不理解我， 真 让 人 伤心。

He does not understand me, and that really hurts.

Jǐnzhāng , Jiāojí , Kǒngjù , Cánkuì
四、紧张，焦急，恐惧，惭愧
Expressing Nervousness, Anxiety, Fear, and Shame

Chángyòng Jùxíng 常 用 句型 Useful Expressions

Tā yì shuōhuà jiù jǐnzhāng .
他一说 话就紧 张。

He is nervous about speaking in public.

Wǒ jǐnzhāng de shǒu xīn dōu chū hàn le .
我 紧张得手 心 都 出 汗了。

I was so nervous that my hands were sweating.

Tā jǐnzhāng de dōu shuō bu chū huà lái le .
他紧张得都 说 不出 话来了。

He is so nervous that he cannot speak.

Wǒ jǐnzhāng de dànǎo yí piàn kòngbái .
我 紧张得大脑一片 空白。

He was so nervous that his mind went blank.

Wǒ jǐnzhāng de xīn dōu kuài tiào-chūlai le .
我 紧张得心都 快 跳出来了。

I'm so nervous that I felt like my heart was in my mouth.

Māma dōu kuài jífēng le .
妈妈 都 快急疯了。

Mum is going crazy with anxiety.

Wǒ xīnli zǒng bù tàshi , qīshàng-bāxià de .
我心里总 不踏实，七上八下 的。

I have butterflies in my stomach.

Wéi zhè shì , tā jiāolù de wǎnshang shuì bu hǎo jiào .
为 这事，他焦虑得晚 上 睡不好 觉。

He is sleepless with anxiety over this matter.

Tā jiāojí de zuòlìbù'ān .
他焦急得坐立不安。

He is fidgeting with anxiety.

Zhè jiàn shì gǎo de tā jiāotóu-làn'é.
这 件 事 搞 得 她 焦 头 烂 额。
This matter put her in a terrible fix.

Wǒ bù gǎn yí gè rén dāi zài zhème dà de fángzi li.
我 不 敢 一 个 人 待 在 这 么 大 的 房 子 里。
I am afraid of being alone in such a big house.

Wǒ pàsǐ le.
我 怕 死 了。
I am scared to death.

Nǐ xiàle wǒ yí tiào.
你 吓 了 我 一 跳。
You startled me.

Wǒ kě bù gǎn kàn nàge lìng rén máogǔsǒngrán de diànyǐng.
我 可 不 敢 看 那 个 令 人 毛 骨 悚 然 的 电 影。
I dare not watch that hair-raisingly terrifying movie.

Wǒ hěn cánkuì, wǒ dāngshí bù gāi nàme zuò.
我 很 惭 愧, 我 当 时 不 该 那 么 做。
I feel ashamed. I should not have done that.

Wǒ zhēnde hěn cánkuì, bù gāi cuòguài nǐ.
我 真 的 很 惭 愧, 不 该 错 怪 你。
I am really ashamed of blaming it wrongly on you.

Wǒ zhēn hòuhuǐ méi tīng nǐ de huà.
我 真 后 悔 没 听 你 的 话。
I do regret that I didn't listen to you.

五、 吃惊，感动，激动，感恩
Chījīng, Gǎndòng, Jīdòng, Gǎn'ēn
Feeling Surprised, Moved, Emotional, and Grateful

☕ **常 用 句 型** Useful Expressions
Chángyòng Jùxíng

Zhēn shi rén bù kě mào xiàng, nǐ tài ràng wǒ chījīng le.
真 是 人 不 可 貌 相, 你 太 让 我 吃 惊 了。
It's true that one should not judge a book by its cover, because you really surprised me.

Wǒ zuòmèng dōu xiǎng bu dào, tài bùkěsīyì le.
我 做 梦 都 想 不 到, 太 不 可 思 议 了。
This is incredible. I had never dreamed of this.

Wǒ zěnme yě bú huì xiǎng dào, tā huì zuò zhèyàng de shì.
我 怎 么 也 不 会 想 到, 他 会 做 这 样 的 事。
I would never have thought that he would do such a thing.

Nín de huà tài ràng wǒ gǎndòng le.
您 的 话 太 让 我 感 动 了。
I was deeply touched by your words.

Tā gǎndòng de bù zhī shuō shénme hǎo.
他 感 动 得 不 知 说 什 么 好。
He was too moved to utter a word.

Wǒ jīdòng de jǐn jǐn bàozhù le tā.
我 激动得紧紧抱住了他。
I was so moved that I embraced him tightly.

Fēicháng gǎnxiè nín.
非 常 感谢 您。
Thank you very much.

Zhēn bù zhīdào gāi zěnme gǎnxiè nín!
真 不 知 道 该 怎 么 感 谢 您！
I don't know how to thank you properly.

Yànwù, Zēnghèn, Pīpíng, Zéguài
六、厌恶，憎 恨，批评，责怪
Expressing Dislike, Hatred, Criticism, and Blame

 Chángyòng Jùxíng
常 用 句型　**Useful Expressions**

Wǒ tǎoyàn tā.
我 讨厌他。
I dislike him.

Tā tǎoyàn bèihòu yìlùn biéren.
她讨厌 背后议论别人。
She dislikes to gossip behind others.

Wǒ zuì tǎoyàn zhèyàng de xiǎorén le.
我 最 讨厌 这 样 的 小人 了。
I detest this type of mean person.

Zhège rén tài tǎoyàn le.
这个 人 太 讨厌 了。
This person is a nuisance.

Wǒ zuì hèn biéren qīpiàn wǒ.
我 最 恨 别人 欺骗 我。
I hate to be deceived.

Nǐ dōu duō dà le, hái zhème bù dǒngshì.
你 都 多 大 了，还 这 么 不 懂 事。
You are not a child any more, yet you are still so immature.

Nǐ ràng wǒ shuō jǐ biàn cái néng jì de zhù?
你 让 我 说 几 遍 才 能 记得住？
How many times do I have to repeat myself before you remember what I said?

Nǐ kě zhēn bù zhēngqì.
你 可 真 不 争 气。
You are so disappointing.

Nǐ yě tài táoqì le .
你也太淘气了。
You are being too mischievous.
Nǐ zuò de tài guòfèn le .
你做得太过分了。
You are going too far.
Nǐ jiǎnzhí tài bú xiànghuà le .
你简直太不像话了。
You are simply outrageous!

Wùhuì , Huáiyí , Jídù
七、误会，怀疑，嫉妒 Talking about Misunderstandings, Suspicions, and Jealousy

Chángyòng Jùxíng
常用句型 Useful Expressions

Duìbuqǐ , nín wùhuì le .
对不起，您误会了。
Sorry, you misunderstood me.
Zhè jiàn shì wǒmen zhījiān yǒu yìdiǎnr wùhuì .
这件事我们之间有一点儿误会。
There was some misunderstanding between us over this matter.
Nín zěnme néng suíbiàn huáiyí biéren ne ?
您怎么能随便怀疑别人呢?
How can you suspect others so groundlessly?
Wǒ huáiyí zhè jiàn shì yǒu rén gǎoguǐ .
我怀疑这件事有人搞鬼。
I suspect somebody's scheming was behind this matter.
Nǐ zhè shì jídù .
你这是嫉妒。
You are being jealous.
Nǐ chīcù le ?
你吃醋了?
Are you jealous?
Nǐ gè fāngmiàn dōu hěn chūsè , dāngrán yǒu rén jídù le .
你各方面都很出色，当然有人嫉妒了。
You're so outstanding in so many respects. It's no wonder some people will be jealous of you.

八、同情，劝慰 Expressing Sympathy and Consolation
Tóngqíng， Quànwèi

☕ 常用句型 Useful Expressions
Chángyòng Jùxíng

Wǒ fēicháng tóngqíng nǐ．
我 非 常 同 情 你。
I deeply sympathize with you.

Duì nín de búxìng zāoyù， wǒ shēn biǎo tóngqíng．
对 您的不幸遭遇，我 深 表 同 情。
I have deep sympathy for your misfortune.

Bié kū le， shíjiān huì ràng nǐ wàngdiào tòngkǔ．
别哭了，时间会 让你忘 掉 痛苦。
Don't cry, time will make you forget your pain.

Bié tài nánguò le， yào bǎozhòng zìjǐ de shēntǐ．
别太难过了，要 保 重 自己的身体。
Don't be too distressed. You need to take care of yourself.

Bié jǐnzhāng， fàngsōng yìxiē．
别 紧 张 ， 放 松 一些。
Don't be nervous, relax.

Bié nàme jīdòng， lěngjìng yìdiǎnr．
别 那么激动，冷 静 一点儿。
Don't get too excited, calm down.

Tā shuōhuà bǐjiào zhí， nín bié fàng zài xīn shang．
他 说 话 比较直， 您别 放 在 心 上 。
He is rather straightforward in his speech. Don't take it to heart.

Tā yǐjīng rèncuò le， nǐ jiù yuánliàng tā ba．
他已经认错了，你就 原 谅 他吧。
Now that he has admitted his faults, forgive him.

Bié nàme dānxīn， bú huì yǒu shì de．
别那么担心，不会 有 事的。
Don't worry. It's going to be OK.

Shìqing guòqu jiù guòqu le， hòuhuǐ yě yúshìwúbǔ．
事情 过去就过去了，后悔也于事无补。
Let bygones be bygones, it's of no use crying over spilt milk.

Shìjiè shang jiù shì méiyǒu mài hòuhuǐyào de．
世界 上 就是没有 卖 后悔药的。
There is no medicine for remorse for sale in the world.

Bié lǎo yíshén-yíguǐ de．
别 老 疑神疑鬼的。
Don't be so suspicious.

Bié lǎo mányuàn biéren， duō zhǎozhao zìjǐ de wèntí．
别老埋 怨 别人， 多 找 找 自己的问题。
Don't always blame others. Pay attention to your own faults.

Bāngzhù biéren, búyào xiǎngzhe huíbào, xīntài jiù pínghé le.
帮 助 别人，不要 想 着 回报，心态就平和了。
Don't expect favours in return for helping others. In that way one can gain peace of mind.

Zhīzúzhě cháng lè, gǔxùn yǒu dàolǐ.
知足者 常 乐，古训 有 道理。
The old saying, "Contentment is better than riches", has much sense to it.

九、爱情 Expressing Love
Àiqíng

常 用 句型 Useful Expressions
Chángyòng Jùxíng

Wǒ ài nǐ, hǎikū-shílàn xīn bú biàn.
我爱你，海枯石烂心 不 变。
I will love you till the seas dry up and the rocks all crumble.

Wǒ de xīn zhōng zhǐ yǒu nǐ.
我的心 中 只 有 你。
I only have you in my heart.

Wǒ bù néng méiyǒu nǐ.
我 不 能 没有你。
I cannot live without you.

Méiyǒu nǐ, wǒ de shēngmìng méiyǒu yìyì.
没有你，我的 生 命 没有意义。
My life is meaningless without you.

Wǒ ài nǐ yìshēng-yíshì.
我爱你一生一世。
I will love you all my life.

Xīwàng wǒmen de àiqíng tiāncháng-dìjiǔ.
希望 我们 的爱情 天长地久。
May our love be enduring as heaven and earth.

Zhǐyào nǐ hái méiyǒu nán péngyou, wǒ jiù bú huì fàngqì duì nǐ de zhuīqiú.
只要你还没有男 朋友，我就不会 放弃 对你的追求。
As long as you haven't got a boyfriend, I won't give up on you.

Wǒ ànliàn tā hěn jiǔ le, kě tā yìdiǎnr gǎnjué yě méiyǒu.
我 暗恋她很久了，可她一点儿感觉也没有。
I've been carrying a torch for her for a long time, but she does not realise it at all.

Àiqíng shì zhuānyī de, nǐ kě bùnéng jiǎo cǎi liǎng zhī chuán.
爱情是专一的，你可不能 脚踩 两只 船 。
Love requires commitment, and you can't ride two boats at the same time.

Nǐ de gǎnqíng biàn de tài kuài le ba? Zhāosān-mùsì.
你的感 情 变得太快了吧? 朝三暮四。
How can you be so fickle in your relationship? You are always blowing hot and cold.

对话（1）Conversation 1

Duìhuà (yī)

A: Tīngshuō le ma, Liú Déhuá xià yuè yào lái kāi yǎnchànghuì le.
听 说 了 吗，刘 德 华 下 月 要 来 开 演 唱 会 了。
Have you heard that Andy Lau is coming to hold a concert here next month?

B: Nǐ nàme jīdòng gànmá?
你 那么 激动 干吗？
Why are you so excited?

A: Liú Déhuá shì wǒ de ǒuxiàng a.
刘 德 华 是 我 的 偶 像 啊。
Andy is my idol.

B: Nǐ dōu tīngle tā jǐ cì yǎnchànghuì le? Hái yào qù a?
你 都 听了 他 几 次 演 唱 会 了？ 还 要 去 啊？
How many of his concerts have you been to already? You still want to go to see him?

A: Dāngrán le, zhè jiù shì ǒuxiàng de mèilì ma.
当 然 了，这 就 是 偶 像 的 魅力 嘛。
Of course, this is the charm of an idol.

B: Nǐ kě zhēn shi ge tiěgǎnr zhuīxīngzú.
你 可 真 是 个 铁 杆 儿 追 星 族。
You are an out-and-out groupie.

对话（2）Conversation 2

Duìhuà (èr)

A: Tīngshuō le ma, Xiǎo Zhāng de mǔqin qùshì le!
听 说 了 吗，小 张 的 母亲 去世 了！
Did you hear that Xiao Zhang's mum passed away?

B: Wǒ zhǐ tīngshuō tā māma zhùyuàn le. Zhè shì shénme shíhou de shì?
我 只 听 说 她 妈妈 住院 了。这 是 什 么 时 候 的 事？
I only knew that her mum was hospitalised. When did it happen?

A: Zuótiān yèli. Xiǎo Zhāng kū de dōu kuài yūn guòqù le.
昨 天 夜里。小 张 哭 得 都 快 晕 过去 了。
Last night. Xiao Zhang cried so much that she nearly fainted.

B: Néng xiǎngxiàng de chūlái, Xiǎo Zhāng zhǐ yǒu māma hé tā xiāngyīwéimìng.
能 想 象 得 出来，小 张 只 有 妈妈 和 她 相 依 为 命。
I can imagine. She and her mum depended on each other in their lives.

A: Dào xiànzài, Xiǎo Zhāng bù chī bù hē, zhǐ shì kū.
到 现在，小 张 不 吃 不 喝，只 是 哭。
Xiao Zhang still hasn't eaten or drunk anything. She just sobs.

B: Rén sǐ bù néng fù shēng, huózhe de rén hái děi bǎozhòng a.
人 死 不 能 复 生，活 着 的 人 还 得 保 重 啊。
No one can bring the dead back to life. Those still in this world need to take care of themselves.

Wǒmen qù quànquan tā ba .

A: 我们 去 劝 劝 她吧。

Let's go and talk to her.

Hǎo, shùnbiàn bāng tā liàolǐ yíxiàr tā mǔqin de hòushì.

B: 好, 顺 便 帮 她 料理一下儿她母亲的后事。

All right, let's also help her with the funeral arrangments.

Cānkǎo Cíhuì
☀ 参考词汇 Vocabulary

感情	gǎnqíng	emotion, sentiment
表达	biǎodá	to express
喜悦	xǐyuè	joy
高兴	gāoxìng	rejoice; happy
惊喜	jīngxǐ	pleasant surprise
运气	yùnqi	luck
命运	mìngyùn	fate
幸福	xìngfú	happy; happiness
福气	fúqi	blessing, luck
开心	kāixīn	delighted
尊敬	zūnjìng	to respect
敬重	jìngzhòng	to deeply respect
崇敬	chóngjìng	to revere
孝敬	xiàojìng	filial respect
孝顺	xiàoshùn	filial obedience
欣赏	xīnshǎng	to appreciate
赏识	shǎngshí	to appreciate; to think highly of
器重	qìzhòng	to regard sb. highly
享受	xiǎngshòu	to enjoy
佩服	pèifú	to admire
敬佩	jìngpèi	to hold sb. in high esteem
英雄	yīngxióng	hero
偶像	ǒuxiàng	idol
铁杆儿	tiěgǎnr	out-and-out
追星族	zhuīxīngzú	groupie
缘分	yuánfèn	destiny, karma

满意	mǎnyì	contented
生气	shēngqì	angry, mad
吵	chǎo	to quarrel, to argue
懂事	dǒngshì	sensible
懒	lǎn	lazy
不像话	bú xiànghuà	unreasonable, outrageous
发火	fāhuǒ	furious, irritated
焦虑	jiāolǜ	anxious
焦急	jiāojí	agitated
烦	fán	annoyed
发抖	fādǒu	to tremble, to shiver
胆战心惊	dǎnzhàn-xīnjīng	to tremble with fear
毛骨悚然	máogǔsǒngrán	hair-raisingly terrifying
惭愧	cánkuì	ashamed
冲动	chōngdòng	impulsive
后悔	hòuhuǐ	to repent
不可思议	bùkěsīyì	incredible
讨厌	tǎoyàn	to detest
丢人	diūrén	disgraceful
冷静	lěngjìng	sober, calm
错怪	cuòguài	to blame wrongly
怨天尤人	yuàntiān-yóurén	to find fault with everyone and everything but oneself
搞鬼	gǎoguǐ	to scheme in secret
埋怨	mányuàn	to complain
痴情	chīqíng	uncontrollable passion; infatuation
相依为命	xiāngyīwéimìng	to depend on each other in life
劝	quàn	to advise; to try to persuade
后事	hòushì	funeral affairs
料理	liàolǐ	to arrange; to take care of

Dì-shíliù Piān Biǎodá yǔ Gōutōng
第十六篇　表达与沟通

Chapter 16　Expressions and Communications

Biǎodá
一、表达 Expressions

Chángyòng Jùxíng
常用句型　Useful Expressions

Qǐngqiú Jiǎnghuà
1. 请求讲话 Asking for the Chance to Speak

Qǐng gěi wǒ yí gè jīhuì shuōshuo wǒ de xiǎngfǎ.
请给我一个机会说说我的想法。
Please give me an opportunity to express my views.

Nín shénme shíhou yǒu shíjiān, wǒ xiǎng gēn nín tántan.
您什么时候有时间，我想跟您谈谈。
When you have time, I would like to talk to you.

Nín shénme shíhou fāngbiàn? Wǒ xiǎng hé nín tán yí jiàn zhòngyào de shì.
您什么时候方便？我想和您谈一件重要的事。
I would like to talk about an important matter with you. When would be convenient for you?

Duìbuqǐ, děi dǎrǎo nín jǐ fēnzhōng, yǒu jí shì hé nín tán.
对不起，得打扰您几分钟，有急事和您谈。
Sorry to interrupt you, but I have an urgent matter and I need to talk with you for a few minutes.

Nín néng chōuchū jǐ fēnzhōng ma? Wǒ yǒu huà hé nín shuō.
您能抽出几分钟吗？我有话和您说。
Can you spare me a few minutes? I need to have a word with you.

Kāichǎngbái
2. 开场白 Starting a Conversation

Wǒ bú tài huì jiǎnghuà, zhēn bù zhīdào gāi zěnme shuō.
我不太会讲话，真不知道该怎么说。
I'm not good at talking. I don't know how to start.

Kāimén-jiànshān, wǒ jiù zhí shuō ba.
开门见山,我就直说吧。
I'll cut to the chase and get straight to the point.

Wǒ zhè rén xīnzhí-kǒukuài, yǒu shénme jiù shuō shénme.
我这人心直口快,有什么就说什么。
I'm frank and outspoken, so I'll be blunt.

Wǒ jiǎndān shuō jǐ jù ba.
我简单说几句吧。
I'll be brief.

Chā huà
3. 插话 Interjecting a Remark

Duìbuqǐ, wǒ néng chā yí jù ma?
对不起,我能插一句吗?
Sorry, can I interrupt?

Duìbuqǐ, dǎduàn yíxiàr, wǒ chā yí jù.
对不起,打断一下儿,我插一句。
Sorry to interrupt, I'd like to say something here.

Duìbuqǐ, qǐng ràng wǒ shuōwán.
对不起,请让我说完。
Sorry, please let me finish.

Qǐng bié dǎduàn wǒ.
请别打断我。
Please don't interrupt me.

Zěnme zhème méi lǐmào, kèrén jiǎnghuà, bú yào suíbiàn chāzuǐ.
怎么这么没礼貌,客人讲话,不要随便插嘴。
It is not polite to butt in when a guest is speaking.

Shuōcuò Huà
4. 说错话 Saying Something Wrong

Duìbuqǐ, wǒ shuōcuò le.
对不起,我说错了。
Sorry, I spoke wrongly.

Duìbuqǐ, wǒ gēngzhèng yíxiàr.
对不起,我更正一下儿。
Sorry, let me make a correction.

Wǒ gāngcái shuō de nàge shùzì yǒuwù, gēngzhèng yíxiàr.
我刚才说的那个数字有误,更正一下儿。
The number I just said is not right. Let me correct it.

Rúguǒ wǒ shuōcuò le, nǐ bié jièyì.
如果我说错了,你别介意。
I hope you don't mind if I said something out of turn.

Wǒ shuōcuò le, nǐ bié wǎng xīnli qù.
我说错了,你别往心里去。
I spoke wrongly. Please don't take it to heart.

Wǒ chéngrèn wǒ shuōcuòle hái bù xíng ma?
我 承 认 我 说错了还不行吗?
I admit I spoke wrongly, OK?

对话 Duìhuà Conversation

Nín shénme shíhou yǒu shíjiān, Wǒ xiǎng hé nín tántan.
A: 您 什么 时候 有 时间, 我 想 和您 谈谈。
When you have time I would like to talk with you.

Yǒu shénmeshì wǒmen xiànzài jiù kěyǐ tán.
B: 有 什么 事 我们 现在 就可以 谈。
Whatever you want to talk about, we can talk now.

Yǒu yìdiǎnr sīshì.
A: 有 一点儿私事。
It's a private matter.

Hǎo, nǐ shuō ba, kàn wǒ néng bu néng bāng nǐ.
B: 好, 你 说 吧, 看 我 能 不 能 帮 你。
OK, go ahead. I'll see if I can help you.

Zhè huà zhēn bù hǎo kāikǒu, wǒ dōu bù zhīdào zěnme shuōqǐ.
A: 这 话 真 不 好 开口, 我 都 不 知道 怎么 说起。
It's hard to say this. I don't even know how to start.

Yǒu huà nǐ jiù zhí shuō.
B: 有 话 你 就 直 说。
Just come straight to the point.

Nín zhīdào wǒmen zū zhù de fángzi hěn xiǎo, yě hěn jiǎnlòu. Wǒmen zǎo jiù
A: 您 知道 我们 租住的房子 很 小, 也很 简陋。我们 早 就
xiǎngmǎi yí tào fángzi.
想 买一套 房子。
You know we rent a small apartment, a shabby one, and we've wanted to buy an apartment for a long time.

Zhè wǒ zhīdào.
B: 这 我 知道。
Yes, I know that.

Wǒmen kànhǎole yí tào fángzi, yě kěyǐ cóng yínháng dàikuǎn.
A: 我们 看好了一套 房子, 也可以从 银行 贷款。
We've got our eyes on one apartment, and we can get a bank loan.

Wǒ chā yí jù, shì bu shì fù shǒufù yǒudiǎnr wèntí?
B: 我 插一句, 是不是付首付 有点儿问题?
Let me jump in here. Do you have a problem with the down payment?

Nín tài liǎojiě wǒ le. Wǒ jiù xiǎng gēn nín jiè diǎnr qián, bàn nián nèi yídìng
A: 您太了解我了。我就想 跟您借点儿钱, 半 年 内一定
hái nín.
还您。
You know me so well. I would like to borrow some money from you. We'll pay you back within six months for sure.

Rúguǒ shùmù bú shì tài dà , wǒ kěyǐ bāng nǐ .

B: 如果 数目 不是 太 大，我 可以 帮 你。

If it's not a huge amount, I can help you out.

Nà tài xièxie nín le .

A: 那太谢谢您了。

Thank you, I'm really grateful.

Cānkǎo Cíhuì

☀ 参考词汇 Vocabulary

表达	biǎodá	to express
讲话	jiǎnghuà	to speak, to talk
意见	yìjiàn	opinion
看法	kànfǎ	view
想法	xiǎngfǎ	thought
公事	gōngshì	business
私事	sīshì	personal matter, private matter
开口	kāikǒu	to bring up a matter
张口	zhāngkǒu	to open one's mouth to express an opinion
插话	chā huà	to jump in
插嘴	chā zuǐ	to butt in
打断	dǎduàn	to interrupt
更正	gēngzhèng	to make a correction
口误	kǒuwù	slip of the tongue
错误	cuòwù	mistake
失误	shīwù	fault; faux pas
介意	jièyì	to mind something
承认	chéngrèn	to admit

Jiěshì

5. 解释 Giving Explanations

Zhè jiànshì dàgài yǒuxiē wùhuì , wǒ jiěshì yíxiàr .

这 件事大概有些 误会，我解释一下儿。

There are probably some misunderstandings here. Let me explain.

Zhè jiànshì de jiéguǒ wèishénme chéngle zhèyàng , nǐ néng jiěshì jiěshì ma?

这 件事的结果 为什么 成了 这样，你 能 解释解释吗?

How did this matter end up this way? Can you explain it?

Wǒmen tīngting nǐ de jiěshì .
我们 听听你的 解释。
We want to hear your explanation.

Nǐ de jiěshì kěyǐ jiēshòu .
你的解释可以接受。
We find your explanation acceptable.

Nǐ de jiěshì méiyǒu dàolǐ .
你的解释没有道理。
Your explanation does not make sense.

Nǐ de jiěshì jīng bu qǐ tuīqiāo .
你的解释经不起推敲。
Your explanation cannot stand close scrutiny.

Wǒ bù xiǎngzài jiěshì shénme le , suí nǐmen zěnme xiǎng ba .
我 不 想 再解释什么了，随 你们 怎么 想 吧。
I don't want to explain anymore. You can think whatever you wish.

Zhè bú shì míngbǎizhe de ma? Yǒu shénme kě jiěshì de?
这不是明 摆 着 的吗？有 什 么 可 解释的？
Isn't this obvious enough? What's there to explain?

6. 支持、反对 Supporting Others and Expressing Disagreement
Zhīchí , Fǎnduì

Wǒ juéde tā shuō de duì , wǒ zhīchí tā .
我觉得他 说 得对，我支持他。
I think he has a point. I support him.

Xīwàng dàjiā néng zhīchí wǒ .
希望大家能 支持我。
I hope everyone can support me.

Suīrán nín shì lǐngdǎo , wǒ háishì bù tóngyì zhème zuò .
虽然 您是 领 导，我还是 不同意这么 做。
Even though you are the leader, I still disagree with doing this.

Wǒ juéde nǐ shuō de yě bú kàopǔ , wǒ zěnme zhīchí nǐ a ?
我觉得你 说 得也不靠谱，我 怎么支持你啊？
I don't think what you suggested is feasible. How can I possibly support you?

对话 Conversation
Duìhuà

A: Wǒ duì nǐ shuō de zhèxiē huà , zhēnde hěn bù lǐjiě .
我 对你说 的这些 话，真的 很不理解。
I really cannot understand what you said.

B: Zhèlǐ yǒuxiē wùhuì , nǐ tīng wǒ gěi nǐ jiěshì yíxiàr .
这里有些 误会，你听 我给你解释一下儿。
There are some misunderstandings here. Please let me explain.

C: Wǒmen háishi gěi tā jīhuì , tīngting tā de jiěshì .
我 们 还是 给他机会，听听 他的解释。
Let's give him a chance to explain.

Wǒ de huà kěnéng yǒuxiē kǒuwù, huò shì cíbùdáyì. Wǒ de běnyì bú shì
zhèyàng.

B: 我的话可能有些口误，或是词不达意。我的本意不是这样。

There were some mistakes and wrong wordings in what I said, but I didn't mean them.

Nǐ de jiěshì méi shénme shuōfúlì.

A: 你的解释没什么说服力。

Your explanation is not convincing.

Nǐ de biǎodá hé nǐ de jiěshì chābié tài dà, wǒmen bù zhīdào tīng nǎge.

C: 你的表达和你的解释差别太大，我们不知道听哪个。

What you said is miles away from your explanation. We don't know which to listen to.

Bù néng dédào nǐmen de lǐjiě, wǒ yě hěn wúnài.

B: 不能得到你们的理解，我也很无奈。

I feel helpless not being able to make you understand.

Cānkǎo Cíhuì
☀ 参考词汇 Vocabulary

解释	jiěshì	to explain
理解	lǐjiě	to understand
说服	shuōfú	to convince
说服力	shuōfúlì	convincingness
误解	wùjiě	to misunderstand
道理	dàolǐ	reason
推敲	tuīqiāo	scrutiny, deliberation
想不通	xiǎng bu tōng	unable to come round to an idea
无奈	wúnài	helpless; having no alternative

Jìxù Duìhuà
7. 继续对话 Continuing a Coversation

Nǐ zěnme bù shuō le?
你怎么不说了？
Why did you stop talking?

Nǐ jiēzhe shuō a.
你接着说啊。
Go on.

Qng nín jìxù jiǎng.
请您继续讲。
Please continue.

Wǒ jiǎngdào nǎr le ?
我 讲 到 哪儿了？
Where were we?

Nǐ tíxǐng wǒ yíxiàr .
你提醒我一下儿。
Please remind me where we were.

Dàodǐ chū shénme shì le , bié tūntūn-tǔtǔ de .
到底 出 什么 事了，别吞吞吐吐的。
What on earth has happened? Don't mutter and mumble.

Yǔbìng
8. 语病 Mistaken Communications

Nǐ shuōhuà zěnme zhème luōsuo a .
你说 话 怎么 这么 啰嗦啊。
You are so verbose.

Néng bu néng shuō de jiǎnjié diǎnr ?
能 不 能 说得简洁点儿？
Can you be more concise?

Shuōle zhème bàn tiān , wǒmen yě méi míngbai nǐ yào shuō shénme .
说了 这么 半 天，我们 也没 明 白你要 说 什么。
Even after listening to you talking for such a long time, we still did not
understand what you were trying to say.

Jiēshùyǔ
9. 结束语 Making Concluding Remarks

Jīntiān wǒmen tán de hěn hǎo .
今天 我们 谈得很 好。
We had a good talk today.

Hěn gāoxìng jīntiān yǒu jīhuì hé nín tán zhème duō .
很 高兴 今天 有机会和您 谈 这么 多。
I'm happy to have had the opportunity to talk about so much with you.

Hé nín liáo de zhème kāixīn , dōu wàngle shíjiān le .
和您 聊得这么开心， 都 忘了 时间了。
I enjoyed talking with you so much that I lost track of the time.

Xiàcì yǒu jīhuì zài jiēzhe tán .
卜次有机会再接着谈。
Let's carry on our conversation when we have chance in the future.

Jīntiān jiù shuōdào zhèr ba .
今天就 说 到这儿吧。
Let's call it a day here.

Duìhuà 对话 Conversation

A: Nín jiǎnghuà néng bu néng yǒu ge zhòngdiǎn?
您 讲话 能 不 能 有个 重 点？
Can you get to the point of your speech?

B: Shì a, wǒmen tīngle bàn tiān, yě bù zhīdào nín yào shuō shénme.
是 啊，我 们 听了半 天， 也 不 知道 您 要 说 什么。
Yes, we've been listening for half a day, and still don't get what you are trying to say.

A: Nín zài zhème dōnglā-xīchě de shuō xiàqu, wǒmen jiù yào shuìzháo le.
您 再 这么 东拉西扯地 说 下去， 我们 就要 睡 着 了。
We will fall asleep if you keep on babbling like this.

C: Duìbuqǐ le, nà wǒ jiù bú zhàn dàjiā de bǎoguì shíjiān le.
对不起了，那我就不占大家的宝贵时间了。
Sorry everyone, then I won't take any more of your precious time.

B: Nín shuōwán le?
您 说 完 了？
That's it?

C: Wǒ zuìhòu zài shuō liǎng jù.
我 最后 再说 两句。
I have a few last words.

A: Nín hái shuō ya?
您 还 说 呀？
You have more to say?

Cānkǎo Cíhuì 参考词汇 Vocabulary

继续	jìxù	to continue
提醒	tíxǐng	to remind
简洁	jiǎnjié	concise
啰嗦	luōsuo	verbose; to babble
废话	fèihuà	nonsense
浪费	làngfèi	to waste
重点	zhòngdiǎn	point, focus
语病	yǔbìng	faulty sentence

Yáncí yǔ Gōutōng
二、言辞与沟通 Words and Communications

常 用 句型 Useful Expressions

Zhēnhuà
1. 真 话 Speaking the Truth

Qǐng bǎ zhēnshí qíngkuàng gàosu wǒmen .
请 把 真 实 情 况 告诉 我们。
Please tell us the truth.

Qǐng nǐ shíhuà-shíshuō .
请 你 实话 实说。
Please be honest and tell it like it is.

Bú yòng rào wānzi , zhí shuō ba .
不 用 绕弯子，直 说 吧。
Don't beat about the bush. Please come straight to the point.

Nǐ kě bié qīpiàn wǒmen .
你可别 欺骗 我们。
Don't lie to us.

Wǒ gāi shuō de dōu shuō le , yìdiǎnr yě méi yǐnmán .
我 该 说 的 都 说 了，一点儿 也 没 隐瞒。
I have already said what ought to said without covering anything up.

Wǒ shuō de dōu shì zhēn de , nǐ yīnggāi xiāngxìn wǒ .
我 说 的 都 是 真 的，你 应该 相 信 我。
All I said is true. You should trust me.

Huǎngyán
2. 谎 言 Lying

Nǐ zài piàn wǒ .
你在 骗 我。
You are lying to me.

Nǐ sāhuǎng .
你撒 谎。
You are telling a lie.

Tā shuō xiāhuà dōu liǎn bú biànsè xīn bú tiào .
他 说 瞎话 都 脸 不 变 色 心 不 跳。
He tells lies without changing his countenance.

Zhè shì shànyì de huǎngyán .
这 是 善意 的 谎 言。
This is a white lie.

Wǒ méiyǒu shuō shíhuà , shì pà nǐ shāngxīn .
我 没 有 说 实话，是怕你 伤心。
I did not tell the truth for fear of hurting you.

Duìhuà 对话 Conversation

A:　Wǒ zěnme juéde nǐ zuìjìn hǎoxiàng yǒu shénme xīnshì a?
我 怎么 觉得 你 最近 好 像 有 什么 心事 啊?
I feel that you have had something weighing on your mind recently, is this the case?

B:　Méiyǒu a, nǐ duōxīn le.
没有 啊, 你 多心 了。
No, you are being oversensitive.

A:　Bú duì, nǐ gēn wǒ shuō shíhuà, chū shénme shì le?
不 对, 你 跟 我 说 实话, 出 什么 事 了?
That's not true. Tell me the truth, what happened?

B:　Wǒ cízhí le.
我 辞职 了。
I quit my job.

A:　Zhème dà de shì, nǐ zěnme shì qián bú gàosu wǒ?
这么 大 的 事, 你 怎么 事 前 不 告诉 我?
This is such an important matter, why didn't you tell me before you did?

B:　Wǒ pà nǐ zháojí, cái méi mǎshàng gàosu nǐ.
我 怕 你 着急, 才 没 马 上 告诉 你。
I didn't tell you right away for fear that you would be worried.

A:　Nà nǐ yòu zhǎodào xīn de gōngzuò le ma?
那 你 又 找 到 新 的 工 作 了 吗?
Have you found a new job then?

B:　Chàbuduō le, yǒu xiāoxi wǒ huì mǎshàng gàosu nǐ.
差 不 多 了, 有 消息 我 会 马 上 告诉 你。
Almost, I will tell you as soon as I have any news.

A:　Zhēn de ma? Nǐ bú huì shì piàn wǒ ba?
真 的 吗? 你 不 会 是 骗 我 吧?
Really? You are not lying to me, are you?

B:　Wǒ shuō de dōu shì zhēn de, nǐ yào xiāngxìn wǒ.
我 说 的 都 是 真 的, 你 要 相 信 我。
All I said is real. You have to trust me.

A:　Jìzhù, bié duì wǒ shuōhuǎng.
记住, 别 对 我 说 谎。
Remember, don't lie to me.

Cānkǎo Cíhuì 参考词汇 Vocabulary

实话	shíhuà	truth
真心话	zhēnxīnhuà	sincere words
实情	shíqíng	facts
善意	shànyì	kindness

谎话	huǎnghuà	lie
假话	jiǎhuà	lie
瞎话	xiāhuà	lie
说谎	shuōhuǎng	to lie
隐瞒	yǐnmán	to cover up
欺骗	qīpiàn	to cheat, to lie
怀疑	huáiyí	to suspect
根据	gēnjù	grounds
理由	lǐyóu	reason
心事	xīnshì	preoccupation
多心	duōxīn	oversensitive
发誓	fāshì	to swear
拆穿	chāichuān	to expose
丢脸	diūliǎn	disgrace
丢人	diūrén	disgrace
经不住	jīng bu zhù	cannot stand
打击	dǎjī	blow

Yáoyán, Chuánwén
3. 谣言，传闻 Rumours and Gossip

Zhè bú shì zhēn de, zhè shì yáoyán.
这不是真的，这是谣言。
This is not real but a rumour.

Zhège chuánwén yǒu gēnjù ma?
这个传闻有根据吗？
Are there any grounds to this gossip?

Zhèxiē chuánwén shì chǎozuò chūlái de, bù néng xiāngxìn.
这些传闻是炒作出来的，不能相信。
These rumours are made up and not credible.

Zhèxiē xiǎodàor xiāoxi, nǐ shì tīng shuí shuō de?
这些小道儿消息，你是听谁说的？
Who did you get the hearsay from?

Zhè jiàn shì dōu nào de mǎnchéngfēngyǔ le, nǐ méi tīngshuō?
这件事都闹得满城风雨了，你没听说？
It has caused a great sensation. Haven't you heard about it?

Wǒ juéde nányǐzhìxìn.
我觉得难以置信。
I find it unbelievable.

Duìhuà 对话 Conversation

Nǐ tīngdào guānyú tā de fēiwén le ma?
A: 你 听 到 关 于他 的 绯闻 了 吗?
Did you hear about his amorous affair?

Nǐ zhè shì nǎr tīnglái de yáochuán?
B: 你 这 是 哪儿 听来的 谣 传 ?
Where did you hear that rumour?

Hǎoduō rén dōu zài yìlùn zhè jiàn shì ne.
A: 好 多 人 都 在 议论 这 件 事 呢。
Many people are taking about it.

Zhēn shì wéikǒng tiānxià bú luàn. Hái méi nòngqīng zhēnwěi ne, nǐ yě gēnzhe
qǐhòng.
B: 真 是 唯恐 天下 不 乱。还 没 弄 清 真 伪 呢,你 也 跟着
起哄。
They are just eager to stir up trouble. You should not stir up trouble
before we can distinguish between the true and false information.

Wú fēng bù qǐ làng, zǒngguī shìchūyǒuyīn ba.
A: 无 风 不起浪 , 总 归 事 出 有 因 吧。
There is no smoke without fire. There must be something behind it.

Jíshǐ rúcǐ, nǐ yě bié gēnzhe chānhuo. Wǒ juéde zhè fēiwén bù kě xìn.
B: 即使 如此,你 也 别 跟着 掺 和。我 觉得 这 绯闻 不 可 信。
Even so, you should stay out of it. I don't think this affair is believable.

Cānkǎo Cíhuì 参考词汇 Vocabulary

谣言	yáoyán	rumour
谣传	yáochuán	rumour
绯闻	fēiwén	amorous affair
小道消息	xiǎodào xiāoxi	hearsay
传播	chuánbō	to spread
起哄	qǐhòng	to stir up trouble
掺和	chānhuo	to meddle
炒作	chǎozuò	to cook up hype; to sensationalise
利用	lìyòng	to take advantage of
听信	tīngxìn	to believe
可靠	kěkào	reliable
可信	kě xìn	credible

4. 诺言 Making Promises
Nuòyán

Jūnzǐyìyán, sìmǎnánzhuī.
君子一言，驷马难追。
One word carries great weight.

Wǒ huì xìnshǒu nuòyán de.
我 会 信 守 诺言的。
I will keep my promise.

Wǒ shuōhuà suàn huà.
我 说 话 算 话。
I always keep my word.

Wǒ shuōdào zuòdào, juébùshíyán.
我 说 到 做 到，绝不食言。
I do what I say, and never go back on my promises.

Tā shì ge shǒu xìnyòng de rén, shuōhuà suànshù.
他是个 守 信 用的人，说 话 算 数。
He is a trustworthy man who always keeps his word.

Tā dàochù xǔyuàn, kě cóng bú duìxiàn.
他到处 许 愿，可 从 不 兑 现。
He makes promises all the time, but never fulfils them.

> ☞ Note: 许愿 xǔyuàn (to make a vow to pray to god for promised rewards); 还愿 huányuàn (to redeem a vow) refers to fulfilling that promise. Nowadays, 许愿 xǔyuàn refers to promising rewards in return for someone else's favour.

5. 幽默与玩笑 Humour and Jokes
Yōumò yǔ Wánxiào

Zhègè rén kě yōumò le.
这个 人 可幽默了。
He is very humorous.

Tā shuōhuà kě yǒuyìsi le.
他 说 话 可有意思了。
He speaks so amusingly.

Nǐ shuōhuà zhēn dòu.
你 说 话 真 逗。
You are amusing.

Tā yì zhāngzuǐ jiù néng bǎ nǐ dòuxiào.
他一 张 嘴 就 能 把你 逗 笑。
He is so hilarious that just a word of his will make you laugh.

Gēn tā liáotiān, zǒng shì ràng dàjiā hěn kāixīn.
跟他聊天，总 是 让大家很开心。
Chatting with him is always delightful.

Tā jiù shì wǒmen de 'kāixīnguǒ'.
他就是我们的 "开心果"。
He is our "funny guy".

Nǐ bié jièyì, wǒ shì gēn nǐ kāi ge wánxiào.
你别介意，我是跟你开个玩笑。
Hope you don't mind. I'm just kidding.

Kāi wánxiào yě děiyǒu fēncun.
开玩笑也得有分寸。
Kidding is fine but don't make inappropriate jokes.

Zhè zhǒng shì néng kāi wánxiào ma?
这种事能开玩笑吗?
How can you joke about this kind of matter?

Nǐ zhège wánxiào kāidà le, huì shānghài biéren de.
你这个玩笑开大了，会伤害别人的。
You have carried this joke too far. People will get hurt.

Wǒ bù xǐhuan biéren gēn wǒ kāi wánxiào.
我不喜欢别人跟我开玩笑。
I don't like to have jokes played on me.

Nǐ bié ná wǒ kāixīn.
你别拿我开心。
Don't play jokes on me.

Wǒ zhǐshì kāi ge wánxiào, nín bié dàngzhēn.
我只是开个玩笑，您别当真。
I'm just joking. Please don't take it seriously.

Gēn nǐ kāi ge wánxiào, nǐ hái zhēn shēngqì le?
跟你开个玩笑，你还真生气了?
I was just kidding, are you really mad?

Mìmì
6. 秘密 Secrets

Wǒ gēn nǐ shuō yí jiàn shì, nǐ kě děi bǎomì.
我跟你说一件事，你可得保密。
I'll tell you something, but you've got to keep it a secret.

Zhè shì wǒ de yǐnsī, wǒ zhǐ gàosu nǐ le, bù néng ràng dì-sān gè rén zhīdào.
这是我的隐私，我只告诉你了，不能让第三个人知道。
This is a private matter of mine, and I only told you about it. You cannot let a third person know.

Zhè shì wǒmen liǎng gè rén de mìmì, nǐ kě bù néng xièlù chūqù.
这是我们两个人的秘密，你可不能泄露出去。
This is a secret between the two of us. You can never disclose it.

Nǐ fàngxīn, wǒ bú huì duì biéren shuō.
你放心，我不会对别人说。
You can be assured that I won't tell others.

Zhè jiàn shì wǒ bú huì xièlù yí gè zì.
这件事我不会泄露一个字。
I won't leak a word of this.

Shì shuí xiè de mì?
是谁泄的密?
Who divulged the secret?

Wǒ shì wúyì zhōng shuō chūqù de .
我 是 无意 中 说 出去的。
I let it out inadvertently.

Nǐ de zuǐ jiù méiyǒu bǎmén de ma?
你的嘴就没有 把门的吗?
Don't you have any control of your tongue?

Xièlùle shāngyè mìmì , shì yào fù fǎlù zérèn de .
泄露了商业秘密，是要负法律责任的。
There are legal ramifications of revealing commercial secrets.

Duìhuà
对话 **Conversation**

Shàng cì wǒ gàosu nǐ de nàge mìmì , nǐ shì bu shì gēn biéren shuō le ?
A: 上 次我 告诉你的那个秘密，你是不是 跟 别人 说 了?
You told others the secret I told you last time I saw you, didn't you?

Nǐ huáiyí wǒ? Zhè nǐ kě yuānwang wǒ le , wǒ shì nà zhǒng rén ma?
B: 你怀疑我? 这你可 冤 枉 我了，我是那种 人吗?
You suspect me of telling people? That's unjust. Am I that type of person?

Wǒ zhīdào nǐ tǐng shǒu xìnyòng de , cái gàosu nǐ . Nǐ juéde huì shì shuí
A: 我 知道你挺 守 信用 的，才 告诉你。你觉得会 是 谁
shuōchūqù de?
说 出去的?
I know you are trustworthy, that's why I told you. Who do you think leaked it?

Zhè hěn nán shuō . Bú huì shì nǐ zìjǐ wúyì zhōng shuōlòu zuǐ le ba?
B: 这 很 难 说。不会是你自己无意 中 说漏嘴了吧?
It's hard to tell. Is it possible that you yourself gave it away inadvertently?

Wǒ xiǎng qǐlái le , Xiǎo Wáng yǒu yí cì gēn wǒ kāi wánxiào , wǒ yì shēngqì,
A: 我 想 起来了，小 王 有一次跟我开玩 笑，我一生气，
shuōlòule zuǐ .
说漏了嘴。
Now I remember, Xiao Wang was once joking with me and I gave it away in anger.

Nǐ kàn nǐ , xià cì xiǎoxīn ba .
B: 你看你，下次小心吧。
See, you need to be careful next time.

Cānkǎo Cíhuì
参考词汇 **Vocabulary**

幽默	yōumò	humour
幽默感	yōumògǎn	sense of humour
逗	dòu	funny
开玩笑	kāi wánxiào	to joke
场合	chǎnghé	occasion

分寸	fēncun	sense of propriety
伤害	shānghài	to hurt
低俗	dīsú	poor taste
庸俗	yōngsú	coarse
当真	dàngzhēn	to take sth. seriously
秘密	mìmì	secret
隐私	yǐnsī	privacy
保密	bǎomì	to keep a secret
泄密	xièmì	to reveal a secret
泄露	xièlù	to leak
冤枉	yuānwang	to treat unjustly
信用	xìnyòng	credit

Zhēngzhí
7. 争执 Arguments

Zhème ge xiǎo wèntí zěnme huì yǐnqǐ zhème dà de máodùn?
这么个小问题怎么会引起这么大的矛盾？
How could such large conflicts arise from such a trifling matter?

Shì shuí zài zhìzào shìduān?
是谁在制造事端？
Who is making trouble?

Zhè shì wūxiàn.
这是诬陷。
This is slander.

Zhè shì fěibàng.
这是诽谤。
This is defamation.

Nǐ zhème zuò zhēn shi wéikǒng tiānxià bú luàn.
你这么做真是唯恐天下不乱。
What you are doing is stirring up trouble.

Nǐ yě tài kuādàqící le.
你也太夸大其辞了。
You're exaggerating.

Shuōhuà yào shíshìqiúshì, bù néng bǔfēng-zhuōyǐng.
说话要实事求是，不能捕风捉影。
You have to base your words on facts, not hearsay.

Nǐ shuō de zhèxiē jiǎnzhí shì wúzhōng-shēngyǒu.
你说的这些简直是无中生有。
What you said is a sheer fabrication, created out of thin air.

Nǐ tài zìyǐwéishì le.
你太自以为是了。
You are overly cocky and impervious to criticism.

Nǐ zhème shuō yǒu shénme gēn jù?
你 这么 说 有 什么 根据?

What grounds do you have to say this?

Nǐ shuōhuà zěnme zhème bú fù zérèn?
你 说 话 怎么 这么 不 负 责任?

How can you talk so irresponsibly?

Nǐ jiǎnzhí bùkělǐyù .
你 简直 不可理喻。

You are simply impervious to reason.

Nǐ hái jiǎng bu jiǎng dàolǐ a?
你 还 讲 不 讲 道理 啊?

Are you open to reason or not?

Nǐ zhè shì táigàng.
你 这 是 抬杠。

You're just picking a quarrel.

Nǐ zhēn shi zhànzhe shuōhuà bù yāo téng.
你 真是 站着 说 话 不 腰 疼。

Nothing is easier than finding fault with things.

Qǐng nǐ bú yào duì wǒ zhǐshǒu-huàjiǎo de .
请 你 不要 对 我 指 手 画 脚 的。

Please don't issue orders to me right and left.

Gōutōng
8. 沟 通 Communicating

Yīnwèi quēfá gōutōng, cái chǎnshēng zhème duō wèntí .
因为 缺乏 沟通，才 产 生 这么 多 问题。

So many problems arise due to a lack of proper communication.

Qǐng nǐmen shuāngfāng dōu lěngjìng lěngjìng .
请 你们 双 方 都 冷静 冷静。

Both of you should calm down.

Qǐng nǐmen shuāngfāng xīnpíng-qìhé de zuò xiàlái tántan .
请 你们 双 方 心平气和 地坐 下来 谈谈。

Both sides need to sit down and talk calmly.

Huàn wèi sīkǎo cái néng zhēnzhèng de lǐjiě biéren .
换 位 思考 才 能 真 正 地理解别人。

Only when one stands in another's shoes, can one fully understand others.

Bú yào yíwèi zhǐzé duìfāng, zuìhǎo xiān jiǎnchá zìjǐ .
不要 一味 指责 对 方，最好 先 检查 自己。

Instead of just blaming others it would be better to first examine your own actions.

Duì jiārén yě xūyào gōutōng .
对 家人 也 需要 沟 通。

Greater communication is necessary between family members.

Liǎng dài rén zhījiān de dàigōu, xūyào hùxiāng lǐjiě, zhǔdòng gōutōng .
两 代 人 之间的 代沟，需要 互相 理解，主 动 沟 通。

The generation gap needs to be bridged with mutual understanding and active communication.

211

☕ Duìhuà (yī) 对话（1） Conversation 1

A: Nǐ shuōhuà gànmá nàme kèbó?
你 说 话 干 吗 那么 刻薄？
Why did you speak so bitingly?

B: Wǒ shuō nǐ le ma? Nǐ píng shénme zhǐzé wǒ?
我 说 你 了 吗？你 凭 什么 指责 我？
Did I say I was talking about you? How can you accuse me of that?

A: Nǐ de huà hánshā-shèyǐng, shuí tīng bu chūlái ya?
你 的 话 含 沙 射 影，谁 听 不 出来 呀？
Your remarks were insinuating; everyone understood your meaning.

B: Wǒ yòu méi diǎnmíng, nǐ xīnxū shénme?
我 又 没 点 名，你 心虚 什么？
I didn't name anyone. Why should you feel nervous?

A: Zuòshì yào guāngmíngzhèngdà, yǒu huà míngshuō.
做事 要 光 明 正 大，有 话 明 说。
We should be open and aboveboard with others and plainspoken in communications.

B: Wǒ ài zěnme shuō jiù zěnme shuō.
我 爱 怎么 说 就 怎么 说。
I'll say whatever I want to say.

A: Nǐ yě tài bù jiǎnglǐ le.
你 也 太 不 讲理 了。
You are being unreasonable.

☕ Duìhuà (èr) 对话（2） Conversation 2

A: Tāmen chǎo qǐlái le, wǒmen qù quànquan.
他们 吵 起来了，我们 去 劝 劝。
They're starting to quarrel. Let's go mediate between them.

A: Hǎo le, nǐmen búyào chǎo le, dōu lěngjìng yìdiǎnr.
好 了，你们 不要 吵 了，都 冷 静 一点儿。
All right, stop fighting. Both of you need to calm down.

B: Shì a, yǒu huà hǎohāor shuō.
是 啊，有 话 好好儿 说。
They's right. Talk calmly to each other.

A: Zhèlǐ kěnéng yǒu wùhuì, jiěshì qīngchu jiù xíng le.
这里 可能 有 误会，解释 清楚 就 行了。
There are perhaps some misunderstandings here that can be worked out with explanations.

B: Kěnéng tā shuō de zhēn bú shì nàge yìsi, nǐ duōxīn le.
可能 他 说 得 真 不 是 那个 意思，你 多心 了。
Maybe he does not mean what you think he does. You are thinking too much about it.

Nǐmen xīnpíng-qìhé de jiāohuàn yíxià yìjiàn, duō gōutōng gōutōng.
A: 你们心平气和地交换一下意见，多沟通沟通。
I suggest that you two exchange ideas and talk it through calmly.

Nǐmen liǎ hǎohāor tántan, dōu bié shuō guòtóu de huà le.
B: 你们俩好好儿谈谈，都别说过头的话了。
Have a good talk with each other. Guard your words and don't say anything ill-considered.

Cānkǎo Cíhuì
☀ 参考词汇 Vocabulary

争执	zhēngzhí	argument; to argue
争吵	zhēngchǎo	quarrel; to quarrel
争论	zhēnglùn	argument; to argue
抬杠	táigàng	to pick a quarrel
指责	zhǐzé	to blame
中伤	zhòngshāng	to slander
诬陷	wūxiàn	to frame sb.
报复	bàofù	revenge
偏见	piānjiàn	prejudice
成见	chéngjiàn	prejudice
刻薄	kèbó	mean; bitterly
自尊心	zìzūnxīn	self-esteem
面子	miànzi	face
代沟	dàigōu	generation gap
沟通	gōutōng	communication
冷静	lěngjìng	calm
理智	lǐzhì	reasonable, sensible
耐心	nàixīn	patient
虚心	xūxīn	modest
诚心	chéngxīn	sincere
诚意	chéngyì	sincerity
倾听	qīngtīng	to listen attentively
谦让	qiānràng	to decline sth. out of modesty
忍耐	rěnnài	to endure
讲道理	jiǎng dàolǐ	to reason with sb.

谅解	liàngjiě	to understand
体谅	tǐliàng	to understand
夸大	kuādà	to exaggerate
夸张	kuāzhāng	to exaggerate

Dì-shíqī Piān　　Dǎ Diànhuà
第十七篇　打 电 话

Chapter 17　Making Phone Calls

Diànhuà Liánxì
一、电话 联系 Making Contact by Phone

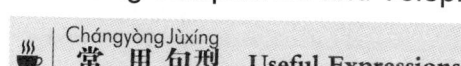

Chángyòng Jùxíng
常 用 句型　**Useful Expressions**

Yǒu shì wǒmen kěyǐ diànhuà liánxì.
有 事 我们 可以 电 话 联系。
We can contact each other by telephone.

Yǒu shì nǐ kěyǐ gěi wǒ dǎ diànhuà.
有 事 你 可以 给 我 打 电 话。
You can give me a call.

Zhè shì wǒ de zuòjī hàomǎ.
这 是 我的 座机 号码。
This is my telephone number.

Zhè shì wǒ de shǒujī hàomǎ.
这 是 我的 手机 号码。
This is my mobile number.

Zhè shì wǒ jiā de diànhuà hàomǎ.
这 是 我家 的 电 话 号码。
This is my home number.

Zhè shì wǒ bàngōngshì de diànhuà hàomǎ.
这 是 我 办公室 的 电 话 号码。
This is my office number.

Gōngyòng Diànhuà jí Diànhuàkǎ
二、公 用 电 话 及 电话卡
Using Telephones and Telephone Cards

Chángyòng Jùxíng
常 用 句型　**Useful Expressions**

Qǐngwèn fùjìn yǒu gōngyòng diànhuà ma?
请 问 附 近 有 公 用 电 话 吗?
Excuse me, is there a public telephone nearby?

215

Lù biān xiǎo shāngdiàn yǒu gōngyòng diànhuà.
路边 小 商店 有 公用 电话。
There is a public telephone in the small shop on the road.

Wǒ kěyǐ zài nín zhèr dǎ yí gè diànhuà ma?
我 可以 在 您 这儿 打 一个 电话 吗?
Can I make a phone call here?

Wǒ kěyǐ jiè yòng yíxiàr nín de diànhuà ma?
我 可以 借 用 一下儿 您 的 电话 吗?
May I use your phone?

Dǎ guójì chángtú zhǐ néng mǎi diànhuàkǎ le.
打 国际 长途 只 能 买 电话卡 了。
To make an international phone call, you have to buy a telephone card.

> ☞ Note: It's very convenient to buy telephone cards in Chinese cities. They are available at newsstands and convenience stores everywhere.

Zhèr yǒu méiyǒu dǎ guójì chángtú de diànhuàkǎ?
这儿 有 没有 打 国际 长途 的 电话卡?
Do you have telephone cards for making international calls?

Zhèr yǒu IP kǎ ma?
这儿 有 IP 卡 吗?
Do you sell IP cards here?

Qǐngwèn nǎr néng mǎi shǒujī chōngzhíkǎ?
请 问 哪儿 能 买 手机 充值卡?
Excuse me, where can I buy a mobile phone recharge card please?

Lù biān de xiǎo bàotíng jiù kěyǐ mǎi diànhuàkǎ.
路边 的 小 报亭 就 可以 买 电话卡。
You can get telephone cards at the news stand on the street.

IP diànhuàkǎ dōu yǒu duōshao qián de?
IP 电话卡 都 有 多少 钱 的?
What are the different values of IP cards available?

Qǐngwèn yǒu yìbǎi kuài qián de shǒujī chōngzhíkǎ ma?
请 问 有 一百 块 钱 的 手机 充值卡 吗?
Excuse me, do you have a 100 yuan recharge card for mobile phones?

Yǒu yōuhuì ma?
有 优惠 吗?
Is there a discount available?

Mǎi yìbǎi kuài qián chōngzhíkǎ kěyǐ zèngsòng sānshí kuài qián huàfèi.
买 一百 块 钱 充值卡 可以 赠送 三十 块 钱 话费。
If you buy a recharge card with 100 yuan worth of credit, you'll get 30 yuan worth of telephone calls for free.

Qǐng gěi wǒ yì zhāng wǔshí kuài de shǒujī chōngzhíkǎ.
请 给 我 一 张 五十 块 的 手机 充值卡。
Please give me a recharge card with 50 yuan worth of credit.

Wǒ mǎi yì zhāng yìbǎi kuài qián de IP kǎ.
我 买 一 张 一 百 块 钱 的 IP 卡。
Please give me an IP card worth 100 yuan.

Chōngzhíkǎ hé IP kǎ yǒu shíjiān xiànzhì ma?
充 值 卡 和 IP 卡 有 时 间 限 制 吗?
Is there an expiration date for recharge cards and IP cards?

Dǎ Diànhuà
三、打 电 话 Making Phone Calls

Chángyòng Jùxíng
常 用 句 型 Useful Expressions

Dǎ Gōngyòng Diànhuà
1. 打 公 用 电 话 Using Public Telephones

Qǐngwèn, zhè shì gōngyòng diànhuà ma?
请 问 , 这 是 公 用 电 话 吗?
Excuse me, is this a public telephone?

Qǐngwèn, zhège diànhuà kěyǐ dǎ chángtú ma?
请 问 , 这 个 电 话 可 以 打 长 途 吗?
Excuse me, can I make long-distance calls using this telephone?

Zhège diànhuà dǎ bu liǎo guójì chángtú.
这 个 电 话 打 不 了 国 际 长 途。
You cannot make international calls on this telephone.

Qǐngwèn, dǎ guójì chángtú zěnme jìjià?
请 问 , 打 国 际 长 途 怎 么 计 价?
Excuse me, how much do you charge for international calls?

Dǎ guójì chángtú, dìqū bù tóng, jiàgé yě bù tóng.
打 国 际 长 途 , 地 区 不 同 , 价 格 也 不 同。
The international call rates vary from region to region.

Qǐngwèn, dǎ guónèi chángtú yì fēnzhōng duōshao qián?
请 问 , 打 国 内 长 途 一 分 钟 多 少 钱?
Excuse me, how much is charged per minute for domestic long-distance calls?

Qǐngwèn, wǒ néng chá yíxiàr zhège chéngshì de chángtú qūhào ma?
请 问 , 我 能 查 一 下 儿 这 个 城 市 的 长 途 区 号 吗?
Excuse me, may I look up the area code for this city?

Qǐngwèn, nín zhège gōngyòng diànhuà de hàomǎ shì duōshao?
请 问 , 您 这 个 公 用 电 话 的 号 码 是 多 少?
Excuse me, what is the telephone number for this public phone?

Wǒ xìng Lǐ, wǒ zài děng yí gè péngyou de diànhuà. Rúguǒ shì dǎ gěi wǒ
我 姓 李 , 我 在 等 一 个 朋 友 的 电 话。如 果 是 打 给 我
de, qǐng gàosu wǒ.
的 , 请 告 诉 我。
My surname is Li, I'm waiting for a friend's call. If there is a call for me, please let me know.

Qǐngwèn, wǒ de diànhuà dǎle jǐ fēnzhōng? Yào jiāo duōshao qián?
请 问 , 我 的 电 话 打 了 几 分 钟? 要 交 多 少 钱?
Excuse me, how long did I use the phone? How much do I owe you?

2. 自报 身份 Introducing Oneself When Making Phone Calls

Zì Bào Shēnfèn

Nín hǎo, wǒ shì Déguó Dàshǐguǎn de Zhōu mìshū.
您 好，我 是 德国 大使馆 的 周 秘书。
Hello, this is Zhou, the secretary at the German Embassy.

Nín hǎo, wǒ shì Lǐ lǎoshī de xuésheng.
您 好，我 是 李老师 的 学生。
Hello, I am a student of Teacher Li.

Nín hǎo, wǒ shì wùyè gōngsī de gōngzuò rényuán.
您 好，我 是 物业 公司 的 工作 人员。
Hello, I'm from the property management company.

> ☛ Note: When making business phone calls, Chinese people usually give their company name and their positions rather than their own names, especially when calling someone they don't know.

Nín hǎo, zhèlǐ shì kèfú zhōngxīn. Qǐngwèn yǒu shénme kěyǐ bāngzhù nín de?
您 好，这里 是 客服 中心。请 问 有 什么 可以 帮 助 您的？
Hello, this is the customer service centre. Is there anything we can help you with?

Nín hǎo, zhèlǐ shì Chángchéng Fàndiàn zǒngfúwùtái.
您 好，这里 是 长 城 饭店 总服务台。
Hello, this is the Great Wall Hotel.

Nín hǎo, zhèlǐ shì Wàijiāo Rényuán Yǔyán Wénhuà Zhōngxīn.
您 好，这里 是 外交 人员 语言 文化 中心。
Hello, this is the LCC (Beijing Language and Culture Center for Diplomatic Missions).

Wèi, nǐ hǎo, wǒ shì Lǐ Lín.
喂，你 好，我 是 李林。
Hello, this is Li Lin.

3. 确认 对方 身份
Querèn Duìfāng Shēnfèn
Confirming Who Is on the Other End of the Line

Qǐngwèn, nín shì nǎ wèi?
请问，您 是 哪位？
May I know who is calling, please?

Qǐngwèn, shì Zhāng lǎoshī jiā ma?
请问，是 张 老师 家 吗？
Excuse me, is this Teacher Zhang's home?

Qǐngwèn, nín shì Wáng dàifu ma?
请问，您 是 王 大夫 吗？
Excuse me, is this Doctor Wang?

Qǐngwèn, shì Měiguó Dàshǐguǎn ma?
请问，是 美国 大使馆 吗？
Excuse me, is this the American Embassy?

Qǐngwèn, shì 'Quánjùdé' kǎoyādiàn ma?
请 问 ，是 "全聚德" 烤鸭店 吗？
Excuse me, is this Quanjude Roast Duck Restaurant?

Qǐng Duìfāng Jiào Rén Jiē Diànhuà
4. 请 对 方 叫 人 接 电 话
Ask Someone Else to Answer the Phone

Qǐngwèn, Zhāng lǎoshī zài jiā ma? Qǐng nín ràng tā jiē diànhuà.
请 问 ，张 老师 在 家 吗？请 您 让 他 接 电话。
Excuse me, is Teacher Zhang home? Can you please ask him to come to the phone?
Wǒ zhǎo Liú zǒng, tā xiànzài néng jiē diànhuà ma?
我 找 刘 总，他 现在 能 接 电话 吗？
I want to speak to President Liu. Is he available at the moment?
Láojià, qǐng nín jiào Wáng Lín jiē yíxiàr diànhuà.
劳驾，请 您 叫 王 林 接 一下儿 电话。
Excuse me, please call Wang Lin to the phone.
Qǐng shāo děng, wǒ qǐng tā lái jiē diànhuà.
请 稍 等，我 请 他 来 接 电话。
Hold on please, I'll get him to come to the phone.
Nín děng yíxiàr, wǒ kànkan tā zài bu zài.
您 等 一下儿，我 看看 他 在 不 在。
Please wait a second. I'll see whether he is in or not.
Wáng Lín, nǐ de diànhuà.
王 林，你的 电话。
Wang Lin, it's for you.
Liú zǒng, nín de diànhuà.
刘 总，您的 电话。
President Liu, it's for you.

Zhuǎngào, Zhuǎn Jiē
5. 转 告，转 接 Passing on a Phone Message

Duìbuqǐ, tā bú zài. Yǒu shénme shì wǒ kěyǐ zhuǎngào.
对不起，她 不在。有 什么 事 我 可以 转 告。
Sorry, she is not here. I can pass on a message to her.
Lǐ lǎoshī hái méi huílái, yǒu shénme shì wǒ kěyǐ zhuǎngào tā ma?
李 老师 还 没 回来，有 什么 事 我 可以 转 告 他 吗？
Teacher Li is not back yet. Can I take a message?
Liú zǒng zhèng zài kāihuì, rúguǒ yǒu jí shì, wǒ kěyǐ zhuǎngào tā.
刘 总 正 在 开会，如果 有 急事，我 可以 转 告 他。
President Liu is in the middle of a meeting. If you have urgent business, I can pass on a message to him.
Qǐng gàosu wǒ nín de míngzi hé diànhuà, děng tā huílái, wǒ zhuǎngào tā.
请 告诉 我 您的 名字 和 电话，等 他 回来，我 转 告 他。
Please leave me your name and telephone number. I'll pass on the message to him.

Tā huílái wǒ yídìng zhuǎngào tā, qǐngwèn, zěnme chēnghu nín?
他 回来 我 一定 转 告 他，请问，怎么 称 呼 您？
I'll be sure to let him know. May I have your name, please?

Qǐng nín zhuǎngào āyí, xīngqīyī tā kěyǐ wǎn yí gè xiǎoshí lái shàngbān.
请 您 转 告 阿姨，星期一 她 可以 晚 一个 小时 来 上 班。
Please tell the housemaid that she can come to work an hour later on Monday.

Qǐng nín gàosu tā, míngtiān shàngwǔ jiǔ diǎn qù dānwèi kāihuì.
请 您 告诉 他，明天 上午 九点 去 单位 开会。
Please tell him about the meeting at the company at 9:00 a.m. tomorrow.

Tā huílái qǐng tā gěi wǒ dǎ ge diànhuà, qǐng nín jì yíxiàr wǒ de shǒujīhào.
他 回来 请 他 给 我 打个 电话，请 您 记 一下儿 我 的 手机号。
Please ask him to call me when he comes back. Please note down my mobile phone number.

Qǐng nín zhuǎngào Lǐ lǎoshī, wǒ míngtiān bù néng shàngkè.
请 您 转 告 李老师，我 明天 不 能 上课。
Please tell Teacher Li that I cannot come to class tomorrow.

Qǐng zhuǎngào tā, wǒ gěi tā dǎguo diànhuà.
请 转 告 他，我 给 他 打过 电话。
Please tell him that I called.

Qǐng nín gěi wǒ jiē yāo yāo líng èr hào fángjiān.
请 您 给 我 接 1 1 0 2 号 房间。
Please put me through to Room 1102, please.

Qǐng jiē Liú zǒng bàngōngshì.
请 接 刘 总 办公室。
Please connect me to President Liu's office.

Qǐng zhuǎn sān yāo sān fēnjī.
请 转 3 1 3 分机。
Extension 313, please.

Liú zǒng bàngōngshì wú rén jiētīng, kěyǐ gěi nín zhuǎn jiē tā de mìshū de diànhuà ma?
刘 总 办公室 无人 接听，可以 给 您 转 接他 的 秘书 的 电话 吗？
Nobody answered the phone at President Liu's office. May I transfer you to his secretary?

Méi Shíjiān huò Bù Fāngbiàn Tōnghuà
6. 没 时间 或 不 方 便 通 话
Having No Time or Being Inconvenient to Talk

Duìbuqǐ, wǒ zhǐ yǒu jǐ fēnzhōng shíjiān, qǐng nín shuō jiǎndān yìdiǎnr.
对不起，我 只 有 几 分 钟 时间，请 您 说 简单 一点儿。
Sorry, I only have a couple of minutes. Please be brief.

Bù hǎoyìsi, wǒ mǎshàng yào qù kāihuì, nín néng jiǎndān shuō yíxiàr ma?
不好意思，我 马上 要 去 开会，您 能 简单 说 一下儿 吗？
Sorry, I'm running to a meeting now. Can you be brief please?

Duìbuqǐ, wǒ zhèngzài kāihuì, guò yíhuìr gěi nǐ dǎ guòqù.
对不起，我 正在 开会，过 一会儿 给 你 打 过去。
Sorry, I'm in a meeting now. I'll call you back later.

Wǒ jīntiān fēicháng máng , wǎnshang wǒmen zài diànhuà liánxì ba .
我 今天 非常 忙 , 晚上 我们 再 电话 联系 吧。
I'm very busy today. Let's talk on the phone in the evening.

Wǒ zhèngzài shàng Hànyǔkè , bù néng duō shuō le .
我 正在 上 汉语课, 不能 多 说 了。
I'm in the middle of my Chinese lesson. I cannot talk now.

Wǒ de shǒujī kuài méi diàn le , qǐng nǐ kuài diǎnr shuō .
我 的 手机 快 没 电 了, 请 你 快点儿 说。
My mobile phone battery is running low. Please be quick and get to the point.

Wǒ tuō bu kāi shēn , bāng wǒ jiē yíxiàr diànhuà .
我 脱不开身, 帮 我 接一下儿 电话。
I'm tied up. Please answer the phone for me.

Bāng wǒ jiē yíxiàr diànhuà , jiù shuō wǒ xiànzài méi shíjiān , yíhuìr wǒ
帮 我 接一下儿 电话 , 就 说 我 现在 没 时间, 一会儿 我
dǎ guòqù .
打 过去。
Please answer the phone for me, just tell them I am busy now and will call back.

Zhèr shuōhuà bù fāngbiàn , wǒ xiàbān zài gěi nǐ dǎ .
这儿 说话 不 方便, 我 下班 再 给 你 打。
It's inconvenient for me to talk now. I'll call you back after work.

Wǒ zhèngzài kāichē , bù fāngbiàn jiē diànhuà .
我 正在 开车, 不 方便 接 电话。
I'm driving and cannot answer the phone.

Diànhuà li shuō bù fāngbiàn , jiànmiàn zài shuō ba .
电话 里 说 不 方便, 见面 再 说 吧。
It's inconvenient to talk about this on the phone. Let's meet up and talk in person.

Bàngōngshì rén tài duō , wǒ chūqù yòng shǒujī gěi nǐ dǎ guòqù ba .
办公室 人 太 多, 我 出去 用 手机 给 你 打 过去 吧。
There are too many people in the office. I'll go outside and call you from my mobile phone.

Yàoshi yǒu rén gěi wǒ dǎ diànhuà , jiù shuō wǒ bú zài .
要是 有 人 给 我 打 电话, 就 说 我 不 在。
If somebody calls, just say I am not here.

Tōnghuà Shí de Lǐmào Yòngyǔ
7. 通话 时 的 礼貌 用语
Polite Expressions to Use in Telephone Conversations

Bù hǎoyìsi , zhème wǎn dǎ diànhuà , dǎrǎo nǐmen xiūxi le .
不 好意思, 这么 晚 打 电话, 打扰 你们 休息 了。
Sorry for calling you so late and disturbing you.

Zhōumò hái dǎrǎo nín , zhēn bù hǎoyìsi .
周末 还 打扰 您, 真 不 好意思。
I'm really sorry to disturb you over the weekend.

Tūrán gěi nín dǎ diànhuà , tài màomèi le .
突然 给 您 打 电话, 太 冒昧 了。
I apologize for calling you out of the blue like this.

Zhème zǎo gěi nín dǎ diànhuà, méi yǐngxiǎng nín xiūxi ba?
这么早给您打电话，没影响您休息吧？
Sorry to call you so early. I hope I didn't wake you up.

Zhīdào nín hěn máng, xīwàng zhège diànhuà méiyǒu dǎrǎo nín.
知道您很忙，希望这个电话没有打扰您。
I know you are very busy. I hope I'm not disturbing you with this call.

Nín zhème máng, hái gěi wǒ dǎ diànhuà, tài gǎnxiè le.
您这么忙，还给我打电话，太感谢了。
I really appreciate you taking time to call me when you are so busy.

Hěn gāoxìng nín gěi wǒ dǎ diànhuà.
很高兴您给我打电话。
I'm glad you called.

Yòu tīngdào nín de shēngyīn, zhēn gāoxìng.
又听到您的声音，真高兴。
I'm really happy to hear your voice again.

Xièxie nín gěi wǒ dǎ diànhuà. Wǒ guà diànhuà le.
谢谢您给我打电话。我挂电话了。
Thanks for calling me, I'm going to ring off now.

Yǐhòu duō liánxì ba. Wǒ guà diànhuà le.
以后多联系吧。我挂电话了。
Let's keep in touch, cheers.

Dǎcuò Diànhuà
8. 打错电话 Dialling the Wrong Number

Duìbuqǐ, nín dǎcuò le.
对不起，您打错了。
Sorry, you have the wrong number.

Duìbuqǐ, zhèlǐ shì zhùzhái, bú shì gōngsī.
对不起，这里是住宅，不是公司。
Sorry. This is a home number, not a business number.

Nín bōcuò hàomǎ le.
您拨错号码了。
You dialled the wrong number.

Zhèlǐ méiyǒu nín yào zhǎo de zhège rén.
这里没有您要找的这个人。
There is no one here by that name I'm afraid.

Wǒmen gōngsī méiyǒu jiào zhège míngzi de rén.
我们公司没有叫这个名字的人。
We don't have anyone by that name in our company.

Nín jìcuò hàomǎ le ba?
您记错号码了吧？
Have you got the number wrong?

Zhèlǐ bú shì nín shuō de nàge gōngsī.
这里不是您说的那个公司。
This is not the company you want.

Diànhuà Jiē Bu Tōng
9. 电话接不通 Being Unable to Reach Someone

Diànhuà méi rén jiē .
电话没人接。
Nobody answered the phone.

Diànhuà dǎ butōng.
电话打不通。
I couldn't get through.

Diànhuà zhànxiàn .
电话占线。
The line is busy.

Tā de shǒujǐ méi kāijī .
他的手机没开机。
His mobile phone is turned off.

Zài shān li , shǒujǐ méi xìnhào .
在山里,手机没信号。
There is no mobile phone signal in the mountains.

Wǒ bǎ shǒujǐ tiáochéng zhèndòng le , suǒyǐ méi tīngjiàn .
我把手机调成震动了,所以没听见。
I put my mobile phone on vibrate. That's why I didn't hear it.

Shāngchǎng li tài luàn , shǒujǐ xiǎng gēnběn tīng bu jiàn .
商场里太乱,手机响根本听不见。
It's too noisy in the shopping centre. There's no way for me to hear my mobile phone ringing.

Nín bōdǎ de yònghù yǐ guānjī .
您拨打的用户已关机。
The subscriber you dialled has powered off.

Nín bōdǎ de diànhuà yǐ tíng jī .
您拨打的电话已停机。
The number you dialled is out of service.

Nín bōdǎ de yònghù zànshí wúfǎ jiē tōng .
您拨打的用户暂时无法接通。
The subscriber you dialled cannot be connected at the moment.

Nín bōdǎ de yònghù zhèngzài tōnghuà zhōng , qǐng shāo hòu zài bō .
您拨打的用户正在通话中,请稍后再拨。
The line is busy now. Please call again later.

Nín suǒ bōdǎ de hàomǎ shì kōng hào , qǐng héduì hòu zài bō .
您所拨打的号码是空号,请核对后再拨。
The number you dialled does not exist. Please check it and dial again later.

四、发短信 Sending Short Messages
Fā Duǎnxìn

常用句型 Useful Expressions
Chángyòng Jùxíng

Dǎ diànhuà bú tài fāngbiàn, gěi wǒ fā duǎnxìn ba.
打电话不太方便，给我发短信吧。
It's not convenient for me to talk on the phone. Please send me a text message.

Wǒ gěi nǐ fāle yí gè duǎnxìn, shōudào le ma?
我给你发了一个短信，收到了吗?
I sent you a short message. Did you receive it?

Nǐ fā gěi wǒ de duǎnxìn, hǎoduō luànmǎ, kàn bu dǒng.
你发给我的短信，好多乱码，看不懂。
The message you sent me was mixed up. I cannot read it.

Wǒ shōudào jǐ gè yǒuyìsi de duǎnxìn, wǒ zhuǎnfā gěi nǐ.
我收到几个有意思的短信，我转发给你。
I received a couple of interesting messages. I'll forward them to you.

Zhège duǎnxìn mòmíngqímiào, kěnéng shì fācuò le.
这个短信莫名其妙，可能是发错了。
This message is strange. It might have been sent wrongly.

Zhèxiē lājī duǎnxìn tài kěwù le.
这些垃圾短信太可恶了。
These junk messages are detestable.

Nǐ wèishénme bù huí wǒ de duǎnxìn?
你为什么不回我的短信?
Why didn't you reply to my message?

Wǒ bǎ nǐ de duǎnxìn shān le.
我把你的短信删了。
I deleted your message.

Nǐ de duǎnxìn wǒ yìzhí bǎoliúzhe ne.
你的短信我一直保留着呢。
I've kept the messages you sent me.

Wǒ bǎ zhège xiāoxi fā gěile hěn duō rén.
我把这个消息发给了很多人。
I sent this message to many people.

对话 (1) Conversation 1
Duìhuà (yī)

A:
Nín hǎo.
您好。
Hello.

B:
Nín hǎo. Qǐngwèn, shì Wáng lǎoshī jiā ma?
您好。请问，是王老师家吗?
Hello, is this Teacher Wang's home?

Duì. Qǐngwèn, nín shì nǎ wèi?
A: 对。请 问，您 是 哪 位?
Yes, may I know who is calling, please?

Wǒ shì Wáng lǎoshī de xuésheng. Qǐngwèn, tā zài jiā ma?
B: 我 是 王 老师 的 学 生。请 问，他 在 家 吗?
I'm a student of Teacher Wang. Is he home?

Duìbuqǐ, tā hái méi huílái. Nín yǒu shénme shì ma?
A: 对不起，他 还 没 回来。您 有 什么 事 吗?
Sorry, he is not home yet. Can I take a message?

Tā jǐ diǎn néng huílái?
B: 他 几 点 能 回来?
What time will he be back?

Zhè wǒ shuō bu zhǔn.
A: 这 我 说 不 准。
That's hard to say.

Děng Wáng lǎoshī huílái, qǐng nín zhuǎngào tā, gěi wǒ huí ge diànhuà.
B: 等 王 老师 回来，请 您 转 告 他，给 我 回 个 电 话。
Please ask Teacher Wang to call me when he comes back.

Hǎo. Wǒ jì yíxiàr nín de diànhuà.
A: 好。我 记 一 下儿 您 的 电 话。
All right, let me write down your number.

☞ Note: When making phone calls, Chinese people usually ask the name of the person answering the call first, rather than give their own names in the first place.

Duìhuà (èr)
对话（2） Conversation 2

Wèi, nǐ hǎo. Qǐngwèn, nǎ wèi?
A: 喂，你 好。请 问，哪 位?
Hello. May I know who is calling?

Nín hǎo. Wǒ shì guǎnggào gōngsī de Lǎo Zhào.
B: 您 好。我 是 广 告 公 司 的 老 赵。
Hello, this is Lao Zhao from the advertising company

À, shì Zhào jīnglǐ a. Yǒu shénme shì ma?
A: 啊，是 赵 经理 啊。有 什么 事 吗?
Ah, Manager Zhao, what can I do for you?

Sūn zǒng, wǒ xiǎng hé nín tántan gōngsī guǎnggào de shì.
B: 孙 总，我 想 和 您 谈谈 公 司 广 告 的 事。
President Sun, I would like to talk with you about your company's advertisement.

Wǒ xiànzài zhèngzài kāihuì, zhèyàng ba, yí gè xiǎoshí yǐhòu nín gěi wǒ
A: 我 现在 正在 开会，这 样 吧，一个 小时 以后 您 给 我
dǎ dào bàngōngshì ba.
打 到 办 公 室 吧。
I'm in a meeting now. Why don't you call my office in an hour?

Cānkǎo Cíhuì
☀ 参考词汇 Vocabulary

电话	diànhuà	telephone
电话号码	diànhuà hàomǎ	telephone number
电话号码簿	diànhuà hàomǎbù	yellow pages
打电话	dǎ diànhuà	to make a phone call
接电话	jiē diànhuà	to answer the phone
回电话	huí diànhuà	to return a call
转接	zhuǎnjiē	to transfer
转告	zhuǎngào	to pass on a message
手机	shǒujī	mobile phone, cellphone
开机	kāijī	to turn on a phone
关机	guānjī	to switch off a phone
停机	tíng jī	(of a phone) to be out of service
震动	zhèndòng	to vibrate
发短信	fā duǎnxìn	to send a message
电池	diànchí	battery
没电	méi diàn	(of a battery) to run down
充电	chōng diàn	to recharge
充电器	chōngdiànqì	phone charger
电话卡	diànhuàkǎ	telephone card
充值卡	chōngzhíkǎ	recharge card
IP 卡	IP kǎ	IP card
总机	zǒngjī	telephone exchange
分机	fēnjī	extension
国内长途电话	guónèi chángtú diànhuà	domestic long-distance call
国际长途电话	guójì chángtú diànhuà	international call
占线	zhànxiàn	an engaged line
打不通	dǎ bu tōng	unable to get through on a phone

补充：特殊电话号码 Useful Telephone Numbers

110——报警 police services
bàojǐng

119——火警 fire department
huǒjǐng

120——医疗急救中心 ambulence services
yīliáo jíjiù zhōngxīn

122—— 交通事故报警台 traffic accidents
jiāotōng shìgù bàojǐngtái

114——查号台 information, directory inquiries
cháhàotái

Dì-shíbā Piān   Yuēhuì
第十八篇　约会

Chapter 18 Making Appointments

Yuēhuì de   Lǐyóu
一、约会 的 理由 Arranging to Meet Someone

☕ **Chángyòng Jùxíng**
常 用 句型 **Useful Expressions**

Jīnglǐ xiǎng yuējiàn nín.
经理 想 约见 您。
The manger would like to meet you.

Wǒ yào jiàn zǒngcái, qǐng bāng wǒ yùyuē yíxiàr .
我 要 见 总裁，请 帮 我 预约 一下儿。
I would like to meet the president. Please make an appointment for me.

Wǒ yǒu yí jiàn yàojǐn de shì, yào gēn nín shāngliang.
我 有 一件 要紧 的 事，要 跟 您 商 量。
I have an urgent matter to discuss with you.

Zhège wèntí, wǒmen bìxū dāngmiàn tán
这个 问题，我 们 必须 当 面 谈。
We have to discuss this matter in person.

Wǒ xiǎng dāngmiàn xiàng nín qǐngjiào.
我 想 当 面 向 您 请教。
I would like to consult you in person.

Wǒ xiǎng dāngmiàn xiàng nín dàoxiè.
我 想 当 面 向 您 道谢。
I would like to express my gratitude to you in person.

Wǒ xiǎng xiàng nín dāngmiàn dàoqiàn.
我 想 向 您 当 面 道歉。
I would like to apologize to you in person.

Hǎojiǔ méi jiàn le, zhǎo shíjiān jùju ba.
好久 没 见 了，找 时间 聚聚 吧。
We haven't seen each other in ages. Let's find some time to catch up.

Wǒmen yuē ge shíjiān jiànjian ba.
我 们 约 个 时间 见见 吧。
Let's find a time to see each other.

Tā gāng cóng guó wài huílái , wǒmen xiǎng yìqǐ chīfàn , gěi tā jiēfēng .
他 刚 从 国外 回来 , 我们 想 一起 吃饭 , 给 他 接风。
He just came back from abroad. We would like to have a welcome back dinner for him.

Wèile gěi tā qìngzhù shēngrì , wǒmen jùju ba?
为了 给 她 庆祝 生日 , 我们 聚聚 吧?
Shall we throw her a party for her birthday?

Chúxī wǎnshang dàjiā dōu lái wǒ jiā yìqǐ guònián ba?
除夕 晚 上 大家 都 来 我 家 一起 过年 吧?
I would like to invite all of you to my home for Chinese New Year's Eve.

Tā xiǎng huàn gōngzuò , wǒmen zhǎo shíjiān jùju , bāng tā cānmóu cānmóu .
他 想 换 工作 , 我们 找 时间 聚聚 , 帮 他 参谋 参谋。
He wants to change a job. Let's find the time for us to meet and give him some advice.

Wǒ bān xīn jiā le , xiǎng qǐng nǐmen lái wǒ jiā chī dùn fàn .
我 搬 新家 了 , 想 请 你们 来 我 家 吃 顿 饭。
I moved to a new house and would like to invite you to a housewarming dinner.

二、约定 时间，地点 Set the Time and Place to Meet
Yuēdìng Shíjiān , Dìdiǎn

☕ 常 用 句型 **Useful Expressions**
Chángyòng Jùxíng

Yuēhuì dìng zài shénme shíjiān?
约会 定 在 什么 时间?
What time is the appointment?

Yuē zài shénme shíhou duì nín bǐjiào fāngbiàn?
约 在 什么 时候 对 您 比较 方便?
When is the convenient time for you?

Wǒ jǐ diǎn qù zhǎo nǐ hǎo ne?
我 几点 去 找 你 好 呢?
What time is good for me to come?

Shénme shíhou néng qù bàifǎng nín , yóu nín juédìng .
什么 时候 能 去 拜访 您 , 由 您 决定。
It's up to you to decide when I come to visit you.

Xīngqīliù shàngwǔ shí diǎn zài cháguǎn jiàn , zěnmeyàng?
星期六 上午 十点 在 茶馆 见 , 怎么 样?
How about meeting at 10 a.m. on Saturday at the teahouse?

Míngtiān xiàbān yǐhòu , nǐ fāngbiàn ma?
明天 下班 以后 , 你 方便 吗?
Do you have any free time after work tomorrow?

Wǒ yì tiān dōu zài jiā , nǐ suíshí dōu kěyǐ lái .
我 一天 都 在家 , 你 随时 都 可以 来。
I'm home all day. You can come over at any time.

Wǒmen yǐjīng yuēdìng zhōumò jiànmiàn le .
我们 已经 约定 周末 见面 了。
We've set up an appointment for the weekend.

Shénme shíjiān wǒ dōu kěyǐ .
什么 时间 我 都 可以。
Anytime is fine with me.

Jùhuì dìdiǎn dìng zài nǎr ?
聚会 地点 定 在 哪儿?
Where are we meeting?

Zài nǎr jiànmiàn bǐjiào héshì ?
在 哪儿 见 面 比较 合适?
Where is a good place to meet?

Nǎr dōu xíng , zhǐyào wǒ néng zhǎodào .
哪儿 都 行，只要 我 能 找 到。
Anywhere is OK with me, as long as I can find the place.

Nà jiù lǎo dìfang jiàn ba .
那就老 地方 见 吧。
Let's meet at the old place.

Wǎnshang zài wǒ zhù de bīnguǎn jiàn ba .
晚 上 在我 住的 宾馆 见 吧。
Let's meet each other at the hotel I'm staying at in the evening.

Nǐ wènwen biéren de yìjiàn ba , wǒ hǎo shuō .
你 问问 别人 的 意见 吧，我 好 说。
Go and ask the other people their preferences. I'm flexible.

Wǒ suí dàhuǒr .
我 随 大伙儿。
It's up to you guys.

Shíjiān hé dìdiǎn yóu wǒ lái ānpái ba .
时间 和 地点 由 我 来 安排 吧。
Let me arrange the meeting time and place.

Jùhuì de shíjiān hé dìdiǎn yóu nǐ lái juédìng ba .
聚会 的 时间 和 地点 由 你 来 决定 吧。
You can decide the time and place for us to meet.

Yìng Yuē , Jùjué
三、应 约，拒绝 Accepting and Declining Invitations

 Chángyòng Jùxíng
常 用 句型 **Useful Expressions**

Yìng Yuē
1. 应 约 Accepting an Invitation

Méi wèntí , wǒ yídìng zhǔnshí dào .
没 问题，我 一定 准时 到。
No problem, I will be there on time.

Hǎo , wǒ yídìng cānjiā .
好，我 一定 参加。
OK, I'll definitely be there.

Wǒ tuīdiào yíqiè yìngchou , yě huì fù nǐ de yuē .
我 推掉 一切 应 酬，也 会 赴 你 的 约。
I will decline all the other offers to keep your appointment.

Hǎobù róngyì yǒu yí gè jiànmiàn de jīhuì , wǒ zěnme néng bú qù ne?
好不容易有一个见面的机会，我怎么能不去呢？
How could I decline such a rare opportunity to see you?

Wǒ huì qù de , shuōhuà suànshù .
我会去的，说话算数。
I'll be there. You can count on me.

Jùjué
2. 拒绝 Declining an Invitation

Duìbuqǐ , wǒ zài wàidì chūchāi ne , qù bu liǎo .
对不起，我在外地出差呢，去不了。
Sorry, I was out of town on a business trip and couldn't attend.

Zhēn bàoqiàn , wǒ bìng le , méi fǎ qù .
真抱歉，我病了，没法去。
I'm really sorry. I was sick and couldn't go.

Wǒ jīntiān bú tài shūfu , jiù bú qù le .
我今天不太舒服，就不去了。
I'm not feeling well today. Please excuse me for not attending.

Zuìjìn wǒmen fēicháng máng , shízài chōu bu chū shíjiān . Bù hǎoyìsi
最近我们非常忙，实在抽不出时间。不好意思。
We've been very busy recently, sorry for not being able to make it.

Wǒ míngtiān de rìchéng ānpái de hěn jǐn , shízài méi gōngfu cānjiā .
我明天的日程安排得很紧，实在没工夫参加。
My schedule tomorrow is very full. I'm afraid I really don't have time to attend.

Duìbuqǐ , wǒ yǐjīng yuēle biéren le .
对不起，我已经约了别人了。
Sorry, I have a previous engagement.

Duìbuqǐ , nà tiān wǒ zhènghǎo yǒuge zhòngyào huìtán , chū bu qù .
对不起，那天我正好有个重要会谈，出不去。
Sorry, I happen to have an important meeting on that day. I couldn't excuse myself from it.

Háizi tài xiǎo , wǎnshang wǒ chū bu qù .
孩子太小，晚上我出不去。
My child is too small to leave alone, so I cannot go out in the evenings.

Wǎnshang wǒ děi jiābān , qù bu liǎo .
晚上我得加班，去不了。
I have to work in the evening and so couldn't attend.

Wǎnshang wǒ yǒu ge yìngchou , bù néng qù .
晚上我有个应酬，不能去。
I have a social engagement in the evening. I'm afraid I cannot go.

Gēnggǎi huò Qǔxiāo Yuēhuì
四、更改 或 取消 约会
Rescheduling and Cancelling Appointments

ChángyòngJùxíng
常 用 句型 **Useful Expressions**

Wǒmen de jùhuì kěyǐ gǎi ge shíjiān ma?
我 们 的 聚会 可以 改 个 时间 吗?
Can we possibly reschedule our meeting?

Wǒmen de yuēhuì kěyǐ tíqián ma?
我 们 的 约会 可以 提前 吗?
Can we move our appointment to an earlier date?

Wǒmen de yuēhuì kěyǐ tuīchí ma?
我 们 的 约会 可以 推迟 吗?
Can we postpone our appointment?

Jùhuì gǎiqī le.
聚会 改期 了。
The party was rescheduled.

Gǎi zài shénme shíhou le?
改 在 什 么 时候 了?
To which day was it changed?

Gǎi zài xià xīngqīliù le.
改 在 下 星期六 了。
It was rescheduled to next Saturday.

Tuīchí yí gè xīngqī.
推迟 一个 星期。
It was postponed for a week.

yuēhuì gǎi dìfang le.
约会 改 地方 了。
The meeting place was changed.

Gǎi zài nǎr le?
改 在 哪儿 了?
To where?

Yuēhuì gǎi zài Chángchéng Fàndiàn dàtáng de kāfēitīng le.
约会 改在 长 城 饭店 大堂 的 咖啡厅 了。
The meeting place was changed to the cafeteria in the lobby of the Great Wall Hotel.

Yuēhuì qǔxiāo le.
约会 取消 了。
The appointment was cancelled.

Dàjiā dōu máng, jùhuì yǐhòu zàishuō ba.
大家 都 忙， 聚会 以后 再说 吧。
Everyone is busy now. Let's find time to meet later.

Línshí yǒu ge jí shì, wǒmen de yuēhuì zhǐ néng qǔxiāo le.
临时 有个 急事， 我们 的 约会 只 能 取消 了。
I've got an urgent matter that came up at the last minute to attend to. I'm afraid we'll have to cancel our appointment.

Tā tūrán gǎibiànle xíngchéng, bù lái Běijīng le. Wǒmen hé tā de jùhuì
他 突然 改变了 行 程，不 来 北京 了。我 们 和 他的 聚会
zhǐ néng qǔxiāo le.
只 能 取消 了。

He suddenly changed his itinerary and won't be in Beijing anymore, so our meeting had to be cancelled.

Tūrán xià dàxuě, chūxíng hěn kùnnan, jùhuì xiān qǔxiāo ba.
突然 下 大雪，出 行 很 困难，聚会 先 取消 吧。

It snowed suddenly which is making traffic very difficult. Let's take a rain check on our get-together.

五、赴约，失约 Keeping or Breaking Appointments
Fùyuē, Shīyuē

🍵 | 常 用 句型 Useful Expressions
Chángyòng Jùxíng

1. 赴约 Keeping an Appointment
Fùyuē

Jīnwǎn de jùhuì bié wàng le.
今晚 的 聚会 别 忘 了。
Don't forget about tonight's party.

Wǒ bú huì wàng, nǐ bié chídào a.
我 不会 忘，你 别 迟到 啊。
I won't, make sure you will not be late.

☞ Note: It is Chinese custom to show up early at an appointment, especially on important occasions.

Wǒ mǎshàng jiù chūfā.
我 马 上 就 出发。
I'm leaving in a minute.

Wǒ yǐjīng zài lù shang le.
我 已经 在 路 上 了。
I'm already on my way.

Wǒ yǐjīng dào le.
我 已经 到 了。
I'm already here.

Nǐ dào de zhēn zǎo.
你 到 得 真 早。
You are really early.

Nǐ lái de zhēn zhǔnshí.
你 来 得 真 准时。
You are just on time.

Nǐ qiāzhe diǎnr lái a?
你 掐着 点儿 来 啊?
So you time yourself to the minute.

Nín zhēn shǒushí.
您 真 守时。
You are very punctual.

Děng Rén
2. 等 人 Waiting for Someone

Tā zěnme hái méi lái a ?
他 怎么 还 没 来 啊?
Why he is still not here?

Dōu zhè shíhou le , tā yīnggāi dào le a ?
都 这 时 候 了, 他 应该 到 了 啊?
It's so late. He should have already arrived.

Tā píngshí tǐng zhǔnshí de .
他 平时 挺 准 时 的。
He is usually very punctual.

Tā píngshí tǐng shǒu xìnyòng de .
他 平时 挺 守 信 用 的。
He usually keeps his promises.

Tā cóng bù shīyuē .
他 从 不 失约。
He never breaks an appointment.

Tā shuō lái yídìng huì lái de .
他 说 来 一定 会 来 的。
If he said he would come, then he will come.

Tā bú huì jìcuò shíjiān le ba?
他 不会 记错 时间 了 吧?
I hope he didn't get the time of the meeting wrong.

Tā bú huì jìcuò dìdiǎn le ba?
他 不会 记错 地点 了 吧?
I hope he didn't get the meeting place wrong.

Tā bú huì chū shénme shì le ba?
他 不会 出 什么 事 了 吧?
I hope nothing has happened to him.

Bié xiāshuō , wǒmen zài děngdeng .
别 瞎说, 我们 再 等 等。
Stop talking rubbish. Let's wait a bit longer.

Wǒmen gěi tā dǎ ge diànhuà wènwen ba.
我们 给 他 打 个 电话 问问 吧。
Shall we call him to ask where he is?

Bù Néng Ànshí Fùyuē / Shīyuē
3. 不 能 按时 赴约 / 失约 Failing to Keep an Appointment, Running Late for an Appointment

Duìbuqǐ , lù shang dǔchē , wǒ kěnéng wǎn dào yíhuìr .
对不起, 路 上 堵车, 我 可能 晚 到 一会儿。
Sorry I'm stuck in traffic. I might be a bit late.

Duìbuqǐ , wǒ zuòcuò chē le , kěnéng děi wǎn dào jǐ fēnzhōng .
对不起，我坐错车了，可能得晚到几分钟。
Sorry, I took the wrong bus. I might be a few minutes late.

Tiān bù hǎo , dǎ bu zháo chē . Duìbuqǐ , ràng dàjiā děng wǒ le .
天不好，打不着车。对不起，让大家等我了。
I couldn't get a taxi due to bad weather. Sorry to keep everyone waiting.

Xiàbān qián yǒu ge jǐ shì yào chǔlǐ , chūlái wǎn le , duìbuqǐ .
下班前有个急事要处理，出来晚了，对不起。
I had to attend to an urgent matter just before leaving work, so I left late, sorry.

Bù hǎoyìsi , wǒ jìcuò shíjiān le , ràng dàjiā jiǔ děng le .
不好意思，我记错时间了，让大家久等了。
Sorry to keep everyone waiting for so long, I got the meeting time wrong.

Duìbuqǐ , wǒ línshí yǒu jǐ shì , bù néng lái le , bié děng wǒ le .
对不起，我临时有急事，不能来了，别等我了。
Sorry, I was held up by some urgent business and couldn't come. Please don't wait for me.

Hái hǎo , nǐ lái de hái bú suàn wǎn .
还好，你来得还不算晚。
It's OK, you are not that late.

Nǐ zěnme zǒng chídào a ? Nǐ zhīdào wǒmen děngle nǐ duō cháng shíjiān ma?
你怎么总迟到啊? 你知道我们等了你多长时间吗?
Why you are always late? Do you know how long you kept us waiting?

Zhīdào dǔchē hái bù zǎo chūlái?
知道堵车还不早出来?
You know that traffic is bad. Why did't you leave early?

Nǐ bù néng lái yě yīnggāi gěi wǒmen dǎ ge diànhuà shuō yì shēng , hài de
你不能来也应该给我们打个电话说一声，害得
wǒmen děngle nǐ nàme cháng shíjiān .
我们等了你那么长时间。
You should have called to tell us you couldn't make it and saved us from waiting for you for so long.

Nǐ zhège rén zhēnshi de , yòu shīyuē le .
你这个人真是的，又失约了。
What can I say, you broke the appointment again!

☕ Duìhuà (yī)
对话 (1) Conversation 1

Nǐ hǎo , zhīdào ma, zánmen de lǎo tóngxué Zhāng Lì yào lái Běijīng chūchāi.
A: 你好，知道吗，咱们的老同学 张力要来北京出差。
Hi, did you know that our old classmate Zhang Li is coming to Beijing on a business trip.

Shì ma? Tā shénme shíhou lái?
B: 是吗? 他什么时候来?
Really? When will he be here?

Xià zhōu sān lái . Lǎo tóngxué men xiǎng gēn tā yìqǐ jùju.
A: 下周三来。老同学们 想跟他一起聚聚。
Next Wednesday. We would like to have a reunion with him.

B:　Hǎo a， méi yìjiàn． Shíjiān dìdiǎn dìng le ma?
　　好 啊，没 意见。时 间 地 点 定 了 吗?
　　Great, I have no objections. Have we decided on a time and place to meet?

A:　Chūbù dìng zài zhōu liù wǎnshang， Sānlǐtún jiǔbā． Nǐ néng cānjiā ba?
　　初 步 定 在 周 六 晚 上，三 里 屯 酒 吧。你 能 参 加 吧?
　　We've tentatively decided on Saturday evening at a bar in Sanlitun. Can you come?

B:　Méi wèntí．
　　没 问题。
　　No problem.

A:　Gēn Zhāng Lì liánxì hòu， zài gěi nǐ dǎ diànhuà quèrèn yíxiàr．
　　跟 张 力 联系 后，再 给 你 打 电 话 确 认 一下儿。
　　I'll confirm with you after contacting Zhang Li.

B:　Hǎo， děng nǐ diànhuà．
　　好，等 你 电 话。
　　All right, I'll wait for your call.

☕ Duìhuà（èr）　对话（2）　Conversation 2

A:　Zhāng Lì nǐ hǎo， lái de zhēn zǎo a．
　　张 力 你 好，来 得 真 早 啊。
　　Hello Zhang Li, you are really early.

B:　Zháojí jiànjian lǎo tóngxuémen ma．
　　着 急 见见 老 同 学 们 嘛。
　　That's because I'm eager to see my old classmates.

A:　Rén dōu dàoqí le ma?
　　人 都 到 齐 了 吗?
　　Is everyone here?

C:　Hái chà liǎng gè rén， Xiǎo Liú hé Xiǎo Wáng．
　　还 差 两 个 人，小 刘 和 小 王。
　　We're still short two, Xiao Liu and Xiao Wang.

A:　Xiǎo Liú yìzhí hěn shǒushí， tā zěnme hái méi dào?
　　小 刘 一直 很 守时，她 怎 么 还 没 到?
　　Xiao Liu is always punctual. How come she is not here yet?

C:　Tā gāngcái dǎ diànhuà lái shuō lù shang dǔchē， kěnéng wǎn dào jǐ fēnzhōng．
　　她 刚才 打 电 话 来 说 路 上 堵车，可能 晚 到 几 分钟。
　　She called just now saying that she might be a few minutes late due to a traffic jam.

A:　Xiǎo Liú lái le． Jiù shèng Xiǎo Wáng le．
　　小 刘 来 了。就 剩 小 王 了。
　　Here comes Xiao Liu. Now only Xiao Wang isn't here.

C:　Xiǎo Wáng zǒng chídào， hái děng tā ma?
　　小 王 总 迟到，还 等 他 吗?
　　Xiao Wang is always late. Shall we wait for him?

A:　Bù děng le， wǒmen xiān jìnqù ba．
　　不 等 了，我 们 先 进 去 吧。
　　No, let's go in first.

Cānkǎo Cíhuì
参考词汇 Vocabulary

约会	yuēhuì	appointment
聚会	jùhuì	get-together
商量	shāngliang	to discuss
请教	qǐngjiào	to consult
当面	dāngmiàn	in person
要紧	yàojǐn	important
耽误	dānwù	to delay
聊天	liáotiān	to chat
随时	suíshí	at any time
准时	zhǔnshí	on time; punctual
守时	shǒushí	punctual
守信	shǒuxìn	to keep one's promises
算数	suànshù	to count, to calculate
保证	bǎozhèng	to promise
不见不散	bújiàn-búsàn	to be there or be square
抽时间	chōu shíjiān	to find time
应酬	yìngchou	social engagement
提前	tíqián	to advance; to move up
推迟	tuīchí	to postpone
改期	gǎiqī	to reschedule
取消	qǔxiāo	to cancel
失约	shīyuē	to break an appointment
临时	línshí	at the last moment
急事	jí shì	urgent matter

Dì-shíjiǔ Piān Xuéxí Hànyǔ jí Zhōnghuá Wénhuà
第十九篇　学习汉语及中华文化

Chapter 19　Chinese Language and Culture Study

Zīxún Hànyǔ Xuéxiào hé Hànyǔ Lǎoshī
一、咨询汉语学校和汉语老师
Asking About Chinese Schools and Teachers

☕ | **Chángyòng Jùxíng**
常 用 句型　**Useful Expressions**

Wǒ xiǎng xuéxí Hànyǔ, néng gěi wǒ jièshào yí gè yǔyán xuéxiào ma?
我 想 学习汉语, 能 给我介绍一个语言学校吗?
I would like to study Chinese. Can you recommend a language school for me?

Wǒ xiǎng zhǎo yí wèi Hànyǔ lǎoshī, néng gěi wǒ tuījiàn yí wèi ma?
我 想 找 一位 汉语老师, 能 给我 推荐 一位 吗?
I would like to find a Chinese teacher. Can you recommend me one?

Wǒ xiǎng zhǎo yí wèi Hànyǔ lǎoshī liàn kǒuyǔ.
我 想 找 一位 汉语老师 练 口语。
I want to find a Chinese teacher to practise speaking Chinese with.

Néng bāng wǒ zhǎo yí wèi huì shuō Déyǔ de Hànyǔ lǎoshī ma?
能 帮 我 找 一位 会 说 德语的汉语 老师 吗?
Could you help me to find a Chinese teacher who can speak German?

Qǐngwèn, nín xuéxiào li yǒu huì shuō Xībānyáyǔ de Hànyǔ lǎoshī ma?
请 问, 您 学校里有 会 说 西班牙语 的汉语 老师 吗?
Excuse me, are there Chinese teachers who can speak Spanish in your school?

Qǐngwèn, nín tuījiàn de zhè wèi Hànyǔ lǎoshī huì Yīngyǔ ma?
请 问, 您 推荐的这 位 汉语老师 会 英语 吗?
Excuse me, does the Chinese teacher you recommended speak English?

Qǐngwèn, zhè wèi Hànyǔ lǎoshī yǒu jǐ nián de duìwài Hànyǔ jiàoxué jīngyàn?
请 问, 这 位 汉语老师 有几 年 的对外 汉语 教学 经验?
Excuse me, how many years has this teacher taught Chinese as a foreign language?

Qǐngwèn, zhè suǒ yǔyán xuéxiào shì zhèngguī de yǔyán xuéxiào ma?
请 问, 这 所 语言学校是 正 规的语言学校吗?
Excuse me, is this a formal language teaching school?

Qǐngwèn, nín de xuéxiào zuìjìn yǒu Hànyǔ duǎnxùnbān ma?
请 问，您 的 学校 最近 有 汉语 短训 班 吗？

Excuse me, is your school providing any Chinese short courses soon?

Qǐngwèn, zhè qī Hànyǔ duǎnxùnbān de xuésheng dōu shì shénme shuǐpíng de?
请 问，这期 汉语 短训 班 的 学生 都 是 什么 水平 的？

Excuse me, what's the language level of the students taking this short course?

Qǐngwèn, zhè qī Hànyǔ duǎnxùnbān shénme shíhou kāishǐ shàngkè? Shénme
请 问，这期 汉语 短 训 班 什么 时候 开始 上课？什么
shíhou jiéshù?
时候 结束？

Excuse me, when does this short course in Chinese start and finish?

Qǐngwèn, zhè qī Hànyǔ chūjíbān yígòng shàng duōshao kèshí?
请 问，这期 汉语 初级班 一共 上 多少 课时？

Excuse me, how many hours will this elementary Chinese course go for?

Qǐngwèn, zhège Hànyǔbān yǒu duōshao xuésheng?
请 问，这个 汉语班 有 多少 学生？

Excuse me, how many students are there in this Chinese class?

Qǐngwèn, xuéxí jiéyè hòu, néng fā jiéyè zhèngshū ma?
请 问，学习 结业后，能 发 结业 证书 吗？

Excuse me, can we obtain a certificate after completing this course?

Qǐngwèn, yǒu zhōngjí Hànyǔbān ma?
请 问，有 中级 汉语班 吗？

Excuse me, are there any intermediate Chinese classes?

Qǐngwèn, yǒu zhōumò Hànyǔbān ma?
请 问，有 周末 汉语班 吗？

Excuse me, do you offer Chinese courses on the weekends?

Qǐngwèn, yǒu Hànyǔ qiánghuàbān ma?
请 问，有 汉语 强化 班 吗？

Excuse me, do you offer intensive Chinese courses?

Qǐngwèn, yǒu Hànyǔ Shuǐpíng Kǎoshì fǔdǎobān ma?
请 问，有 汉语 水平 考试 辅导班 吗？

Excuse me, do you offer preparatory classes for the HSK?

Qǐngwèn, Hànyǔbān zěnme shōu fèi?
请 问，汉语班 怎么 收费？

Excuse me, what is the cost of a Chinese course?

Yèyú shíjiān hé jiéjiàrì shàngkè yào jiā shōu fèi ma?
业余 时间 和 节假日 上课 要 加 收费 吗？

Are there any additional costs for classes held after work hours and on holidays?

Zhōngtú tíngkè néng tuì xuéfèi ma?
中 途 停课 能 退学费 吗？

Can I get my tuition fee refunded if the course is suspended or cancelled halfway through the programme?

Ǒu'ěr bù néng shàngkè, kěyǐ bǔkè ma?
偶尔 不 能 上课，可以 补课 吗？

Can I have make-up lessons if I miss classes?

Xuéxiào kěyǐ tígōng jiàokēshū ma?
学校可以提供教科书吗?
Does the school provide teaching materials?

Rúguǒ duì lǎoshī bù mǎnyì,　kěyǐ huàn lǎoshī ma?
如果对老师不满意,　可以换老师吗?
Can I change teachers if I'm not satisfied with mine?

Zīxún　Qítā　Kèchéng
二、咨询其他课程　Inquiring About Other Courses

Chángyòng Jùxíng
☕ 常　用　句型　**Useful Expressions**

Néng gěi wǒ jièshào yì suǒ xuéxí Zhōngguó gōngfu de xuéxiào ma?
能　给我介绍一所学习中　国　功夫de学校吗?
Can you recommend me a school for studying Chinese kung fu?

Qǐngwèn, nín rènshi qìgōng lǎoshī ma?　Wǒ xiǎng xué qìgōng.
请　问,　您认识气功老师吗?　我　想　学气功。
Do you know any *qigong* teachers? I would like to learn how to do *qigong*.

Wǒ de háizi xiǎng xué gāngqín,　qǐngwèn, xuéxiào yǒu gāngqín lǎoshī ma?
我的孩子想　学钢琴,　请问,　学校有钢琴老师吗?
Excuse me, my child wants to learn to play the piano. Do you have any piano teachers in the school?

Wǒ hěn xǐhuan Zhōngguó shuǐmòhuà,　néng bāng wǒ zhǎo yí wèi lǎoshī ma?
我很喜欢 中　国　水墨画,　能　帮　我　找一位老师吗?
I love doing Chinese ink and wash paintings. Can you help me to find a teacher for this?

Qǐng bāng wǒ zhǎo yí wèi huì yìdiǎnr　Yīngyǔ de xiǎotíqín lǎoshī.
请　帮　我　找一位会一点儿 英语de小提琴老师。
Please help me to find a violin teacher who can speak some English.

Qǐngwèn, xuéxiào néng gěi wǒ jièshào yí wèi hǎo de shūfǎ lǎoshī ma?
请问,　学校能　给我介绍一位好的书法老师吗?
Excuse me, can this school introduce me to a good calligraphy teacher?

Qǐngwèn, xuéxiào yǒu tàijíquánbān ma?
请问,　学校有太极拳班吗?
Excuse me, does the school offer *tai chi* classes?

Qǐngwèn,　yìshùkè zěnme shōu fèi?
请问,　艺术课怎么收费?
Excuse me, how much is it for art lessons?

Xuéxí Hànyǔ Qián yǔ Lǎoshī de Gōutōng
三、学习汉语前与老师的沟通
Preparing for Classes with a Chinese Teacher

Chángyòng Jùxíng
常 用 句型 Useful Expressions

Guānyú Jiàocái hé Xuéshí
1. 关于教材和学时
Discussing Teaching Materials and Course Lengths

Qǐngwèn, nín de mǔyǔ shì Yīngyǔ ma?
请 问，您的母语是英语吗？
Excuse me, is your mother tongue English?

Qǐngwèn, nín yǐqián xuéguo Hànyǔ ma?
请 问，您以前学过汉语吗？
Excuse me, have you learnt Chinese before?

Nín xuéguo duō cháng shíjiān de Hànyǔ?
您学过多长时间的汉语？
How long have you studied Chinese?

Nín xuéxí Hànzì le ma?
您学习汉字了吗？
Have you learnt Chinese characters?

Qǐngwèn, nín zhǔnbèi xuéxí duō cháng shíjiān Hànyǔ?
请 问，您准备学习多长时间汉语？
I would like to know how much time you are going to spend studying English?

Nín xuéxí Hànyǔ de mùdì shì shénme?
您学习汉语的目的是什么？
What do you study English for?

Nín zhǔnbèi yòng nǎ zhǒng jiàocái?
您准备用哪种教材？
What kind of teaching materials are you going to use?

Nín yào xuéxí Hànzì ma?
您要学习汉字吗？
Do you want to learn Chinese characters?

Nín zhǔnbèi měi zhōu xuéxí jǐ kèshí?
您准备每周学习几课时？
How many teaching hours are you going to commit to each week?

Wǒ lái Zhōngguó qián xuéguo sān gè yuè de Hànyǔ.
我来中国前学过三个月的汉语。
I've studied Chinese for three months before I came to China.

Wǒ méi xuéguo Hànyǔ.
我没学过汉语。
I've never studied Chinese before.

Wǒ huì yìdiǎnr Hànyǔ.
我会一点儿汉语。
I know a little bit of Chinese.

Wǒ zhǐ huì shuō jǐ gè cí .
我只会说几个词。
I can only say a couple of words.

Wǒ bú huì Hànzì .
我不会汉字。
I don't know Chinese characters.

Wǒ rènshi jǐ gè Hànzì .
我认识几个汉字。
I knew a couple of Chinese characters.

Wǒ de Hànyǔ bú tài hǎo .
我的汉语不太好。
My Chinese is not good.

Wǒ yào zài Zhōngguó gōngzuò sān nián , suǒyǐ wǒ kěnéng huì xué sān nián Hànyǔ .
我要在中国工作三年,所以我可能会学三年汉语。
I will work in China for three years, so I will take Chinese lessons for three years.

Wǒ lái Zhōngguó shíxí shí gè xīngqī , dàgài kěyǐ xuéxí jiǔ zhōu Hànyǔ .
我来中国实习十个星期,大概可以学习九周汉语。
I came to China for an internship of ten weeks, so I will take Chinese lessons for nine weeks.

Wǒ xiànzài bù néng kěndìng néng xué duō cháng shíjiān Hànyǔ , dàn xué yì nián
我现在不能肯定能学多长时间汉语,但学一年
méi wèntí .
没问题。
I cannot decide how long I am going to study Chinese for, but I think at least one year will be fine.

Wǒ xué Hànyǔ de mùdì jiù shì néng zài Zhōngguó shēnghuó de fāngbiàn yìdiǎnr .
我学汉语的目的就是能在中国生活得方便一点儿。
I study Chinese so that I can live in China more easily.

Wǒ xiǎng xuéxí rìcháng shēnghuó huìhuà .
我想学习日常生活会话。
I would like to learn daily conversational expressions.

Wǒ xiǎng xuéxí shāngmào yòngyǔ .
我想学习商贸用语。
I want to learn business expressions.

Wǒ xiǎng xuéxí wàijiāo yòngyǔ .
我想学习外交用语。
I want to learn expressions for diplomats.

Wǒ zhǐ xiǎng xué Hànyǔ kǒuyǔ .
我只想学汉语口语。
I only want to learn oral Chinese.

Wǒ xiǎng xué gǔ Hànyǔ hé Tángshī .
我想学古汉语和唐诗。
I would like to learn archaic Chinese and Tang poetry.

Wǒ xiǎng xué Hànzì .
我想学汉字。
I want to learn Chinese characters.

Zhè shì wǒ lái Zhōngguó qián xué de jiàocái, wǒ xiǎng jiēzhe xué.
这是我来中国前学的教材，我想接着学。
This is the book I used before I came to China and I want to continue studying it here.

Nín néng gěi wǒ tuījiàn shìhé wǒ de jiàocái ma?
您能给我推荐适合我的教材吗？
Can you recommend me a suitable book?

Zhè zhǒng jiàocái yǒu CD pán ma?
这种教材有CD盘吗？
Is this course book accompanied by an audio CD?

Wǒ xiǎng tígāo yuèdú nénglì, néng yòng bàozhǐ zuò jiàocái ma?
我想提高阅读能力，能用报纸作教材吗？
I want to improve my reading. Can I use newspapers as teaching materials?

Wǒ juéde zhè běn jiàocái bǐjiào shìhé nín.
我觉得这本教材比较适合您。
I think this book will suit you better.

Zhè zhǒng jiàocái duì nín tài qiǎn le.
这种教材对您太浅了。
This book is too easy for you.

Zhè tào jiàocái yǒuxiē guòshí le.
这套教材有些过时了。
This series of textbooks are out of date.

Zhè tào jiàocái pèiyǒu Hànzì kǎpiàn, duì xué Hànzì hěn yǒu hǎochù.
这套教材配有汉字卡片，对学汉字很有好处。
This book is accompanied by Chinese flash cards which are very useful for learning Chinese.

Wǒ xiǎng měi xīngqī shàng liǎng cì kè, měi cì shàng liǎng jié.
我想每星期上两次课，每次上两节。
I would like to study twice a week, for two periods at a time.

Wǒ měi tiān yào shàngbān, kěyǐ wǎnshang shàngkè ma?
我每天要上班，可以晚上上课吗？
I have to work during the daytime. Can I take classes in the evenings?

Lǎoshī, wǒmen kěyǐ xià xīngqī kāishǐ shàngkè ma?
老师，我们可以下星期开始上课吗？
Miss/Sir, shall we start our classes next week?

Rúguǒ nín yǒu shì bù néng shàngkè, qǐng tíqián tōngzhī wǒ.
如果您有事不能上课，请提前通知我。
If you have something to attend to and cannot make class, please let me know in advance.

Rúguǒ xūyào bǔkè, wǒmen kěyǐ zài shāngdìng shíjiān.
如果需要补课，我们可以再商定时间。
If you need to make up for missed lessons, we can organise a time for that later.

Qǐng nín yídìng zūnshǒu shàngkè shíjiān, búyào chídào.
请您一定遵守上课时间，不要迟到。
Please come to classes on time. Don't be late.

Guānyú Hànyǔ
2. 关于 汉语 Talking About Chinese

Tīngshuō Hànyǔ hěn nán xué.
听 说 汉语 很 难 学。

I heard that Chinese is hard to learn.

Hànyǔ pīnyīn zìmǔ de fāyīn hé wǒmen de mǔyǔ chābié dà ma?
汉语 拼音字母 的发音和 我们 的母语差别大吗?

Is the pronunciation of pinyin letters different from the pronunciation of letters in our native language?

Tīngshuō Hànyǔ sìshēng hěn nán zhǎngwò.
听 说 汉语 四声 很 难 掌 握。

It is said that it's hard to command the four tones in the Chinese language.

Sìshēng bùtóng, yìsi jiù bù yíyàng, shì ma?
四 声 不同 , 意思就 不 一样 , 是 吗?

Using different tones makes words different, doesn't it?

Hànyǔ yǒu hěn duō tóngyīnzì hé duōyīnzì, zěnme qūbié a?
汉语 有 很 多 同音字和多音字, 怎么 区别 啊?

There are a lot of homophones and polyphones in Chinese. How do you distinguish between them?

Hànzì hěn fùzá, hěn nán xiě. Shì ma?
汉字很复杂, 很 难 写。是 吗?

I have heard that Chinese characters are complicated and hard to write, is that true?

Hànyǔ de yǔfǎ guīzé bìng bú tài nán, Hànzì bǐjiào nán xiě.
汉语的语法规则 并 不太难, 汉字比较难写。

The rules of writing Chinese are not too hard, but Chinese characters may be hard to write.

Hànyǔ de sìshēng bìng bú tài nán, zhǐshì yí gè xíguàn wèntí.
汉语 的 四声 并不太难, 只是 一个习惯问题。

The four tones in Chinese are not so difficult. Mastering them is just a matter of habit.

Suīrán yǒushí nín de sìshēng bú tài biāozhǔn, dàn zài tèdìng de chǎnghé, yìsi
虽然有时 您 的 四声 不太 标 准 , 但 在特定 的 场 合, 意思
dàjiā néng tīngdǒng.
大家 能 听 懂。

Even if you sometimes cannot speak the four tones well, people will still understand what you mean in specific contexts.

Tóngyīnzì zài jùzi zhōng suīrán yīn tóng, dàn biǎodá de yìsi bù yíyàng, bú huì
同音字在句子 中 虽然音同, 但表达的意思不一样, 不会
chǎnshēng qíyì.
产 生 歧义。

Although homophones share the same pronunciation, they have clearly defined meanings. Thus, there won't be mix-ups between them.

Hànzì yǒu tā de guīlù, zhǎngwòle guīlù jiù bù nán le.
汉字 有它的规律, 掌握了规律就 不难了。

There are rules to follow in learning Chinese characters. Once you know them, characters won't be difficult.

Nín yídìng yào lìyòng gè zhǒng jīhuì duō tīng duō shuō Hànyǔ .
您 一定 要 利用 各 种 机会 多 听 多 说 汉语。
You should take every opportunity to listen to and speak Chinese.

Yìbān KètángYòngyǔ
四、一般课堂用语 General Classroom Expressions

Chángyòng Jùxíng
常 用 句型 Useful Expressions

Xiànzài xiān fùxí   yíxiàr   shàng jié kè de nèiróng .
现在 先 复习一下儿 上 节课的内容。
Let us first review what we learnt last lesson.

Xiànzài jiǎnchá yíxiàr shàng jié kè de zuòyè .
现在 检查一下儿 上 节课的作业。
I will now check the homework from the last lesson.

Zuòyè zhōng yǒu jǐ gè wèntí ，wǒ zài zhòngdiǎn jiǎng yíxiàr .
作业 中 有几个问题，我 再 重 点 讲 一下儿。
I would like to re-emphasize some of the common problems in your homework.

Jīntiān wǒmen shàng tīnglìkè .
今天 我们 上 听力课。
Today we will have a listening class.

Jīntiān wǒmen shàng yuèdúkè .
今天 我们 上 阅读课。
Today we will have a reading class.

Jīntiān wǒmen shàng yǔfǎkè .
今天 我们 上 语法课。
Today we will have a grammar class.

Jīntiān wǒmen xué xīn kè .
今天 我们 学 新课。
Today we will start a new lesson.

Qǐng dǎkāi shū ， fāndào dì wǔ yè .
请 打开书，翻到第 5 页。
Please open your books and turn to page five.

Qǐng gēn wǒ dú shēngcí .
请 跟 我读生词。
Please read the new words after me.

Wǒmen zài dú yí biàn .
我 们 再读一遍。
Let's read it again.

Qǐng nǐ dú yí biàn .
请 你读一遍。
Please read it again.

Zhège zì nǐ dúcuò le .
这个字你读错了。
You pronounced this character incorrectly.

Qǐng zhùyì zhège zì de fāyīn .
请 注意这个字的发音。
Please pay attention to the pronunciation of this character.

Qǐng zhùyì zhège zì de xiěfǎ .
请 注意这个字的写法。
Please pay attention to how to write this character.

Qǐng zhùyì zhège zì de bǐshùn .
请 注意这个字的笔顺。
Please pay attention to the stroke order of this character.

Qǐng gàosu wǒ zhège zì yǒu jǐ zhǒng dúyīn ?
请 告诉 我这个字有 几 种 读音?
Can you please tell me how many different ways this character can be pronounced?

Xiàmiàn wǒ lái jiěshì yíxiàr zhège cí de yìsi .
下 面 我来解释一下儿这个词的意思。
Next, I'll explain the meaning of this word.

Wǒ lái jiěshì yíxiàr zhè liǎng gè cí de qūbié .
我 来解释一下儿这 两 个词的区别。
Let me explain the distinction between the two words.

Zhège cí shì shūmiàn yòngyǔ .
这个词是 书 面 用语。
This word is mostly used in written language.

Zhège cí shì kǒutóu yòngyǔ .
这个词是 口 头 用语。
This word is colloquial.

Qǐng gàosu wǒ zhège cí yǒu jǐ zhǒng jiěshì ?
请 告诉 我这个词有 几 种 解释?
Can you please tell me how many different meanings this word has?

Zhège cí de yìsi míngbai le ma?
这个词的意思明 白了吗?
Do you understand the meaning of this word?

Qǐng nín zài chóngfù yí biàn .
请 您再 重 复一遍。
Please repeat it one more time.

Xiànzài wǒmen zuò cíhuì liànxí .
现在 我们 做词汇练习。
Let's do some vocabulary exercises.

Qǐng yòng zhège cí zào yí gè jùzi .
请 用 这个词造一个句子。
Please make up a sentence using this word.

Qǐng tīng wǒ dú yí biàn kèwén .
请 听我读一遍 课文。
Please listen to me reading the text.

Qǐng gēn wǒ yí jù yí jù de dú yí biàn .
请 跟我 一句一句地读一遍。
Please read after me, sentence by sentence.

Qǐng dàjiā àn juésè lǎngdú zhè duàn duìhuà.
请 大家按角色朗读这 段 对话。
Please role play this dialogue.

Qǐng yòng Hànyǔ fùshù yíxiàr zhè yí duàn de nèiróng.
请 用 汉语复述一下儿这 一 段 的内容。
Please retell this paragraph in Chinese.

Xiànzài wǒ tí wèntí, qǐng àn kèwén nèiróng yòng Hànyǔ huídá.
现在 我提问题, 请 按课文 内容 用 汉语回答。
I will now ask questions. Please answer them in Chinese according to the text.

Qǐng gēnjù wǒ gěi de cíyǔ, biānxiě yí duàn duǎnwén.
请 根据我 给的词语, 编写 一 段 短 文 。
Please write an essay using the words I have given you.

Wǒmen xuéxí xīn de yǔfǎ.
我 们 学习 新的语法。
Let's learn some new grammar.

Qǐng kàn lìjù.
请 看例句。
Please look at the examples.

Qǐng bǎ bìngjù tiāo chūlái bìng gǎiduì.
请 把病句 挑 出来 并 改对。
Please find the incorrect sentences and correct them.

Zhège jùzi yǒu yí gè cuòzì, qǐng gǎizhèng.
这个句子有一个错字, 请 改 正 。
There is a wrong character in this sentence. Please correct it.

Zhège jùzi yǒu yǔfǎ cuòwù.
这个句子有语法错误。
There is a grammatical mistake in this sentence.

Qǐng gàosu wǒ zhège jùzi nǎr cuò le.
请 告诉 我这个句子哪儿错了。
Please tell me where the problem with this sentence is.

Wǒmen zuò yí gè xiǎojié.
我 们 作一个小结。
Let's make a summary of this lesson.

Jīntiān wǒmen zuò tīnglì liànxí.
今天 我们 做听力练习。
Today, we'll do listening exercises.

Qǐng tīng lùyīn.
请 听录音。
Please listen to the recording.

Qǐng zài tīng yí biàn.
请 再 听一遍 。
Please listen to it one more time.

Qǐng zìjǐ yuèdú duǎnwén, bìng zhǔnbèi huídá wèntí.
请 自己阅读 短 文 , 并 准备回答问题。
Please read the short essay by yourself and then prepare for the questions.

Měige cí wǒ dú sān biàn, qǐng dàjiā xiě Hànzì hé pīnyīn.
每个 词我读三 遍 , 请 大家写汉字和拼音。
I'll read each word three times. Please write each word out in characters and pinyin.

Qǐng dàjiā kànwán lùxiàng, fùshù zhǔyào nèiróng.
请 大家 看 完 录 像，复述 主要 内容。
Please retell the story after watching the video.

Qǐng dàjiā gēnjù tímù hé xuéguo de cíhuì, shèjì yí gè xiǎopǐn liànxí.
请 大家 根据 题目 和 学过 的 词汇，设计 一个 小品 练习。
Please compose a skit based on this topic using the vocabulary we have learnt.

Qǐng dàjiā hǎohāor fùxí, zhǔnbèi xià jié kè kǎoshì.
请 大家 好好儿 复习，准备 下节课 考试。
Please revise well and prepare for the test in the next class.

Kǎoshì bāokuò kǒushì hé bǐshì.
考试 包括 口试 和 笔试。
The exam will include an oral test and a written test.

Kǎoshì chéngjì yì zhōu hòu gōngbù.
考试 成绩 一 周 后 公布。
The exam results will be released in a week.

Guānyú Zhōnghuá Wénhuà
五、关于 中 华 文 化 Talking About Chinese Culture

☕ Chángyòng Jùxíng
常 用 句型 Useful Expressions

Lǎoshī, nín néng gěi wǒ jièshào yíxiàr Zhōngguó lìshǐ ma?
老师，您 能 给 我 介绍 一下儿 中 国 历史 吗？
Teacher, can you give me a brief account of China's history?

Nín néng gěi wǒ jièshào yíxiàr Hànzì de fāzhǎn lìshǐ ma?
您 能 给 我 介绍 一下儿 汉字 的 发展 历史 吗？
Can you give me a summary of the evolution of Chinese characters?

'Wénfáng-sìbǎo' shì shénme yìsi?
"文房四宝"是 什么 意思？
What does "four treasures of the study" refer to?

Qǐng gěi wǒmen jièshào jǐ wèi Zhōngguó yǒumíng de shūfǎjiā.
请 给 我们 介绍 几位 中 国 有名 的 书法家。
Please tell us about some of the famous Chinese calligraphers.

Wèishénme shuō tángshī hé sòngcí shì Zhōngguó wénxuéshǐ de guībǎo?
为什么 说 唐诗 和 宋词 是 中 国 文学史 的 瑰宝？
Song Ci and Tang Poetry are called the gems of ancient Chinese literature, why?

Zhōngguó sì dà gǔdiǎn míngzhù dōu shì nǎxiē?
中 国 四大古典 名 著 都 是 哪些？
What are the four classic masterpieces of Chinese literature?

Wèishénme shuō jīngjù hé zhōngyī shì Zhōngguó de guócuì?
为什么 说 京剧 和 中医 是 中 国 的 国粹？
Beijing opera and traditional Chinese medicine are called the quintessence of Chinese culture, why?

Jīngjù zhǐ yǒu Běijīng cái yǒu ma?
京剧 只 有 北京 才 有 吗？
Is Beijing opera the unique opera genre of Beijing?

Zōngguó de dìfāng jùzhǒng duō ma?
中 国 的 地 方 剧 种 多 吗?
Are there many genres of Chinese traditional opera?

Qípáo shì Zhōngguó de chuántǒng fúzhuāng ma?
旗 袍 是 中 国 的 传 统 服 装 吗?
Is the cheongsam a Chinese traditional costume?

Cíqì dǐbù de yìnzhāng shì shénme yìsi?
瓷 器 底 部 的 印 章 是 什 么 意 思?
What does the seal on the base of china pieces mean?

Míngdài hé Qīngdài jiājù de zhǔyào qūbié shì shénme?
明 代 和 清 代 家 具 的 主 要 区 别 是 什 么?
What is the major distinction between furniture from the Ming and Qing dynasties?

六、请假 Qǐngjià Asking for a Leave of Absence

常用句型 Chángyòng Jùxíng Useful Expressions

Qǐngjià kěyǐ dǎ diànhuà、 fā duǎnxìn huò qǐng tóngxué dài qǐng.
请 假 可 以 打 电 话、发 短 信 或 请 同 学 代 请。
You can ask for leave via a phone call, text message or by asking a fellow student to pass on the message.

Lǎoshī, duìbuqǐ, wǒ bìng le, míngtiān bù néng shàngkè.
老 师,对 不 起,我 病 了,明 天 不 能 上 课。
Sorry teacher, I am sick and cannot come to class tomorrow.

Lǎoshī, xià xīngqīyī dào xīngqīsì wǒ yào chūchāi, bù néng shàngkè.
老 师,下 星 期 一 到 星 期 四 我 要 出 差,不 能 上 课。
Teacher, I'll be travelling on a business trip from Monday through Thursday next week, and will not be able to come to class.

Lǎoshī, liù yuè èrshí hào dào bā yuè èrshí hào wǒ huí guó xiūjià, bú shàngkè.
老 师,六 月 二 十 号 到 八 月 二 十 号 我 回 国 休 假,不 上 课。
Teacher, I'll be going back to my home country from the 20th of June to the 20th of August for a vacation and won't be able to attend class.

对话（1） Duìhuà (yī) Conversation 1

Qǐngwèn, nǐmen yǔyán xuéxiào zuìjìn kāi Hànyǔbān ma?
A: 请 问,你 们 语 言 学 校 最 近 开 汉 语 班 吗?
Excuse me, are there any Chinese classes running soon at your language school?

Wǒmen xuéxiào cóng jiǔ yuè shí hào dào shíyī yuè shíliù hào kāi liǎng gè Hànyǔbān.
B: 我 们 学 校 从 九 月 十 号 到 十 一 月 十 六 号 开 两 个 汉 语 班。
We have two Chinese classes from the 10th of Sep. to the 16th of Nov.

Yǒu chū jíbān ma?
A: 有初级班吗?
Do you have an elementary class?

Yǒu. Yí gè chūjíbān, yí gè zhōngjíbān.
B: 有。一个初级班，一个中级班。
Yes, we have one elementary class and one intermediate class.

Qǐngwèn, yígòng duōshao kèshí?
A: 请问，一共多少课时?
How many teaching hours are there in total?

Yígòng shí zhōu, měi zhōu bā kèshí, gòng bāshí kèshí.
B: 一共十周，每周八课时，共八十课时。
The course will run for 10 weeks, for 8 hours a week and with 80 hours in total.

Xuéxiào tígōng jiàocái ma? Lǎoshī huì shuō Yīngyǔ ma?
A: 学校提供教材吗? 老师会说英语吗?
Does the school provide teaching materials? Does the teacher speak English?

Xuéxiào tígōng tǒngyī jiàocái, lǎoshī huì shuō Yīngyǔ.
B: 学校提供统一教材，老师会说英语。
Yes, the school will provide teaching materials, and the teacher speaks English.

Wǒ xiànzài hái kěyǐ bàomíng ma?
A: 我现在还可以报名吗?
Can I still put down my name for the class?

Kěyǐ. Nín děi qīnzì lái yí cì, tián yì zhāng bàomíngbiǎo bìng jiāo fèi.
B: 可以。您得亲自来一次，填一张报名表并交费。
Lǎoshī hái yào hé nín tántan ānpái.
老师还要和您谈谈安排。
Yes. You have to come here in person, fill out an application form and make a tuition payment. The teacher will also need to talk with you about the class arrangements.

Rúguǒ zhōngtú tuìxué, xuéfèi néng tuì ma?
A: 如果中途退学，学费能退吗?
Can I have my tuition refunded if I drop out halfway?

Zhèxiē wǒmen yǒu xiángxì de shuōmíng, nín lái xuéxiào wǒmen huì gěi nín.
B: 这些我们有详细的说明，您来学校我们会给您。
We have detailed rules concerning these issues, and we'll go over them with you when you come here.

Hǎo, xièxie. Wǒ míngtiān qù.
A: 好，谢谢。我明天去。
All right, thanks. I'll be here tomorrow.

Duìhuà (èr)
对话（2） Conversation 2

Lǎoshī, wǒ xià xīngqīyī děi chūchāi, bù néng shàngkè.
A: 老师，我下星期一得出差，不能上课。
Teacher, I'll be on a business trip next Monday and won't be able to come to class.

Nín chūchāi jǐ tiān?
B: 您 出 差 几天？
For how long will you be away?

Dào xīngqīsì.
A: 到 星期四。
Until Thursday.

Nà nín yào dānwù liǎng jié kè.
B: 那您要 耽误 两 节课。
Then you'll miss two classes.

Shì de. Nín néng zhǎo biéde shíjiān gěi wǒ bǔkè ma?
A: 是的。您 能 找 别的时间 给 我 补课吗？
Yes, can you find another time for me to make them up?

Dāngrán. Xīngqīwǔ xiàwǔ wǒ yǒu shíjiān. Nín ne?
B: 当 然。星期五下午我 有 时间。您呢？
Sure. I'm free on Friday afternoon. What about you?

Wǒ sān diǎn kěyǐ shàngkè, néng yí cì shàng liǎng jié ma?
A: 我 三 点可以上 课， 能 一 次 上 两节吗？
I can take a class at 3:00 p.m. Can we do two periods then?

Méi wèntí.
B: 没 问题。
No problem.

Tài xièxie nín le. Xià xīngqīwǔ jiàn.
A: 太 谢谢您了。下星期五见。
Thanks a lot. I'll see you next Friday.

Zàijiàn.
B: 再 见。
See you.

Cānkǎo Cíhuì
✸ 参考词汇 Vocabulary

学习	xuéxí	to study
复习	fùxí	to review
练习	liànxí	to practise
语言学校	yǔyán xuéxiào	language school
老师	lǎoshī	teacher
节	jié	period
课时	kèshí	teaching hour
汉语	Hànyǔ	Chinese (language)
汉字	Hànzì	Chinese character
汉语拼音	Hànyǔ pīnyīn	pinyin
普通话	Pǔtōnghuà	putonghua
生词	shēngcí	new words

句子	jùzi	sentence
错别字	cuòbiézì	wrong character
病句	bìngjù	faulty sentence
改	gǎi	to correct
对	duì	right
错	cuò	wrong
语法	yǔfǎ	grammar
声调	shēngdiào	tone
方言	fāngyán	dialect
土语	tǔyǔ	slang
书面用语	shūmiàn yòngyǔ	written language
口语	kǒuyǔ	spoken language
听录音	tīng lùyīn	to listen to the recording
读	dú	reading
写	xiě	writing
复述	fùshù	to retell
解释	jiěshì	to explain
翻译	fānyì	to translate
回答	huídá	to answer
含义	hányì	meaning
口头练习	kǒutóu liànxí	oral exercise
笔头作业	bǐtóu zuòyè	writing task
总结	zǒngjié	to summarize
小结	xiǎojié	summary
懂	dǒng	to understand
明白	míngbai	to understand
考试	kǎoshì	exam
成绩	chéngjì	exam result
补课	bǔkè	to make up a lesson
补考	bǔkǎo	to resit an exam
历史	lìshǐ	history
戏曲	xìqǔ	Chinese traditional opera

诗词	shīcí	poetry
文学	wénxué	literature
小说	xiǎoshuō	novel
瑰宝	guībǎo	gem
国粹	guócuì	quintessence
绝活儿	juéhuór	consummate skill
请假	qǐngjià	to ask for a leave of absence
休假	xiūjià	to be on vacation
教材	jiàocái	teaching material
母语	mǔyǔ	mother tongue
媒介语	méijièyǔ	intermediary language
词典	cídiǎn	dictionary
学费	xuéfèi	tuition

Dì-èrshí Piān　　Jiùyè yǔ Gōngzuò
第二十篇　就业与工作

Chapter 20　Employment and Work

Qiúzhí
一、求职 Seeking Employment

 Chángyòng Jùxíng
常 用 句型　Useful Expressions

Wǒ jīnnián xiàtiān yào bìyè le , xiànzài děi gǎnjǐn zhǎo gōngzuò .
我 今年 夏天 要 毕业了，现在 得 赶紧 找 工 作。
I'm graduating this summer. I've got to start job hunting now.
Wǒ bù xǐhuan xiànzài de gōngzuò , xiǎng zhǎo yí gè zìjǐ xiǎng gàn de gōngzuò .
我 不喜欢 现在的 工 作， 想 找 一个自己 想 干的工作。
I don't like my current job. I want to find something that I want to do.
Zhège gōngzuò bú shìhé wǒ , xiǎng zhǎo yí gè héshì de gōngzuò .
这个 工 作不适合我， 想 找 一个合适的工 作。
This job is not for me. I want to switch to a more suitable one.
Rúguǒ yǒu héshì de gōngzuò , qǐng nín jièshào gěi wǒ .
如果 有合适的工 作， 请 您介绍给我。
If you think there is a suitable job for me, please tell me about it.

Duìhuà
对话　Conversation

Zhōumò yǒu zhāopìnhuì , nǐ qù ma?
A: 周 末 有 招 聘会，你去吗？
There is a job fair that is being held on the weekend. Would you like to go to it?

Lí bìyè hái zǎozhe ne , nǐ jí shénme?
B: 离毕业 还 早着呢，你急什么？
What's the hurry? There is plenty of time before we graduate.
Nǐ shì bù zháojí , yǒu fùmǔ bāngmáng .
A: 你是不着急，有父母帮 忙。
You do not need to worry. You have your parents to help you.

254

Kě jiéguǒ hái bù yídìng ne . Búguò wǒ kěyǐ gēn nǐ yìqǐ qù zhāopìnhuì kànkan .

B: 可 结果 还 不 一定 呢。不过 我 可以 跟 你 一起 去 招 聘 会 看看。

No one knows if anything will come of it, but I can go with you to look around at the job fair.

Wǒ zhǔnbèile èrshí fèn gèrén jiǎnlì ,   nǐ yě dài yìdiǎnr ba .

A: 我 准备 了 2 0 份 个人 简历，你 也 带 一点儿 吧。

I prepared 20 copies of my CV. I suggest that you also take a few copies of yours.

二、面试 Interviews
Miànshì

常 用 句型 Useful Expressions
Chángyòng Jùxíng

1. 准 备 Preparing for an Interview
Zhǔnbèi

Miànshì de shíhou , dì-yī yìnxiàng hěn zhòngyào .
面 试 的 时候，第一 印象 很 重 要。
First impressions are very important in an interview.

Yīzhuó , huàzhuāng , yántán , jǔzhǐ yào détǐ .
衣着、化 妆、言谈、举止 要 得体。
You need to be dressed appropriately as well as having appropriate make-up, speech and bearing.

Miànshì de shíhou qiānwàn búyào jǐnzhāng .
面 试 的 时候 千 万 不要 紧 张。
Be relaxed during an interview.

Miànshì qián de zhǔnbèi yào chōngfèn .
面 试 前 的 准 备 要 充 分。
You need to fully prepare before an interview.

Miànshì shí jì yào chōngmǎn xìnxīn , yòu yào shíshìqiúshì .
面 试 时 既 要 充 满 信心，又 要 实事求是。
You should be confident and truthful during interviews.

2. 面 试 Having an Interview
Miànshì

Nín wèishénme xiǎng dào wǒmen gōngsī lái gōngzuò?
您 为 什 么 想 到 我们 公司 来 工 作？
What makes you want to work for our company?

Nín zhǔnbèi yìngpìn nǎge zhíwèi?
您 准 备 应 聘 哪个 职位？
Which position are you applying for?

Nín wèishénme duì zhège gōngzuò gǎn xìngqù?
您 为 什 么 对 这个 工 作 感 兴趣？
Why are you interested in this job?

Zhège gōngzuò hé wǒ suǒ xué de zhuānyè duìkǒu.
这个 工 作 和我 所 学 的 专业 对口。
This job is a good match for my skills.

Nín juéde nín néng shèngrèn zhège gōngzuò ma?
您 觉得 您 能 胜 任 这个 工 作 吗?
Do you think you are qualified for this job?

Wǒ xiāngxìn wǒ de nénglì.
我 相 信 我的 能力。
I believe in my abilities.

Nín yǒu duō cháng shíjiān de gōngzuò jīngyàn?
您 有 多 长 时间的 工 作 经 验?
How many years have you been in the previous employment?

Nín wèishénme líkāi yuánlái de gōngsī?
您 为 什么 离开 原来的公司?
Why did you leave your former employer?

Nín yǒu nǎ fāngmiàn de zīgé zhèngshū?
您 有 哪 方 面 的 资格 证书?
What kind of qualifications do you possess?

Wǒ yǒu kuàijìshī zhèngshū.
我 有 会计师 证 书。
I hold a certification in accounting.

☛ Note: There are all kinds of vocational qualifications and level examinations in China. For example, there are several examinations to sit to qualify as certified in different levels of English and there are qualifying exams for other skills such as accounting, etc.

Nín néng jīngcháng chūchāi ma?
您 能 经 常 出差 吗?
Are you able to travel frequently for business?

Wǒ méi jiéhūn, chūchāi méi wèntí.
我 没 结婚, 出差 没 问题。
I am not married, so travelling should be no problem.

Nín néng jīngcháng jiābān ma?
您 能 经 常 加班 吗?
Can you work overtime?

Nín yǒu shénme tècháng hé àihào?
您 有 什么 特 长 和爱好?
What special abilities or hobbies do you have?

Nín néng shuōshuo nín de yōudiǎn hé quēdiǎn ma?
您 能 说 说 您的优点和缺点吗?
What are your strengths and weaknesses?

Nín xīwàng de xīnchóu shì duōshao?
您 希望的 薪酬 是 多少?
What is your expected annual salary?

Rúguǒ gàn de hǎo, kěyǐ yāoqiú jiā xīn ma?
如果 干 得 好 , 可以 要求 加薪 吗?
If I perform well at my job, will it be possible to obtain a rise?

Gōngsī gěi shàng ' wǔ xiǎn yì jīn ' ma?
公司 给 上 "五 险 一 金" 吗?
Will the company take care of the "five insurances and one fund" for me?

> ☞ Note: "Five insurances" refers to the mandatory insurances employers
> buy for their employees, i.e., medical insurance, endowment insurance,
> industrial injury insurance, maternity insurance and unemployment
> insurance. The "one fund" refers to the housing provision fund.

Yǒu niánzhōng jiǎng ma?
有 年 终 奖 吗?
Will there be year-end bonuses?

Yǒu tíchéng ma?
有 提成 吗?
Will there be commissions?

Jiābān yǒu jiābānfèi ma?
加班 有 加班费 吗?
Do I get paid for overtime work?

Yǒu cānfèi bǔzhù ma?
有 餐费 补助 吗?
Are there lunch subsidies?

Shǒujīfèi néng bàoxiāo ma?
手机费 能 报 销 吗?
Can I get my mobile phone bill reimbursed?

Měi nián yǒu duō cháng shíjiān xiū jià?
每 年 有 多 长 时间 休假?
How much annual leave do I have?

Shìyòngqī shì jǐ gè yuè?
试用期 是 几个月?
How long is the period of probation?

Gōngsī hái yǒu nǎxiē fúlì?
公司 还有 哪些 福利?
What fringe benefits does the company offer?

Shénme shíhou néng shōudào miànshì jiéguǒ?
什么 时候 能 收 到 面试 结果?
When will I be informed of the result of the interview?

Miànshì Jiéguǒ
3. 面试 结果 Interview Result

Chángyòng Jùxíng
常 用 句型　Useful Expressions

Miànshì tōngguò le .
面 试 通 过 了。
The interview went well.

Miànshì méi tōngguò .
面 试 没 通 过。
The interview did not go well.

Wǒ yǐjīng shōudào lùyòng tōngzhī le .
我 已经 收 到 录用 通 知 了。
I received an employment offer letter.

Duìhuà
对话　Conversation

Míngtiān wǒ yàoqùmiànshì, chuān zhè jiàn yīfu hǎo ma?
A: 明 天 我 要去面试， 穿 这件 衣服 好 吗？
I have an interview tomorrow. Do I look nice in this dress?

Tài huāzhī-zhāozhǎn le ba? Huàn yí tào wěnzhòng dàfang yìdiǎnr de .
B: 太 花枝 招 展 了吧？ 换 一套 稳 重 大方 一点儿的。
It's a bit too showy I'm afraid. How about changing into a more mature looking suit?

Xiànzài kěyǐ le ba?
A: 现在 可以了 吧？
It's OK now, right?

Hái xíng. Miànshì shí bié jǐnzhāng, bǎ zìjǐ de yōushì jǐnliàng zhǎnxiàn chūlái.
B: 还 行。 面试 时 别 紧 张， 把 自己 的 优势 尽量 展 现 出来。
Yes, it's not bad. Don't be nervous during the interview; just display your strengths.

Xīwàng wǒ de yùnqi búcuò .
A: 希 望 我 的 运气 不错。
I hope I have good luck.

Yùnqi shì yí gè yīnsù, cáinéng cái shì zuì zhòngyào de .
B: 运气 是 一个 因素， 才 能 才是 最 重 要 的。
Luck is one thing, but competence is the most important thing.

Cānkǎo Cíhuì
参考词汇 Vocabulary

面试	miànshì	interview
言谈举止	yántán jǔzhǐ	speech and bearing
得体	détǐ	appropriate

信心	xìnxīn	confidence
准备	zhǔnbèi	preparation
充分	chōngfèn	full
兴趣	xìngqù	interest
对口	duìkǒu	good match
能力	nénglì	capability
水平	shuǐpíng	level
胜任	shèngrèn	competence
经验	jīngyàn	experience
挑战	tiǎozhàn	challenge
证书	zhèngshū	certificate
试用期	shìyòngqī	probation period
福利待遇	fúlì dàiyù	welfare; fringe benefit
工资	gōngzī	salary
奖金	jiǎngjīn	bonus
提成	tíchéng	commission
补贴	bǔtiē	subsidy
报销	bàoxiāo	to reimburse
加薪	jiāxīn	rise
养老保险	yǎnglǎo bǎoxiǎn	endowment insurance
医疗保险	yīliáo bǎoxiǎn	medical insurance
失业保险	shīyè bǎoxiǎn	unemployment insurance
住房公积金	zhùfáng gōngjījīn	housing provision fund
淘汰	táotài	to eliminate
失败	shībài	to fail

Gōngzuò
三、工作 Work

常 用 句型 Useful Expressions

Bàn Shǒuxù
1. 办 手续 Going Over the Formalities

Nín yǐ bèi wǒ gōngsī lùyòng, qǐng zài zhǐdìng shíjiān lái gōngsī qiān hétong.
您已被我公司录用，请在指定时间来公司 签 合同。
You have been employed by our company. Please come in to sign the contract at the arranged time.

Qǐngwèn, qiān hétong xūyào dài nǎxiē zhèngjiàn?
请问，签 合同需要带哪些证件？
What credentials and certificates do I need to bring with me when I come to sign the contract?

Qǐngwèn, qù gōngsī nǎge bùmén qiān hétong?
请问，去公司哪个部门 签 合同？
To which department do I go to sign the contract?

Qǐngwèn, hétong kěyǐ qiān jǐ nián?
请问，合同可以签几年？
How long is the term of the contract?

Kǎoqín
2. 考勤 Employment Attendance

Wǒmen dānwèi de kǎoqín zhìdù yángé ma?
我们 单位的考勤制度严格吗？
Is your company very strict about work attendance?

Shuí fùzé kǎoqín?
谁负责考勤？
Who is in charge of work attendance?

Qǐngjià yǒu shénme yāoqiú ma?
请假有什么要求吗？
What is required to take time off?

Shàngbān yào dǎkǎ ma?
上 班 要打卡吗？
Do I have to use a time card?

Wǔxiū yǒu duō cháng shíjiān?
午休有多长时间？
How long is the lunch break?

Wǒ déle liúgǎn, dàifu gěi wǒ kāile sān tiān bìngjià.
我 得了流感，大夫给我开了三天 病假。
I caught the flu, and the doctor has recommended that I take three days' sick leave.

Bàngōng
3. 办 公 In Business

Chángyòng Jùxíng
常 用 句型 Useful Expressions

Hěn jiǔ méi jiàn , nín yòu chūchāi le ma?
很 久 没 见 , 您 又 出 差 了 吗?
I haven't seen you for a long time. Were you on a business trip again?

Wǒmen zài zhǔnbèi jiēdài yí gè wàiguó dàibiǎotuán . Hěn máng .
我 们 在 准 备 接 待 一 个 外 国 代 表 团。 很 忙。
We're busy preparing to receive a foreign delegation now.

Xià yuè zǒnglǐ yào lái Zhōngguó fǎngwèn , mángsǐ le .
下 月 总 理 要 来 中 国 访 问 , 忙 死 了。
Our premier is visiting China next month and that is keeping us busy.

Wǒ yào péi dàibiǎotuán qù Shànghǎi hé Guǎngzhōu fǎngwèn .
我 要 陪 代 表 团 去 上 海 和 广 州 访 问。
I have to accompany the delegation to Shanghai and Guangzhou.

Míngtiān yìzǎo wǒ yào qù jīchǎng jiē dàibiǎotuán .
明 天 一 早 我 要 去 机 场 接 代 表 团。
I have to go to the airport early tomorrow morning to meet the delegation.

Xiàwǔ wǒmen děi qù jīchǎng sòng dàibiǎotuán .
下 午 我 们 得 去 机 场 送 代 表 团。
We have to see the delegation off at the airport in the afternoon.

Xià zhōu yī nǐ yào qù Shànghǎi chū tàng chāi , jiàn yíxiàr kèhù .
下 周 一 你 要 去 上 海 出 趟 差 , 见 一 下 儿 客 户。
You're going to go to Shanghai on a business trip next Monday to visit our clients.

Míngtiān nǐ péi kèhù qù yíxiàr gōngchǎng .
明 天 你 陪 客 户 去 一 下 儿 工 厂。
You'll go with our clients to visit the factory tomorrow.

Zhège bàogào qǐng nǐ zài liǎng tiān zhī nèi xiěhǎo jiāo gěi wǒ .
这 个 报 告 请 你 在 两 天 之 内 写 好 交 给 我。
Please write out the report and give it to me in two days.

Zhè fèn cáiliào qǐng zài zhōumò zhīqián zhǔnbèi hǎo .
这 份 材 料 请 在 周 末 之 前 准 备 好。
Please get the document ready before the weekend.

Xiàbān qián qǐng bǎ cáiliào dǎyìn hǎo .
下 班 前 请 把 材 料 打 印 好。
Please get the documents printed before you finish work today.

Jīntiān wǎnshang jiā ge bān , yídìng yào bǎ biāoshū zuòwán .
今 天 晚 上 加 个 班 , 一 定 要 把 标 书 做 完。
We will have to work overtime to finish the bid document today.

Qǐng zhuā jǐn shíjiān zuò .
请 抓 紧 时 间 做。
Please lose no time in getting the work done.

261

Qǐng gěi wǒ dìng yíxià jī piào hé jiǔdiàn.
请 给 我 订 一 下 机 票 和 酒 店。
Please book the air ticket and hotel for me.

Qǐng bāng wǒ liánxì yíxiàr sījī, míngtiān sòng wǒ qù jīchǎng.
请 帮 我 联 系 一 下 儿 司 机, 明 天 送 我 去 机 场。
Please contact the driver to take me to the airport tomorrow.

Shìqing dōu còudào yíkuàir le, máng de gù bu shàng chīfàn le.
事 情 都 凑 到 一 块 儿 了, 忙 得 顾 不 上 吃 饭 了。
All these things have come up at the same time. I don't even have time to eat.

Zhōngyú wánchéng le, kěyǐ sōng kǒu qì le.
终 于 完 成 了, 可 以 松 口 气 了。
It's finally done. We can finally breathe now.

Tāmen gōngzuò de hěn nǔlì.
他 们 工 作 得 很 努 力。
They worked very hard.

Wǒmen gōngzuò pèihé de hěn mòqì.
我 们 工 作 配 合 得 很 默 契。
We are a well coordinated team at work.

Wǒmen hézuò de hěn yúkuài.
我 们 合 作 得 很 愉 快。
We had a pleasant collaboration.

Wéndàng Zīliào
4. 文 档 资 料 Files and Documents

 Chángyòng Jùxíng
常 用 句型 Useful Expressions

Qǐng bǎ zhè fèn cáiliào zhěnglǐ hǎo, guīdàng.
请 把 这 份 材 料 整 理 好, 归 档。
Please sort out the documents and file them.

Zhè fèn cáiliào yǒu jǐ gè dìfang shùzì bù zhǔnquè, qǐng zài héduì yí cì.
这 份 材 料 有 几 个 地 方 数 字 不 准 确, 请 再 核 对 一 次。
Several inaccurate statistics have been used in this document. Please double check and correct them.

Zhè fèn zīliào yǒu jǐ gè shùzì hái méi chūlái, kuài qù cuīcui yǒuguān bùmén.
这 份 资 料 有 几 个 数 字 还 没 出 来, 快 去 催 催 有 关 部 门。
We're still waiting for some figures to be added to this document. Go to the relevant departments and tell them to hurry up.

Qǐng bǎ kèhù dàng'àn fēnlèi zhěnglǐ hǎo.
请 把 客 户 档 案 分 类 整 理 好。
Please classify the customer files.

Qǐng bǎ huìyì jìlù dāndú cúnfàng.
请 把 会 议 记 录 单 独 存 放。
Please keep the minutes of the meeting separately.

Jīmì wénjiàn yídìng yào fàng zài bǎoxiǎnguì li .
机密文件一定要放在保险柜里。
Be sure to keep the confidential documents in the safe.

Gōngsī xīn chǎnpǐn yánzhì zīliào méiyǒu zǒngjīnglǐ de pīzhǔn ，shuí yě bù néng jièyuè .
公司新产品研制资料没有总经理的批准，谁也不能借阅。
Nobody is allowed to borrow R&D documents for the new product without the approval of the general manager.

Zhèr yǒu liǎng fèn wénjiàn xūyào nín qiānzì .
这儿有两份文件需要您签字。
Here are two documents that need to be signed by you.

Qǐng zàizhè fèn wénjiàn shang gàishàng gōngsī yìnzhāng .
请在这份文件上盖上公司印章。
Please affix the company's seal to this document.

5. Huìyì 会议 Meetings

Chángyòng Jùxíng
常用句型 Useful Expressions

A Huìyì Zhǔnbèi 会议准备 Preparing for a Meeting

Zhāodàihuì de zhǔnbèi gōngzuò zuò de zěnmeyàng le ?
招待会的准备工作做得怎么样了?
How are the preparations going for the reception?

Jīn wǎn dàshǐ yào zài dàshǐ guāndǐ yànqǐng láifǎng de dàibiǎotuán .
今晚大使要在大使官邸宴请来访的代表团。
The ambassador will hold a banquet for the visiting delegation at his residence tonight.

Dàshǐ yǒu yí gè jiǎnghuà .
大使有一个讲话。
The ambassador will give a speech.

Dàibiǎotuán tuáncháng yǒu yí gè zhìcí .
代表团团长有一个致词。
The head of the delegation will deliver a speech.

Tāmen de jiǎnghuàgǎo hé Zhōngwén fānyì dōu zhǔnbèi hǎo le ma?
他们的讲话稿和中文翻译都准备好了吗?
Are their speeches ready and an interpreter arranged?

Dàibiǎotuán yào jǔxíng yí gè dáxiè yànhuì .
代表团要举行一个答谢宴会。
The delegation is holding a banquet in return for the hospitality they have received.

Wǒmen míngtiān xiàwǔ yào qù cānjiā jìzhě zhāodàihuì .
我们明天下午要去参加记者招待会。
We'll attend a press conference tomorrow afternoon.

Cānjiā xīnwén fābùhuì de méitǐ míngdān dìng le ma?
参加新闻发布会的媒体名单定了吗?
Has the media list for the news briefing been finalised?

Qǐng zài zhōu wǔ yǐqián bǎ qǐngjiǎn dōu jì chūqù.
请 在 周 五 以前 把 请 柬 都 寄出去。
Please send out all the invitations before Friday.

Qǐng tōngzhī bàngōngshì, xīnnián cháhuàhuì tuīchí yí gè xiǎoshí jǔxíng.
请 通知 办公室，新年 茶话会 推迟 一个 小时 举行。
Please inform the general office that the New Year's tea party will be postponed for one hour.

Dǒngshìhuì hòutiān kāi, qǐng jǐnkuài bǎ zīliào zhǔnbèi hǎo.
董事会 后天 开，请 尽快 把 资料 准备 好。
The board meeting will be held the day after tomorrow. Please get the papers ready as soon as possible.

Huìyì yìchéng dǎyìn chūlái le ma? Qǐng fā gěi dàjiā.
会议议程 打印 出来了吗？ 请 发给 大家。
Have the copies of the meeting agenda been printed out? Please distribute them to everyone.

Xiāoshòubù míngtiān xiàwǔ kāihuì, qǐng dàjiā zhǔnbèi hǎo fāyán.
销售部 明天 下午 开会，请 大家 准备 好 发言。
The sales department will hold a meeting tomorrow afternoon. Please prepare your speech.

Xià xīngqī yào qù cānjiā zhāobiāohuì, bǎ zīliào zuòhǎo.
下 星期 要去参加 招标会，把 资料 做好。
We'll participate in the bidding next week. Please get the papers ready.

Kèhù huìyì sān diǎn kāishǐ, qǐng zài zhè zhīqián bǎ huìyìshì bùzhì hǎo.
客户 会议 三 点 开始，请 在 这 之前 把 会议室 布置 好。
The meeting with the clients is scheduled at three o'clock. Please get the meeting room ready before then.

Kāimùshì de chǎngdì yídìng yào bùzhì de zhuāngzhòng dàqì yòu lóngzhòng.
开幕式 的 场地 一定 要 布置 得 庄 重 大气 又 隆 重。
The venue for the opening ceremony needs to be solemn and grand.

Zhǔxítái shang yào duō bǎi yìxiē xiānhuā.
主席台 上 要 多 摆 一些 鲜花。
Please place more fresh flowers on the stage.

Màikèfēng yào zhǔnbèi hǎo yìdiǎnr de.
麦克风 要 准备 好 一点儿的。
Please prepare good microphones.

Shèyǐng hé shèxiàng dōu zhǔnbèi hǎo le ma?
摄影 和 摄 像 都 准备 好 了吗？
Are the photographer and cameraman ready?

Tóuyǐngyí tiáoshì hǎo le ma?
投影仪 调试 好 了吗？
Has the projector been set up?

Fúwùyuán hé bǎo'ān de gōngzuò yào zǔzhī hǎo.
服务员 和 保安 的 工 作 要 组织 好。
Make sure service staff and security teams are well organised.

Huìyì Jìnxíng
B 会议进行 Participating in a Meeting

Jīntiān de huìyì shuí zhǔchí?
今天的会议谁 主持?
Who is chairing the meeting today?

Jīntiān huìyì de yìtí shì shénme?
今天会议的议题是 什 么?
What is on today's agenda?

Huìyì kāishǐ le .
会议开始了。
The meeting has started.

Shuí zài zuò bàogào?
谁 在 作 报 告?
Who is giving the report?

Xiànzài kāishǐ tǎolùn le .
现在开始 讨论了。
Let's start the discussion, now.

Shuí hái yǒu bù tóng yìjiàn?
谁 还 有 不 同 意见?
Who holds a different opinion?

Wǒ yǒu yí gè tíyì .
我 有一个提议。
I have a proposal.

Duì zhège wèntí dàjiā kěyǐ chàngsuǒyùyán .
对 这个问题大家可以 畅 所 欲 言。
Everyone is encouraged to speak freely on this issue.

Wǒ zànchéng zhège tíyì .
我 赞 成 这个提议。
I'm in favour of this suggestion.

Wǒ fǎnduì zhège tíyì .
我 反对 这个提议。
I'm against this proposal.

Dàjiā yìjiàn hěn yízhì .
大家意见很一致。
We agree unanimously.

Zhège tí'àn qǐng tóupiào biǎojué .
这个 提案 请 投票 表决。
Please cast a vote on this bill.

Tóngyì de qǐng jǔ shǒu .
同意的 请 举手。
Please raise your hand if you agree.

Zhège yì'àn tōngguò le .
这个议案通过了。
This bill has passed.

Zhège yì'àn bèi fǒujué le .
这个议案被 否决了。
This bill has been vetoed.

Huìyì dào cǐ jiéshù, sànhuì.
会议到此结束，散会。
I now declare this meeting closed.

Huìyì yuánmǎn jiéshù.
会议圆满结束。
The meeting was concluded with great success.

Zhè cì huìtán méiyǒu qǔdé yùxiǎng de jiéguǒ.
这次会谈没有取得预想的结果。
The meeting did not achieve the expected results.

Qǐng bǎ huìyì jìyào jǐnkuài zhěnglǐ chūlái.
请把会议纪要尽快整理出来。
Please organise the minutes of the meeting as soon as you can.

对话（1）Conversation 1
Duìhuà (yī)

Jīnglǐ qǐng nǐ mǎshàng bǎ huìyì de yìchéng dǎyìn chūlái jiāo gěi tā.
A: 经理请你马上把会议的议程打印出来交给他。
The manager has asked you to print out the schedule right now and give it to him.

Dǎyìn jǐ fèn?
B: 打印几份？
How many copies would he like?

Dǎyìn liǎng fèn. Duì le, gěi kèhù de qǐngjiǎn dōu zhǔnbèi hǎo le ma?
A: 打印两份。对了，给客户的请柬都准备好了吗？
Just two. Also, are the invitations for the clients all ready?

Zhǔnbèi hǎo le. Shénme shíhou jì chūqù?
B: 准备好了。什么时候寄出去？
Yes, they are all ready. When should we send them out?

Rúguǒ méiyǒu biànhuà, míngtiān jì chūqù ba. Huìyì yìchéng yíbìng jì qù.
A: 如果没有变化，明天寄出去吧。会议议程一并寄去。
If there are no changes to the event, send them out tomorrow together with the schedule.

Hǎo, méi wèntí.
B: 好，没问题。
OK, no problem.

对话（2）Conversation 2
Duìhuà (èr)

Xiànzài, qǐng dàjiā duì zhège yì'àn fābiǎo yìjiàn.
A: 现在，请大家对这个议案发表意见。
Now, please share with us your opinions on this proposal.

Wǒ juéde zhège yì'àn kěxíng.
B: 我觉得这个议案可行。
I think this proposal is feasible.

Wǒ juéde zhège yì'àn zhōngxīn zhuā de bǐjiào zhǔn.
C: 我觉得这个议案中心 抓得比较准。
I think it has the right focus.

Zhège yì'àn búcuò, zhǐshì zěnyàng luòshí hái búgòu jùtǐ.
D: 这个议案不错，只是 怎样落实还 不够具体。
It's good but it fails to provide specific measures for implementation.

Duìyú kěnéng chūxiàn de wèntí gūjì hái bùzú.
E: 对于可能 出现的问题估计还不足。
It fails to give an adequate account of the potential problems.

Zhèyàng ba, wǒmen jīntiān xiān bù biǎojué, xiūgǎi yǐhòu zài tǎolùn.
A: 这样吧，我们今天 先不表决，修改 以后再讨论。
Let's say that we will not vote on it today, but will discuss it later after it
has been amended.

Cānkǎo Cíhuì
✳ 参考词汇 Vocabulary

录用	lùyòng	to employ
考勤	kǎoqín	work attendance
请假	qǐngjià	to ask for leave
事假	shìjià	leave of absence (to attend to private matters)
病假	bìngjià	sick leave
出差	chūchāi	to be on a business trip
加班	jiābān	to work overtime
处理	chǔlǐ	to handle
圆满	yuánmǎn	complete success
客户	kèhù	client
资料	zīliào	material
文件	wénjiàn	document
机密	jīmì	confidential
保密	bǎomì	to keep secret
批准	pīzhǔn	to approve
盖章	gàizhāng	to affix a seal
签字	qiānzì	signature
开会	kāihuì	to have a meeting
新闻发布会	xīnwén fābùhuì	press conference
茶话会	cháhuàhuì	tea party

会谈	huìtán	meeting, talk
来宾	láibīn	guest
贵宾	guìbīn	distinguished guest
媒体	méitǐ	media
场地	chǎngdì	venue
布置	bùzhì	docoration
报告	bàogào	report
表决	biǎojué	vote
通过	tōngguò	to pass
否决	fǒujué	veto
议案	yì'àn	proposal

Rénshì Diàodòng , Bàngōng Shèbèi

四、人事调动，办公设备
Personnel Transfers and Office Supplies

Chángyòng Jùxíng

常用句型 **Useful Expressions**

Rénshì Diàodòng

1. 人事调动 Transferring Personnel

Xīnrèn dàshǐ yǐjīng dàorèn le .
新任大使已经到任了。
The new ambassador has assumed his post.

Tā lírèn le .
他离任了。
He has left his post.

Wǒ bèi gōngsī diàodào lìng yí gè bùmén gōngzuò le .
我被公司调到另一个部门工作了。
I was transferred to another department in the company.

Tā bèi diàodào rénshìbù dāng zǒngjiān le .
他被调到人事部当总监了。
He has moved to the position of HR Director.

Gōngsī diào tā qù Shànghǎi fēngōngsī le .
公司调他去上海分公司了。
The company sent him to the Shanghai Branch.

Tā shēngzhí le .
他升职了。
He was promoted.

Tā bèi gōngsī jiàngzhí le .
他被公司 降职了。
He was demoted by the company.

Tā nénglì bùxíng , bèi miǎnzhí le .
他能力不行，被免职了。
He was removed from his post due to incompetence.

Tā bèi chǎoyóuyú le .
他被炒鱿鱼了。
He was fired.

Tā sīzì jiēshòu kèhù huíkòu , bèi kāichú le .
他私自接受客户回扣，被开除了。
He was fired for taking private commissions.

Wǒ zuótiān cízhí le . Wǒ yǐjīng zhǎohǎole yí gè xīn de gōngzuò .
我昨天辞职了。我已经找好了一个新的工作。
I quit yesterday. I've already found another job.

Bàngōng Shèbèi
2. 办公 设备 Office Supplies

Zhè tái fùyìnjī shì zuì xīnshì de , hěn hǎo yòng .
这台复印机是最新式的，很好用。
This copier is the latest model; it's very easy to use.

Zhè fèn zīliào qǐng fàngdà fùyìn .
这份资料请放大复印。
Please photocopy and enlarge this document.

Fùyìnjī huài le , zhǎo rén lái xiūxiu .
复印机坏了，找人来修修。
The photocopier broke down. Find somebody to fix it.

Qǐng wù fùyìn sīrén de dōngxi .
请勿复印私人的东西。
Please don't photocopy personal documents.

Qǐng gàosu wǒ nín de chuánzhēn hàomǎ , wǒ mǎshàng gěi nín fā chuánzhēn .
请告诉我您的传真号码，我马上给您发传真。
Please give me your fax number. I'm sending it over to you.

Nín fālái de chuánzhēn bú tài qīngchu , qǐng zài fā yí cì ba .
您发来的传真不太清楚，请再发一次吧。
Your fax was poorly transmitted. Please resend it.

Qǐng bǎ nín de bàojià chuánzhēn Guòlái ba .
请把您的报价传真过来吧。
Please fax us your quote.

Nín de chuánzhēn wǒmen shōudào le .
您的传真我们收到了。
We've received your fax.

Qǐng bǎ kèhù de zīliào shūrù diànnǎo .
请把客户的资料输入电脑。
Please enter the client information into the computer.

Qǐng shàngwǎng chá yíxiàr yǒuguān zhège gōngsī de zīliào .
请上网查一下儿有关这个公司的资料。
Please find out information about this company on the Internet.

Qǐng bǎ zhè fèn míngdān cún zài U pán li .
请 把 这 份 名 单 存 在 U 盘 里。
Please save this list on a USB flash drive.

Gōngsī de diànnǎo xìtǒng tānhuàn le .
公司 的 电脑 系统 瘫痪 了。
The company's computer system broke down.

Duìhuà 对话 Conversation

A: Wǒ juéde nǐ zuìjìn hǎoxiàng yǒu shénme xīnshì?
我 觉得 你 最近 好 像 有 什么 心事?
I feel like you have had something weighing on your mind recently. What is it?

B: Wǒ xiǎng cízhí .
我 想 辞职。
I want to quit.

A: Wèishénme?
为 什么?
Why?

B: Wǒ juéde wǒ duì zhège gōngzuò yuèláiyuè méiyǒu xìngqù .
我 觉得 我 对 这个 工 作 越来越 没 有 兴趣。
I feel that I am becoming more and more bored with this job.

A: Nà nǐ duì zìjǐ de qiántú yǒu shénme shèjì ?
那 你 对 自己 的 前途 有 什么 设计?
What plans do you have for your future?

B: Nǎ yǒu shénme shèjì ? Zhǐ xīwàng néng zhǎodào yí gè zìjǐ xǐhuan de ,
哪 有 什么 设计? 只 希 望 能 找 到 一个 自己 喜欢 的、
xiǎng zuò de gōngzuò .
想 做 的 工 作。
No plans, I just hope to find a job that I like and want to do.

A: Xiān zhǎohǎo gōngzuò zài shuō cízhí ba .
先 找 好 工 作 再 说 辞职 吧。
Find a job first before you quit.

B: Shì zhèyàng .
是 这 样。
Of course.

Cānkǎo Cíhuì 参考词汇 Vocabulary

工作调动	gōngzuò diàodòng	to transfer
工作业绩	gōngzuò yèjì	performance
升职	shēngzhí	to promote; promotion
降职	jiàngzhí	to demote; demotion
辞职	cízhí	to quit

跳槽	tiàocáo	to change jobs
解聘	jiěpìn	to dismiss
解雇	jiěgù	to fire
开除	kāichú	to expel
退休	tuìxiū	to retire
复印	fùyìn	to photocopy
打印	dǎyìn	to print out
彩色打印	cǎisè dǎyìn	coloured print
打印纸	dǎyìnzhǐ	printing paper
放大	fàngdà	to enlarge
缩小	suōxiǎo	to reduce
传真	chuánzhēn	fax
传真号码	chuánzhēn hàomǎ	fax number
投影仪	tóuyǐngyí	projector

Chapter 21 Computer and the Internet

Diànnǎo Pǐnpái，Xínghào，Gōngnéng
一、电脑品牌、型号、功能
Computer Models and Functions

Chángyòng Jùxíng
常用句型　Useful Expressions

Wǒ zhǔnbèi mǎi yì tái xīn diànnǎo.
我准备买一台新电脑。
I plan to buy a new computer.

Nǐ xiǎng mǎi shénme diànnǎo?
你想买什么电脑？
What kind of computer would you like to buy?

Wǒ xiǎng mǎi yì tái táishì diànnǎo.
我想买一台台式电脑。
I would like to get a desktop computer.

Wǒ xiǎng mǎi yì tái bǐjìběn diànnǎo.
我想买一台笔记本电脑。
I would like to buy a laptop.

Nǐ mǎi de shì shénme páizi de diànnǎo?
你买的是什么牌子的电脑？
Which brand did you buy?

Wǒ mǎi de shì 'Liánxiǎng' de.
我买的是"联想"的。
I bought a Lenovo.

Wǒ mǎi de shì Liánxiǎng zhìzūnxíng diànnǎo.
我买的是·联想至尊型电脑。
I bought a Lenovo IdeaCenter computer.

Wǒ mǎi de shì Měiguó 'Huìpǔ' de.
我买的是美国"惠普"的。
I bought the US brand, Hewlett-Packard.

Wǒ mǎi de shì Rìběn 'Suǒní' de.
我买的是日本"索尼"的。
I bought the Japanese brand, SONY.

Nǐ mǎi de shì shénme xínghào de diànnǎo?
你买的是什么型号的电脑？
Which computer model did you get?

Wǒ mǎi de shì 'Hǎi'ěr' shuāng hé dú xiǎn bǐ jì běn diànnǎo.
我 买 的 是 "海尔" 双 核 独 显 笔 记 本 电 脑。
I bought a Haier with a dual CPU and discrete graphics.

Zhè zhǒng xínghào de diànnǎo, gōngnéng zěnmeyàng?
这 种 型 号 的 电 脑, 功 能 怎 么 样?
How do you like the performance of this model?

Zhè ge xínghào de diànnǎo yǒu DVD kèlù, lányá gōngnéng.
这 个 型 号 的 电 脑 有 DVD 刻录、蓝 牙 功 能。
This model has a DVD recorder and Bluetooth.

Zhè ge xínghào de diànnǎo shì chāo báo chāo qīng de.
这 个 型 号 的 电 脑 是 超 薄 超 轻 的。
This model is super slim and super light.

Mǎi zhè zhǒng diànnǎo, yǒu shénme yōuhuì ma?
买 这 种 电 脑, 有 什 么 优 惠 吗?
Is there any discount on this model?

Mǎi zhè zhǒng xínghào de diànnǎo, kěyǐ sòng yí G nèicún.
买 这 种 型 号 的 电 脑, 可 以 送 1 G 内 存。
If you buy this model, we'll give you an added 1G of memory for free.

Duìhuà
对话 **Conversation**

Wǒ xiǎng mǎi tái xīn diànnǎo, bāng wǒ cānmóu yíxiàr.
A: 我 想 买 台 新 电 脑, 帮 我 参 谋 一 下 儿。
I want to buy a new computer. Please give me some advice on what to buy.

Shàng zhōu wǒ gāng bāng Xiǎo Wáng mǎi le ge 'běnr'.
B: 上 周 我 刚 帮 小 王 买 了 个 "本 儿"。
Last week, I helped Xiao Wang pick out a laptop.

Shénme páizi de?
A: 什 么 牌 子 的?
Which brand?

Huìpǔ de.
B: 惠 普 的。
HP.

Wǒ cháng chūchāi, děi mǎi tái qīngqiǎo yìxiē de.
A: 我 常 出 差, 得 买 台 轻 巧 一 些 的。
I travel a lot on business trips, so I need to get a laptop that is light and slim.

hǎo, wǒ péi nǐ qù kànkan.
B: 好, 我 陪 你 去 看 看。
OK, I'll go with you to have a look for one.

Cānkǎo Cíhuì
参考词汇 Vocabulary

笔记本电脑	bǐjìběn diànnǎo	laptop computer
台式电脑	táishì diànnǎo	desktop computer
商务型	shāngwùxíng	business model

普及型	pǔjíxíng	basic model
家庭型	jiātíngxíng	family option
双核	shuānghé	dual CPU
宽屏	kuānpíng	wide screen
蓝牙	lányá	Bluetooth
摄像头	shèxiàngtóu	camera
内存	nèicún	memory
硬盘	yìngpán	hard disk
品牌	pǐnpái	brand

Diànnǎo Bùjiàn

二、电脑部件 Computer Components

Chángyòng Jùxíng
常用句型　Useful Expressions

Zhè tái diànnǎo zhǔjī xínghào tài lǎo le .
这台电脑主机型号太老了。
The mainframe of this model is too old.

Zhè zhǒng xínghào de diànnǎo yìngpán shì duō shao G de?
这种型号的电脑硬盘是多少 G 的？
How many gigabytes is the hard disk of this model?

Zhè tái diànnǎo yìngpán cúnchǔliàng hěn dà .
这台电脑硬盘存储量很大。
This computer has a large hard disk memory.

Zhè tái diànnǎo de cāozuòxìtǒng shì Windows XP ma?
这台电脑的操作系统是 Windows XP 吗？
Is the operating system Windows XP?

Wǒ de diànnǎo chóngxīn zhuāngle Windows XP .
我的电脑重新装了 Windows XP。
I've reinstalled Windows XP on my computer.

Yòng XP shàngwǎng gèng fāngbiàn
用 XP 上网更方便。
XP makes it more convenient to use the Internet.

Xiǎnshìqì háishi dà diǎnr de hǎo .
显示器还是大点儿的好。
Bigger monitors are better.

Zhège xiǎnshìpíng shì yèjīng de ma?
这个显示屏是液晶的吗？
Is this an LCD monitor?

Zhè zhǒng yèjīng xiǎnshìqì qīngxīdù hěn gāo.
这 种 液晶 显示器 清晰度 很 高。
This LCD monitor has a very high definition display.

Wǒ xiǎng huàn yí gè wúxiàn shǔbiāo.
我 想 换一个无线 鼠标。
I want to change this mouse to a wireless one.

Guāngdiàn shǔbiāo hěn fāngbiàn, wǒ yào huàn yí gè guāngdiàn shǔbiāo.
光 电 鼠标 很 方便，我 要 换一个 光 电 鼠标。
An optical mouse is very convenient. I want to get one.

三、 Dǎyìnjī 打印机 Printers

☕ | Chángyòng Jùxíng
常 用 句型 **Useful Expressions**

Zhèshì zuì xīnxíng de dǎyìnjī.
这是 最新型 的 打印机。
This is the latest model printer.

Zhèshì jīguāng dǎyìnjī.
这是 激光 打印机。
This is a laser printer.

Jīguāng dǎyìnjī xiàoguǒ hěn hǎo.
激光 打印机 效果 很 好。
Laser printers generally print better quality documents.

Pēnmò dǎyìnjī piányi dànshì mòhé tài guì.
喷墨 打印机 便宜，但是 墨盒 太 贵。
Ink jet printers are cheaper, but the cartridges are too expensive.

Zhè tái dǎyìnjī sùdù tài màn.
这台 打印机 速度 太 慢。
This printer is too slow.

Dǎyìn de bú tài qīngchu.
打印 得 不太 清 楚。
This printer doesn't print very clearly.

四、 Sǎomiáoyí 扫描仪 Scanners

☕ | Chángyòng Jùxíng
常 用 句型 **Useful Expressions**

Wǒ de diànnǎo pèile sǎomiáoyí.
我的 电 脑 配了 扫描仪。
I connected a scanner to my computer.

Bāng wǒ sǎo jǐ zhāng zhàopiàn hǎo ma?
帮 我 扫 几 张 照 片 好 吗?
Will you help me scan some pictures?

Sǎomiáo hòu fā gěi wǒ hǎo ma?

扫 描 后 发给 我 好 吗？

Can you scan them and send them to me?

Sǎomiáo hòu cúnpán le ma?

扫 描 后 存盘 了 吗？

Did you save it after you scanned it?

Yòng sǎomiáoyí kěyǐ fùyìn ma?

用 扫描仪 可以 复印 吗？

Can I make photocopies with the scanner?

Duìhuà 对话 Conversation

Nǐ de diànnǎo yǒu sǎomiáoyí ma?

A: 你的 电脑 有 扫描仪 吗？

Does your computer have a scanner?

Yǒu, wǒ gāng pèile yì tái.

B: 有，我 刚 配了一台。

Yes, I just got one.

Néng bāng wǒ sǎo jǐ zhāng zhàopiàn ma?

A: 能 帮 我 扫几 张 照片 吗？

Can you help me scan some pictures?

Méi wèntí nálái ba.

B: 没 问题，拿来 吧。

No problem, bring them to me.

Xièxie.

A: 谢谢。

Thanks.

Cānkǎo Cíhuì 参考词汇 Vocabulary

显卡	xiǎnkǎ	graphics card
声卡	shēngkǎ	sound card
中央处理器（CPU）	zhōngyāng chǔlǐqì	CPU (central processing unit)
显示器	xiǎnshìqì	monitor
键盘	jiànpán	keyboard
光电鼠标	guāngdiàn shǔbiāo	optical mouse
无线鼠标	wúxiàn shǔbiāo	wireless mouse
音响	yīnxiǎng	sound system
电源	diànyuán	power
移动硬盘	yídòng yìngpán	removable hard drive
闪存（U盘）	shǎncún (U pán)	(USB) flash drive

Diànzǐ Wéndàng
五、电子文档 E-documents

Chángyòng Jùxíng
常 用 句型 Useful Expressions

Zhōngwén dǎzì yǒu jǐ zhǒng fāngfǎ?
中 文 打字 有 几 种 方法?

How many options does it have for typing in Chinese?

Zuì jiǎndān de fāngfǎ shì nǎ zhǒng?
最 简单 的 方法 是 哪 种 ?

Which method is the easiest?

Zhōngwén dǎzì kěyǐ yòng 'Wēiruǎn pīnyīn shūrùfǎ', 'Zhìnéng ABC',
中 文 打字 可以 用 "微 软 拼音 输入 法", "智 能 ABC",
'Quánpīn shūrùfǎ' děng fāngfǎ.
"全 拼 输入法" 等 方法。

Options for typing in Chinese include Microsoft Pinyin, Intelligent ABC, Full Pinyin, etc.

Tā dǎzì hěn kuài.
她打字 很 快。

She types very quickly.

Tā dǎ wénjiàn yòu kuài yòu hǎo.
她打文件 又 快 又 好。

She types quickly and accurately.

Néng gàosu wǒ zěnme zhìzuò túbiǎo ma?
能 告诉我 怎么 制作 图表 吗?

Can you tell me how to make tables and graphs?

Zuò gōngzuò bàobiǎo, yòng Excel jiù kěyǐ.
做 工 作 报 表, 用 Excel 就可以。

You can use Excel to make worksheets.

Zhè fèn wénjiàn yòng jǐ hào zì dǎ?
这 份 文 件 用 几 号字打?

Which font size should I use for this document?

Zhèyàng de hángjù kěyǐ ma?
这 样 的 行距可以吗?

Is this line spacing OK?

Zhèli yàoshi néng chārù yì zhāng túpiàn gèng hǎo.
这里要是 能 插入一 张 图片 更 好。

It would be better if a picture was inserted here.

Biāotí yīnggāi gèng xǐngmù yìxiē.
标题应该 更 醒目一些。

The headline should be more eye-catching.

Biāotí yòng sān hào zì ba.
标题 用 三 号字吧。

Use a font size of three for the heading.

Nǐ juéde zěnme páibǎn gèng hǎo yìxiē?
你觉得怎么 排版 更 好 一些?

How do you think we can improve the layout?

Yòng A4　háishi　B5　zhǐ dǎyìn？
用 A4 还是 B5 纸打印？

Do we print on A4 or B5 sized paper?

Wǒ de zhè fèn wénjiàn zhǎo bu dào le，nǐ néng bāng wǒ zài kǎobèi yí fèn ma？
我的这份文件找不到了，你能帮我再拷贝一份吗？

I cannot find this document. Can you help me make a new copy of it?

Zhè fèn wénjiàn nǐ yǒu bèifèn ma？
这份文件你有备份吗？

Do you have a back-up copy of this document?

Dǎhǎo de wénjiàn yídìng yào yǒu bèifèn．
打好的文件一定要有备份。

You must save back-up copies of printed documents.

Zhè fèn wénjiàn nǐ cún zài nǎr le？
这份文件你存在哪儿了？

Where did you save this document file?

Zhè fèn wénjiàn wǒ cún zài zhège U pán li le．
这份文件我存在这个 U 盘里了。

I saved this document on this USB flash drive.

Duìhuà 对话　Conversation

A:
Wǒ xiǎng zhīdào zěnyàng yòng diànnǎo dǎ Zhōngwén gèng kuài gèng fāngbiàn．
我想知道怎样用电脑打中文更快更方便。

I would like to know the fastest and most convenient method of typing Chinese.

B:
Zhège bìng bù nán．
这个并不难。

That is not hard.

A:
Nǐ yòng shénme shūrùfǎ？
你用什么输入法？

Which Chinese language input method do you use?

B:
Wǒ xíguàn yòng Quánpīn shūrùfǎ，bǐjiào kuài，shōurù de Hànzì yě duō．
我习惯用全拼输入法，比较快，收入的汉字也多。

I'm used to using Full Pinyin. It's faster and has a bigger word bank.

A:
Zhìnéng ABC hé Wēiruǎn pīnyīn shūrùfǎ zěnmeyàng？
智能 ABC 和微软拼音输入法怎么样？

How about Intelligent ABC and Microsoft Pinyin?

B:
Zhìnéng ABC shìhé chū xué Zhōngwén de rén，huì Hànyǔ pīnyīn jiù xíng．
智能 ABC 适合初学中文的人，会汉语拼音就行。

Intelligent ABC is for beginners of Chinese. You can use it as long as you know pinyin.

Cānkǎo Cíhuì
☀ 参考词汇 Vocabulary

程序	chéngxù	program
收藏夹	shōucáng jiá	favourites
文件夹	wén jiàn jiá	folder
桌面	zhuōmiàn	desktop
文档	wéndàng	document
设置	shèzhì	setting
编辑	biān jí	to edit
复制	fùzhì	to copy
剪切	jiǎnqiē	to cut
粘贴	zhāntiē	to paste
删除	shānchú	to delete
选择	xuǎnzé	to select
全选	quán xuǎn	to select all
查找	cházhǎo	to find
替换	tìhuàn	to replace
撤消	chèxiāo	to undo
插入	chārù	to insert
光标	guāngbiāo	cursor
打印预览	dǎyìn yùlǎn	print preview
全屏	quán píng	full screen
工具条	gōng jùtiáo	tool bar
标尺	biāochǐ	ruler
图形	túxíng	graphics
退出	tuìchu	to exit
刷新	shuāxīn	to refresh
主页	zhǔyè	homepage
搜索	sōusuǒ	to search
运行	yùnxíng	to run
单击	dān jī	click
双击	shuāng jī	double click
关闭	guānbì	to close

系统	xìtǒng	system
控制面板	kòngzhì miànbǎn	control panel
菜单	càidān	menu
重新启动	chóngxīn qǐdòng	to restart
切换	qiēhuàn	to switch
链接	liànjiē	link
拷贝	kǎobèi	copy

六、电子邮件 E-mails
Diànzǐ Yóujiàn

常用句型 Useful Expressions
Chángyòng Jùxíng

Nǐ zěnme shàngwǎng?

你怎么 上 网？

What kind of Internet connection do you use?

Wǒ jiā zhuāngle kuāndài,　shàngwǎng hěn kuài.

我家装了 宽带，　上 网 很快。

I use broadband, it has a very fast connection speed.

Nǐ yě kěyǐ yòng diànhuàxiàn bōhào shàngwǎng.

你也可以 用 电话线 拨号 上 网 。

You can also use a telephone line for a dial-up modem connection.

Nǎge wǎngzhàn de miǎnfèi diànzǐ yóuxiāng róngliàng dà?

哪个 网 站 的 免费 电子 邮 箱 容 量 大？

Which website provides a free e-mail service with a large amount of storage space?

Wǒ yǐjīng zài Xīnlàngwǎng zhùcèle yí gè yóuxiāng.

我已经在 新浪 网 注册了 一个 邮箱 。

I've already registered an e-mail address with sina.com.

Kěyǐ gàosu wǒ nǐ de e-mail dìzhǐ ma?

可以告诉我你的 e-mail 地址吗？

May I have your e-mail address?

Nǐ shōudào wǒ gěi nǐ fā de e-mail le ma?

你收 到 我 给你发的 e-mail 了吗？

Did you receive the e-mail I sent you?

Qǐng nǐ mǎshàng gěi kèhù fā yì fēng diànzǐ yóujiàn.

请你马 上 给客户发一封 电子邮件。

Please send an e-mail to our client right away.

Xièxie nǐ fā gěi wǒ de diànzǐ hèkǎ.

谢谢你发给 我的电子贺卡。

Thank your for the e-card you sent me.

Wǒ bǎ nǐ de yóuxiāng dìzhǐ xiěcuò le,　xìn bèi tuì huílái le.

我把你的 邮 箱 地址写错了，信被退回来了。

I got your e-mail address wrong, and my e-mail was returned.

Zhè fèn wénjiàn wǒ yòng fùjiàn fā gěi nǐ.
这 份 文 件 我 用 附件发给你。
I'll send the document to you in an attachment.

Nǐ dǎkāi fùjiàn shí, yàojiǎnchá yíxiàr yǒu méiyǒu bìngdú.
你打开附件时，要检查一下儿有没有病毒。
When you open an attachment, check if it has virus.

Fùjiàn wǒ shōudào le, kěshì wǒ dǎ bu kāi.
附件我 收 到 了，可是我 打不开。
I received the attached document, but cannot open it.

Lājī yóujiàn tài duō le.
垃圾邮件太多了。
There is too much junk mail.

Shōudào lājī yóujiàn kěyǐ mǎshàng shāndiào.
收 到 垃圾邮件可以马 上 删 掉。
You can delete junk mail as soon as you receive it.

Lājī yóujiàn kěyǐ yòng jùshōu gōngnéng jùshōu.
垃圾邮件可以用 拒 收 功 能 拒 收 。
You can use the filters to reject or block junk mail.

☕ | Duìhuà
对话 Conversation

A: Xīwàng wǒmen jǐnhòu bǎochí liánxì.
希 望 我们 今后 保持联系。
I hope we can keep in touch in the future.

B: Wǒ yě zhèyàng xiǎng. Zhè shì wǒ de diànhuà hé e-mail dìzhǐ.
我也这样 想 。这是我的电话和 e-mail 地址。
Me too. This is my telephone number and e-mail address.

A: Zhè shì wǒ de míngpiàn, nín kěyǐ dǎ diànhuà huòzhě gěi wǒ fā e-mail.
这 是 我的 名 片，您可以 打电话 或者 给我发 e-mail。
This is my business card. You can call me or e-mail me.

B: Nín yìbān shénme shíhou shàngwǎng?
您 一般 什么 时候 上 网 ？
When do you usually use the Internet?

A: Wǒ měi tiān zǎoshang hé wǎnshang dōu shàngwǎng.
我 每 天 早 上 和 晚 上 都 上 网 。
I am online every morning and evening.

B: Hǎo, wǒ yídìng gěi nín fā yóujiàn.
好 ，我 一定 给 您发邮件。
OK, I'll definitely e-mail you.

A: Shōudào nín de yóujiàn wǒ kěndìng huí.
收 到 您的邮件我 肯 定 回。
I'll definitely reply to your e-mail.

Cānkǎo Cíhuì
参考词汇 Vocabulary

互联网	hùliánwǎng	the Internet
网站	wǎngzhàn	website
网址	wǎngzhǐ	website
群发	qúnfā	mass posting, e-mail broadcaster
发邮件	fā yóujiàn	to send an e-mail
接收邮件	jiēshōu yóujiàn	to receive an e-mail
转发	zhuǎn fā	to forward an e-mail
垃圾邮件	lājī yóujiàn	junk mail
通讯簿	tōngxùnbù	address book
收件箱	shōujiànxiāng	inbox
发件箱	fājiànxiāng	outbox
删除	shānchú	to delete

Wǎngluò liáotiān,　Yóuxì,　Bókè
七、网络聊天，游戏，博客
Online Chatting, Games and Blogs

Chángyòng Jùxíng
常用句型 Useful Expressions

Wǎngluò Liáotiān
1. 网络聊天 Chatting Online

Bù shǎo rén mí shàngle wǎngshàng liáotiān.
不少人迷上了网上聊天。
A lot of people are addicted to online chatting.

Hěn duō rén chīmí wǎngshàng de xūnǐ shìjiè.
很多人痴迷网上的虚拟世界。
Many people are obsessed with the virtual world on the Internet.

Yǒude rén měi tiān zài liáotiānshì hé wǎngyǒu jiànmiàn.
有的人每天在聊天室和网友见面。
Some people meet their net friends in chat rooms every day.

Nǐ de wǎngmíng jiào shénme?
你的网名叫什么？
What is your online name?

Nǐ hé wǎngyǒu jiànguo miàn ma?
你和网友见过面吗？
Have you met your online friend in person?

Yīnwèi chénmí wǎngshàng liáotiān, tā de jiātíng kuài pòliè le.
因为 沉迷 网 上 聊天，他的家庭 快 破裂 了。
His family is on the brink of breakdown because of his addiction to Internet chatting.

Wǎngluò Yóuxì
2. 网 络 游戏 Playing Online Games

Nǐ xǐhuan wǎngluò yóuxì ma?
你喜欢 网 络 游戏吗？
Do you like playing online games?
Nà dāngrán le, wǒ kě shì wǎngluò yóuxì de gāoshǒu.
那 当 然 了，我可是 网 络游戏的 高 手。
Of course, I'm a master player.
Wǒ bù xǐhuan, wǒ méiyǒu shíjiān.
我不喜欢，我 没有 时间。
I don't like it and I have no time for it.
Yǒuxiē háizi míliàn wǎngluò yóuxì dàole fèiqǐn-wàngshí de dìbù.
有些孩子迷恋 网 络游戏到了 废寝忘食的地步。
Some children are so addicted to playing games that they forget to eat or sleep.
Yǒude háizi wèi cǐ huāngfèile xuéyè.
有的孩子为此荒废了学业。
Some children neglect their studies to play online games.
Yǒude yīyuàn yǐ kāishèle jiè wǎngyǐn de ménzhěn.
有的 医院已开设了戒 网 瘾 的 门诊。
Some hospitals have opened clinics for helping people overcome their Internet addictions.

Bókè
3. 博客 Blogs

Nǐ yǒu bókè ma?
你有 博客吗？
Do you have an online blog?
Wǒ jīngcháng kàn tā de bókè.
我 经 常 看他的博客。
I often read his blog posts.
Zhège yǎnyuán de wōibóguānzhùdù hěn gāo.
这个 演 员 的 微博关注度 很 高。
This actor/actress's microblog has many followers.
Tā de bókè xiě de hěn yǒu yìsi, yě hěn yǒu shuǐpíng.
他的博客写得很 有意思，也 很 有 水平。
His blog is very interesting and well written.

Duìhuà (yī)
对话（1）Conversation 1

Nǐ jīngcháng shàngwǎng liáotiān ma?
A: 你经 常 上 网 聊天吗？
Do you often chat online?

Bú tài jīngcháng, yǒu shíjiān jiù shàngwǎng liáoliao.

B: 不太 经 常，有 时间就上 网 聊聊。

Not too often, just when I have the time.

Nǐ yòng shénme fāngshì?

A: 你用 什么 方式？

How do you chat?

Wǒ cháng qù yǔyīn liáotiānshì. Nǐ ne?

B: 我 常 去语音聊天室。你呢？

I go to chat rooms. How about you?

Wǒ yòng wǎngluò yóuxì.

A: 我 用 网络游戏。

I play online games.

Wǎngluò yóuxì yě kěyǐ liáotiān ma?

B: 网 络游戏也可以聊天 吗？

Can you chat with people through an online game?

Dāngrán, wánjiā men dōu shì hùdòng de.

A: 当 然，玩家们 都是 互动的。

Of course, all the players are interactive.

Yǒu yìsi.

B: 有意思。

That's interesting.

对话（2） Conversation 2

Duìhuà (èr)

Tīngshuō nǐ kāile bókè?

A: 听 说 你开了博客？

I heard you started an online blog?

Shì a, nǐ kànguò le ma?

B: 是啊，你看过了吗？

Yes, have you read it?

Hái méi láide jí bàidú. Nǐ zěnme xiǎngdào xiě bókè de?

A: 还 没 来得及拜读。你怎么 想 到 写博客的？

I haven't had the time. What made you think of writing a blog?

Wǒ xǐhuan mǎ zì, měi tiān yòu yǒu nàme duō yǒu yìsi de shì ràng wǒ xiǎng
dòngbǐ.

B: 我 喜欢码字，每天 又 有那么多 有 意思 的事 让我 想
动笔。

I like writing, and every day there are so many interesting things that
move me to write.

Wǒ zhīdào nǐ de wénbǐ hěn bàng, diǎnjǐ de rén yídìng hěn duō ba?

A: 我 知道你的 文笔 很 棒，点击的人 一定 很 多 吧？

I know you have a great writing style. Do you get a lot of hits?

Hái xíng. Kànle tí tí yìjiàn.

B: 还 行。看了提提意见。

I'm not doing too badly. Give me your feedback after you read it.

Hǎo.
A: 好。
OK.

Cānkǎo Cíhuì
☀ 参考词汇 Vocabulary

网友	wǎngyǒu	Internet friend
网恋	wǎngliàn	cyber love, cyber date
网瘾	wǎngyǐn	Internet addiction
戒	jiè	to give up
聊天室	liáotiānshì	chat room
点击	diǎnjī	hit
网络游戏	wǎngluò yóuxì	online game
虚拟世界	xūnǐ shìjiè	virtual world
博客	bókè	blog
微博	wēibó	microblog

Wǎngluò Sōusuǒ hé Xiàzǎi
八、网络 搜索和下载 Internet Searches and Downloads

Chángyòng Jùxíng
☕ 常 用 句型 Useful Expressions

Zhè jǐ tiān diǎnjīlǜ zuì gāo de shì shénme?
这几天 点击率 最 高的 是 什么？
What is the hottest thing online these days?

Shàngwǎng sōusuǒ yíxiàr, jiù zhīdào le.
上 网 搜索 一下儿，就 知道了。
You'll find out by surfing the net.

Nǐ xiǎng liǎojiě shénme qíngkuàng, bú yòng wèn biéron, shàngwǎng sōusuǒ
你 想 了解 什么 情 况，不用 问 别人，上 网 搜索
yíxiàr jiù xíng le.
一下儿就 行了。
If there is anything you want to know about, just search for it on the net. There is no need to ask others.

Wǒ xǐhuan wǎngshàng gòu wù.
我 喜欢 网 上 购 物。
I like online shopping.

Shàng 'Táobǎowǎng' liúlǎn yíxiàr, zhǔn néng zhǎodào nǐ xǐhuan de dōngxi.
上 "淘 宝 网" 浏览一下儿，准 能 找 到你喜欢的 东西。
Browse Taobao.com, I'm sure you will find a great bargain on something you like.

Xiǎng zhǎo piányi de jiǔdiàn, dào wǎng shang sōu yíxiàr, mǎshàng jiù yǒu dá'àn le.
想 找 便宜 的 酒店，到 网 上 搜 一下儿，马上 就 有 答案 了。

If you want to find budget accommodation, just search the net and you'll find some.

Yǒuguān bànlǐ qiānzhèng de zuìxīn xiāoxi, zài dàshǐguǎn wǎngzhàn de zhǔyè shang
有 关 办理 签 证 的 最新 消息，在 大 使 馆 网 站 的 主页 上

yǒu xiángxì shuōmíng.
有 详细 说 明。

As for the latest news concerning visa applications, there is detailed information on the homepage of the embassy.

Zhège ruǎnjiàn shì cóng nǎr xiàzǎi de?
这个 软 件 是 从 哪儿 下载 的？

Where did you download this software?

Jìnrù Wēiruǎn de zhǔyè jiù kěyǐ miǎnfèi xiàzǎi.
进入 微 软 的 主页 就 可以 免费 下载。

Just log onto the homepage of Microsoft, then you can download it for free.

Xiàzǎi sùdù tài màn le.
下载 速度 太 慢 了。

The download speed is too slow.

Wénjiàn tài dà, xiàzǎi bu liǎo.
文 件 太 大，下载 不 了。

The document is too big to be downloaded.

Zhè shǒu gē tài hǎotīng le, wǒ yǐjīng xiàzǎi le.
这 首 歌 太 好听 了，我 已经 下载 了。

This song is so sweet. I've already downloaded it.

Wǒ yǐjīng xiàzǎi le, kěshì dǎ bu kāi.
我 已经 下载 了，可是 打 不 开。

I've downloaded it, but cannot open it.

Duìhuà（yī）对话（1） Conversation 1

Gǎnkuài dǎkāi diànnǎo, shàngwǎng.
A: 赶 快 打开 电脑， 上 网。

Quickly, turn on your computer and get online.

Chū shénme shì le?
B: 出 什 么 事 了？

What happened?

Gāng tīngshuō Zhōngguó Sìchuān fāshēng dà dìzhèn le.
A: 刚 听 说 中 国 四 川 发生 大 地震 了。

I just heard Sichuan was hit by a terrible earthquake.

Gǎnjǐn shàngwǎng sōu yíxiàr.
B: 赶紧 上 网 搜 一下儿。

Let's search the news online.

Kuài kàn, zhème duō tiáo xiāoxi, dōu shì guānyú Sìchuān dìzhèn de.
A: 快 看，这么 多 条 消息，都 是 关于 四川 地震 的。

Look, so many news items, all about the Sichuan earthquake.

Dìzhèn gāng fāshēng liǎng gè xiǎoshí， zǒnglǐ yǐjīng qù le.
B: 地震 刚 发生 两个小时， 总理 已经 去了。
It only happened two hours ago, and the Premier is already there.

Zhèngfǔ dòngzuò tài kuài le.
A: 政府 动作 太 快了。
The government responded very promptly.

Kànlái zhè cì dìzhèn shāngwáng cǎnzhòng.
B: 看来 这次地震 伤 亡 惨 重 。
It seems that this earthquake has caused heavy casualties.

Duìhuà （èr）
对话（2） **Conversation 2**

Wèn nǐ yí gè wèntí.
A: 问 你一个问题。
Let me ask you a question.

Qǐng jiǎng.
B: 请 讲 。
Go ahead.

Ōu-Méng xiànzài yígòng yǒu duōshao gè guójiā?
A: 欧 盟 现在 一共 有 多 少 个国家?
How many member states altogether does the EU have?

Zhè wǒ hái zhēn shuō bu shànglái， wǒ bāng nǐ shàngwǎng cháchá.
B: 这 我 还 真 说 不 上 来， 我 帮 你 上 网 查查 。
I really don't know. Let me help you find out on the Internet.

Hǎo a.
A: 好 啊。
OK.

Cānkǎo Cíhuì
参考词汇 Vocabulary

浏览	liúlǎn	to browse
下载	xiàzǎi	to download
视频	shìpín	video clip

Diànnǎo Gùzhàng yǔ Wéixiū
九、电脑 故障与维修
Computer Breakdowns and Trouble-shooting

Chángyòng Jùxíng
常 用 句型　Useful Expressions

Qǐdòng Gùzhàng
1. 启 动 故 障　Trouble Starting a Computer

Diànnǎo wúfǎ qǐdòng le .
电 脑 无法 启 动 了。
The computer won't start.

Dǎkāi diànnǎo yǐhòu , xiǎnshìpíng shì hēi de .
打开 电 脑 以后， 显 示 屏 是 黑 的。
After I turn on the computer all I can see is a black screen.

Xìtǒng tānhuàn le .
系统 瘫 痪 了。
The system has collapsed.

Sùdù Biàn Màn
2. 速度变 慢　Slow Processing Or Internet Speed

Diànnǎo de sùdù tūrán màn le , zěnme huí shì?
电 脑 的 速度 突然 慢 了，怎么 回 事?
My computer speed slowed down suddenly. What happened?

Bōhào shàngwǎng de sùdù tūrán biàn màn le .
拨号 上 网 的 速度 突然 变 慢 了。
The Internet access speed suddenly slowed down.

Sùdù tūrán biàn màn , shì bu shì yǒu bìngdú le ? Zěnme bàn?
速度 突然 变 慢，是不是 有 病毒 了? 怎么 办?
The computer suddenly became very slow. Is it because of a virus? What shall I do?

Xiǎnshìqì Gùzhàng
3. 显示器 故 障　Monitor Problems

Xiǎnshìqì yǒu wèntí le .
显示器 有 问题 了。
There is a problem with the monitor.

Xiǎnshìqì méiyǒu huàmiàn le .
显示器 没有 画 面 了。
The monitor went blank.

Xiǎnshìqì zǒng chūxiàn tiáowén .
显示器 总 出现 条纹。
There are always these stripes on my monitor.

Xiǎnshìqì lǎo zài shǎn , shì zěnme huí shì?
显示器 老 在 闪，是 怎么 回 事?
The monitor is flashing all the time. Why is that?

Qítā Gùzhàng
4. 其他 故 障 Other Problems

Diànnǎo zǒng shì zìdòng guānjǐ.
电 脑 总 是 自 动 关机。
The computer is constantly shutting itself down.

Diànnǎo zǒng shì chūxiàn yìxiē mòmíngqímiào de tíshì.
电 脑 总 是 出 现 一些 莫 名 其 妙 的 提 示。
The computer constantly brings up strange reminder notices.

Wǒ de diànnǎo sàn rè bù hǎo, kāi yíhuìr jiù rè de hěn.
我 的 电 脑 散 热 不 好, 开一会儿就热得很。
My computer has cooling problems. It becomes hot very quickly.

Diànnǎo Wéixiū
5. 电 脑 维修 Making Computer Repairs

Diànnǎo li yǒu zhòngyào wénjiàn, yídìng yào xiūhǎo.
电 脑 里 有 重 要 文 件, 一 定 要 修 好。
I have important documents on the computer. You must fix it.

Diūdiào de wénjiàn hái néng huīfù ma?
丢 掉 的 文 件 还 能 恢 复 吗?
Can I restore the lost documents?

Xiān jiǎnchá yíxiàr diànyuán jí chāzuò yǒu méiyǒu wèntí.
先 检 查 一下儿 电 源 及 插 座 有 没 有 问题。
First check if there are problems with the power supply or socket.

Xiān duì diànnǎo jìnxíng shā dú.
先 对 电 脑 进行 杀毒。
First run the antivirus software.

Shāndiào suǒyǒu ruǎnjiàn, chóngxīn ānzhuāng yíxiàr.
删 掉 所 有 软 件, 重 新 安 装 一下儿。
Delete all the software and then reinstall it.

Yìngpán zāodào yánzhòng pòhuài, děi huàn le.
硬 盘 遭 到 严 重 破 坏, 得 换 了。
The hard disk was severely damaged. It has to be changed.

Yěxǔ bú shì diànnǎo de wèntí, shì wǎngluò sùdù màn.
也 许 不 是 电 脑 的问题, 是 网 络 速度 慢。
Maybe it's not that there's a problem with the computer, there's just slow Internet service.

Sòng wéixiūzhàn qù xiū ba.
送 维修 站 去 修 吧。
Send it to the repair shop.

Qǐng zhuānyè rényuán shàngmén lái xiū ba.
请 专 业 人 员 上 门 来修吧。
Let's ask a professional to come and fix it.

Zhè tái diànnǎo méi fǎ xiū le.
这 台 电 脑 没法修了。
This computer is beyond repair.

Bìngdú hé Shā Dú
6. 病毒和杀 毒 Computer Viruses and Virus Removal

Wǒ de diànnǎo rǎnshang bìngdú le .
我的电脑 染上 病毒了。
My computer has a virus.

Zhè tái diànnǎo sùdù zhème màn, shì bu shì yǒu bìngdú le?
这台电脑速度这么 慢，是不是有病毒了?
Why is this computer so slow? Is it due to a virus?

Zhè tái diànnǎo yǒu hǎo jǐ ge bìngdú .
这台电脑 有好几个病毒。
There are several viruses on this computer.

Zhège xìtǒng bèi bìngdú pòhuài le .
这个系统被病毒破坏了。
This system was disrupted by a virus.

Gǎnrǎn bìngdú, huì gěi yònghù dàilái yánzhòng de sǔnshī .
感染 病毒，会给用户带来 严 重的损失。
Once a computer is infected with a virus the computer's user may suffer great losses.

Yòng shā dú ruǎn jiàn shìshi .
用 杀毒软件试试。
Try to run the antivirus software.

Yídìng yào dìngqī chá shā bìngdú .
一定 要定期查杀病毒。
Be sure to scan for and remove viruses regularly.

Shā dú ruǎn jiàn yào dìngqī shēng jí .
杀毒软件 要定期升级。
Antivirus software needs to be updated regularly.

Jíshí ānzhuāng zuì xīn xìtǒng bǔdīng, bìmiǎn bìngdú tōngguò xìtǒng lòudòng rùqīn
及时安装 最新系统补丁，避免病毒通过系统漏洞入侵
diànnǎo.
电脑。
Install the latest system patches in a timely manner to avoid computer viruses attacking through system loopholes.

Dìngshí shā dú bìng kāiqǐ shíshí jiānkòng gōngnéng, fángzhǐ bìngdú gǎnrǎn
定时 杀毒并开启实时监控 功 能，防止病毒感染
jìsuànjī .
计算机。
Run antivirus software regularly and turn on real-time system monitors to prevent a computer from being infected by a virus.

Dìngshí shèzhì xìtǒng huányuándiǎn hé bèifèn zhòngyào wénjiàn .
定时 设置系统还原点和备份重要文件。
Set the system restore program to run regularly and backup important documents.

Duìhuà 对话 Conversation

A: Wǒ de diànnǎo yòu sǐjī le .
我 的 电 脑 又 死机了。
My computer crashed again.

B: Wǒ bāng nǐ kànkan .
我 帮 你 看看。
Let me have a look.

A: Zuìjìn zǒng shì zhèyàng .
最近 总 是 这 样。
It has happened a lot recently.

B: Wǒ yě wúnéngwéilì . Zhǎo zhuānyè rényuán lái kànkan ba
我 也 无能为力。 找 专 业 人 员来看看吧。
I can't fix it either. Let's get a professional to help.

A: Zhǐhǎo gěi tāmen dǎ diànhuà le .
只 好 给 他们 打 电 话了。
It seems we have no choice but call the professional.

Cānkǎo Cíhuì 参考词汇 Vocabulary

反应	fǎnyìng	response
瘫痪	tānhuàn	to collapse
屏蔽	píngbì	to shield
恶意	èyì	malice
入侵	rùqīn	to invade
散热	sàn rè	to dissipate heat; cooling
升级	shēngjí	to upgrade
漏洞	lòudòng	loophole
监控	jiānkòng	to monitor and control

Dì-èrshí'èr Piān　　Lǚyóu
第二十二篇　旅游

Chapter 22　Travelling

Lǚyóu Jìhuà
一、旅游计划

 Chángyòng Jùxíng
常　用　句型　Useful Expressions

Lǚyóu Xìnxī Zīxún
1. 旅游信息咨询 Travel Information Enquiries

Shèngdàn Jié qījiān qù nǎr lǚyóu hǎo?
圣诞节期间去哪儿旅游好？
Where is a good tourist destination to go to during the Christmas holiday?

Qù Hā'ěrbīn kàn bīngdēng, huáxuě dōu bú cuò.
去哈尔滨看冰灯，滑雪都不错。
Going skiing and enjoying the ice lanterns in Harbin is a good idea.

Wǎng nán kěyǐ qù Xiānggǎng, Àomén.
往南可以去香港、澳门。
You can head to Hong Kong and Macao in the south.

Wǎng nán wǒmen kěyǐ qù Tàiguó, Yuènán, Jiǎnpǔzhài.
往南我们可以去泰国、越南、柬埔寨。
Going south, we can go to Thailand, Vietnam and Cambodia.

Fùhuó Jié qù Yúnnán shì yì nián zhōng zuì hǎo de shíjiān, bù lěng bú rè yě bú xià yǔ.
复活节去云南是一年中最好的时间，不冷不热也不下雨。
Easter will be the best time to visit Yunnan. The weather then is neither cold nor hot and it doesn't rain as much.

Chūntiān hé qiūtiān kěyǐ qù Sūzhōu, Hángzhōu.
春天和秋天可以去苏州、杭州。
During the spring and autumn seasons you can go to Suzhou and Hangzhou.

Zǎo jiù tīng rén shuō, 'shàng yǒu tiāntáng, xià yǒu Sū-Háng', yídìng yào qù Sū-Háng kànkan.
早就听人说，"上有天堂，下有苏杭"，一定要去苏杭看看。
I've long heard the saying "Suzhou and Hangzhou are as beautiful as paradise." I must visit these two places.

Tīng péngyou shuō, Sìchuān yǒu hěn duō hǎowánr de dìfang.
听朋友说，四川有很多好玩儿的地方。
My friend says there are lots of tourist attractions in Sichuan.

Hái kěyǐ dào Chóngqìng zuò chuán yóu Sānxiá ne .
还可以到 重 庆 坐 船 游 三峡呢。
You can also go to Chongqing to visit the Three Gorges by boat.

Chūn qiū qù Guǎngxī de Guìlín hé Yángshuò lǚyóu , fēng jǐng zhēn shì rúshī-rúhuà .
春 秋 去 广 西 的 桂林和阳 朔 旅游，风 景 真 是如诗如画。
Guilin and Yangshuo in Guangxi offer picturesque views in spring and autumn.

Xiàtiān qù Xīzàng hé Xīnjiāng bǐ jiào hǎo .
夏天去西藏和新 疆 比较好。
It's better to go to Tibet and Xinjiang in summer.

Wǒ gěi lǚxíngshè dǎ diànhuà zīxún yíxiàr .
我 给 旅行社 打 电 话咨询一下儿。
I will call a travel agency to make some enquiries.

Wǒmen yě kěyǐ zài wǎng shang chá yì chá , gèng fāngbiàn .
我们也可以在 网 上 查一查，更 方便。
We can also find information online. It's more convenient.

Wǒ qù chá yíxiàr bàozhǐ de lǚyóu bǎn , néng dédào yìxiē xìnxī .
我去查一下儿报纸的旅游版，能 得到一些信息。
I will check out the travel columns in the newspapers to get some information.

Wǒmen hái yào zīxún yíxiàr Shèngdàn Jié qījiān dāngdì de qìhòu hé tiānqì
我 们 还 要 咨询一下儿圣 诞节 期间当地的气候和天气
qíngkuàng .
情 况 。
We also need to find out the climate and weather conditions of our destination during Christmas holiday.

Nàli xiànzài shì yǔjì , bú tài shìyí lǚyóu .
那里现在是雨季，不太适宜旅游。
It's the rainy season now, not very suitable for travelling.

Quèdìng Lǚyóu Mùdìdì . Xíngchéng , Fāngshì
2. 确 定旅游目的地、 行 程 、方式 Choosing a Destination, Creating an Itinerary and Organising Transportation

Wǒmen qù Hǎinán Sānyà , shuāng fēi , shíjiān shì wǔ tiān .
我 们 去海南三亚， 双 飞， 时间是五天。
We're going to go to Sanya in Hainan, taking return flights for a 5-day trip.

Wǒmen qù Xīzàng , yì fēi yí wò , bā tiān .
我 们 去西藏， 一飞一卧， 八 天 。
We're going to Tibet for eight days, flying one way and taking a sleeper train the other.

☞ Note: 飞 fēi refers to a plane, and 卧 wò to a sleeper carriage. 双 飞, shuāngfēi refers to take a return journey by plane, and 一飞一卧 yì fēi yí wò means to travel one way by plane, one way by train.

Wǒmen xiǎng zìyóuxíng, yóu lǚxíngshè dìng jīpiào hé jiǔdiàn, qítā zìjǐ juédìng.
我们 想 自由行，由 旅行社 订机票和酒店，其他自己决定。
We want to plan our own holiday. The travel agency can take care of the air tickets and hotels and the rest can be left up to us.

Wǒmen shì wánquán de zìyóuxíng, zǒudào nǎr suàn nǎr, yíqiè zìjǐ bàn.
我们 是 完全的自由行，走到哪儿算哪儿，一切自己办。
We're completely independent travellers with no fixed itineraries. We just go at our own pace.

Nǐmen shìfǒu zài wǎng shang yǐjīng bǎ jī piào hé jiǔdiàn dōu dìnghǎo le?
你们 是否 在 网 上 已经把机票和酒店 都 订好了?
Have you already booked the plane tickets and the hotel online?

Lǚxíngshè fùzé dìng wǎngfǎn jī piào hé jiǔdiàn.
旅行社负责订 往返机票和酒店。
The travel agency only takes care of the return tickets and the hotels.

Wǒ xiǎng zuò ge 'bēibāokè'.
我 想 做个"背包客"。
I want to be a backpacker.

☕ Duìhuà 对话　Conversation

Fùhuó Jiékuài dào le, wǒmen qù nǎr wánr?
A: 复活节 快 到 了，我们 去哪儿玩儿?
The Easter holiday is coming up. Where shall we go?

Jīnnián Fùhuó Jié wǒmen yìqǐ qù Yúnnán, zěnmeyàng?
B: 今年复活节我们一起去云南，怎么样?
How about going to Yunnan together?

Wǒ zǎo jiù xiǎng qù Yúnnán le.
A: 我早就 想 去云南了。
I've wanted to go to Yunnan for a long time.

Wǒ yě tèbié xiǎng qù Yúnnán. Jiùshì bù zhīdào sān yuè dǐ sì yuè chū nàli tiānqì zěnmeyàng.
C: 我也特别 想 去云南。就是不知道三月底四月初那里天气怎么样。
I would also love to go, but I wonder what the weather there is like between March and April.

Zhège shíhou shì qù Yúnnán de zuì hǎo shíjī, bùróng cuòguò.
B: 这个时候是去云南的最好时机，不容错过。
This is the best time to go to Yunnan. We should not miss this chance to go.

Wǒmen zěnme qù? Zìyóuxíng háishi gēn lǚxíngshè zǒu?
A: 我们 怎么去? 自由行还是 跟 旅行社 走?
How shall we go then? Shall we take a package that just covers transportation and accommodation or a package organised by a travel agency that takes care of everything?

Wǒmen zìjǐ dìnghǎo lǚxíng lùxiàn, ràng lǚxíngshè qù zuò.
C: 我们自己定好旅行路线，让旅行社去做。
I would prefer planning our own itinerary, and having a travel agency take care of the rest.

Zhèyàng búcuò, shěngxīn, ānquán.
B: 这样 不错，省心，安全。
That's a good idea, trouble free and safe.

Lǚxíngshè yóu wǒ qùzhǎo, lùxiàn wǒ péngyou yǒu xiànchéng de, nǐmen kànkan.
C: 旅行社 由 我 去 找，路线 我 朋友 有 现 成 的，你们 看看。
I'll find a travel agency, and as for an itinerary my friend has a ready one here, check it out.

Kūnmíng, Dàlǐ, Lìjiāng, Lúgūhú. Sì fēi, bā tiān.
A: 昆 明、大 理、丽 江、泸沽湖。四飞，八 天。
Kunming, Dali, Lijiang, Luguhu, four flights over eight days.

Búcuò, wǒmen yě zhèyàng zǒu ba.
B: 不错，我 们 也 这样 走 吧。
Not bad, let's follow the same route.

Tóngyì.
A, C: 同意。
OK.

Cānkǎo Cíhuì
✳ 参考词汇 Vocabulary

旅游	lǚyóu	sightseeing
旅行	lǚxíng	travel; to travel
旅行社	lǚxíngshè	travel agency
旅游旺季	lǚyóu wàngjì	high season
旅游淡季	lǚyóu dànjì	low season
组团	zǔ tuán	to form a travel group
参团	cān tuán	to join a group trip
自由行	zìyóuxíng	a package tour covering transportation to and from the destination and accommodation
风景	fēngjǐng	sccncry
风光	fēngguāng	landscape
草原	cǎoyuán	grassland
森林	sēnlín	forest
沙漠	shāmò	desert
山川	shānchuān	mountains and rivers
古城	gǔ chéng	ancient town
如诗如画	rúshī-rúhuà	picturesque

Qiāndìng Lǚyóu Hétong
二、签订旅游合同 Signing a Travel Contract

Chángyòng Jùxíng
常用句型 Useful Expressions

Qiān Hétong
1. 签合同 Signing a Contract

Qǐng nín xiān kàn yíxiàr hétong wénběn.
请您先看一下儿合同文本。
Please read the contract first.

Qǐngwèn lǚyóuchē shì yǒu kōngtiáo de ma?
请问旅游车是有空调的吗？
Is the tour coach air-conditioned?

Qǐngwèn zìfèi xiàngmù kěyǐ zìyóu xuǎnzé ma?
请问自费项目可以自由选择吗？
Are the self-paid activities optional?

Lǚxíngshè gěi měi yí wèi cān tuán de yóukè shàng rénshēn yìwài bǎoxiǎn.
旅行社给每一位参团的游客上人身意外保险。
The travel agency will buy accident insurance for everyone in the group.

Lǚxíngshè huì diànhuà tōngzhī dàjiā lái qǔ chū tuán tōngzhī hé chēpiào.
旅行社会电话通知大家来取出团通知和车票。
The travel agency will inform you by telephone when you need to collect your departure notice and tickets.

Chū tuán tōngzhī shang yǒu lǚyóu xíngchéng ānpái.
出团通知上有旅游行程安排。
The departure notice has the itinerary information.

Dìjiēshè dǎoyóu huì shǒu ná tāmen lǚxíngshè de qízi jiē nǐmen.
地接社导游会手拿他们旅行社的旗子接你们。
The local tour guide will be holding a company banner when he meets you.

Rúguǒ lǚtú zhōng yǒu shénme wèntí, dǎoyóu jiějué bu liǎo, kěyǐ gěi shuāngfāng lǚxíngshè dǎ diànhuà.
如果旅途中有什么问题，导游解决不了，可以给双方旅行社打电话。
If any problems arise on the way that the tour guide cannot handle, you can call both the local and international travel agencies.

Rúguǒ lǚxíngshè méiyǒu àn hétong zhíxíng, nín hái kěyǐ tóusù, zhè shì tóusù diànhuà.
如果旅行社没有按合同执行，您还可以投诉，这是投诉电话。
If the travel agency fails to execute the contract, you may call this number to complain.

Qǐng nín bǎ lǚyóu fèiyòng jiāoqīng ba.
请您把旅游费用交清吧。
Please pay the rest of the travel fee.

Zhè shì gěi nín de fāpiào. Zhù nín lǚxíng yúkuài.
这是给您的发票。祝您旅行愉快。
Here is your invoice. Have a nice trip.

对话 Duìhuà Conversation

A:　我们是来签旅游合同和交钱的。
Wǒmen shì lái qiān lǚyóu hétong hé jiāo qián de.
We are here to sign the travel contract and make the payment.

B:　请坐。这是合同，请您看看。
Qǐng zuò. Zhè shì hétong, qǐng nín kànkan.
Have a seat, please. This is the contract, please read it through carefully.

A:　我觉得没什么问题。
Wǒ juéde méi shénme wèntí.
I don't see any problems.

B:　如果没问题，请您在这里签字。
Rúguǒ méi wèntí, qǐng nín zài zhèlǐ qiān zì.
If there are no problems with it, please sign here.

A:　钱款请数一下儿，给我发票。
Qiánkuǎn qǐng shǔ yíxiàr, gěi wǒ fāpiào.
Please check the money and give me an invoice.

B:　好，出团通知我会提前两天给您。
Hǎo, chū tuán tōngzhī wǒ huì tíqián liǎng tiān gěi nín.
OK, we will give you the departure notice two days before you leave.

参考词汇 Cānkǎo Cíhuì Vocabulary

签订	qiāndìng	to sign
权利	quánlì	right
义务	yìwù	obligation
责任	zérén	responsiblity
履约	lǚ yuē	to fulfil/execute the contract
违约	wéi yuē	to breach
解约	jiě yuē	to terminate the contract
赔偿	péicháng	compensation
补救	bǔ jiù	remedy
地接社	dì jiēshè	local travel agency at the destination
出境游	chūjìngyóu	outbound travel
国内游	guónèiyóu	domestic travel
身份证	shēnfènzhèng	ID card
护照	hùzhào	passport

三、订机票、酒店 Booking Plane Tickets and Hotels
Dìng Jīpiào , Jiǔdiàn

☕ 常 用 句 型 Useful Expressions

1. 订机票 Booking Plane Tickets
Dìng Jīpiào

Qǐngwèn , èrshí hào dào Sānyà de fēijī yǒu jǐ bān?
请 问 ，20 号 到 三亚的 飞机有几班？
May I ask how many flights to Sanya there are on the 20th?

Qǐngwèn , zhè yì bān fēijī shì nǎge hángkōng gōngsī de?
请 问 ， 这一班飞机是哪个航空公司的？
Which airline company is this flight with?

Qǐngwèn , jǐ piào kěyǐ dǎzhé ma? Zuì duō dǎ jǐ zhé?
请 问 ， 机票可以打折吗？最多打几折？
Can I have a discounted ticket? How much of a discount can I get?

Wǒ dìng liǎng zhāng èrshí hào qù Sānyà de jīngjìcāng de jīpiào .
我 订 两 张 20 号去三亚的经济舱的机票。
I'd like to book two economy class tickets to Sanya on the 20th.

Wǒ dìng yì zhāng qù Guǎngzhōu de shāngwùcāng de jīpiào .
我 订 一 张去广 州 的商务舱的机票。
I'd like to book one business class ticket to Guangzhou.

Wǒ dìng liǎng zhāng qù Sānyà de wǎngfǎn jīpiào .
我 订 两 张去三亚的往返机票。
I'd like to book two return tickets to Sanya.

Duìbuqǐ , zhè cì hángbān qǔxiāo le , nín kěyǐ gǎi qiān qítā hángbān .
对不起，这次航班 取消了，您可以改 签其他航 班 。
Sorry, this flight has been cancelled; you can switch to another flight though.

Wǒmen zěnme fù qián ne?
我 们 怎么付钱呢？
How do we make the payment?

Nín kěyǐ fù xiànjīn , yě kěyǐ shuā kǎ , hái kěyǐ zài wǎngshang zhīfù .
您可以付现金，也可以刷卡，还可以在 网 上 支付。
You may pay in cash or by card. You may also pay online.

2. 订购 火车票 Booking and Buying Train Tickets
Dìnggòu Huǒchēpiào

Qǐngwèn , huǒchēpiào tíqián jǐ tiān yùshòu?
请 问 ，火车 票 提前几天 预售？
Excuse me, how many days in advance can we buy train tickets?

Qǐngwèn , jiǔdiàn kěyǐ dài dìng huǒchēpiào ma?
请 问 ，酒店可以代 订 火 车 票 吗？
Excuse me, does the hotel offer a ticket booking service?

Wǒmen kěyǐ zài wǎngshang dìng huǒchēpiào ma?
我 们 可以在 网 上 订 火车票吗？
Can we book train tickets online?

Qǐngwèn，dìng yì zhāng huǒchēpiào yàojiāo duōshao shǒuxùfèi?
请 问，订一 张 火车票要交 多 少 手续费?
Excuse me, how much is the service charge for booking a train ticket?

Qǐngwèn，qù Shànghǎi de chēpiào zài nǎge chuāngkǒu mài?
请 问，去上海 的车票 在哪个 窗 口 卖?
Excuse me, which counter sells tickets to Shanghai?

Qǐngwèn，yǒu hòutiān dào Shànghǎi de D zì tóu ruǎnwò chēpiào ma?
请 问，有后天到 上 海 的 D 字头软卧 车票 吗?
Excuse me, do you have tickets for a soft sleeper in a D series CRH train arriving in Shanghai the day after tomorrow?

☞ Note: The initial D is the first letter in the pinyin for multiple-unit trains (动车组 dòngchēzǔ) which are the fastest trains in China.

Kěyǐ mǎi qù Shànghǎi de wǎngfǎn chēpiào ma?
可以买去上海 的往 返 车票 吗?
Can I buy return tickets to Shanghai?

Kěyǐ gěi wǒ liǎng zhāng xià pū de piào ma?
可以给我 两 张 下铺的票 吗?
Can I have two lower berth sleepers? It will be inconvenient for the elders to get up and down the ladders on the upper berths.

Gǎi Qiān，Tuì Piào
3. 改 签，退 票 Changing and Returning Tickets

Duìbuqǐ，wǒmen de huìyì gǎi qī le，wǒ de jī piào kěyǐ gǎi qiān ma?
对不起，我们 的会议改期了，我的机票可以改 签 吗?
Sorry, our meeting was rescheduled. Can I change my flight?

Yīnwèi yìxiē yuányīn，wǒmen qǔxiāole zhè cì xíngchéng，jīpiào néng tuì ma?
因为一些 原因，我们 取消了这次行 程，机票 能 退吗?
Due to various reasons, this trip was cancelled. Can I get my air ticket refunded?

Qǐngwèn，zhè zhāng chēpiào kěyǐ gǎi qiānchéng míngtiān ma?
请 问，这 张 车票可以改 签 成 明天 吗?
Excuse me, can I change this ticket to tomorrow?

Wǒ tuì liǎng zhāng huǒchēpiào.
我退 两 张 火车票。
I would like to return two train tickets.

Dìng Jiǔdiàn
4. 订 酒店 Booking Hotels

Wǒ yào dìng sì xīngjí de jiǔdiàn.
我 要 订四星级的酒店。
I want to book a four-star hotel.

Wǒ xīwàng dìng yí gè lí jīchǎng jìn yìdiǎnr de jiǔdiàn.
我 希望 订一个离机场 近一点儿 的酒店。
I hope to book a hotel near the airport.

Wǒ xīwàng dìng yí gè wèiyú shì zhōngxīn de jiǔdiàn.
我希望订一个位于市中心的酒店。
I hope to book a hotel in the downtown area.

Wǒ xīwàng dìng jǐngqū nèi de jiǔdiàn.
我希望订景区内的酒店。
I hope to book a hotel inside the scenic area.

Qǐngwèn, dìng fángjiān kěyǐ dǎzhé ma?
请问，订房间可以打折吗？
Excuse me, can I get a discount on my reservation?

Zuì duō dǎ jǐ zhé?
最多打几折？
What is the lowest discount I can get?

Xiànzài bú shì lǚyóu wàngjì, zài yōuhuì yìdiǎnr.
现在不是旅游旺季，再优惠一点儿。
It's not the high season. Please give me a better price.

Wǒmen dìng liǎng gè biāozhǔnjiān.
我们订两个标准间。
We want to book two standard rooms.

☛ Note: A standard room in a hotel is generally furnished with two
single beds, a sofa, a desk, a chair, a TV and a telephone. It also has a
private bathroom.

Wǒ yào dìng yí gè dānrénjiān.
我要订一个单人间。
I would like to book a single room.

Wǒ yào dìng yì jiān hǎijǐngfáng.
我要订一间海景房。
I want to book a sea-view room.

Wǒ yào dìng yí gè yǒu shuāngrénchuáng de fángjiān.
我要订一个有双人床的房间。
I would like to book a room with a double bed.

Qǐngwèn, jiǔdiàn èrshísì xiǎoshí yǒu rè shuǐ ma?
请问，酒店24小时有热水吗？
Excuse me, does the hotel have 24 hour hot water?

Qǐngwèn, jiǔdiàn yǒu xīcāntīng ma?
请问，酒店有西餐厅吗？
Excuse me, is there a Western restaurant in the hotel?

Jiǔdiàn yǒu shénme jiànshēn yúlè shèshī ma?
酒店有什么健身娱乐设施吗？
What recreational facilities does the hotel have?

Zhèxiē duì zhùsù kèrén miǎnfèi kāifàng ma?
这些对住宿客人免费开放吗？
Are these facilities open to hotel guests for free?

Qǐngwèn, jiǔdiàn fángjiān li kěyǐ shàngwǎng ma?
请问，酒店房间里可以上网吗？
Excuse me, does the hotel room have Internet access?

Jiǔdiàn dài mài jīpiào hé chēpiào ma?

酒店 代卖 机票和 车 票 吗?

Can we buy air tickets and train tickets from the hotel?

Zài jiǔdiàn néng yùdìng qù jǐngdiǎn de qìchē hé ménpiào ma?

在 酒店 能 预订去景点的汽车和 门 票 吗?

Can we book a car and entrance tickets to scenic spots at the hotel?

Jiǔdiàn chūzū zìxíngchē ma?

酒店 出租 自行车 吗?

Does the hotel provide a bicycle rental service?

Bìxū zhōngwǔ shí'èr diǎn yǐqián tuì fáng ma?

必须 中 午 1 2 点 以前 退 房 吗?

Must I check out before 12 noon?

🍵 Duìhuà 对话 Conversation

A: Qǐngwèn, yǒu xīngqīwǔ wǎnshang qù Qīngdǎo de huǒchēpiào ma?

请 问, 有 星期五 晚 上 去青岛的火车票 吗?

Excuse me, do you have tickets for a train to Qingdao that departs on Friday evening?

B: Nín yào nǎ cì chē de?

您 要 哪次车的?

Which train service would you like?

A: Yǒu D zì tóu de ma?

有 D 字头 的吗?

Are there D-train tickets available?

B: Yǒu.

有。

Yes.

A: Wǒ yào liǎng zhāng.

我 要 两 张 。

OK, I would like two tickets please.

B: Duì buqǐ, zhǐ yǒu ruǎnwò, kěyǐ ma?

对不起,只有 软 卧, 可以 吗?

Sorry, there are only soft sleeper tickets available.

A: Nà zhǐhǎo rúcǐ le.

那 只 好 如此 了。

That's fine.

☀ Cānkǎo Cíhuì 参考词汇 Vocabulary

航空公司	hángkōng gōngsī	airline company
航班	hángbān	flight
商务舱	shāngwùcāng	business class
经济舱	jīngjìcāng	economy class

改签	gǎi qiān	to change (a ticket)
电子机票	diànzǐ jīpiào	e-ticket
春运	chūnyùn	Spring Festival travel season
涨价	zhǎngjià	price rise
列车	lièchē	train
列车员	lièchēyuán	train crew
软卧	ruǎnwò	soft sleeper
硬卧	yìngwò	hard sleeper
硬座	yìngzuò	hard seat
上铺	shàngpù	upper berth
下铺	xiàpù	lower berth
中铺	zhōngpù	middle berth
退票	tuì piào	to get a refund for a ticket
五星级酒店	wǔ xīngjí jiǔdiàn	five-star hotel
海景房	hǎijǐngfáng	sea-view room
标准间	biāozhǔnjiān	standard room
单人间	dānrénjiān	single room
商务中心	shāngwù zhōngxīn	business centre
娱乐设施	yúlè shèshī	recreational facilities
旅馆	lǚguǎn	inn
特快列车（T 字头）	tèkuài lièchē (T zì tóu)	express train (T-train)
旅游列车（Y 字头）	lǚyóu lièchē (Y zì tóu)	tourist train (Y-train)
动车（D 字头）	dòngchē (D zì tóu)	D series CRH train (D-train)
高铁	gāo-tiě	CRH high speed train

四、出行，住宿
Chūxíng， Zhùsù

Setting Off On a Trip and Finding Accomodation

☕ **常 用 句型** Useful Expressions
Chángyòng Jùxíng

1. 在 机场 乘 飞机 At the Airport Ready to Take a Plane
Zài Jīchǎng Chéng Fēijī

Wǒmen de fēijī kāishǐ bàn dēng jī shǒuxù le.
我们的飞机开始办登机手续了。
Our flight is checking in.

Xiànzài gāi guò ānjiǎn le.
现在该过安检了。
It's time to go through the security inspection now.

Wǒmen qù bàn xíngli tuōyùn ba.
我们去办行李托运吧。
Let's go and check in our luggage.

Duìbuqǐ， nín de xíngli chāozhòng le.
对不起，您的行李超重了。
Sorry, your luggage is overweight.

Wǒmen zài jǐ hào dēngjīkǒu shàng fēijī?
我们在几号登机口上飞机?
Through which gate do we board the plane?

Yǐjīng dào shíjiān le， wèishénme hái bù néng dēng jī?
已经到时间了，为什么还不能登机?
It's time to board now. Why we can't board the plane?

Tīngshuō dāngdì yǒu dà wù， jīchǎng guānbì.
听说当地有大雾，机场关闭。
They say the airport was closed due to heavy fog.

Fēijī yánwùle zhème cháng shíjiān， hángkōng gōngsī yīnggāi péicháng wǒmen de sǔnshī.
飞机延误了这么长时间，航空公司应该赔偿我们的损失。
The plane has been delayed for such a long time. The airline company should compensate us.

Zhōngyú kěyǐ dēng jī le.
终于可以登机了。
We can finally board the plane.

Qǐng jìhǎo ānquándài.
请系好安全带。
Please fasten your seat belt.

Fēijī wèishénme zhème diānbǒ?
飞机为什么这么颠簸?
Why is there such great turbulence?

Qǐngwèn， nín hē shénme yǐnliào?
请问，您喝什么饮料?
Excuse me, what would you like to drink?

Qǐng gěi wǒ yì bēi kāfēi.
请 给 我 一杯咖啡。
Please give me a cup of coffee.

Wǒ de xíngli dào le.
我的行李到了。
Here comes my luggage.

Wǒ de xiāngzi zěnme huài le?
我的箱子怎么坏了?
Why has my suitcase been damaged?

Xiāngzi huài le, zhǎo hángkōng gōngsī péicháng.
箱子坏了, 找 航 空 公 司 赔偿。
You should ask the airline company for compensation for your damaged suitcase.

Xíngli yùnsòngdài yǐjīng kōng le, kěshì méiyǒuwǒ de xíngli, zěnmehuí shì?
行李运送带已经 空 了,可是没有我的行李, 怎么回 事?
The conveyor belt is empty now, but I can't see my luggage. What happened?

Rúguǒdiūshī le nín de xíngli, wǒmen huì àn zhìdù gěi nín péicháng.
如果丢失了您的行李, 我 们 会 按制度给您 赔 偿。
If we lose your luggage, we will compensate you as per the regulations.

Zài Huǒchēzhàn Chéng Huǒchē
2. 在 火 车 站 乘 火 车
At the Railway Station Preparing to Take a Train

Wǒmen yào qù Xīkèzhàn shàng chē.
我 们 要去西客站 上 车。
We will board the train at the West Railway Station.

Qǐngwèn, ruǎnwò hòuchēshì zài nǎr?
请 问, 软卧 候车室在哪儿?
Excuse me, where is the waiting room for soft sleepers?

Qǐngwèn, zhè cì chē zài nǎge zhàntái shàng chē?
请 问, 这次车在哪个站台 上 车?
Excuse me, from which platform should I board this train?

Bǎpiào zhǔnbèi hǎo, yào jiǎn piào le.
把票 准 备 好, 要 检票了。
Get your ticket ready to be checked.

Huǒchē zhǔnshí fā chē.
火 车 准时发车。
The train is leaving on time.

Lièchēyuán lái huàn chēpiào le.
列 车 员来 换 车票了。
Here comes the crew to change the tickets.

Bǎ chēpái shōuhǎo, xià chē qián hái yàobǎ chēpiào huàn huílái ne.
把车牌 收 好, 下 车 前 还要把车票 换 回来呢。
Keep the ticket notice in a safe place. We'll need it to get our ticket back before getting off.

Gāi chī wǔfàn le, wǒmen zěnme chī?
该 吃午饭了, 我们 怎么吃?
It's time for lunch. What shall we have?

Wǒmen qù cānchē chī ba.
我们去餐车吃吧。
Let's go and eat in the dining car.

Sòngcānchē lái le, wǒmen kànkan yǒu shénme kě chī de.
送餐车来了，我们看看有什么可吃的。
The trolley is here. Let's have a look at what is offered.

Héfàn duōshao qián yí gè?
盒饭多少钱一个？
How much is a boxed lunch?

Wǒmen mǎi liǎng tīng píjiǔ ba.
我们买两听啤酒吧。
Let's get two cans of beer.

Qǐngwèn, zài nǎr dǎ kāishuǐ?
请问，在哪儿打开水？
Excuse me, where is the hot water tap?

Lièchēyuán, dào zhàn yǐqián, qǐng jiàoxǐng wǒmen.
列车员，到站以前，请叫醒我们。
Attendant, please wake us up before we arrive at our stop.

Huǒchē zhǔndiǎn dàodá.
火车准点到达。
The train arrives on time.

Huǒchē wǎndiǎn èrshí fēngzhōng.
火车晚点20分钟。
The train was late for 20 minutes.

Yào chū zhàn le, bǎ chēpiào ná chūlái.
要出站了，把车票拿出来。
We're going through the checkpoint, get your ticket ready.

Duìhuà 对话 Conversation

Kuài shí'èr diǎn le, wǒ dōu è le.
A: 快12点了，我都饿了。
It's already 12 o'clock, I'm hungry.

Wǒ yě yǒudiǎnr è le. Wǒmen qù cānchē chī fàn ba?
B: 我也有点儿饿了。我们去餐车吃饭吧？
I'm a bit hungry, too. Shall we go to eat in the dining car?

Cānchē zài jǐ chēxiāng?
A: 餐车在几车厢？
In which carriage is the dining car?

Cānchē yìbān zài lièchē zhōngjiān, wǒmen wǎng qián zǒu ba.
B: 餐车一般在列车中间，我们往前走吧。
It's usually in the middle carriage. Let's go forward.

Cānchē de cài kě gòu guì de.
A: 餐车的菜可够贵的。
The dishes in the dining car are really expensive.

Xiǎng chī shénme nǐ jiù diǎn ba, wǒ qǐng nǐ.
B: 想吃什么你就点吧，我请你。
Just order whatever you want to eat. It's on me.

Xiè le . Wǒmen yìqǐ diǎn liǎng gè cài , liǎng wǎn mǐfàn jiù xíng le .
A: 谢了。我们一起点 两个菜、两 碗 米饭就行了。
　　Thank you. Let's order two dishes and two bowls of rice. That will do.

Zài yào liǎng píng píjiǔ . Zài cānchē li kěyǐ hāohāor chī dùn fàn .
B: 再要 两 瓶啤酒。在 餐车里可以好好儿吃 顿 饭。
　　And two bottles of beer. We can enjoy our meal in the dining car.

Cānkǎo Cíhuì
★ 参考词汇 Vocabulary

候机楼	hòujīlóu	terminal
安检	ānjiǎn	security check
托运	tuōyùn	to check in luggage
超重	chāozhòng	overweight
延误	yánwù	delay
登机	dēngjī	to board a plane
安全带	ānquándài	to fasten a safety belt
损失	sǔnshī	loss
丢失	diūshī	to lose
候车室	hòuchēshì	waiting room
行李架	xínglijià	luggage rack
餐车	cānchē	dining car
准点到达	zhǔndiǎn dàodá	to arrive on time
晚点	wǎndiǎn	behind schedule

Zài Jiǔdiàn
3. 在 酒店 At a Hotel

Chángyòng Jùxíng
☕ 常 用 句型 Useful Expressions

Rùzhù
A 入住 Checking in

Qǐngwèn , jiǔdiàn hái yǒu kōng fángjiān ma?
请问，酒店还有 空 房间 吗？
Excuse me, do you have any vacancies left?

Wǒmen yǐjīng yùdìngle fángjiān , qǐng bàn yíxiàr rùzhù shǒuxù .
我们已经预订了房间，请 办一下儿入住手续。
We've already booked a room. Please check us in.

Qǐng gàosu wǒ nín de xìngmíng jí yùdìng shíjiān .
请 告诉 我 您的 姓 名 及 预订 时间。
Please tell me your name and reserved dates.

Qǐng bǎ nín de hùzhào gěi wǒ, xūyào dēngjì .
请 把 您的 护 照 给 我, 需要 登记。
Please give me your passport to register.

Qǐngwèn, gěi háizi jiā yì zhāng chuáng, duōshao qián?
请 问, 给 孩子 加一 张 床, 多 少 钱?
Excuse me, how much do you charge for an extra bed for a child?

Cāntīng zài jǐ lóu?
餐 厅 在 几 楼?
Which floor is the restaurant on?

Zǎocān cóng jǐ diǎn dào jǐ diǎn?
早餐 从 几点 到 几点?
What hours is breakfast served?

Zǎocān shì xīcān zìzhùcān ma?
早餐 是 西餐 自助餐 吗?
Is the breakfast a Western buffet?

FángjiānWèntí
B 房 间 问题 Problems with a Hotel Room

Fúwùyuán, qǐng gěi wǒ huàn yì jiān shuāngrénchuáng de fángjiān kěyǐ ma?
服务员, 请 给 我 换 一间 双 人 床 的 房间 可以吗?
Can I change my room to one with a double bed?

Fúwùyuán, wǒ gébì fángjiān tài chǎo le, wǒ méi bànfǎ shuìjiào, qǐng zhìzhǐ
服务员, 我 隔壁 房间 太 吵 了, 我 没 办法 睡觉, 请 制止
yíxiàr .
一下儿。
My next-door neighbour is too noisy, I couldn't sleep. Please ask them not to be so loud.

Fúwùyuán, zhège fángjiān de ménkǎ bù hǎoyòng, kāi bù kāi mén .
服务员, 这个 房间 的 门卡 不 好用, 开不开门。
The key to this room doesn't work properly. I couldn't open the door.

JiǔdiànFúwù
C 酒店服务 Hotel Services

Fúwùyuán, qǐng gàosu qiántái, míngtiān zǎoshang qī diǎn jiàoxǐng wǒ .
服务员, 请 告诉 前台, 明天 早上 七点 叫醒 我。
Please tell reception to give me a wake-up call at 7 a.m. tomorrow.

Wǒ yào bǎ zhèxiē guìzhòng wùpǐn fàngjìn jiǔdiàn de bǎoxiǎnxiāng .
我 要 把 这些 贵重 物品 放进 酒店的 保 险 箱。
I would like to leave these valuables in the hotel safe.

Qǐng bāng wǒ fùyìn yíxiàr wǒ de hùzhào .
请 帮 我 复印一下儿我的 护照。
Please photocopy my passport.

Qǐngwèn, zài jiǔdiàn néng huàn qiánma?
请 问, 在 酒店 能 换 钱 吗?
Excuse me, can I change currency at the hotel?

Qǐng bǎ zhè tào yīfu sòngqù gānxǐ.
请 把 这 套 衣服 送去 干洗。
Please send this suit for dry cleaning.

Fúwùyuán, wǒ fāshāo le, néng bāng wǒ zhǎo ge dàifu ma? Xièxie.
服务员, 我 发烧了, 能 帮 我 找 个 大夫吗? 谢谢。
Sir/Miss, I have a fever. Could you please find me a doctor? Thanks.

Qiántái ma? Néng gěi wǒ sòng yí fèn zǎocān ma?
前台吗? 能 给 我 送 一份 早餐 吗?
Is this reception? Can I have room service for breakfast?

Fúwùyuán, qǐng bāng wǒ dìng yí tào qù Chángchéng hé Shísānlíng de yóulǎn piào.
服务员, 请 帮 我 订一套去 长 城 和十三陵的游览 票。
Sir/Miss, please book me tickets to the Great Wall and the Ming Tombs.

Tuì Fáng
D 退 房 Checking Out

Fúwùyuán, wǒ tuì fáng.
服务员, 我 退 房。
I'm checking out, Sir.

Nín zěnme zhīfù?
您 怎么 支付?
How would you like to make the payment?

Nín kěyǐ yòng lǚxíng zhīpiào, yě kěyǐ shuā kǎ.
您可以 用 旅行支票, 也可以 刷卡。
You may pay with traveller's cheque, or by card.

Wǒ yòng xiànjīn fù zhàng, qǐng kāi fāpiào.
我 用 现金 付账, 请 开发票。
I'm paying in cash. Please give me the invoice.

Tuì fáng yǐhòu, wǒmen kěyǐ bǎ xíngli xiān cún zài jiǔdiàn liǎng gè xiǎoshí ma?
退 房以后, 我们 可以把行李先 存在 酒店 两 个 小时吗?
Can I leave my luggage here for two hours after I check out?

Qǐng nín bāng wǒ jiào yí liàng chūzūchē, sòng wǒ qù fēijīchǎng.
请 您 帮 我叫一辆 出租车, 送 我去飞机场。
Please order me a taxi to go to the airport.

Duìhuà
对话 Conversation

Fúwùyuán, wǒ yào tuì fáng, qǐng jiézhàng.
A: 服务员, 我 要 退 房, 请 结账。
I'm checking out. Please give me my bill.

Hǎo, qǐng shāo děng, wǒmen chá yíxiàr fángjiān.
B: 好, 请 稍 等, 我们 查一下儿 房间。
OK, please wait a moment while we check the room.

Nín de fángjiān shǎole yí gè bēizi, bīngxiāng li shǎole yì tīng píjiǔ.
B: 您的 房间 少了一个杯子, 冰 箱里少了一听啤酒。
There is a cup missing in your room, and a can of beer from the fridge that has been consumed.

Duì， wǒ bù xiǎoxīn dǎsuìle yí gè bēizi . Hēle yì tīng píjiǔ .
A: 对，我不小心打碎了一个杯子。喝了一听啤酒。
That's right, I broke one cup and drank one beer.

Bēizi nín děi péicháng shí kuài qián .
B: 杯子您得 赔 偿 10 块 钱。
You have to pay 10 *kuai* for the cup.

Nǐ jiézhàng ba . Wǒ fù xiànjīn .
A: 你 结 账 吧。我 付 现 金。
Just give me the bill. I'm paying in cash.

Hǎo， zhè shì zhàngdān .
B: 好，这 是 账 单。
OK, here's the bill.

Cānkǎo Cíhuì
☀ 参考词汇 Vocabulary

入住	rùzhù	to check in
退房	tuì fáng	to check out
存	cún	to deposit
加床	jiā chuáng	to add a bed
服务	fúwù	service
桑拿	sāngná	sauna
保龄球	bǎolíngqiú	bowling
叫醒	jiàoxǐng	to wake up
落东西	là dōngxi	to leave sth. behind
结账	jiézhàng	to settle the bills
支付	zhīfù	to make a payment

Zài Lǚtú Zhōng
五、在旅途 中 On a Tour

Chángyòng Jùxíng
☕ 常 用 句型 **Useful Expressions**

Dǎoyóu
1. 导 游 Tour Guides

Qǐngwèn， nín shì jiē wǒmen de dǎoyóu ma?
请 问，您是接我们的导游 吗?
Excuse me, are you our tour guide?

Wǒ shì dǎoyóu, dàjiā yǒu shénme wèntí, wǒ yídìng jìnlì bāngzhù jiějué.
我是导游，大家有什么问题，我一定尽力帮助解决。
I'm the tour guide, if anyone of you has any problems I will try my best to solve them.

Wǒmen xiànzài qù jǐngdiǎn.
我们现在去景点。
We're going to a scenic spot.

zhèr yǒu shénme tǔtèchǎn?
这儿有什么土特产？
What are the local specialties?

zhèli de shǎoshù mínzú yǒu nǎxiē fēngsú xíguàn?
这里的少数民族有哪些风俗习惯？
What kind of folk customs does the local ethnic group from this area have?

cānguān sìmiào yǒu shénme yāoqiú ma?
参观寺庙有什么要求吗？
Are there any special rules related to visiting temples?

xiànzài, wǒ gěi dàjiā jièshào jièshào běndì de fēngjǐng míngshèng.
现在，我给大家介绍介绍本地的风景名胜。
Now I would like to tell you a bit about the local scenic spots and historical sights.

Tú Zhōng
2. 途 中 On a Tour

Qǐngwèn, dào jǐngdiǎn yào duō cháng shíjiān?
请问，到景点要多长时间？
Excuse me, how long will it take to get to the scenic area?

Dǎoyóu, wǒmen yào shàng cèsuǒ.
导游，我们要上厕所。
We need to go to the washroom.

Qiánbian jiù dào jiāyóuzhàn le, chē yào jiāyóu, dàjiā kěyǐ qù wèishēngjiān.
前边就到加油站了，车要加油，大家可以去卫生间。
We'll soon come to a service station. The bus needs to refuel, and you can use the washroom there.

Shīfu, zhèr de fēngjǐng tài měi le, néng tíng yíxiàr chē, ràng wǒmen zhào jǐ zhāng xiàng ma?
师傅，这儿的风景太美了，能停一下儿车，让我们照几张相吗？
The scenery here is stunning. Can you pull over for us to take a couple of pictures?

Zhèlǐ bù néng tíngchē.
这里不能停车。
No parking is allowed here.

Zhèlǐ bù néng zhàoxiàng.
这里不能照相。
No cameras are allowed here.

Qǐng dàjiā zài zhèlǐ děng wǒ, wǒ qù gěi dàjiā mǎi ménpiào.
请大家在这里等我，我去给大家买门票。
Everyone, please wait for me here while I go and get the entrance tickets for you.

Shàng shān xiàshān deshíhou, qǐng dàjiā xiǎoxīn, qiānwàn bié shòushāng.
上 山 下 山 的时候， 请 大家 小心， 千 万 别 受 伤。
Please take care of yourselves when climbing up and down the mountain.
Don't injure yourselves.

Xiàle lǎnchē hòu, zài chūkǒu jíhé.
下 了 缆车 后， 在 出口 集合。
We'll meet at the exit after getting off the cable cars.

Xiàmiàn dàjiā kěyǐ zìyóu cānguān.
下 面 大家 可以 自由 参观。
Now you can go and look around by yourselves.

Qǐng dàjiā shíyī diǎn zài ménkǒu wǒmende lǚyóuchē shang jíhé.
请 大家 11 点 在 门口 我们的 旅游车 上 集合。
Everyone, please come back at the coach at the entrance at 11:00 a.m.

Rúguǒ yǒu rén zǒushī, qǐngdǎ wǒde shǒujī jíshí liánxì.
如果 有 人 走失， 请打 我的 手机 及时 联系。
If anyone gets lost, please call my mobile phone immediately.

Yīnwèi fēijī bùnéng zhǔndiǎn qǐfēi, wǒmendexíngchéng yǒu suǒ gǎibiàn.
因为飞机不 能 准点起飞， 我们的 行 程 有所改变。
Some changes have been made to our itinerary due to flight delays.

Yīnwèi bàoyǔ dàolù bù tōng, wǒmen bìxū gǎibiàn xíngchéng.
因为暴雨道路不通， 我们必须改变 行 程。
We must change our itinerary due to road blocks caused by the torrential downpour.

Yóuyú fāshēngle dìzhì zāihài, wǒmen bùnéng jìxù wǎngqián zǒu, zhǐ néng fǎnhuí.
由于发生了地质灾害， 我们不能继续往前走，只能返回。
Due to the geological disaster, we cannot continue our trip but have to turn around.

Yīnwèi lǚtú zhōng fāshēngle chēhuò, wǒmen zhǐ néng zhōngzhǐ lǚxíng.
因为旅途中发生了车祸， 我们只能终止旅行。
We have to cancel the trip due to a car accident that occurred midway along the road.

Gòu Wù
3. 购 物 Shopping

Xiàmiàn wǒmenqù yí gè shìchǎng, dàjiā kěyǐ gòumǎi yìxiē dāngdìde tǔtèchǎn.
下 面 我们去一个市场， 大家可以购买一些当地的土特产。
Next we are going to a market so you can buy some local goods.

Wǒmenqùcānguān yí gè sīchóudiàn, yǒu xǐhuande kěyǐ mǎi.
我们去参观一个丝绸店， 有喜欢的可以买。
We will visit a silk shop, those who are interested in silk can buy some there.

Lǚtú zhōng gòumǎi guìzhòng wùpǐn yídìng yào jǐnshèn.
旅途 中 购买贵重物品一定要谨慎。
One must be very cautious purchasing valuables when travelling.

Tóusù
4. 投诉 Complaints

Lǚxíngshè méiyǒu àn hétong de xíngchéng zǒu.
旅行社 没有 按合同的 行 程 走。
The travel agency did not follow the itinerary as stated by the contract.

Lǚxíngshè ānpái de tuán cān zhìliàng tài chà.
旅行社安排的 团 餐 质量太差。
The quality of the group meals arranged by the travel agency was awful.

Dǎoyóu shuǐpíng bù gāo, jiǎngjiě bú dàowèi.
导游 水 平 不高, 讲解 不到位。
The tour guide was inadequate and did a poor job of taking us through the scenic spots.

Duìhuà (yī)
对话（1） Conversation 1

Kě dào zhàn le, xià chē ba.
A: 可到 站 了, 下车吧。
We are finally here. Let's get off.

Dìjiēshè de dǎoyóu yīnggāi zài chūzhànkǒu jiē wǒmen ba?
B: 地接社的 导游 应该 在 出 站 口接我们吧?
I suppose the tour guide from the local travel agency will meet us at the exit?

Shì de. Nǐ kàn, nàge nǚ háizi shǒu li názhe xiǎo qízi, shì wǒmen de dǎoyóu ba?
A: 是的。你看,那个女孩子 手里拿着 小 旗子,是我们的 导游 吧?
Yes. Look, I think the girl holding a small banner over there is our tour guide.

Wǒ wènwen. Qǐngwèn, nǐ shì lái jiēzhàn de Wáng Dān dǎoyóu ma?
B: 我 问问。请问, 你是来接站的 王 丹导游吗?
Let me ask her. Excuse me, are you Wang Dan, the tour guide who is supposed to pick us up at the station?

Duì, dàjiā xīnkǔ le. Qǐng gēn wǒ shàng chē ba.
C: 对,大家辛苦了。请跟我上车吧。
That's right, I am. I know you have all had a long trip. Please follow me onto the coach.

Wǒmen xiànzài xiān qù nǎr?
A: 我们 现在 先去哪儿?
Where are we going now?

Wǒmen xiān qù fàndiàn chī zǎofàn, ránhòu qù jǐngdiǎn.
C: 我们 先去饭店吃早饭,然后去景点。
We'll first go to have breakfast at a restaurant, and then head for the scenic spots.

Bù néng xiān qù jiǔdiàn fàng xíngli ma?
B: 不能 先去 酒店 放 行李吗?
Can't we go to the hotel to drop off our luggage first?

Bù xíng, nàyàng tài dānwù shíjiān, wǎnshang zài huí jiǔdiàn.
C: 不行，那样太耽误时间，晚上再回酒店。
No, it will take too much time. We'll go back to the hotel in the evening.
Nà hǎo ba.
B: 那好吧。
All right.

☕ Duìhuà (èr)
对话（2） **Conversation 2**

Dǎoyóu, chē hái yào kāi duō cháng shíjiān cái dào jǐngdiǎn?
A: 导游，车还要开多长时间才到景点？
How much longer will it take before we get to the scenic spot?
Hái yǒu bàn gè xiǎoshí ba. Nín yǒu shénme shì?
B: 还有半个小时吧。您有什么事？
About half an hour. Why do you ask?
Wǒ yào shàng cèsuǒ.
A: 我要上厕所。
I need to go to the washroom.
Wǒ gēn sījī shīfu shuō yíxià, dào qiánbian fúwùqū tíng yíxiàr chē.
B: 我跟司机师傅说一下，到前边服务区停一下儿车。
Let me talk to the driver and have him make a stopover at the service station ahead.
Xièxie.
A: 谢谢。
Thank you.
Dào jǐngdiǎn le, qǐng dàjiā xià chē zài ménkǒu děng wǒ.
B: 到景点了，请大家下车在门口等我。
Here we are at the scenic spot. Please get off the bus and wait for me at the entrance.
Zhège jǐngdiǎn hěn měi, dǎoyóu, kěyǐ zìyóu huódòng ma?
A: 这个景点很美，导游，可以自由活动吗？
This spot is really beautiful. Can we have some free time to look around by ourselves?
Kěyǐ, dàjiā tīnghǎo, xiànzài shì jiǔ diǎn, shíyī diǎn wǒ zài ménkǒu děng
B: 可以，大家听好，现在是9点，11点我在门口等
dàjiā.
大家。
Yes. Everyone listen up, it's 9:00 now, I'll wait for you all at the gate at eleven.

Cānkǎo Cíhuì
✳ 参考词汇 Vocabulary

景区	jǐngqū	scenic spot
景点	jǐngdiǎn	scenic spot
风景名胜	fēngjǐng míngshèng	scenic spots and famous places
名胜古迹	míngshèng gǔjì	places of historic interest and scenic beauty
风俗习惯	fēngsú xíguàn	customs and habits
土特产	tǔtèchǎn	local specialties
纪念品	jìniànpǐn	souvenir
贵重物品	guìzhòng wùpǐn	valuables
诱人	yòurén	tempting, appealing
谨慎	jǐnshèn	cautious
意外	yìwài	contingency
缆车	lǎnchē	cable car
适应	shìyìng	to adapt to
高原反应	gāoyuán fǎnyìng	altitude sickness
晕车	yūnchē	car sick
上厕所	shàng cèsuǒ	to go to the washroom
自由活动	zìyóu huódòng	free time
走散	zǒusàn	to become separated from the group
走失	zǒushī	to get lost

Dì-èrshísān Piān Yúlè, Yùndòng, Xiūxián
第二十三篇　娱乐，运动，休闲

Chapter 23 Entertainment, Sports and Leisure Activities

Wénhuà Yúlè
一、文化娱乐 Cultural Life and Entertainment

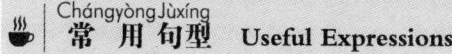 Chángyòng Jùxíng
常 用 句型 Useful Expressions

Dúshū
1. 读书 Reading

Nǐ xǐhuan kàn shénme shū?
你喜欢 看 什 么 书？
What kind of books do you like to read?

Wǒ xǐhuan kàn Zhōngguó gǔdiǎn xiǎoshuō, bǐrú *Hónglóumèng*, *Xīyóujì*
我 喜欢 看 中 国 古典 小 说，比如《红楼梦》、《西游记》
děng.
等 。
I like reading classic novels, such as the *Dream of the Red Chamber, Journey to the West, etc.*

Wǒ xǐhuan kàn Fǎguó míngzhù.
我 喜欢 看 法国 名 著。
I like reading French classic novels.

Wǒ xǐhuan kàn míngrén zhuànjì.
我 喜欢 看 名 人 传记。
I like reading biographies.

Wǒ xǐhuan dú sǎnwén/ shī /duǎnpiān xiǎoshuō.
我 喜欢 读散文／诗／短 篇 小 说。
I like reading proses/poems/short stories.

Wǒ méi shíjiān kàn dà bùtóu de shū, zhǐ néng chōukòng kànkan bàozhǐ.
我 没 时间 看 大部头 的 书，只 能 抽 空 看看 报纸。
I don't have time to read large books. I can only find time to read the papers.

Yīyuè　Wǔdǎo
2. 音乐 舞蹈 Music and Dancing

Wǒ xǐhuan yīnyuè.
我 喜欢 音乐。
I like music.

Nǐ zuì xǐhuan shuí de yīnyuè?
你 最 喜欢 谁 的 音乐？
Who is your favourite musician?

Wǒ xǐhuan Bèiduōfēn, Mòzhātè, Bāhè de yīnyuè.
我 喜欢 贝多芬、莫扎特、巴赫的 音乐。
I like the music of Beethoven, Mozart, and Bach.

Wǒ xǐhuan Shītèláosī de yuánwǔqǔ.
我 喜欢 施特劳斯的 圆舞曲。
I like the waltzes composed by Strauss.

Nǐ xǐhuan shénme yīnyuè?
你 喜欢 什么 音乐？
What kind of music do you like?

Wǒ xǐhuan jiāoxiǎngyuè/mínyuè/gǔdiǎn yīnyuè/juéshìyuè.
我 喜欢 交响乐/民乐/古典 音乐/爵士乐。
I like symphony music/folk music/classical music/jazz.

Hěn duō rén xǐhuan yáogǔnyuè.
很 多人喜欢 摇滚乐。
Many people like rock music.

Wǒ tèbié xǐhuan Zhōngguó de xiǎotíqín xiézòuqǔ Liáng Zhù.
我 特别 喜欢 中 国 的小提琴 协奏曲《梁祝》。
I particularly like the Chinese violin concerto, *The Butterfly Lovers*.

☞ | Note: *The Butterfly Lovers* is based on a household love story of the same title.

Wǒ zuì xǐhuan qù yīnyuètīng tīng yīnyuèhuì.
我 最 喜欢 去 音乐 厅 听 音乐会。
My favourite thing to do is to go to the concert hall.

Wǒ hěn xǐhuan Zhōngguó yuèqì èrhú.
我 很 喜欢 中 国 乐器二胡。
I very much like the Chinese musical instrument called the *erhu*.

Wǒ xǐhuan shēngyuè.
我 喜欢 声 乐。
I like vocal music.

Wǒ zìjǐ yě xǐhuan chàng gē.
我 自己也喜欢 唱 歌。
I also like singing.

Nǐ xǐhuan kàn xīyáng gējù ma?
你 喜欢 看 西洋 歌剧吗？
Do you like watching opera?

Wǒ zài Ōuzhōu kànguo Kǎmén, hěn xǐhuan.
我 在 欧洲 看过《卡门》，很 喜欢。
I saw *Carmen* in Europe, and I liked it a lot.

Wǒ hěn xīwàng néng zài Běijīng de Guójiā Dàjùyuàn kàn yì chǎng gējù .
我 很 希 望 能 在 北京的 国家 大剧院 看一 场 歌剧。
I hope to go to an opera at the National Centre for the Performing Arts in Beijing.

Nǐ xǐhuan tiàowǔ ma?
你喜欢 跳舞 吗?
Do you like dancing?

Wǒ xiànzài duì lādīngwǔ tè gǎn xìngqù .
我 现在 对拉丁舞特感 兴趣。
I am is very interested in Latin dance.

Niánqīng rén dàdū xǐhuan xiàndàiwǔ .
年 轻 人大都喜欢 现代舞。
Most young people like modern dance.

Zhōngguó hěn duō lǎonián rén xǐhuan tiàowǔ .
中 国 很 多 老年人喜欢 跳舞。
Many old people in China like dancing.

Zài gōngyuán hé guǎngchǎng shang chángcháng kàndào lǎo rén zài tiàowǔ ,   niǔ
在 公 园 和 广 场 上 常 常 看到 老人在 跳舞、扭
yāngge .
秧 歌。
It's common to see old people dancing and doing *yangge* in the public parks and squares.

Wǒ nǚ'ér zuì xǐhuan kàn bālěi wǔjù
我女儿最喜欢 看芭蕾舞剧。
My daughter likes watching ballet more than anything else.

Zhōngguó de mínzú wǔjù hé yuánshēngtài gēwǔ xiànzài hěn huǒ .
中 国 的民族舞剧和 原 生 态歌舞现在 很 火。
National Chinese folk dance dramas, primitive songs and dances are very popular nowadays.

Kàn Diànyǐng ,   Diànshì
3. 看 电 影 、电 视 Watching Films and TV

Wǒ xǐhuan kàn diànyǐng .
我 喜欢 看 电 影。
I like watching films.

Nǐ xǐhuan kàn shénme diànyǐng?
你喜欢 看 什 么 电 影?
What kind of films do you like?

Niánqīng rén xǐhuan kàn Měiguó diànyǐng .
年 轻 人喜欢 看 美国 电 影。
Young people like to watch American films.

Wǒ xǐhuan kàn guòqù de lǎo diànyǐng .
我 喜欢 看 过去的老 电 影。
I like watching old films.

Dào niándǐ le ,   yòu kěyǐ kàn hèsuìpiàn le .
到 年底了，又可以看 贺岁片了。
It's the end of the year, time to watching the New Year films again.

☞ | Note: New Year films are movies shot for the celebration of the New Year. The have a festive tone to them.

Jīnnián de hèsuìpiàn dàwàn yúnjí , piàofáng kěndìng bú huì cuò .
今年的贺岁片 大腕云集，票 房 肯 定不会 错。
The New Year film this year is star studded. It is sure to do well at the box office.

Xiànzài yǒuxiē zhōngguó yǐngpiàn pāi de zhēn búcuò .
现在 有些 中 国 影片 拍得 真 不错。
Some homemade films are very good.

Nàxiē chōngmǎnle bàolì de dǎdǎ-shāshā de diànyǐng duì háizimen huì chǎnshēng bù
那些 充 满了暴力的打打杀杀的电影 对孩子们会 产 生 不
hǎo de yǐngxiǎng .
好 的 影 响。
Those films full of violence have bad effects on children.

Wǒ ài kàn diànshì .
我爱看 电视。
I like watching TV.

Wǒ zhǐ kàn diànshì xīnwén .
我只看 电视新闻。
I only watch the news on TV.

Wǒ māma xǐhuan kàn měishí pēngtiáo de diànshì jiémù , kěyǐ xué zuò cài .
我妈妈喜欢 看 美食 烹 调 的电视节目，可以学 做菜。
My mum likes to watch cooking programmes on TV. She learns how to make special dishes from them.

Wǒ xǐhuan kàn tǐyù jiémù , yóuqí shì zúqiú bǐsài .
我 喜欢 看体育节目，尤其是足球比赛。
I like watching sports programmes, especially football matches.

Zhǐyào yǒu Shìjièbēi zúqiúsài de diànshì zhíbō , wǒ bú shuìjiào yě kàn .
只要 有世界杯足球赛的电视直播，我 不睡 觉也看。
I would sit up to watch live broadcast of the World Cup.

Wǒ ài kàn Měiguó NBA lánqiú bǐsài zhuǎnbō .
我爱看 美国 NBA 篮球比赛 转 播。
I like watching NBA basketball games.

Wǒ fūrén hé wǒ mǔqin jiù ài kàn diànshì liánxùjù .
我夫人和我 母亲就爱看 电视连续剧。
My wife and my mother are lovers of TV series.

Xìjù , Zájì
4. 戏剧，杂技 Theatrical Performances, the Opera and Acrobatics

Wǒ xǐhuan qù jùchǎng kàn huàjù .
我 喜欢去剧 场 看话剧。
I like going to the theatre to watch a play.

Wǒ yóuqí ài kàn Rén-Yì de jīngwèi huàjù , rú Lǎo Shě de Cháguǎn .
我尤其爱看 人艺的 京味话剧，如老 舍 的《茶馆》。
I particularly like plays in the Beijing dialect staged by the Beijing People's Art Theatre, such as the *Tea House* by Lao She.

Nǐ ài kàn jīngjù ma?
你爱看京剧吗？
Do you like Beijing opera?

Jīngjù kě shì zhōngguó de guócuì.
京剧可是中国的国粹。
Beijing opera is considered to be the quintessence of China's culture.

Wǒ yéye shì xìmí.
我爷爷是戏迷。
My grandpa is a fan of the opera.

Zhōngguó yǒu hěn duō de jīngjù piàoyǒu, tāmen de biǎoyǎn shuǐpíng yě hěn liǎodé.
中国有很多的京剧票友，他们的表演水平也很了得。
There are many amateur Beijing opera singers in China who have great performance abilities.

> ☛ Note: 票友 piàoyǒu is the appellation for amateur opera singers.

Tā cháng qù Cháng'ān Xìyuàn, Hú-Guǎng Huìguǎn kàn jīngjù.
他常去长安戏院、湖广会馆看京剧。
He often goes to Chang'an Grand Theatre and Huguang Guild Hall for Beijing opera.

Jīngjù li de shēng, dàn, jìng, chǒu, nǐ xǐhuan nǎge hángdang?
京剧里的生、旦、净、丑，你喜欢哪个行当？
Which role do you like the most out of *sheng* (the male lead), *dan* (the female lead), *jing* (the painted face character) and *chou* (the jester)?

Nǐ xǐhuan jīngjù de nǎ yí pài?
你喜欢京剧的哪一派？
Which school of Beijing opera do you most like?

Wǒ xǐhuan sì dà míng dàn zhī shǒu Méi Lánfāng, Méi pài.
我喜欢四大名旦之首梅兰芳，梅派。
I like the Mei School, the founder of which, Mei Langfang, was considered to be first of the 'four great *dan* actors' in Beijing opera.

Tā shì Chéng pài chuánrén, zhǐyào yǒu tā de xì, wǒ yídìng huì qù kàn.
她是程派传人，只要有她的戏，我一定会去看。
She is the foremost exponent of the Cheng School. I would not miss her shows.

> ☛ Note: The four most famous great *dan* actors in Beijing opera's history are: Mei Lanfang, Cheng Yanqiu, Shang Xiaoyun and Xun Huisheng. They formed their own style and school, named the 梅派 Méi pài, the 程派 Chéng pài, etc.

Wàiguórén dōu duì jīngjù li de huāliǎn gǎn xìngqù.
外国人都对京剧里的花脸感兴趣。
Most foreigners are interested in the painted faces of Beijing opera.

Zhōngguó de dìfāng jùzhǒng fēicháng fēngfù, yǒu sānbǎi yú zhǒng.
中国的地方剧种非常丰富，有300余种。
Actually, China is home to more than 300 kinds of local operas.

Sìchuān de chuānjù biànliǎn, lìng rén gǎndào bùkěsīyì.
四川的川剧变脸，令人感到不可思议。
The mask changing of Sichuan opera is incredible.

Wǒmen fēicháng xǐhuan kàn Zhōngguó zájì.
我们非常喜欢看中国杂技。
We love Chinese acrobatics shows.

5. 美术，书法，摄影 Art, Calligraphy and Photography
Měishù, Shūfǎ, Shèyǐng

Tā cóngxiǎo jiù xuéxí guóhuà.
他从小就学习国画。
He has studied traditional Chinese paining since he was a child.

Tā zài měishù xuéyuàn xué de shì yóuhuà.
她在美术学院学的是油画。
She majored in oil painting at the school of fine arts.

Tā shàncháng huà shuǐmòhuà.
他擅长画水墨画。
He is an expert at ink and wash paintings.

Wǒ xǐhuan huà gōngbǐhuà.
我喜欢画工笔画。
I like fine brushwork paintings.

Tā xǐhuan shūfǎ, měi tiān zài jiā liàn zì.
她喜欢书法，每天在家练字。
She likes Chinese calligraphy and practises it every day at home.

Tā de lìshū xiě de fēicháng hǎo.
他的隶书写得非常好。
He is very good at writing in official script.

Wǒ xǐhuan tā de kuángcǎo.
我喜欢他的狂草。
I like his wild cursive hand.

☞ Note: Ink and wash and fine brushwork painting are different styles of
traditional Chinese painting. Official script and wild cursive hand are
different styles of Chinese calligraphy.

Běijīng hěn duō rén xǐhuan zài gōngyuán huòzhě guǎngchǎng shang xiě dì shū.
北京很多人喜欢在公园或者广场上写地书。
It's common to see people writing with brushes and water on the ground in the
parks or city squares in Beijing.

Zhè shì ge liàn zì de hǎo fāngfǎ, yòu duànliànle shēntǐ, yòu huánbǎo.
这是个练字的好方法，又锻炼了身体，又环保。
This is a good way to practise calligraphy and get some good physical exercise
at the same time. It's also environmentally friendly.

Hěn duō wàiguórén yě xǐhuan Zhōngguó zìhuà.
很多外国人也喜欢中国字画。
Many foreigners like Chinese paintings and calligraphy.

Méishì tā jiù xǐhuan qù Liúlichǎng táo zìhuà .
没事他就喜欢去 琉璃厂 淘字画。
He likes going to Liulichang to scout out particularly good artwork whenever he has free time.

Nǐ yīnggāi qù Běijīng de Qījiǔbā kànkan ,   nàr shì yìshù de tiāndì .
你应该去北京的 798 看看，那儿是艺术的天地。
You should go and visit the 798 district which is a new art area.

Wǒ zhàngfu fēicháng xǐhuan shèyǐng .
我丈夫 非常 喜欢 摄影。
My husband is a photography lover.

Tā gāng tiānzhìle yì tái zhuānyè shùmǎ shèxiàngjī .
他刚 添置了一台专业 数码 摄像机。
He just purchased a professional DV.

Tā de xiàngjī suíshēn dài , zǒudào nǎr pāidào nǎr .
他的 相机 随身 带，走到哪儿拍到哪儿。
He always carries his camera with him, ready to shoot wherever he goes.

Tā xǐhuan pāi fēngjǐng .
他喜欢 拍 风 景。
He likes taking landscape photographs.

Tā zuìjìn yòu qù Xīzàng pāi piān le .
他最近又去西藏 拍 片 了。
He went to Tibet to take pictures again recently.

Tā xǐhuān pāi huā niǎo yú chóng .
她喜欢 拍花 鸟鱼 虫 。
She likes to shoot flowers, birds, fish and insects.

Zhè jǐ gè niánqīng rén zǔzhī qǐlái pāi Běijīng de lǎo hútong .
这几个 年 轻 人组织起来拍北京的老胡同。
This group of young people teamed up to take pictures of the old *hutong* in Beijing.

Tāmen xiǎng wèi lǎo Běijīng de hútong , sìhéyuàn liúxià yí fèn bǎoguì de dàng'àn .
他们 想 为老北京的胡同、四合院留下一份宝贵的档案。
They want to create an archive of the *siheyuan* and *hutong* in Beijing.

Shōucáng
6. 收 藏 Collecting Artwork and Other Items

Běijīng yǒu yì bō xǐhuan shōucáng de rén .
北京有一拨喜欢 收 藏 的人。
There is an emerging group of collectors in Beijing.

Yǒu rén shōucáng gǔjiù jiājù , yǒu rén shōucáng gǔjiù cíqì .
有人 收 藏古旧家具，有人 收 藏古旧瓷器。
Some collect antique furniture, some collect old chinaware.

Yǒu rén shōucáng míngrén zìhuà , yǒu rén shōucáng zhūbǎo yùqì .
有人 收 藏 名人字画，有人 收 藏 珠宝玉器。
Some collect famous paintings and calligraphies, some collect jewellery and jade ware.

Yǒu rén shōucáng lǎo zhōngbiǎo, yǒu rén shōucáng jiù piàozhèng.
有人 收藏 老钟 表，有人 收藏 旧票证。
Some collect antique watches, some collect old coupons.

Shōucáng shénme de dōu yǒu, wǔhuā-bāmén.
收藏 什么 的 都 有，五花八门。
There are all sorts of collections.

Gǎo shōucáng de rén dōu hěn dǒng huò ma?
搞 收藏 的人 都 很 懂 货 吗?
Do all collectors know what's real?

Yìbān shì, dàn yě yǒu dǎyǎn de shíhou, nà jiù péicǎn le.
一般 是，但 也 有 打眼 的时候，那就赔惨了。
Most of the time they know, but there are also times when they mistake forgeries as genuine items which can lead to terrible losses on their part.

Nǐ xǐhuan shōucáng ma?
你喜欢 收藏 吗?
Do you like collecting anything?

Wǒ méiyǒu zīběn, zhǐ néng shōucáng diǎnr yóupiào.
我 没有 资本，只 能 收藏 点儿邮票。
I haven't got enough money, I only have enough to collect a few stamps.

Shōucáng bùjǐn shì xìngqù àihào, hái néng ràng rén xuédào bùshǎo zhīshi.
收藏 不仅是 兴趣爱好，还 能 让 人 学到 不少知识。
Collecting things is more than a hobby. One can learn a lot from it.

7. 麻将，棋类 Mah-jong and Chess Games
Májiàng, Qílèi

Tuìxiū hòu, nín zài zuò shénme?
退休后，您 在 做 什么?
What do you plan to do after retirement?

Méi shénme shì, duànliàn duànliàn shēntǐ, dǎdǎ májiàng.
没 什么 事，锻炼 锻炼 身体，打打 麻将。
Nothing, just exercise and play mah-jong.

Dǎ májiàng děi dòng nǎozi, kěyǐ fángzhǐ dànǎo tuìhuà.
打麻将 得 动 脑子，可以 防止 大脑 退化。
You need to use your brain to play mah-jong, it prevents dementia.

Wǒ lǎobàn jiù xǐhuan dǎ májiàng.
我 老伴就喜欢打麻将。
My old man (or old lady) likes playing mah-jong.

Tā jīhū měi tiān dōu hé línjū yìqǐ dǎ májiàng.
她几乎每 天 都和邻居一起 打麻将。
She plays mah-jong with her neighbours almost every day.

Wǒ xǐhuan dǎ qiáopái.
我 喜欢 打桥牌。
I like playing bridge.

Wǒ ài xià qí.
我 爱 下棋。
I like playing chess.

322

Nín xǐhuan xià shénme qí ?
您 喜欢 下 什么棋?
What kind of board game do you play?

Wǒ xǐhuan xià Zhōngguó xiàngqí , měi tiān dōu hé qí yǒu xià liǎng pán .
我 喜欢 下 中 国 象棋，每 天 都 和棋友下 两 盘。
I like Chinese chess. Every day I'll play a game or two with my friends.

Wǒ xǐhuan xià guójì xiàngqí .
我 喜欢 下国际 象棋。
I like playing international chess.

Tā xǐhuan xià wéiqí .
他喜欢下围棋。
He likes playing the Go.

Wǒ xǐhuan xià wǔzǐqí .
我 喜欢 下五子棋。
I like playing Five in a Row.

Tiānqì nuǎnhuo de shíhou , hěn duō Zhōngguórén xǐhuan zài lùbiān xià xiàngqí .
天气 暖 和 的时候，很 多 中 国 人喜欢在 路边 下 象棋。
On warm days, many Chinese like to play chess on the roadside.

Liǎng gè rén xià qí , néng yǒu bā jiǔ gè rén wéizhe kàn .
两 个 人 下棋，能 有八九个人 围着 看。
Two people will be playing surrounded by as many as eight or nine who are watching the game.

Yǒu xìngqù dehuà , zánmen xià yì pán .
有 兴趣 的话，咱们 下一盘。
Let's play a game if you are interested.

☕ Duìhuà (yī)
对话 (1) Conversation 1

Tīngshuō nǐ xǐhuan shèyǐng , zhàopiàn pāi de búcuò .
A: 听 说你喜欢 摄影， 照 片 拍得不错。
I heard you like photography and are very good at it.

Wǒ shì hěn xǐhuan shèyǐng , pāi de búcuò hái tán bu shàng .
B: 我 是 很 喜欢 摄影， 拍得不错还 谈不 上 。
The first part is true, but I am not good yet.

Nǐ tài qiānxū le . Zuìjìn zhǔnbèi qù nàr pāizhào?
A: 你太谦虚了。最近准备去哪儿拍照？
You are being too modest. Where do you plan to go to take pictures these next few days?

xiànzài Xiāngshān de hóngyè yǐjīng hóng le , xiǎng qù pāi hóngyè .
B: 现 在 香 山 的 红叶已经 红 了， 想 去拍 红叶。
The leaves have turned red at the Fragrant Hills. I would like to photograph the red leaves.

Tài hǎo le , wǒ yě xiǎng qù , kěyǐ gēn nǐ xuéxí xuéxí .
A: 太 好 了，我 也 想 去， 可以跟你 学习 学习。
That's great. I would like to go with you and learn from you.

Nǐ tài kèqi le . Wǒ měi nián dōu qù pāi hóngyè, zhīdào jǐ gè bǐjiào lǐxiǎng

B: 你太客气了。我每年都去拍红叶，知道几个比较理想

de pāishèdì .

的拍摄地。

You're being too polite. I go to shoot the red leaves every year, so I know a couple of nice sites.

Nà wǒmen yuē ge shíjiān yìqǐ qù ba .

A: 那我们约个时间一起去吧。

Let's find a time to go together.

Hǎo, méi wèntí .

B: 好，没问题。

OK, no problem.

对话（2） Conversation 2

Duìhuà (èr)

Nǐ xǐhuan dǎ májiàng ma?

A: 你喜欢打麻将吗?

Do you like playing mah-jong?

Xǐhuan .

B: 喜欢。

Yes.

Nǐ dǎ de zěnmeyàng? Néng jiāo wǒ ma?

A: 你打得怎么样? 能教我吗?

Are you good at it? Can you teach me how to play?

Jiāo nǐ méi wèntí, dàn nǐ děi xiān xuéhuì nà jǐ gè Hànzì, bùrán méi fǎ jiāo .

B: 教你没问题，但你得先学会那几个汉字，不然没法教。

No problem. But you've got to learn the characters first, otherwise, I cannot teach you.

Nǎ jǐ gè Hànzì? Wǒ yídìng néng xuéhuì .

A: 哪几个汉字? 我一定能学会。

What are the characters? I'm sure I can learn them.

Hǎo, wǒ bǎ zhè jǐ gè Hànzì xiě gěi nǐ, huíqù hǎohāor rèn .

B: 好，我把这几个汉字写给你，回去好好儿认。

All right. I'll write them out for you, and then you can go and work hard on remembering them.

Wǒ bǎozhèng liǎng tiān yǐhòu dōu rènshi .

A: 我保证两天以后都认识。

I assure you that I'll know all of them in two days.

Nà wǒ jiù liǎng tiān yǐhòu kāishǐ jiāo nǐ .

B: 那我就两天以后开始教你。

In that case, I'll start to teach you in two days.

Cānkǎo Cíhuì
★ 参考词汇 Vocabulary

业余爱好	yèyú àihào	hobby, pastime
痴迷	chīmí	fascinated
音乐	yīnyuè	music
乐曲	yuèqǔ	musical tune
乐队	yuèduì	band
指挥	zhǐhuī	conductor
交响乐	jiāoxiǎngyuè	symphony
演奏	yǎnzòu	musical performance
古典	gǔdiǎn	classic
现代	xiàndài	modern
文艺片	wényìpiàn	art film
商业片	shāngyèpiàn	commerical film
喜剧片	xǐjùpiàn	comedy
贺岁片	hèsuìpiān	New Year film
大片	dàpiàn	blockbuster
电视连续剧	diànshì liánxùjù	TV series
演出	yǎnchū	performance
戏迷	xìmí	opera fan
戏曲	xìqǔ	opera
京剧	jīngjù	Beijing opera
话剧	huàjù	play
歌剧	gējù	opera
舞剧	wǔjù	dance drama
芭蕾舞	bālěiwǔ	ballet
拍照	pāizhào	to take photographs
摄影	shèyǐng	photography
技术	jìshù	skill
淘宝	táobǎo	to try to spot good buys as a knowledgeable customer
藏宝人	cángbǎorén	owner of a precious rarity
画画儿	huàhuàr	to draw a picture

水墨画	shuǐmòhuà	ink and wash painting
写意画	xiěyìhuà	freehand brushwork painting
工笔画	gōngbǐhuà	fine brushwork painting
书法	shūfǎ	calligraphy
集邮	jíyóu	philately

Xiūxián Àihào
二、休闲爱好 Pastimes and Hobbies

Chángyòng Jùxíng
常 用 句型　Useful Expressions

Diào Yú
1. 钓鱼 Fishing

Wǒ bàba tèbié xǐhuan diào yú.
我爸爸特别喜欢 钓鱼。
My dad loves fishing.

Cóng chūn dào qiū, tā jīhū měige zhōumò dōu qù diào yú.
从 春 到 秋，他几乎每个 周 末 都去钓鱼。
He goes fishing nearly every weekend from spring until autumn.

Chéng wài yǒu yú de hé hú, tā dōu pǎobiàn le.
城 外 有鱼的河湖，他都 跑 遍了。
He's been to all the fishable rivers and lakes outside the city.

Tā yǒu yì bāng xǐhuan diào yú de péngyou.
他有一 帮 喜欢钓鱼的 朋 友。
He has a circle of friends who are fishing lovers.

Tā yǒu gè zhǒng yújù.
他有各 种 渔具。
He has all kinds of fishing gear.

Tā de diào yú jìshù búcuò.
他的钓鱼技术不错。
He is good at fishing.

Tā de yùnqì yě búcuò, měi cì tā diào de yú zuì duō.
他的运气也不错，每次他钓的鱼最多。
He is also lucky. Every time he catches the most fish.

Tā chángcháng bǎ diàolái de yú fēn gěi línjū.
他常 常 把钓来的鱼分给邻居。
He often gives away the fish to his neighbours.

Yǎng Chǒngwù
2. 养 宠 物 Keeping Pets

Xiànzài yǎng chǒngwù de rén yuèláiyuè duō le.
现在 养 宠 物的人越来越多了。
Nowadays, more and more people keep pets.

Tā jiā yǒu yì zhī míngguì de Zàng'áo .
他家有一只 名 贵 的 藏 獒 。
He has a famous Tibetan Mastiff.

Wǒ māma bǎ gǒu dāng háizi yǎng .
我 妈妈把狗 当 孩子 养 。
My mum treats the dog like a child.

Yǒu xiǎo gǒu péi wǒ māma, tā bú huì jìmò .
有 小 狗 陪 我 妈妈， 她不会寂寞。
My mum won't feel lonely with the puppy at her side.

Wǒ cháng gěi xiǎo gǒu mǎi piàoliang de yīwù .
我 常 给小 狗 买 漂 亮 的 衣物。
I often buy the puppy pretty clothes and accessories.

Měi tiān zǎoshang wǒ dōu děi zǎo qǐ qù liù gǒu .
每 天 早 上 我 都 得 早起去遛狗 。
I get up early every morning to walk the dog.

Wǒ měi tiān xiàbān dōu gēn tā wánr .
我 每 天 下班 都 跟它玩儿。
I spend a lot of time playing with it every day after work.

Wǒ xǐhuan māo .
我 喜欢 猫 。
I like cats.

Wǒ jiā yǎngle liǎng zhī māo .
我家 养 了 两 只 猫 。
I have two cats at home.

Wǒ de xiǎo māo tài kě'ài le .
我的小 猫 太可爱了。
My kitty is so cute.

Wǒ gěi tāmen mǎi zuì hǎo de māoliáng .
我 给 它们 买 最 好 的 猫 粮 。
I buy the best cat food for them.

Kàndào zhèxiē kě'ài de xiǎo dòngwù, shénme fánnǎo dōu méi le .
看到 这些可爱 的小 动 物， 什么 烦恼 都 没了。
These cute little animals rid you of all your worries.

Rúguǒ nǐ de māo shēngle xiǎo māo, gěi wǒ yì zhī ba .
如果你的猫 生 了 小 猫， 给我一只吧。
If your cat gives birth to kittens, save one for me.

Wǒ yéye xǐhuan yǎng jīnyú, yì tiān dào wǎn wéi zhe yúgāng zhuàn .
我 爷爷喜欢 养 金鱼，一天 到 晚 围着鱼缸 转 。
My grandpa likes goldfish. He spends all day beside the fish tank.

Zhōumò tā cháng qù huāniǎo shìchǎng mǎi jīnyú .
周 末他 常 去花鸟 市 场 买金鱼。
On weekends, he often goes to bird and flower markets to buy goldfish.

Wǒ jiā de jīnyú pǐnzhǒng kě duō le .
我家的金鱼品 种 可多了。
In my home there is a good variety of goldfish.

Xiàbān huí jiā xīnshǎng xīnshǎng zhèxiē měilì de yú, yìshēn píláo jiù dōu wàng le .
下班 回家 欣赏 欣 赏 这些美丽 的鱼，一身 疲劳就 都 忘 了。
Seeing these pretty fish after work eases one's fatigue.

Wèi shénme wǒ yǎng de jīnyú lǎo sǐ a ?
为 什 么 我 养 的 金鱼 老 死 啊 ？
Why do my goldfish keep dying?

Nǐ wèi de yú shí dàgài tài duō le , yú dōu chēngsǐ le .
你 喂 的 鱼 食 大概 太 多 了 ， 鱼 都 撑死 了 。
You probably feed them too much, so they die from being overfed.

Nǐ gěi yú huàn shuǐ de fāngfǎ dàgài yǒu wèntí .
你 给 鱼 换 水 的 方法 大概 有 问题 。
Your way of changing the tank water is probably problematic.

Nǐ yǎng yú hěn yǒu jīngyàn a .
你 养 鱼 很 有 经验 啊 。
You are very experienced at keeping fish.

Hěn duō lǎo Běijīngrén xǐhuan yǎng niǎo .
很 多 老 北京人 喜欢 养 鸟 。
Many old people in Beijing like keeping birds.

Měi tiān zǎoshang nǐ huì kàndào hěn duō lǎodàye tízhe niǎolóngzi liùniǎo .
每 天 早 上 你 会 看到 很 多 老大爷 提着 鸟 笼子 遛鸟 。
You'll see many elderly people walking their birds in their cages every morning.

Yòu liùle niǎo , yòu duànliànle shēntǐ , yìjǔ-liǎngdé .
又 遛 了 鸟 ， 又 锻炼 了 身体 ， 一举两得 。
Walking birds is also good exercise. It serves two purposes at once.

Yǒuxiē lǎo Běijīngrén hái xǐhuan yǎng qūqur , dòu qūqur .
有 些 老 北京人 还 喜欢 养 蛐蛐儿 ， 斗 蛐蛐儿 。
Some old Beijingers also like keeping crickets and finding fun in cricket fighting.

Yǎng Huācǎo
3. 养 花草 Keeping Plants and Flowers

Wǒ māma xǐhuan zhòngzhí huācǎo .
我 妈妈 喜欢 种 植 花草 。
My mum has green fingers.

Māma méishì jiù shìnòng tā de huācǎo .
妈妈 没事 就 侍弄 她 的 花草 。
She tends her plants and flowers whenever she has time.

Kàndào zìjǐ yǎng de huācǎo zhǎng de nàme màoshèng , bàmā kě kāixīn le .
看到 自己 养 的 花草 长 得 那么 茂 盛 ， 爸妈 可 开心 了 。
My parents are delighted to see their plants and flowers flourishing.

Zhōngguó de pénjǐng hěn yǒumíng .
中 国 的 盆景 很 有名 。
Chinese bonsais are very famous.

Wǒ bàba tèbié xǐhuan pénjǐng .
我 爸爸 特别 喜欢 盆景 。
My dad has a particular liking for bonsais.

Tā zìjǐ péiyùle hěn duō piàoliang de pénjǐng .
他 自己 培育 了 很 多 漂 亮 的 盆景 。
He cultivated many beautiful bonsais.

Wǒmen jiā de huā kě duō le .
我 们 家 的 花 可 多 了 。
Our home is decorated with many plants and flowers.

Wǒ jiā yángtái shang dōu shì huā .
我家阳台 上 都是花。
My balcony is full of plants and flowers.

Huācǎo bùjǐn měihuà shēnghuó , yě néng táoyě xìnggé .
花草不仅美化 生 活 , 也 能 陶冶性格。
Plants and flowers not only beautify your life, but also cultivate your character.

Wǒ xǐhuan huācǎo , kě zǒng yě yǎng bu huó .
我 喜欢 花草 , 可总也 养不活。
I like raising flowers, but have no green fingers.

Nǐ shì bu shì jiāo de shuǐ tài duō le ?
你是不是浇的水太多了?
Maybe you water them too much?

Féiliào yě bù néng shàng de tài duō , bùrán huì bǎ huā shāosǐ de .
肥料也不能 上 得太多, 不然会把花 烧死的。
Excessive application of fertilizer is not advisable either. It can damage the flowers.

Duìhuà 对话 Conversation

Tuìxiū hòu nín zuò shénme ne ?
A: 退休后 您 做 什么 呢?
What are you planning on doing after retiring?

Wǒ yìzhí xǐhuan yǎng huā zhòng cǎo , xiànzài kě yǒu shíjiān le .
B: 我一直喜欢 养 花 种 草 , 现在可有 时间了。
I have always been fond of looking after flowers, and now I will have plenty of time to do that.

Wǒ yě xǐhuan huācǎo , yǒu shíjiān děi gēn nín qǐngjiào qǐngjiào .
A: 我也喜欢 花草 , 有 时间 得跟 您 请教 请教。
I like keeping flowers too. I'll consult you about that when you have time.

Wǒ bǎ yángtái gǎichéngle yángguāngfáng , yǒu kòngr jiù shīshi féi , jiāojiao shuǐ .
B: 我把阳台 改成了 阳 光 房, 有 空儿就施施肥, 浇浇水。
I've converted the balcony into a greenhouse. I apply manure and water the plants whenever I have time.

Wǒ tīngshuō nín de huā dàdū shì zìjǐ fánzhí de ?
A: 我 听 说 您的花 大都 是 自己繁殖的?
I heard that you propagate most of the flowers by yourself?

Duì, shénme yuèjì , hǎitáng , chángshòuhuā , diàolán děngděng , dōu
B: 对, 什么月季、 海棠、 长 寿花、 吊兰 等 等 , 都
shì zìjǐ fánzhí de .
是自己繁殖的。
That's right, the China rose, flowering crab apple, kalanchoe, and Chlorophytum comosum etc., are all propagated by me.

Kànzhe mǎn fángjiān de huācǎo , nín yídìng hěn gāoxìng .
A: 看着满 房间的花草, 您 一定 很 高兴。
You must be very happy to see the house full of flowers.

Shì a , zhè jiù shì wǒ de jìtuō hé chéngjì ma .
B: 是啊，这就是我的寄托和成绩嘛。
Sure, it's my enjoyment and achievement.

Cānkǎo Cíhuì
☀ 参考词汇 Vocabulary

养	yǎng	to keep
宠物	chǒngwù	pet
狗	gǒu	dog
猫	māo	cat
鸟	niǎo	bird
鱼	yú	fish
花	huā	flower
盆景	pénjǐng	bonsai
茂盛	màoshèng	to flourish
乐趣	lèqù	fun, joy

Xiūxián Huódòng
三、休闲活动 Leisure Activities

Chángyòng Jùxíng
常用句型 Useful Expressions

Qù KTV Chàng Gē
1. 去 KTV 唱歌 Singing Karaoke

Zhōumò yǒu shénme ānpái?
周末有什么安排？
Do you have any plans for the weekend?

Zhōumò shì wǒ de shēngrì, wǒ qǐng nǐmen qù chàng gē ba .
周末是我的生日，我请你们去唱歌吧。
My birthday is the coming weekend. I would like to invite you to come and sing karaoke with me.

Wǒmen qù nǎge gētīng?
我们去哪个歌厅？
Which karaoke bar shall we go to?

Qù 'Qiánguì' háishi 'Màilèdí' ?
去"钱柜"还是"麦乐迪"？
Shall we go to Party World or Melody?

Nǎge gētīng hǎo?
哪个歌厅好？
Which karaoke bar is better?

Nǎge gētīng de zìzhùcān bǐjiào hǎo?
哪个歌厅的自助餐比较好？
Which karaoke bar has a better buffet?

Nǎge gētīng jiàgé piányi diǎnr?
哪个歌厅价格便宜点儿？
Which karaoke bar is less expensive?

Wǒmen yào dìng yí gè duō dà de bāojiān?
我们要订一个多大的包间？
What sized private room do we need to book?

Shí gè rén de bāojiān, yì xiǎoshí duōshao qián?
十个人的包间，一小时多少钱？
How much is charged per hour for a 10 person room?

Wǒmen jiù dìng yí gè shí rén bāojiān hǎo le.
我们就订一个十人包间好了。
Let's book a room for 10 people.

Xiànzài qǐng shòuxing xiān chàng yì qǔ.
现在请寿星先唱一曲。
Let's have our birthday girl/boy sing the first song.

Qǐng dàjiā zìjǐ xuǎn gē chàng ba.
请大家自己选歌唱吧。
Everyone, please select your song.

Tā jīntiān kuài chéng 'màibà' le, yí gè rén chàngle shí duō shǒu gē le.
她今天快成"麦霸"了，一个人唱了十多首歌了。
She is the 'mic queen' today. She's sung more than 10 songs.

Wǒmen dōu chàngle sān ge duō xiǎoshí le, jiéshù ba.
我们都唱了三个多小时了，结束吧。
Let's wind it up. We've been singing for more than three hours.

2. 泡吧 Going to a Pub
Pào Bā

Wǒ tíyì, zánmen xiànzài qù jiǔbā hǎo ma?
我提议，咱们现在去酒吧好吗？
I propose we go to the pub now. What do you think?

Zhè shì ge hǎo zhǔyi.
这是个好主意。
That's a good idea.

Wǒ bú huì hē jiǔ, wǒ bú qù le.
我不会喝酒，我不去了。
I don't drink. I am not going.

Qù jiǔbā bùzhǐ shì hē jiǔ, hái kěyǐ hé péngyou liánluò gǎnqíng ma.
去酒吧不只是喝酒，还可以和朋友联络感情嘛。
It's not just about drinking. You can also enjoy networking with your friends.

Qù Sānlǐtún háishi Hòuhǎi?
去三里屯还是后海？
Shall we go to the Sanlitun or the Houhai area?

Qù Hòuhǎi yǒuyìsi .
去 后 海 有 意 思。
Houhai is an interesting area.

Zhège jiǔbā yèwǎn yǒu yuèduì yǎnchū .
这个酒吧夜晚 有 乐队 演出。
There is a live band playing at the pub this evening.

Zhège yuèduì de zhǔchàng hěn bàng .
这个乐队的主 唱 很 棒。
The lead singer of this band is terrific.

Wǒmen wèi tā diǎn yì shǒu gē ba?
我 们 为她点 一 首 歌吧?
Shall we request a song for her?

Yìbiān hē jiǔ , yìbiān xīnshǎng yīnyuè , zhēn gòu xiǎngshòu de .
一边喝酒，一边 欣 赏 音乐，真 够 享 受 的。
It's such an enjoyment to drink while listening to music.

Dàjiā hēhǎo le ma?
大家喝好了吗?
Has everyone had enough to drink?

Tā hē de yǒudiǎnr gāo le .
他喝得有点儿高了。
He drank a bit too much.

Jīn wǎn dàjiā dōu guò de fēicháng kāixīn .
今 晚大家都 过 得 非常 开心。
Everyone had a great time tonight.

3. 派对 Going to Parties
Pàiduì

Niándǐ le , pàiduì duō qǐlái le .
年底了，派对 多起来了。
More parties are being held as the year's end draws near.

Shèngdàn Jié dào le , wǒ xiǎng zàijiā gǎo ge pàiduì .
圣 诞 节 到 了， 我 想 在家搞个派对。
Christmas is coming. I want to throw a party at home.

Xià zhōu liù wǒmen zài jiā gěi háizi bàn shēngrì pàiduì .
下 周 六我们在家给孩子办 生 日 派对。
We'll have a birthday party for our son/daughter at home next Saturday.

Wǒmen qǐngle hěn duō qīnqi péngyou zài fàndiàn wèi mǔqin qìngzhù liùshí dà shòu .
我 们 请了 很 多 亲戚朋友 在 饭店 为母亲 庆祝 六十大寿。
We invited many relatives and friends to a hotel to celebrate the 60th birthday of my mother.

Xià yuè shì wǒmen jiéhūn wǔ zhōunián , wǒ xiǎng qǐng qīnpéng yìqǐ jùju .
下 月 是 我们 结婚 五周年， 我 想 请 亲朋一起聚聚。
Our fifth wedding anniversary is coming up next month. We would like to invite a few relatives and friends to a gathering to celebrate it.

Jùhuì xuǎn zài shénme dìfang?
聚会 选 在 什 么 地方?
Which venue have you picked for the gathering?

Wǒmen qù jiāowài zhǎo ge yǒushān-yǒushuǐ de dìfang jùhuì, hǎo ma?
我 们 去 郊 外 找 个 有 山 有 水 的 地 方 聚 会，好 吗?
Shall we move our party to somewhere outside Beijing with natural scenery?

Wǒmen qù huáxuěchǎng, jùhuì jiā huáxuě, shì ge búcuò de xuǎnzé ba?
我 们 去 滑 雪 场，聚 会 加 滑 雪，是 个 不 错 的 选 择 吧?
Let's go to a ski resort, partying and skiing. It'll be good, don't you think?

Zhè cì jùhuì wǒmen měi rén dài yí gè cài lái ba.
这 次 聚 会 我 们 每 人 带 一 个 菜 来 吧。
Let's have a potluck party this time.

Wǒmen de xīnnián pàiduì gǎo yí gè jiǎmiàn wǔhuì hǎo ma?
我 们 的 新 年 派 对 搞 一 个 假 面 舞 会 好 吗?
Shall we have a masquerade for the New Year Party?

Nǐ de chuàngyì tǐng lìnglèi.
你 的 创 意 挺 另 类。
Your idea is very unconventional.

Nǐ de chuàngyì hěn biézhì
你 的 创 意 很 别 致。
Your idea is very unique.

Zhè cì jùhuì gěi dàjiā liúxiàle shēnkè de yìnxiàng.
这 次 聚 会 给 大 家 留 下 了 深 刻 的 印 象。
The party left a deep impression on everyone.

4. 郊游，野餐 Outings and Picnics
Jiāoyóu, Yěcān

Jiéjiàrì hé péngyou men yìqǐ qù jiāoyóu, kěyǐ zēngjìn yǒuqíng.
节 假 日 和 朋 友 们 一 起 去 郊 游，可 以 增 进 友 情。
Going on excursions during holidays is a good way to enhance friendship.

Ràng shēnxīn dōu chénjìn zài dàzìrán li, nà gǎnjué tài měimiào le.
让 身 心 都 沉 浸 在 大 自 然 里，那 感 觉 太 美 妙 了。
It's a fantastic feeling to immerse your body and soul in nature.

Huángjīnzhōu yòu kuài dào le, yǒu shénme jìhuà?
黄 金 周 又 快 到 了，有 什 么 计 划?
The golden week is around the corner now. Do you have any plans for it?

Wǒmen zǎo jiù jìhuà hǎo qù jiāoyóu le.
我 们 早 就 计 划 好 去 郊 游 了。
We planned an outing long ago.

Nǐmen dōu qù shénme dìfang jiāoyóu ne?
你 们 都 去 什 么 地 方 郊 游 呢?
Where are you going on your outing?

Jìn de zài Běijīng jiāoqū, yuǎn de qù Běijīng zhōubiān.
近 的 在 北 京 郊 区，远 的 去 北 京 周 边。
As near as the outskirts of Beijing and as far as its surrounding areas.

Wǒmen bù xǐhuan qù rén duō de dìfang.
我 们 不 喜 欢 去 人 多 的 地 方。
We don't like crowded places.

Rén zhě lè shān, zhì zhě lè shuǐ.
仁 者 乐 山，智 者 乐 水。
The wise enjoy the waters, and the benevolent enjoy the mountains.

Chūn xià wǒmen qù kàn shuǐ, qiū dōng wǒmen qù kàn shān.
春 夏 我们 去 看 水， 秋 冬 我们去看 山 。
We go to the waters in spring and summer, and the mountains in autumn and winter.

Wǒmen kāichē qù jiāowài cǎizhāi hǎo ma?
我们 开车 去 郊外 采摘 好 吗?
Shall we drive to the outskirts of the city to go fruit picking?

Xiànzài kě shì cǎizhāi dà táo de hǎo shíjǐ.
现在 可是 采摘 大桃 的 好时机。
Now is the best time for peach picking.

Hěn duō nóngmín jiā li dōu jiànle jiātíng lǚguǎn.
很 多 农 民 家里 都 建了 家庭 旅馆。
Many farmers have built family guest houses.

Wǒmen kěyǐ zài nóngmín jiā chī zhù, hěn piányi.
我们 可以 在 农民 家 吃 住， 很 便宜。
It's very cheap to eat and live in a farmer's house.

Nóngjiāfàn hěn xīnxian, yě hěn piányi.
农 家饭 很 新鲜， 也 很 便宜。
Food served in the farmer's guest house is very fresh and inexpensive.

Wǒmen xǐhuan hé péngyou yìqǐ jiāoyóu yěcān.
我们 喜欢 和 朋 友一起 郊游 野餐。
We like having picnics when we go for outings with friends.

Yěcān shí, dàjiā hùxiāng jiāohuàn zì dài de shíwù, bié yǒu fēngwèi.
野餐时， 大家 互 相 交 换 自带的食物， 别 有 风味。
Everyone shares and exchanges food, giving the picnic a distinctive flavour.

Yǒu shíhou, wǒmen yě huì zài yěcān shí shāokǎo.
有 时候， 我们 也会 在 野餐时 烧 烤。
Sometimes, we barbecue at picnics.

Huáxuě, Pào Wēnquán
5. 滑雪， 泡 温 泉 Skiing and Enjoying Hot Springs

Nǐ xǐhuan huáxuě ma?
你喜欢 滑雪 吗?
Do you like skiing?

Wǒ hěn xǐhuan huáxuě, jiù shì huá de bù hǎo.
我 很 喜欢滑雪， 就 是 滑得不 好。
I love skiing but I am not very good at it.

Tā huáxuě huá de kě hǎo le, kěyǐ dāng nǐ de jiàoliàn.
他滑雪 滑得可好了， 可以 当 你的教练。
He is a terrific skier; he can be your coach.

Chēngzhe xuězhàng cóng shān shang chōng xiàlái de shíhou, jiǎnzhí tài cìjī le.
撑 着雪 杖 从 山 上 冲 下来的时候，简直太刺激了。
It's a fantastic feeling to rush down the hillside holding ski poles.

Jīn nián dōngtiān wǒmen yìqǐ qù Dōngběi Yàbùlì huáxuě hǎo ma?
今 年 冬 天 我们一起去东北亚布力滑雪 好 吗?
Shall we go skiing together in Yabuli in northeastern China this winter?

Tīngshuō Yàbùlì de huáxuěchǎng hěn bàng, jiù shì tài yuǎn le.
听 说 亚布力的滑雪 场 很 棒，就是 太 远 了。
I heard Yabuli has a great ski run, but it's a bit too far away.

Nà wǒmen jiù qù Běijīng zhōubiān de réngōng huáxuěchǎng.
那 我们 就去北京 周 边 的人 工 滑雪 场 。
Then let's go to the man-made ski runs in the areas surrounding Beijing.

Xīnnián wǒmen yìqǐ qù huáxuě, zěnmeyàng?
新 年 我们一起去滑雪，怎么样?
Let's go skiing together during the New Year holiday, shall we?

Tīngshuō yǒude huáxuěchǎng fùjìn hái yǒu kěyǐ pào wēnquán de dùjiàcūn.
听 说 有的滑雪 场 附近还 有 可以泡 温 泉 的度假村。
I heard there are holiday resorts offering hot spring baths near some of the ski runs.

Hǎo a, huáwán xuě zài qù pàopao wēnquán, nà kě zài shūfu búguò le.
好 啊，滑 完 雪再去泡泡 温 泉，那可再舒服不过了。
Great, a hot spring bath after skiing is most comfortable.

Xūyào tíqián dìng piào ma?
需要 提前订 票 吗?
Do we need to book tickets?

Kěyǐ tíqián zài wǎng shang dìng, hái kěyǐ dǎzhé.
可以提前在 网 上 订，还可以打折。
We can book the tickets online.

Jiéjiàrì huáxuěchǎng rén zhēn duō.
节假日滑雪 场 人 真 多 。
It's really crowded at the ski runs during the holidays.

Wǒmen méiyǒu huáxuěfú hé xuě jù.
我 们 没 有 滑雪服和雪具。
We do not have any gear or skiwear.

Huáxuěfú hé xuě jù dōu kěyǐ zài huáxuěchǎng zū.
滑雪服和雪具都可以在 滑雪 场 租。
You can rent gear and skiwear at the ski run.

Zūjīn zěnme suàn?
租金怎么 算 ?
How much is the rental?

Yào jiāo duōshao yājīn ?
要 交 多 少 押金?
How much deposit do we need to pay?

Qǐng dàjiā huáxuě de shíhou yídìng yào zhùyì ānquán.
请 大家滑雪的时候一定 要注意安 全 。
Please watch out for your safety when skiing.

Huì huáxuě de qù zhōngjí huò gāojí huádào, bú huì de qù chūjí huádào.
会 滑雪的去中级 或高级滑道，不会的去初级滑道。
Skilled skiers go to the medium or advanced level runs, and beginners should go to the elementary level runs.

Tā zhǎodào yìdiǎnr gǎnjué le.
她 找 到 一点儿感 觉了。
She is getting the hang of it.

Tā de dòngzuò hái bǐ jiào xiétiáo.
她的动作还比较协调。
Her movements are well-coordinated.

Bù hǎo, tā shuāidǎo le.
不好，她摔倒了。
Whoops, she took a tumble.

Zěnmeyàng, méi shì ba?
怎么样，没事吧？
Are you all right?

Chū cì huáxuě, yǒu shénme tǐhuì?
初次滑雪，有什么体会？
How do you like your first skiing experience?

Wǒ yòu hàipà, yòu jǐnzhāng, hái méi huá jiù chūle yì shēn hàn.
我又害怕，又紧张，还没滑就出了一身汗。
I'm so scared and nervous that I was sweating before I even started skiing.

Nǐ huáxuě huá de zhème hǎo, yǒu shénme qiàomén?
你滑雪滑得这么好，有什么窍门？
You ski really well. What's your secret?

Huànhǎo yīfu wǒmen jiù qù pào wēnquán.
换好衣服我们就去泡温泉。
After we get changed, we'll go to bathe in the hot springs.

Nǐmen xiǎng pào shénme wēnquán?
你们想泡什么温泉？
What kind of hot spring bath would you like?

Zhèlǐ yǒu bù tóng de yàoyù wēnquánchí.
这里有不同的药浴温泉池。
We have different kinds of herbal baths here.

Wǒmen xiǎng qù sīmìxìng hǎo de bāojiān pào wēnquán.
我们想去私密性好的包间泡温泉。
We would like to have a hot spring bath in a private room.

Kàn Bǐsài
6. 看比赛 Watching Games

Wǒ ài kàn tǐyù bǐsài.
我爱看体育比赛。
I love watching sports games.

Wǒ xǐhuan qù xiànchǎng kàn bǐsài.
我喜欢去现场看比赛。
I like going to watch on-site games.

Wǒ zuì ài kàn zúqiú bǐsài.
我最爱看足球比赛。
I love watching football games best.

Wǒ zhīdào nǐ shì qiúmí.
我知道你是球迷。
I know you are a football fan.

'Zhōng-Chāo' Guó'ān zhǔchǎng de bǐsài, wǒ měi chǎng bì kàn.
"中超"国安主场的比赛，我每场必看。
I watch every home match Guo'an plays in the Chinese Super League.

Zhège zhōumò Gōngrén Tǐyùchǎng yǒu zúqiúsài , xiǎng qù ma?
这个 周末 工人 体育场 有足球赛， 想 去吗?
There is a football match in the Worker's Sports Complex this weekend. Do you want to go?

Guó'ān duì hé nǎge duì sài?
国 安队和哪个队 赛?
Between Guo'an and which other team?

Běijīng Guó'ān hé Shànghǎi Shēnhuā sài .
北京 国 安和上 海 申 花 赛。
Beijing Guo'an versus Shanghai Shenhua.

Nà wǒ yídìng děi qù kàn .
那 我 一定得去看 。
Then I must go and watch it.

Wǒ mǎshàng qù mǎi piào .
我 马 上去买 票 。
I'll go to buy the tickets right away.

Zhè chǎng bǐsài de shūyíng , jiāng juédìng guàn-yàjūn de páimíng .
这 场 比赛的输赢， 将 决定 冠亚军的排名。
The result of this game will determine the championship.

Zhè chǎng bǐsài yǐnqǐle qiúmí de jí dà guānzhù , qiú piào bù hǎo mǎi .
这 场 比赛引起了球迷 的极大关注， 球 票 不好 买。
This game has attracted huge attention from the fans, thus the tickets are hard to get.

Qiú piào méi mǎidào , zhǐ néng zài ' huángniú ' shǒu li mǎi le .
球 票 没买到， 只 能 在"黄 牛" 手 里买了。
The tickets were sold out. We can only get scalper's tickets.

☛ | Note: 黄牛 huángniú literally yellow ox, is a slang word for scalper.

Jīntiān kàn qiú de rén zhēn duō .
今天 看 球的人 真 多 。
There are a whole lot of spectators today.

Gǎnkuài qǐ jiǎo shèmén a !
赶 快起脚 射 门 啊!
Shoot now!

Hǎo , jìn qiú le . Yī bǐ líng .
好 , 进球了。一比零。
Great, a goal. The score is one to nil.

Kàn , shuí fànguī le ?
看 , 谁 犯规了 ?
Look, who fouled?

Cáipàn chūshì huángpái le .
裁判 出示 黄 牌 了。
The referee is giving out a yellow card.

Fá diǎnqiú le .
罚点球了。
A penalty kick has been awarded.

Zāogāo, fāqiú shīwù.
糟糕，发球失误。
Too bad, a serving fault.

Chǎng shang chūxiànle zhēngzhí.
场上出现了争执。
An argument started in the field.

Yǒu ge duìyuán shòushāng le, bèi dānjià tái xiàqù le.
有个队员受伤了，被担架抬下去了。
A player was hurt and was carried out on a stretcher.

Yǒu ge zhǔlì duìyuán bèi fá xià chǎng le.
有个主力队员被罚下场了。
A top player was fouled out.

Shí gè duì shíyī gè, xíngshì búlì.
十个对十一个，形势不利。
Ten to eleven players, an adverse situation.

Tīle jiǔshí fēnzhōng háishi píngjú, hái děi dǎ jiāshísài.
踢了九十分钟还是平局，还得打加时赛。
It's a tie after 90 minutes. A play-off is needed.

Zhè chǎng qiú kàn de zhēn guòyǐn.
这场球看得真过瘾。
It was a great game to watch.

🍵 | **Duìhuà**
对话 **Conversation**

Zhège huángjīnzhōu yǒu shénme ānpái ma?
A: 这个黄金周有什么安排吗？
Do you have any plans for the coming golden week?

Hái méi xiǎng ne. Nǐ yǒu shénme hǎo zhǔyi?
B: 还没想呢。你有什么好主意？
Not yet. Do you have any good suggestions?

Wǒmen liǎng jiā yìqǐ qù jiāoyóu ba?
A: 我们两家一起去郊游吧？
How about our two families going on an outing together?

Búcuò, qù nǎr? Yǒu mùbiāo ma?
B: 不错，去哪儿？有目标吗？
Not a bad idea, where shall we go? Do you have any place in particular in mind?

Wǒmen qù Huáiróu sān tiān.
A: 我们去怀柔三天。
I was thinking we could stay for three days in Huairou.

Zěnme ānpái?
B: 怎么安排？
What's the plan?

Dì-yī tiān shàngwǔ chūfā, zhōngwǔ zài yí gè xiǎo hú biān zìjǐ shāokǎo.
A: 第一天上午出发，中午在一个小湖边自己烧烤。
We'll depart on the morning of the first day and barbecue at the lakeside by lunchtime.

Wǒmen tíqián bǎ ròu yānhǎo .

B: 我们提前把肉腌好。

Let's marinate the meat beforehand.

Wǎnshang zhù zài nóngmín jiā , wǎnfàn yě zài tāmen jiā chī .

A: 晚上住在农民家，晚饭也在他们家吃。

At night we can have dinner and sleep at a farmer's guest house.

Chángchang nóngjiācài yě búcuò .

B: 尝尝农家菜也不错。

It's good to have a taste of rural food.

Dì-èr tiān qù zhōubiān jǐngdiǎn wán bàn tiān , xiàwǔ qù guǒyuán cǎizhāi ,

A: 第二天去周边景点玩半天，下午去果园采摘，

wǎnshang zhù dùjiàcūn .

晚上住度假村。

On the second day, we'll visit a nearby scenic spot in the morning, go fruit picking in an orchard in the afternoon, and stay in a holiday resort for the night.

Hǎo , wǎnshang kěyǐ qù dǎ bǎolíngqiú , hái kěyǐ hǎohāor pàopao zǎo .

B: 好，晚上可以去打保龄球，还可以好好儿泡泡澡。

Good, we can go bowling and have a good bath in the evening.

Dì-sān tiān wǒmen cóng lìng yì tiáo lù fǎnhuí . Zěnmeyàng?

A: 第三天我们从另一条路返回。怎么样？

On the third day, we'll return home taking a different route. How about it?

Tài bàng le , wǒmen fēntóu zhǔnbèi ba .

B: 太棒了，我们分头准备吧。

That's great. Let's go to make our separate preparations.

Cānkǎo Cíhuì
❋ 参考词汇 Vocabulary

卡拉OK	kǎlā OK	karaoke
酒吧	jiǔbā	bar
野餐	yěcān	picnic
烧烤	shāokǎo	barbecue
采摘	cǎizhāi	fruit picking
农家乐	nóngjiālè	farmer's guest house
滑雪场	huáxuěchǎng	ski run
球（赛）	qiú (sài)	game, match
主场	zhǔchǎng	home game
客场	kèchǎng	away game
球队	qiúduì	team
球员	qiúyuán	player
教练	jiàoliàn	coach

比赛	bǐsài	match
裁判员	cáipànyuán	referee
上半场	shàng bànchǎng	first half
下半场	xià bànchǎng	second half
中场休息	zhōngchǎng xiūxi	half time
加时赛	jiāshísài	play-off
犯规	fànguī	foul
乌龙球	wūlóngqiú	own goal
射门	shèmén	to shoot
进球	jìn qiú	to goal
黄牌	huángpái	yellow card
红牌	hóngpái	red card
比分	bǐfēn	score
平局	píngjú	tie

Cānguān

四、参观 Visiting Places

Chángyòng Jùxíng
常用句型 Useful Expressions

Cānguān Bówùguǎn
1. 参观 博物馆 Visiting a Museum

Wǒ xǐhuan cānguān bówùguǎn.
我 喜欢 参观 博物馆。
I like visiting museums.

Xiànzài hěn duō bówùguǎn dōu miǎnfèi kāifàng le.
现在 很 多 博物馆 都 免费 开放 了。
Nowadays, many museums are free to visit.

Běijīng yǒu bù shǎo bówùguǎn.
北京 有 不 少 博物馆。
Beijing is home to a number of museums.

Yàoliǎojiě Zhōngguó lìshǐ, dāngrán shǒuxiān yīnggāi cānguān Gùgōng Bówùyuàn
要了解 中 国 历史，当然 首先 应该 参观 故宫 博物院
hé Tiāntán.
和 天坛。
The Forbidden City and the Temple of Heaven are surely at the top of any list
of places to learn about Chinese history.

Ránhòu kěyǐ qù Shǒudū Bówùguǎn.
然后可以去首都博物馆。
Afterwards, you can visit the Capital Museum.

Shísānlíng Bówùguǎn yǒu jǐ ge fēn guǎn.
十三陵博物馆有几个分馆。
The Ming Tombs Museum has several sites.

Nín xiǎng liǎojiě Zhōngguó wénhuà kěyǐ qù Běijīng Mínsú Bówùguǎn, Běijīng Yìshù
您想了解中国文化可以去北京民俗博物馆、北京艺术
Bówùguǎn, Yánhuáng Yìshùguǎn.
博物馆、炎黄艺术馆。
If you are interested in learning about Chinese culture, you should go to the
Beijing Folk Arts Museum, Beijing Art Museum, and Yanhuang Art Gallery.

Gāng jiànchéng de Diànyǐng Bówùguǎn hěn búcuò, zhídé yí kàn.
刚建成的电影博物馆很不错，值得一看。
The newly completed Film Museum is very good and worth visiting.

Zìrán Bówùguǎn duì háizimen hěn yǒu xīyǐnlì.
自然博物馆对孩子们很有吸引力。
The Museum of Natural History is inviting to children.

Xiǎng liǎojiě Zhōngguó jūnshì lìshǐ kěyǐ qù Zhōngguó Rénmín Gémìng Jūnshì
想了解中国军事历史可以去中国人民革命军事
Bówùguǎn.
博物馆。
Those who wish to know more about Chinese military history can go to the
Military Museum of the Chinese People's Revolution.

Běijīng hái yǒu hěn duō míngrén gùjū kěyǐ cānguān.
北京还有很多名人故居可以参观。
There are also a lot of former residences of eminent persons in Beijing.

Hòuhǎi fùjìn yǒu Gōngwángfǔ Huāyuán, Sòng Qìnglíng Gùjū, Guō Mòruò Gùjū.
后海附近有恭王府花园，宋庆龄故居，郭沫若故居。
The Houhai area offers Prince Kung's Mansion and the former residences of
Soong Ching Ling and Guo Moruo.

Lǔxùn Gùjū yě shì bówùguǎn.
鲁迅故居也是博物馆。
The former residence of Lu Xun is also open as a museum.

LǎoShě de gùjū yě duìwài kāifàng.
老舍的故居也对外开放。
The former residence of Lao She is also open to the public.

☛ Note: Madame Soong Ching Ling was the wife of Dr. Sun Yat-sen
and she was the former Vice Chairman of China. Guo Moruo was a
renowned historian, writer and playwright.

2. 参观 园林 建筑 Visiting Gardens and Viewing Architecture

Běijīng de gǔdài huángjiā yuánlín dúyī-wú'èr .
北京的古代皇家园林独一无二。
The imperial garden in Beijing is in a class of its own.

Běihǎi Gōngyuán shì Běijīng de yì kē míngzhū , húguāng-tǎyǐng , tíngtái-lóugé ,
北海公园是北京的一颗明珠，湖光塔影，亭台楼阁，
měibúshèngshōu .
美不胜收。
Beihai Park is a pearl of Beijing. The pagoda and its reflection in the lake as well as the pavilions and towers are of dazzling splendour.

Jǐngshān Gōngyuán de Wànchūntíng kěyǐ ràng nǐ fǔkàn Zǐjìnchéng de jīnbìhuīhuáng .
景山公园的万春亭可以让你俯瞰紫禁城的金碧辉煌。
The Wanchun Pavilion in Jingshan Park offers a panoramic view of the magnificent Forbidden City.

Dàole Běijīng , yídìng yào cānguān míng liè èr líng líng qī nián shìjiè shí dà jiànzhù de
到了北京，一定要参观名列2007年世界十大建筑的
Zhōngguó Guójiā Dàjùyuàn .
中国国家大剧院。
If you are in Beijing, make sure you visit the National Centre for the Performing Arts, which was rated as one of the top 10 architectural sites in the world of 2007.

Àoyùnhuì zhǔ huìchǎng 'Niǎocháo' shì yídìng yào qùkànyi kàn de .
奥运会主会场"鸟巢"是一定要去看一看的。
The main stadium for the 2008 Olympics, the Bird's Nest, is a must to visit.

Yóuyǒng chǎngguǎn 'Shuǐlìfāng' tài piàoliang le , wǒ yídìng yào qù cānguān
游泳场馆"水立方"太漂亮了，我一定要去参观
yíxiàr .
一下儿。
The National Aquatics Centre, also known as the Water Cube, is so pretty that I must go and visit it.

Běijīng Hòuhǎi fùjìn yǒu hěn duō lǎo hútong , lǎo sìhéyuàn , zuò sānlúnchē yì yóu
北京后海附近有很多老胡同，老四合院，坐三轮车一游
bié yǒu wèidào .
别有味道。
There are many old *hutong* and *siheyuan* to visit in the Houhai area of Beijing and that make for a distinctive rickshaw tour.

Běijīng yě bùfá Xīfāng de jiàotáng .
北京也不乏西方的教堂。
Beijing also has many Western churches.

Wángfǔjǐng Tiānzhǔtáng jiàn yú yī liù wǔ wǔ nián , wéi wényì fùxīng shíqī Luómǎshì
王府井天主堂建于1655年，为文艺复兴时期罗马式
jiànzhù .
建筑。
The cathedral in Wangfujing was built in 1655. It is in the style of the Roman renaissance.

Cānguān Sìmiào
3. 参 观 寺庙 Visiting Temples

Láidào Zhōngguó bù néng bú qù cānguān sìmiào .
来到 中 国 不 能 不 去 参 观 寺庙。

In China, you should not miss seeing the temples.

Běijīng zhùmíng de fójiào sìmiào yǒu Fǎyuánsì , Guǎngjìsì děng .
北京 著 名的佛教 寺庙 有 法源寺、 广济寺 等。

Famous Buddhist temples in Beijing include the Fayuan Temple and the Guangji Temple, etc.

Duì Zàngchuán-Fójiào gǎn xìngqù de rén kěyǐ dào Yōnghégōng cānguān .
对 藏 传佛教 感 兴趣 的人可以到 雍和宫 参观。

Those who are interested in Tibetan Buddhism can visit the Yonghe Lama Temple.

Běijīng yǒu xǔduō qīngzhēnsì , dàdū wéi Zhōngguó gǔ jiàn xíngshì .
北京 有许多 清真寺, 大都为 中 国古建 形式。

There are many mosques in Beijing, most of which are built in the style of ancient Chinese architecture.

Niújiē Qīngzhēnsì shì Běijīng zuì dà de qīngzhēnsì .
牛街 清真寺是北京 最大的清真寺。

The mosque in Niujie Street is the largest mosque in Beijing.

Duìhuà
对话 Conversation

Wǒ dì-yī cì lái Běijīng , hěn xiǎng qǐng nǐ péi wǒ cānguān cānguān .
A: 我第一次来北京, 很 想 请你陪我 参 观 参 观。

It's my first time in Beijing. I would love to have you accompany me in touring the city.

Méi wèntí . Nǐ xiǎng qù nǎr ?
B: 没问题。你 想 去哪儿?

No problem. Where do you want to go?

Wǒ fēicháng xiǎng kànkan lǎo Běijīng .
A: 我 非 常 想 看看老北京。

I would love to see the old Beijing.

Hǎo , wǒ dài nǐ qù Hòuhǎi , cānguān yíxiàr Zhōnggǔlóu , sìhéyuàn .
B: 好, 我带你去后海, 参 观一下儿钟 鼓楼、四合院。

Good, I'll take you to the Houhai area to see the Drum and Bell Tower and the *siheyuan*.

Duì , zhè zhèng shì wǒ xiǎng kàn de .
A: 对, 这 正 是我 想 看的。

Great. That is exactly the kind of thing I want to see.

Ránhòu wǒmen qù cānguān Sòng Qìnglíng Gùjū hé Gōngwángfǔ Huāyuán .
B: 然后我们去参观 宋 庆龄故居和恭 王府 花 园。

Then we can visit the former residence of Madame Soong Ching Ling and the gardens of Prince Kung's Mansion.

Sòng Qìnglíng shì shuí?

A: 宋庆龄是谁？

Who is Madame Soong Ching Ling? And Prince Kung?

Wǒ zài lùshang gěi nǐ jiǎng. Wǎnshang wǒmen zài hú biān zhǎo ge jiǔbā chīfàn

B: 我在路上给你讲。晚上我们在湖边找个酒吧吃饭

hē jiǔ.

喝酒。

I'll tell you about them on the way. In the evening, we'll find a bar by the lakeside to have dinner and a drink.

Zhè jìhuà jiǎnzhí tài hǎo le! Xièxie.

A: 这计划简直太好了！谢谢。

This plan sounds perfect! Thank you.

Cānkǎo Cíhuì

✹ 参考词汇 Vocabulary

参观	cānguān	to visit
游览	yóulǎn	to tour
观光	guānguāng	to go sightseeing
名人故居	míngrén gùjū	former resident of an eminent person
四合院	sìhéyuàn	*siheyuan*, traditional residential compound with houses surrounding an inner courtyard
遗址	yízhǐ	site

Tǐyù Àihào

五、体育爱好 Sports and Pastimes

Chángyòng Jùxíng

常用句型 Useful Expressions

Jiànshēn

1. 健身 Working Out

Nǐ shēntǐ zhēn bàng, jīngcháng qù jiànshēn ba?

你身体真棒，经常去健身吧？

You are in very good health. I guess you work out a lot.

Wǒ měi xīngqī qù liǎng cì jiànshēnfáng.

我每星期去两次健身房。

I go to the gym twice a week.

Nǐ dōu zuò shénme yùndòng?

你都做什么运动？

What sports do you do?

Wǒ xǐhuan liàn yújiā.

我喜欢练瑜伽。

I like yoga.

Tā xǐhuan zuò jiànshēncāo .
她喜欢 做 健身操。
She likes body-building exercises.

Wǒ xǐhuan zài yùndòng qìxiè shang liàn jīròu de lìliàng .
我 喜欢 在 运动 器械 上 练肌肉的力量。
I like exercising my muscles using equipment.

Zǒu ba , yìqǐ qù jiànshēn .
走吧, 一起去健身。
Come on, let's go and work out.

Qiú Lèi
2. 球类 Ball Games

Nín xǐhuan wán qiú ma?
您 喜欢 玩 球吗?
Do you like ball games?

Zài xuéxiào de shíhou xǐhuan dǎ lánqiú .
在 学校的时候 喜欢打篮球。
I used to play basketball a lot when I was at school.

Tā cóngxiǎo jiù xǐhuan tī zúqiú , xiànzài hái cháng dàibiǎo gōngsī qù bǐsài .
他 从 小 就 喜欢 踢 足球,现在 还 常 代表 公司去比赛。
He has liked playing football ever since he was a child. Now he often plays with the company team.

Wǒ xǐhuan dǎ yǔmáoqiú , měi tiān zhōngwǔ dōu dǎ yíhuìr .
我 喜欢打羽毛球,每天 中 午 都打一会儿。
I like playing badminton. I play every day after lunch.

Tā de táiqiú dǎ de búcuò , wǒmen dōu dǎ bu guò tā .
他的台球打得不错,我们 都打不过他。
He is very good at billiards. None of us can beat him.

Wǒ měige zhōumò dōu huì hé péngyou qù dǎ wǎngqiú .
我 每个 周 末 都 会 和 朋友去打网球。
I go to play tennis with friends every weekend.

Tā zuì xǐhuan dǎ gāo'ěrfū .
他最 喜欢 打高尔夫。
He likes playing golf the most.

Zhōumò yǒu ānpái ma? Qù dǎ wǎngqiú ba?
周末 有安排吗? 去打 网 球吧?
Do you have plans for the weekend? Shall we go to play tennis?

Zhège tǐyùguǎn de shèshī zhēn xiānjìn .
这个体育馆的设施 真 先进。
The facilities at this stadium are really advanced.

Zhōumò děi tíqián dìng chǎngdì , bùrán dìng bu shàng .
周末 得提前订 场地,不然订不上 。
We've got to book the court for the weekend in advance, otherwise we won't be able to get one.

Nǐ dǎ de zhēn búcuò .
你打得真 不错。
You are really good.

Wǒ dōu chū hàn le， xiūxi yíxiàr．
我 都 出 汗 了，休息 一下儿。
I'm sweating now. Let's take a break.

Xià zhōumò yìqǐ qù dǎ gāo'ěrfū，zěnmeyàng?
下 周 末 一起去打高尔夫，怎么样?
How about playing golf together next weekend?

Wǒ cónglái méi dǎguo gāo'ěrfū．
我 从 来 没 打过高尔夫。
I've never played golf before.

Wǒ kěyǐ jiào nǐ dǎ．
我 可以 教你 打。
I can teach you.

Wǒ kěyǐ zuò nǐ de jiàoliàn na．
我 可以 做你的 教 练 哪。
I can be your coach.

Bié zǒng zuò zài diànnǎo qiánbian bú dòng，zǒu，dǎ pīngpāngqiú qù．
别 总 坐 在 电脑 前边不动，走，打乒乓球去。
Don't always sit in front of the computer. Come on, let's go play some ping-pong.

Wǒ kě bú shì nǐ de duìshǒu．
我 可不是你的对手。
I'm no match for you.

Jīntiān wǒ de zhuàngtài bù hǎo．
今天 我的 状 态 不 好。
I'm not in good shape today.

Wǒ de pāizi bú tài hǎo yòng．
我的拍子不太 好 用。
My racket is not good.

Wǒ suīrán shū le，kěshì wǒ bù fúqì．
我 虽然 输了，可是我不服气。
Although I lost the game, I am not won over.

Bù fúqì jiù zài dǎ yì pán．
不服气就再打一盘。
If you are not won over, let's play another game.

Yóuyǒng， Huábīng
3. 游 泳，滑 冰 Swimming and Skating

Wǒ cóngxiǎo jiù xǐhuan yóuyǒng．
我 从 小 就喜欢 游泳。
I have liked swimming ever since I was a child.

Wǒ měi xīngqī qù yóuyǒngguǎn yóu liǎng cì．
我 每 星期去 游 泳 馆 游 两次。
I go swimming twice a week.

Wāyǒng， yǎngyǒng tā dōu huì．
蛙泳、 仰 泳他都 会。
He can do both breaststroke and backstroke.

Wǒ shì ' hànyāzi '，kànjiàn shuǐ jiù yūn．
我是"旱鸭子"，看见 水 就晕。
I'm a "land duck"(a person who cannot swim). I feel dizzy as soon as I see water.

Běijīng yǒu hěn duō rén xǐhuan huábīng.
北京有很多人喜欢滑冰。
A lot of people in Beijing like skating, too.
Děng shàngle dòng, Běihǎi, Hòuhǎi de bīng miàn shang dàochù shì huábīng de rén.
等上了冻，北海、后海的冰面上到处是滑冰的人。
After the lakes are frozen, you can see skaters all over Beihai and Houhai.

Wǔshù
4. 武术 Martial Arts/Wushu

Wǒ xǐhuan táiquándào.
我喜欢跆拳道。
I like tae kwon do.
Tā xǐhuan kōngshǒudào.
他喜欢空手道。
He likes karate.
Tā duì Zhōngguó wǔshù hěn chīmí, zài Shàolínsì xuéle hǎo jǐ nián gōngfu le.
他对中国武术很痴迷，在少林寺学了好几年功夫了。
He is fascinated by Chinese martial arts and he has been studying kung fu at the Shaolin Temple for years.
Nǐ huì dǎ tàijíquán ma? Jiāojiao wǒ.
你会打太极拳吗？ 教教我。
Do you know how to do *tai chi chuan*? Teach me please.
Wǒ tài xǐhuan tàijíquán le, zīshì yōuměi, róu zhōng yǒu gāng.
我太喜欢太极拳了，姿势优美，柔中有刚。
I am keen on *tai chi chuan*. Its posture is graceful, gentle but firm.
Xǐhuan wǔshù jiù děi tiāntiān liàn, cái néng yǒu zhǎngjìn.
喜欢武术就得天天练，才能有长进。
If you like martial arts you have to practise it every day, then you can make progress.
Nín huì qìgōng ma?
您会气功吗？
Do you know how to do qigong?
Wǒ kàndào yǒu rén yòng shǒu kěyǐ pīkāi yí luò zhuān.
我看到有人用手可以劈开一摞砖。
I saw someone cleave a pile of bricks barehandedly.

☞ Note: Shaolin Temple is located on Mount Song in Henan Province. It was built in the year 495 as the founding temple for the Chan sect of Buddhism and houses the biggest pagoda forest in China. Its monks are all highly skilled in kung fu.

Pānyán，Dēngshān
5. 攀岩，登 山 Rock Climbing and Mountain Climbing

Zhōumò wǒmen qù gōngyuán liànxí pānyán hǎo ma?
周 末 我们 去 公 园 练习 攀岩 好 吗?
Shall we go to the park to practise rock climbing over the weekend?

Yuèláiyuè duō de rén xǐhuan shangle pānyán.
越来越 多 的 人 喜欢 上了 攀岩。
More and more people like rock climbing.

Wǒ jué de pānyán hěn wēixiǎn， wànyī shuāi xiàlái zěnme bàn?
我 觉得 攀岩 很 危险， 万一 摔 下来 怎么办?
I think rock climbing is dangerous, what if you fall down?

Méi wèntí， jiàoliàn yòng bǎohùshéng bǎohùzhe ne.
没问题， 教练 用 保护绳 保护着呢。
Don't worry. The coach protects you with safety ropes.

Wǒ fāxiàn hěn duō lǎoniánrén àihào dēngshān yùndòng.
我 发现 很 多 老年人 爱好 登山 运动。
I find that many elderly people like to go mountain climbing.

Běijīng yǒu bù shǎo lǎorén yì zhōu qù pá liǎng cì Xiāngshān.
北京 有 不 少 老人 一 周 去 爬 两 次 香 山。
A lot of elderly people in Beijing go mountain climbing twice a week.

Wǒ chángcháng qù pá Chángchéng.
我 常 常 去 爬 长 城。
I often go to climb the Great Wall.

Pá shān kěyǐ jiǎnféi.
爬 山 可以 减肥。
Mountain climbing can keep one in good shape.

Pá shān kěyǐ qiángshēn-jiàntǐ.
爬 山 可以 强 身 健体。
Mountain climbing can keep one fit and strong.

Zhè tiáo shān lù kě zhēn gòu nán pá de.
这 条 山路 可真 够 难 爬的。
This mountain path is really tough.

Wǒ dōu kuài chuǎn bu guò qì lái le.
我 都 快 喘 不过气来了。
I'm out of breath.

Wǒ kuài pá bu dòng le.
我 快 爬不 动了。
I don't think I can go further.

Lái， wǒ lā nǐ yì bǎ.
来， 我 拉你一把。
Come on, give me your hand.

Lái， hē kǒu shuǐ ba.
来，喝口 水 吧。
Come and have a drink of water.

Zhēn bù róngyì， kě pádào shāndǐng le.
真 不容易，可爬到 山 顶 了。
After all that, we finally managed to make it to the top of the mountain.

Dàjiā yìqǐ lái páshān yǒu yì zhǒng qìfēn， bù juéde yǒu duō lèi．
大家一起来 爬山 有 一 种 气氛，不 觉得有 多累。
Group mountain climbing can create an atmosphere, making one forget one's fatigue.

Wǒ kě lèisǐ le， jīntiān wǎnshang kěndìng néng shuì ge hǎo jiào．
我可累死了，今天 晚 上 肯定 能 睡个 好 觉。
I'm exhausted. I'm sure I will sleep like a log tonight.

Duìhuà（yī）
对话（1） Conversation 1

Wáng Lǎo， nín de tàijíquán dǎ de zhēn hǎo．
A: 王 老，您的太极拳打得 真 好。
Mr Wang (venerable Wang), you are really good at *tai chi chuan*.

Wǒ dōu liànle èrshí duō nián le．
B: 我 都 练了二十 多 年 了。
I've been practising for more than 20 years.

Nín néng bu néng shōu wǒ zuò ge túdì？ Wǒ xiǎng gēn nín xuéxue tàijíquán．
A: 您 能 不 能 收 我 做个 徒弟？ 我 想 跟 您 学学 太极拳。
Could you take me on as your student? I would love to learn how to do *tai chi chuan* with you.

Nà méi wèntí， zhǐyào nǐ néng jiānchí， bù nán xué．
B: 那 没问题，只要 你 能 坚持，不 难 学。
No problem. As long as you can stick to it, it's not hard to learn.

Nà wǒ cóng jīntiān jiù kāishǐ gēn nín xué ba．
A: 那 我 从 今天就开始跟 您 学 吧。
Then let me start to learn from you today.

Duìhuà（èr）
对话（2） Conversation 2

Pīngpāngqiú bǐsài xiànzài kāishǐ．
A: 乒 乓 球 比赛现在 开始。
Here we start the ping-pong game.

Nǐ hái zhēn tǐng rènzhēn． Jì fēnr ma？
B: 你 还 真 挺 认真。计分儿 吗？
You're serious, aren't you? Shall we keep score?

Dāngrán．
A: 当 然。
Of course.

Nǐ fāqiú ba．
B: 你 发球吧。
You serve the ball.

Ràng nǐ jiē bu zháo．
A: 让 你 接不着。
And you cannot return it.

Nǐ dǎ de hái zhēn búcuò .
B: 你打得还 真 不错。
You are pretty good.

Huǒchē bú shì chuī de , gěi nǐ yí gè shàngxuánqiú .
A: 火车 不是 吹 的，给你一个 上 旋球。
I'm not boasting. Now, I'll serve you a top spin.

Nǐ bié niú , yě ràng nǐ chángchang wǒ de lìhai .
B: 你别牛， 也让你 尝 尝 我的厉害。
Don't be so proud yet. I can also teach you a few things.

Wǒ xiǎokàn nǐ le . Jǐ bǐ jǐ le ?
A: 我 小 看你了。几比几了？
Ha, I look down upon you. What's the score now?

Wàng le , chóng lái ba .
B: 忘了， 重 来吧。
I forgot, let's start again.

Cānkǎo Cíhuì
☀ 参考词汇 Vocabulary

健身房	jiànshēnfáng	gym
瑜伽	yújiā	yoga
台球	táiqiú	billiards
武术	wǔshù	martial arts; wushu
攀岩	pānyán	rock climbing

第二十四篇　医疗

Chapter 24 Medical Care

Guàhào
一、挂号 Registration in a Hospital

Chángyòng Jùxíng
常 用 句型 Useful Expressions

Pǔtōng Guàhào
1. 普通 挂 号 Regular Registration

Wǒ yào guà yí gè nèikē zhuānjiāhào.
我 要 挂一个内科专家号。
I would like to register for a specialist of internal medicine.

Wǒ guà yí gè wàikē pǔtōng ménzhěnhào.
我 挂一个外科普通门诊号。
I would like to register to see a general surgeon.

Qǐngwèn,　néngbu néng gěi wǒ jiā yí gèhào?
请 问， 能 不 能 给我加一个号？
Excuse me, can you add one more registration for me?

Yàobù nín guà xiàwǔ dehào ba?
要不您挂下午的号吧?
How about making an appointment for a consult in the afternoon?

Qǐngwèn,　nín yǒu bìnglìběn ma?
请 问， 您有病历本吗?
Excuse me, do you have your medical records?

Rúguǒ nín méiyǒu bìnglìběn, qǐng mǎi yí gè.
如果 您 没有病历本， 请 买一个。
If you don't have your medical record book, please buy one.

Wàibīn Zhěnshì Guàhào
2. 外宾 诊 室 挂 号

Registering at an International Patient's Consulting Room

Wàibīn qǐng dào wàibīn zhěnshì guàhào.
外宾 请 到外宾诊室挂号。
Foreign guests, please go to the international patient's consulting room to register.

Qǐngwèn, wàibīn zhěnshì zài shénme dìfang?
请 问，外宾 诊 室 在 什 么 地方？
Excuse me, where is the international patient's consulting room?

Nín guà nǎ kē de hào?
您 挂 哪科的 号？
Which department do you want to register with?

Qǐngwèn, nín de xìngmíng, guójí?
请 问，您的 姓 名、国 籍？
Excuse me, can you please tell me your name and nationality, please?

Qǐng nín tiánxiě yíxiàr zhè zhāng biǎo.
请 您 填写一下儿这 张 表。
Please fill out this form.

Nín qù duìmiàn shōufèichù jiāo yíxiàr guàhàofèi.
您 去 对面 收费处 交一下儿挂号费。
Please pay the registration fee at the cashier opposite.

Qǐng nín zài hòuzhěnshì shāo děng, wǒ bāng nín liánxì dàifu.
请 您 在 候诊室 稍 等，我 帮 您联系大夫。
Please wait in the waiting room. I'll call the doctor for you.

3. 急诊挂号 Register for Emergency Treatment
Jízhěn Guàhào

Qǐngwèn, jízhěnshì zài nǎr?
请 问，急诊室在哪儿？
Excuse me, where is the emergency room?

Wǒ guà yí gè nèikē jízhěnhào.
我 挂一个内科急诊号。
I want to register for emergency internal medical treatment.

Qǐng gěi wǒ guà yí gè jízhěn wàikēhào.
请 给我 挂一个急诊外科号。
I want to register for emergency surgery.

Bìngrén dǔzi téng de hěn lìhai, guà nǎ kē?
病人肚子 疼 得很厉害，挂哪科？
The patient is suffering from a serious stomachache, which department shall I register with?

4. 抢救 Emergency Treatment
Qiǎngjiù

A 拨打急救电话 Calling for an Ambulance
Bōdǎ Jíjiù Diànhuà

'Yāo èr líng ma? Wǒ jiā yǒu rén yūndǎo le, qǐng kuài pài jiùhùchē.'
"1 2 0 吗？我家有人晕倒了，请 快 派 救护车。"
Is this 120? Somebody fainted out at my home. Please send an ambulance right away.

'Yāo èr líng ma? Yǒu rén chēhuò shòushāng, qǐng kuài pài jiùhùchē lái.'
"1 2 0 吗？有人车祸 受 伤，请 快 派 救护车来。"
Is this 120? Somebody got hurt in a car accident. Please send an ambulance right away.

☛ | Note: Both 120 and 999 are numbers you can dial for ambulance assistance.

Bìngrén xūyào mǎshàng sòng yīyuàn qiǎngjiù .
病人 需要 马上 送 医院 抢救。
The patient needs to be sent to hospital immediately for emergency treatment.
Wǒmen qù zuì jìn de yīyuàn ba .
我们去最近的医院吧。
Let's go to the closest hospital.
Qǐng jiāshǔ yìqǐ shàng chē qù yīyuàn .
请 家属一起 上 车 去 医院。
Family members, please get into the ambulance so you can go to the hospital together.

B 抢救 Emergency Treatment
Qiǎngjiù

Gǎnkuài bǎ bìngrén sòng jízhěnshì qiǎngjiù .
赶 快 把 病人 送 急诊室 抢救。
Deliver the patient to the emergency room for treatment and hurry.
Bìngrén yǐjīng hūnmí le .
病人 已经 昏迷了。
The patient was already in a coma.
Bìngrén zhèng zài qiǎngjiù .
病人 正 在 抢救。
The patient is receiving emergency treatment.
Hǎo le , bìngrén zhōngyú qiǎngjiù guòlái le .
好了， 病人 终于 抢救过来了。
Great, the patient's life was finally saved.
Bìngrén yǐjīng méiyǒu shēngmìng wēixiǎn le .
病人已经没有 生 命 危险了。
The patient is out of danger now.
Bìngrén hái méiyǒu tuōlí wēixiǎn , sòng zhòngzhèng jiānhùshì .
病人 还 没有 脱离危险， 送 重 症 监护室。
The patient's life is still in danger. Send him to the ICU.

对话 Conversation
Duìhuà

A: Hùshi , wǒ yào guà yí gè nèikēhào .
护士，我 要 挂 一个 内科号。
Nurse, I want to register with the Internal Medicine Department.

B: Bìngrén zěnme bù hǎo?
病人 怎么 不 好？
What seems to be the problem with the patient?

Yǒuxiē dīshāo, késou.
A: 有些低烧、咳嗽。
A low fever and a cough.

Nà jiù guà hūxī nèikē ba.
B: 那就挂呼吸内科吧。
In that case, go to the Department of Respiratory Medicine.

Yǒu zhuānjiāhào ma?
A: 有专家号吗?
Can I register with a specialist?

Yǒu.
B: 有。
Yes.

Hǎo, guà yí gè zhuānjiāhào.
A: 好,挂一个专家号。
OK, give me a specialist registration.

Nín guà de shì bā hào, náhǎo bìnglìběn, hūxī nèikē zài èr lóu.
B: 您挂的是8号,拿好病历本,呼吸内科在二楼。
Your registration number is 8. Take this medical record book and go to the second floor.

Cānkǎo Cíhuì
☀ 参考词汇 Vocabulary

医院	yīyuàn	hospital
大夫	dàifu	doctor
护士	hùshi	nurse
门诊	ménzhěn	clinic
急诊	jízhěn	emergency
挂号	guàhào	registration; to register
内科	nèikē	internal medicine department
外科	wàikē	surgery department
骨科	gǔkē	orthopaedics department
眼科	yǎnkē	ophthalmic department
妇产科	fùchǎnkē	gynaecology and obstetrics department
儿科	érkē	paediatrics department
牙科	yákē	dentistry department
挂号处	guàhàochù	registration
急诊室	jízhěnshì	emergency room
收款处	shōukuǎnchù	cashier
药房	yàofáng	pharmacy

病房	bìngfáng	hospital ward
病床	bìngchuáng	hospital bed
急救电话	jíjiù diànhuà	first aid call
救护车	jiùhùchē	ambulence
抢救	qiǎngjiù	emergency treatment
医疗保险	yīliáo bǎoxiǎn	medical insurance
自费	zìfèi	paid at their own expense

二、就诊 Seeing a Doctor
Jiùzhěn

 常用句型 Useful Expressions
Chángyòng Jùxíng

1. 问诊 Making Inquiries About Symptoms
Wènzhěn

Qǐngwèn, nín nǎr bù shūfu?
请问，您哪儿不舒服？
Where seems to be the problem?

Nín cóng shénme shíhou kāishǐ fāshāo de?
您从什么时候开始发烧的？
When did the fever start?

Chúle fāshāo, nín hái yǒu biéde zhèngzhuàng ma?
除了发烧，您还有别的症状吗？
Do you have any other symptoms aside from the fever?

Nín tóu yūn de shíhou ěxin ma?
您头晕的时候恶心吗？
Do you feel nausea when you feel dizzy?

Nín yǐqián déguo shénme bìng?
您以前得过什么病？
What illnesses have you had before?

Nín yǒu guòmǐnshǐ ma?
您有过敏史吗？
Do you suffer from any allergies?

2. 自述症状 Introducing One's Symptoms
Zìshù Zhèngzhuàng

Wǒ húnshēn fā lěng, sǎngzi téng.
我浑身发冷，嗓子疼。
I feel cold all over and have a sore throat.

Wǒ tóu yūn de lìhai , hái ěxin .
我 头 晕 得 厉害，还 恶心。
I feel dizzy and nauseated.

Wǒ fāshāo liǎng tiān le .
我 发烧 两 天 了。
I've had a fever for two days.

Wǒ de dǔzi téng de shízài shòu bu liǎo le .
我 的 肚子 疼 得 实在 受 不 了 了。
I have unbearable abdominal pain.

Wǒ de jiǎo wǎi le , dōu zhǒng le , bù néng zǒu lù .
我 的 脚 崴了，都 肿 了，不 能 走路。
I sprained my foot. It's all swollen and I cannot walk.

Yīzhǔ
3. 医嘱 Doctor's Instructions

Nín dé de shì liúgǎn .
您 得的是 流感。
You have got the flu.

Nín de wèi yǒu kuìyáng .
您 的 胃 有 溃疡。
You have a gastric ulcer.

Nín de fèibù gǎnrǎn le , suǒyǐ báixuèqiú nàme gāo .
您 的 肺部 感染了，所以 白血球 那么 高。
You have a lung infection, that's why your white blood cell is so high.

Kàn nín de huàyàn jiéguǒ , nín dé de shì chángwèiyán .
看 您 的 化验 结果，您 得的 是 肠 胃 炎。
From your test results it appears that you have gastroenteritis.

Gěi nín kāi yìxiē xiāoyányào ba .
给 您 开一些 消 炎 药 吧。
Let me prescribe some anti-inflammatory medicine for you.

Gěi nín kāi yìxiē zhì gǎnmào de zhōngyào ba .
给 您 开一些 治 感冒 的 中 药 吧。
Let me prescribe some Chinese medicine for your cold.

Yào zhùyì xiūxi , duō hē kāishuǐ .
要注意休息，多喝开水。
Rest up and drink more water.

Zhè jǐ tiān yào duō chī liúshí huò yìxiāohuà de shíwù .
这几天 要 多 吃流食或 易消化的食物。
In these next few days you should be on a liquid diet or eat more food that is easily digested.

Bú yào chī xīnlà shíwù .
不要 吃辛辣食物。
Do not eat spicy food.

Píngcháng shìliàng de huódòng huódòng , dàn bú yào guòdù .
平 常 适量地 活 动 活 动，但 不要 过度。
Exercise moderately, but don't overdo it.

Jiǎo Fèi, QǔYào jǐ Fú Fǎ
三、缴费，取药及服法 Making Payment, Filling Prescriptions, and Taking Medicine

Chángyòng Jùxíng
常 用 句型 Useful Expressions

Qǐngwèn, zài nǎr jiǎo fèi?
请 问，在哪儿缴费？
Excuse me, where do I go to pay?

Zài nǎr qǔ yào?
在哪儿取 药？
Where do I collect my medications?

Qǐngwèn, zhè yào zěnme chī?
请 问，这 药 怎么 吃？
Excuse me, how should I take this medicine?

Měi tiān sān cì, měi cì liǎng piàn.
每 天 三 次，每次 两 片。
Three times a day, two tablets each time.

Zhè yào fāshāo gāo yú sānshíbā dù shíchī yí piàn.
这 药 发烧 高于 3 8 度时吃一片。
Take one tablet when you have a fever above 38 degrees.

Qǐngwèn, shì fàn qián chī háishi fàn hòu chī?
请 问，是 饭 前 吃还是 饭 后 吃？
Excuse me, do I take this medicine before or after meals?

Fàn hòu bàn xiǎoshí fúyòng.
饭 后 半 小时 服用。
Take it half an hour after a meal.

Duìhuà (yī)
对话（1）Conversation 1

Qǐngwèn, nín nǎr bù shūfu?
A: 请 问，您哪儿不 舒服？
What seems to be wrong with you?

Dàifu, wǒ cóng xiàwǔ kāishǐ fāshāo、 késou.
B: 大夫，我 从 下午开始 发烧、咳嗽。
Doctor, I started to have a cough and a fever this afternoon.

Liángguo tǐwēn ma? Jǐ diǎn liáng de?
A: 量 过体温吗？几点 量 的？
Have you taken your temperature? What time did you do that?

Yí gè xiǎoshí zhīqián liáng de, sānshíbā dù liù. Gāngcái liáng de shì sānshíbā dù.
B: 一个 小时 之前 量 的，3 8 度6。刚才 量 的是 3 8 度。
An hour ago, it was 38.6 degrees. Just now it reads 38 degrees.

A:
Qǐng xiānqǐ yīfu， wǒ tīng yi tīng. Xī qì， hū qì.
请 掀起衣服，我 听一听。吸气，呼气。
Please pull up your clothes, and let me listen with my stethoscope. Inhale, exhale.

A:
Qǐng zhāngkāi zuǐ， wǒ kànkan sǎngzi. Yǒuxiē hóngzhǒng.
请 张 开 嘴，我 看看 嗓子。有些 红 肿。
Please open your mouth. Let me check your throat. It's red and swollen.

B:
Dàifu， wèntí dà ma?
大夫，问题大吗?
Doctor, is it serious?

A:
Wǒ gěi nǐ kāi liǎng zhāng dānzi， yàn yíxiàr xiě， pāi yí gè fèibù de piānzi，
我 给你开 两 张 单子，验 一下儿血，拍 一个肺部的 片子，
zài lái zhǎo wǒ.
再来 找 我。
Let me write you out two forms, one for a blood test, one for a chest X-ray.
After you have finished them come back to see me.

B:
Xièxie dàifu.
谢谢大夫。
Thank you, doctor.

☕ Duìhuà （èr）
对话（2） Conversation 2

B:
Dàifu， piānzi hé yàn xiě bàogào chūlai le， nín kànkan.
大夫，片子和验血报告 出来了，您看看。
Doctor, here are the results of the X-ray and blood test. Please have a look at them.

A:
Báixuèqiú yǒudiǎnr gāo， shì zhīqìguǎn fāyán.
白血球 有点儿高，是 支气管发炎。
Your white blood cell is high. You have bronchitis.

B:
Dàifu， yánzhòng ma?
大夫，严重吗?
Is it serious, doctor?

A:
Wèntí bú dà， wǒ gěi nín kāi yìxiē xiāoyányào hé zhǐkéyào.
问题不大，我 给您开一些消炎药和止咳药。
It's not a big problem. Let's me prescribe some anti-inflammatory medications and an antitussive for you.

B:
Rúguǒ hái fāshāo zěnme bàn?
如果还发烧怎么办?
What if I still have a fever?

A:
Wǒ zài gěi nín kāi yìxiē tuìshāoyào， rúguǒ tǐwēn gāo yú sānshíbā dù zài chī.
我 再给您开一些退烧药，如果体温高于 3 8 度再吃。
I'll also give you some fever relievers. Take them when your body temperature exceeds 38 degrees.

B:
Hǎo. Dàifu， yǒu shénme yào zhùyì de?
好。大夫，有 什么 要注意的?
OK. Anything else I should pay attention to?

A:
Jiānchí chī yào, duō hē kāishuǐ, bù xī yān, bù hē jiǔ, bù chī xīnlà shíwù.
坚持吃药，多喝开水，不吸烟，不喝酒，不吃辛辣食物。
Take your medicine, drink more water, and do not smoke, drink, or have spicy food.

B:
Xièxie nín dàifu, wǒ qù qǔ yào le.
谢谢您大夫，我去取药了。
Thank you doctor, I'll go to collect my medications.

Cānkǎo Cíhuì
☀ 参考词汇 Vocabulary

就诊	jiùzhěn	to see a doctor
候诊	hòuzhěn	to wait to see a doctor
诊断	zhěnduàn	to diagnose
症状	zhèngzhuàng	symptom
量体温	liáng tǐwēn	to take one's temperature
化验	huàyàn	to test
超声波检查	chāoshēngbō jiǎnchá	ultrasound test

Zhùyuàn, Tànshì Bìngrén
四、住院，探视病人
Being Hospitalised and Visiting a Patient

Chángyòng Jùxíng
☕ 常 用 句型 Useful Expressions

Zhùyuàn, Péihù
1. 住 院，陪护 Being Hospitalised, Tending to a Hopitalised Patient

Bìngrén shì nǎo-gěng, děi zhùyuàn.
病人是 脑 梗，得 住 院。
The patient has had a stroke and has to be hospitalised.

Bìngrén gāoshāo sì wǔ tiān bú tuì, yīnggāi zhùyuàn jiǎnchá.
病人 高 烧四五天不退，应该 住院 检查。
The patient suffered from a high fever for four or five days. We suggest that he be hospitalised and examined.

Qǐng nín qù zhùyuànchù bàn zhùyuàn shǒuxù.
请 您去 住院处 办 住院 手续。
Please go to the admissions office to check into the hospital.

Qǐng xiān jiāo zhùyuàn yājīn.
请 先 交 住院押金。
Please pay a deposit first.

Qǐngwèn, bìngfáng dōu yǒu shénme fángjiān?
请问，病房都有什么房间？
Excuse me, what kinds of rooms are available in the ward?

Yǒu dānrénjiān ma?
有单人间吗？
Do you have a private room?

Qǐngwèn, yīyuàn kěyǐ bāng wǒmen zhǎo yí wèi hùgōng ma?
请问，医院可以帮我们找一位护工吗？
Excuse me, can the hospital find me a nursing attendant?

Wǒmen xiǎng zhǎo yí wèi yǒu jīngyàn de hùgōng.
我们想找一位有经验的护工。
We would like to find an experienced nursing attendant.

Tànshì Bìngrén
2. 探视 病人 Visiting a Patient

Qǐngwèn, yīyuàn guīdìng měi tiān jǐ diǎn kěyǐ tànshì bìngrén?
请问，医院规定每天几点可以探视病人？
Excuse me, what are the visiting hours prescribed by the hospital?

Tīngshuō nǐ zhùyuàn le, wǒmen lái kànkan nǐ.
听说你住院了，我们来看看你。
We heard you were hospitalised. We are here to see you.

Zhè shì gěi nǐ de shuǐguǒ hé xiānhuā.
这是给你的水果和鲜花。
These fruits and flowers are for you.

Dàjiā dōu hěn diànjì nǐ, ràng wǒmen dài wèn nǐ hǎo.
大家都很惦记你，让我们代问你好。
We all miss you, everyone asked us to give you their best regards.

Nǐ xiànzài qíngkuàng zěnmeyàng? Hǎoxiē le ma?
你现在情况怎么样？好些了吗？
How are you doing now? Are you feeling better?

Kàn nǐ liǎnsè búcuò, huīfù de hái kěyǐ.
看你脸色不错，恢复得还可以。
You look good, you have recovered very well.

Wǒ gǎnjué yuèláiyuè hǎo, huīfù de tǐng kuài de.
我感觉越来越好，恢复得挺快的。
I'm feeling better and better. I'm on track to have a quick recovery.

Dàifu shuō guò liǎng tiān wǒ jiù kěyǐ chūyuàn le.
大夫说过两天我就可以出院了。
The doctor says I may leave hospital in a couple of days.

Zhù nǐ zǎorì kāngfù, zǎorì chūyuàn.
祝你早日康复，早日出院。
We hope you have an early recovery and an early return home.

Duìhuà
对话 Conversation

A:
Dàifu , jiǎnchá jiéguǒ zěnmeyàng?
大夫，检查结果怎么样？
Doctor, what's the result of the examination?

B:
Bìngrén shì jíxìng lánwěiyán , bìxū mǎshàng shǒushù .
病人是急性阑尾炎，必须马上手术。
The patient has acute appendicitis and needs an operation right now.

A:
Bù néng bǎoshǒu zhìliáo ma?
不能保守治疗吗？
Can't we employ a more conservative treatment?

B:
Bìngrén bái xuèqiú zhème gāo , bù shǒushù chángchuānkǒng jiù máfan le .
病人白血球这么高，不手术肠穿孔就麻烦了。
His white blood cell is so high, any delay could cause a perforation and that would be a real problem. ·

A:
Hǎo , wǒ mǎshàng qù bàn shǒuxù .
好，我马上去办手续。
OK, I'll go sign the consent forms.

Cānkǎo Cíhuì
参考词汇 Vocabulary

专科医院	zhuānkē yīyuàn	specialised hospital
会诊	huìzhěn	consultation
护工	hùgōng	nursing attendant
陪护	péihù	to attend
养病	yǎngbìng	recuperation
康复	kāngfù	to get well again
痊愈	quányù	fully recovered
探视	tànshì	to visit
好转	hǎozhuǎn	to take a favourable turn
恶化	èhuà	to deteriorate

五、中医 Traditional Chinese Medicine
Zhōngyī

ChángyòngJùxíng
常 用 句型 Useful Expressions

Zhōngyī Gàishù
1. 中 医 概述 Traditional Chinese Medicine

Zhōngyī kànbìng zhùzhòng wàng wén wèn qiè .
中医 看病 注重 望 闻 问 切。

Doctors of Chinese medicine pay attention to the four methods of diagnoses: observation, auscultation and olfaction, interrogation, and pulse reading and palpation.

Zhōngyī duì hěn duō mànxìngbìng liáoxiào hěn hǎo .
中医 对 很 多 慢性病 疗效 很 好。

Chinese medicine works effectively on some chronic diseases.

Nín kěyǐ qù zhōngyī yīyuàn kànbìng .
您可以去 中医 医院 看病。

You may go to see a doctor at a hospital of traditional Chinese medicine.

Hěn duō zhōngyàodiàn yǒu zuòtáng de zhōngyī dàifu , kànbìng zhuāyào hěnfāng-biàn .
很 多 中 药 店 有 坐堂 的 中医大夫，看病 抓药 很 方 便。

Many pharmacies of traditional Chinese medicine house their own doctors, which makes it convenient for patients to consult the doctors and get their prescriptions filled.

☞ Note: Doctors practising medicine at a Chinese pharmacy are called 坐堂大夫 zuòtáng dàifu, in-house doctors.

LǎozìhàoTóngréntángYàodiàn zhōngwài wénmíng .
老字号 同仁堂 药店 中外 闻 名。

Tong Ren Tang Chinese medicine store has a long-standing and prestigious reputation both in China and abroad.

Zhōngyī de Yìbān Liáofǎ
2. 中 医 的一般疗法
General Treatments in Traditional Chinese Medicine

Qǐng nín shēnchū gēbo , wǒ gěi nín bǎba mài .
请 您 伸出 胳膊，我 给 您把把脉。

Please give me your arm. Let me feel your pulse.

Nín gěi wǒ hàohao mài .
您 给 我 号号 脉。

Please feel my pulse for me.

Nín bǎ shétou shēn chūlái , wǒ kànkan .
您把舌头 伸 出来，我 看看。

Show me your tongue, please.

Wǒ gěi nín kāi ge fāngzi, nín kěyǐ zài zhèr zhuāyào.
我 给 您 开个方子，您可以在这儿抓 药。
I'll write you a prescription. You may have it filled out here.
Nín hái kěyǐ shìshi zhēn jiǔ liáofǎ.
您 还可以试试针灸疗法。
You can also try acupuncture.

Chángyòng Zhōngchéngyào Míng
3. 常 用 中 成 药 名 Chinese Medicines in Common Use

Gǎnmào Qīngrè Kēlì (zhìliáo gǎnmào)
感 冒 清 热 颗 粒 (治 疗 感 冒)
Coryza Antipyretic Granules (cold)
Bǎnlángēn Kǒufúyè (zhìliáo gǎnmào)
板 蓝 根 口 服 液 (治 疗 感 冒)
Banlangen Oral Liquid (cold)
Niúhuáng Jiědúpiàn (zhìliáo hóu tòng, yátòng)
牛 黄 解 毒 片 (治 疗 喉 痛 、 牙 痛)
Niuhuang Jiedu Pian or Bezoar Detoxicant Tablet (sore throat, toothache)
Fùfāng Dānshēn Dīwán (zhìliáo guānxīnbìng, xīn jiǎotòng)
复 方 丹 参 滴 丸 (治 疗 冠 心 病 、 心 绞 痛)
Composite Salviae Dropping Pill (coronary heart disease, angina pectoris)
Yúnnán Báiyào (zhǐ xiě)
云 南 白 药 (止 血)
Yunnan Baiyao (haemostatic)
Fēngyóujīng (zhǐ tòng, zhǐ yùn, zhǐ yǎng)
风 油 精 (止 痛 、 止 晕 、 止 痒)
Essential Balm (pain reliever, anti-dizziness and antipruritic)
Qīngliángyóu (zhǐ tòng, zhǐ yǎng)
清 凉 油 (止 痛 、 止 痒)
Cooling Ointment (pain reliever, antipruritic)

Duìhuà
对话 Conversation

Wǒ zǒngshì tóuténg, chīle hěn duō yào, xiàoguǒ yě bù míngxiǎn.
A: 我 总 是 头 疼，吃了很 多 药，效 果 也 不 明 显。
I have suffered from headaches for a long time and have tried many
different medicines, but none of them have been very effective.
Nà nǐ wèi shénme bú shìshi kàn zhōngyī ne?
B: 那你为 什 么 不试试看 中 医 呢？
Why don't you try traditional Chinese medicine?
Wǒ tīngshuō zhōngyī hěn shéngí, kě zhōngyào hěn nán hē.
A: 我 听 说 中 医 很 神 奇，可 中 药 很 难 喝。
I heard that Chinese medicine is magical, but difficult to swallow.
Wǒ kěyǐ péi nǐ qù kàn zhōngyī, nǐ chángshì yíxiàr.
B: 我 可以陪 你 去 看 中 医，你 尝 试一下儿。
I can accompany you to see a Chinese doctor, so you can have a try of it.

Hǎo.
A: 好。
Great.

Dàifu, tā zǒng shì tóuténg, nín gěi kànkan.
B: 大夫，他总是头疼，您给看看。
Doctor, he has chronic headaches. Please examine him.

Hǎo, qǐng bǎ shǒu fàng zài zhèr, wǒ xiān hàohao mài.
C: 好，请把手放在这儿，我先号号脉。
OK. Please put your hand here, I'll feel your pulse first.

Bǎ shétou shēn chūlái, wǒ kànkan.
C: 把舌头伸出来，我看看。
Show me your tongue.

Dàifu, wǒ shì shénme wèntí a?
B: 大夫，我是什么问题啊？
Doctor, what's wrong with me?

Nǐ de shuìmián shì bu shì yě bù hǎo? Fálì, shíyù bú zhèn?
C: 你的睡眠是不是也不好？乏力、食欲不振？
You don't sleep well either, right? And you feel fatigue and have no appetite?

Duì, duì, nín shuō de tài zhǔn le.
B: 对，对，您说得太准了。
Exactly, that's absolutely right.

Wèntí bú dà, wǒ kāi yìdiǎnr yào gěi nǐ tiáo yi tiáo.
C: 问题不大，我开一点儿药给你调一调。
It's no big issue, I'll prescribe some medicine to harmonise your body for you.

Zhēnjiǔ yǒuxiào ma?
A: 针灸有效吗？
Will acupuncture work on me?

Kěyǐ pèihé zhēnjiǔ zhìliáo.
C: 可以配合针灸治疗。
You may use acupuncture as an auxiliary treatment.

Zhēnjiǔ yào lìngwài guàhào ma?
B: 针灸要另外挂号吗？
Doctor, do I need to register again for an acupuncture treatment.

Duì. Nǐ de bìng yǒu liǎng gè liáochéng jiù chàbuduō le.
C: 对。你的病有两个疗程就差不多了。
Yes, and you'll need about two treatments.

Xièxie dàifu, wǒmen qù zhuāyào le.
A, B: 谢谢大夫，我们去抓药了。
Thank you, doctor. We'll go to have this prescription filled.

Cānkǎo Cíhuì
※ 参考词汇 Vocabulary

中医	zhōngyī	traditional Chinese medical science
中药	zhōngyào	traditional Chinese medicine
把脉	bǎmài	to feel the pulse
号脉	hàomài	to feel the pulse
药方	yàofāng	prescription
中药店	zhōngyàodiàn	Chinese pharmacy
中成药	zhōngchéngyào	prepared Chinese medicine
中草药	zhōngcǎoyào	Chinese herbal medicine
针灸	zhēnjiǔ	acupuncture
穴位	xuéwèi	acupoint

Dì-èrshíwǔ Piān　　Zhōngguó Jiérì yǔ Xísú
第二十五篇　　中国节日与习俗

Chapter 25　Chinese Festivals and Customs

Zhōngguó Chuántǒng Jiérì
一、中国传统节日 Traditional Chinese Festivals

Chángyòng Jùxíng
常用句型 Useful Expressions

Chūnjì Jiérì
1. 春季节日 Festivals in the Spring

Chūn Jié de qiánzòu cóng ' Làbā ', jí làyuè chū bā kāishǐ .
春节的前奏从"腊八"，即腊月初八开始。
Laba Festival, celebrated on the eighth day of the twelfth lunar month, is the prelude of the Spring Festival season.

Xiāngchuán Làbā Jié shì fózǔ Shìjiāmóuní dédào de rìzi .
相传腊八节是佛祖释迦牟尼得道的日子。
Legend has it that *laba* was the day when Sakyamuni achieved enlightenment.

Làbā dāngrì , fójiào sìyuàn dōu yòng xiāng yù hé gānguǒ zuòchéng zhōu lái gòng fó .
腊八当日，佛教寺院都用香谷和干果做成粥来供佛。
On the day of the *Laba* Festival, Buddhist temples will make porridge with cereals and nuts to serve the Buddha.

Mínjiān bǎixìng jiājiā-hùhù yě zǎo qǐ zhǔ zhōu .
民间百姓家家户户也早起煮粥。
People will also rise early to prepare *laba* porridge.

Làbā zhè tiān , mínjiān hái yǒu yòng mǐcù zài tánzi li pào ' làbāsuàn ' de fēngsú .
腊八这天，民间还有用米醋在坛子里泡"腊八蒜"的风俗。
On that day, there is also a custom to soak garlic in vinegar to make *laba* garlic.

Làbāsuàn zài Chúxī chī jiǎozi shícái kāishǐ shíyòng .
腊八蒜在除夕吃饺子时才开始食用。
Laba garlic is used alongside Chinese dumplings during the Spring Festival.

Zhōngguó zuì dà de chuántǒng jiérì shì Chūn Jié .
中国最大的传统节日是春节。
The most important traditional Chinese festival is the Spring Festival.

Chūn Jié shì Zhōngguó de nónglì xīnnián , shì jiātíng de jiérì .
春节是中国的农历新年，是家庭的节日。
The Spring Festival is the Chinese New Year according to the lunar calendar. It's a family day.

Chūn Jié qián yí gè xīngqī rénmen jiù kāishǐ mánglù le .
春节 前一个星期 人们就开始 忙碌了。

People will start busily preparing for the Spring Festival one week ahead of time.

Jiā jiā-hù hù dōu yào kāishǐ bàn niánhuò , xiě duìlián , tiē chuānghuā , mǎi biānpào .
家家户户都要开始办 年货，写对联，贴 窗 花 ，买 鞭 炮。

Every house will do some shopping for the New Year, write couplets, decorate windows with paper-cuts, and buy firecrackers.

Nónglì làyuè sānshí wéi Chúxī , súchēng dànián sānshí .
农历 腊月三十 为 除夕，俗 称 大年 三十。

The thirtieth on the twelfth lunar month is Chinese New Year's Eve and is commonly referred to as *danian sanshi*.

Chúxī dāngrì huò zhīqián , rénmen yào tiē duìlián , tiē ménshén , tiē ' fú ' zì .
除夕当日 或 之前，人们 要贴对联，贴 门 神，贴 "福" 字。

Before or on Chinese New Year's Eve, people will hang the couplets, the pictures of the door-gods and the character *fu* (good luck) on their doors.

Chúxī yě shì jì zǔ de rìzi .
除夕也是祭祖的日子。

Chinese New Year's Eve is also a time for honouring one's ancestors.

wǎnshang de jiāyàn rén yào qí , qǔ tuányuán zhī yì . Fàncài yào fēngshèng ,
晚 上 的家宴人 要齐，取 团 圆 之意。饭菜 要 丰 盛 ，

yùshì lái nián fēngyī-zúshí .
预示来年丰衣足食。

All the members of each family will gather for dinner on New Year's Eve which signifies the unification of the family. The dinner will be sumptuous to represent that in the New Year the family will live in abundance.

Chúxī de wǎnfàn yào yǒu yú , yìsi shì ' niánniányǒuyú '.
除夕的晚饭 要 有鱼，意思是 "年年有余"。

There must be fish on the dinner table on New Year's Eve, since the Chinese word for fish is a homophone of surplus. Therefore, the dish signifies that in the coming year people will enjoy more than sufficient resources.

Chúxī wǎnshang yào shǒusuì .
除夕晚 上 要守岁。

On the New Year's Eve, people will stay up late.

Shǒusuì yǒu lǎorén zhēnxī guāngyīn , niánqīngrén wèi fùmǔ yán shòu zhī yì .
守岁 有 老人 珍惜 光 阴 、 年 轻人 为父母延 寿 之意。

For the elderly, staying up late on New Year's Eve may mean an opportunity for them to treasure their time; for the young, it may mean a chance to wish for longevity for their parents.

Bàinián shí , zhǎngbèi yào gěi niánlíng xiǎo de xiǎobèi ' yāsuìqián '.
拜年 时，长 辈 要给年 龄 小 的小辈 "压岁钱"。

When giving New Year wishes, adults will give money to children of the younger generation as a gift.

Bàinián hòu quánjiā yìqǐ chī jiǎozi, yǒu de jiǎozi xiànr li hái fàng yì méi xiǎo
拜年后全家一起吃饺子，有的饺子馅儿里还放一枚 小

yìngbì, chīdào qián xiàngzhēngzhe hǎo yùnqi.
硬币，吃到钱象征着好运气。

After giving New Year wishes, the whole family will eat Chinese dumplings
with some dumplings having a coin in them. Those who happen to have the
dumpling with coin will have good luck in the coming year.

Chū yī yǐhòu rénmen jiù kěyǐ chuàn qīnqi kàn péngyou, hùxiāng bàinián le.
初一以后人们就可以串亲戚看朋友，互相拜年了。

After the first day of the Chinese New Year, people will pay New Year visits to
relatives and friends to give their wishes.

Xiànzài, Chūn Jié guàng miàohuì yě shì yí xiàng zhòngyào huódòng.
现在，春节逛庙会也是一项重要活动。

Nowadays, visiting temple fairs is an important activity to do during the New
Year holidays.

Miàohuì shang yǒu gèzhǒng chuántǒng xiǎochī, yóuyì huódòng, wényú biǎoyǎn.
庙会上有各种传统小吃、游艺活动、文娱表演。

There are a variety of traditional delicacies, interactive games and
performances at the temple fairs.

Nónglì zhēngyuè shíwǔ shì Zhōngguó mínjiān chuántǒng de 'Yuánxiāo Jié'.
农历正月十五是中国民间传统的"元宵节"。

Lantern Festival, another traditional Chinese festival, falls on the 15th day of
the first lunar month.

Shǎng huādēng, cāi dēngmí shì Yuánxiāo Jié de zhòngyào huódòng.
赏花灯、猜灯谜是元宵节的重要活动。

Appreciating beautiful lanterns and making out the puzzles on them are the
main activities of the Lantern Festival.

Yuánxiāo Jié de chuántǒng měishí jiù shì yuánxiāo.
元宵节的传统美食就是元宵。

The traditional festive food for the Lantern Festival is *yuanxiao*.

Qīngmíng Jié zài yánglì sì yuè sì hào huò wǔ hào.
清明节在阳历四月四号或五号。

The Pure Brightness Festival falls on April 4 or 5.

Qīngmíng sǎomù, tàqīng de xísú yóuláiyǐjiǔ.
清明扫墓、踏青的习俗由来已久。

Sweeping tombs and going on outings are longstanding traditions of the Pure
Brightness Festival.

Qīngmíng shíjié, dàdì huínuǎn, cǎozhǎng-yīngfēi, zhèng shì chūnyóu de hǎo
清明时节，大地回暖，草长莺飞，正是春游的好

shíjī.
时机。

During the Pure Brightness Festival, the earth recovers from the cold winter;
the grass grows and the birds fly, all of which makes for a perfect spring
outing.

Xiàjì Jiérì
2. 夏季节日 Festivals in the Summer

Nónglì wǔ yuè chū wǔ shì Duānwǔ Jié .
农历五月初五是端午节。

The Dragon Boat Festival on the 5th of the 5th lunar month is one of the three major festivals (together with the Spring Festival, and Mid-Autumn Day).

Duānwǔ Jié de qǐyuán ,   mínjiān liúchuán zuì guǎng ,   zuì yǒu yǐngxiǎng de shì jìniàn
端午节的起源，民间 流传最 广、最有 影响的是纪念
Qū Yuán .
屈 原。

There are many theories about the origin of the Dragon Boat Festival and the best known of these relates to the commemoration of Qu Yuan.

 Jiérì qījiān ,   rénmen yào yǐnxiónghuángjiǔ ,   mén shang guà chāngpú ,   àicǎo ,
节日期间，人们要饮雄黄酒，门 上 挂菖蒲、艾草，
yǐ bìxié-qūwēn .
以避邪驱瘟。

During this festival, people will drink realgar wine and hang calamus and mugwort on their doors to get rid of evil and illness.

Duānwǔ Jié de shíhou rénmen hái yào chī zòngzi .
端午节 的时候人们 还要吃粽子。

People will also eat *zongzi* during the Dragon Boat Festival.

Qiūjì Jiérì
3. 秋季节日 Festivals in the Autumn

Nónglì qī yuè chū qī de yèwǎn ,   súchēng ' Qīxī '.
农历七月初七的夜晚，俗 称 "七夕"。

The evening of the 7th day of the 7th lunar month is commonly referred to as *Qixi* (the night of sevens).

Xiāngchuán zhè shì tiānshang Niúláng Zhīnǚ yì nián yí dù xiānghuì de rìzi .
相 传 这是天 上 牛郎织女一年一度相会的日子。

Legend has it that it is the only day in the whole year when Niu Lang (the cowherd) and Zhi Nu (the weaver girl) can meet.

Xiànzài niánqīngrén yě bǎ zhège jiérì chēngwéi Zhōngguó de ' Qíngrén Jié '.
现在 年 轻人也把这个节日 称 为 中 国的"情人节"。

Today, young people also refer to this day as Chinese Valentine's Day.

Nónglì bā yuè shíwǔ rì shì Zhōngqiū Jié .
农历八月十五日是 中秋节。

Mid-Autumn Day falls on the 15th day of the 8th lunar calendar.

Zhōngqiū yǔ yuèliang yǒuguān ,   Zhōngqiū zhī yuè zuì yuán ,   zuì míng .
中 秋与月亮有关，中 秋之月最 圆、最 明。

Mid-Autumn Day is associated with the moon. On this day, the moon is full and bright.

Yuègōng, chán tù, guì shù, Cháng'é de měilì chuánshuō diàndìngle zhōngqiū de jīdiào.
月宫，蟾兔，桂树，嫦娥的美丽传说奠定了中秋的基调。

Mid-Autumn Day is closely associated with the Palace on the Moon, the Hare, the Cassia tree and the fascinating legend of Chang'e.

Zhōngqiū yǒu chī yuèbing de xísú, yuán yuè hé yuánxíng de yuèbing yǒu xiàngzhēngquán jiā tuányuánzhī yì.
中秋有吃月饼的习俗，圆月和圆形的月饼有象征全家团圆之意。

Eating mooncakes is a Mid-Autumn Day tradition, as they are round and signify family reunions.

Zhōngguó wénxuéshǐ shang wúshù de dà shīrén wèi Zhōngqiū xiěxiàle bùxiǔ de shīzuò.
中国文学史上无数的大诗人为中秋写下了不朽的诗作。

Many men of letters celebrated the Mid-Autumn Day in their great works.

Nónglì jiǔ yuè chū jiǔ, súchēng Chóngyáng Jié.
农历九月初九，俗称重阳节。

The festival on the 9th day of the 9th lunar month is commonly referred to as the Double Ninth Festival.

Chóngyáng Jié de xísú hěnfēngfù, yǒudēnggāo, shǎng jú, yǐn júhuājiǔ, chā zhūyúděng.
重阳节的习俗很丰富，有登高、赏菊、饮菊花酒、插茱萸等。

There are many customs connected to the Double Ninth Festival, such as climbing high mountains, drinking Chrysanthemum wine, wearing the Cornus officinalis and many others.

Dōngjì Jiérì
4. 冬季节日 Festivals in the Winter

Dōngzhì zàiyánglì shí'èr yuè, shì èrshísì jiéqi zhī yī.
冬至在阳历十二月，是二十四节气之一。

Winter Solstice falls in December and is one of the 24 solar terms.

Dōngzhì yìwèizhe báizhòu yì tiān bǐ yì tiān cháng, yáng qì shàngshēng, zhè yì tiān rénmen yào chī jiǎozi.
冬至意味着白昼一天比一天长，阳气上升，这一天人们要吃饺子。

Winter Solstice marks the gradual lengthening of days and the rise of yang. People will have Chinese dumplings on this day.

Duìhuà
对话　Conversation

Nǐ zěnme mǎile zhème duō dōngxi a?
A:　你怎么买了这么多东西啊？
You've bought so many things!

Kuài guònián le , gěi wǒ māma zhǔnbèi yìxiē niánhuò .
B: 快 过 年 了，给 我 妈妈 准备 一些 年 货。
The New Year is just round the corner. I am helping my mum to do some New Year shopping.

Sānshí qù māma jiā guònián ma?
A: 三十 去 妈妈家 过 年 吗?
Are you going to your mother's home for New Year's Eve and the New Year?

Dāngrán , wǒ měi nián dōu dài lǎogōng 、 háizi hé māma yìqǐ guònián .
B: 当 然，我 每 年 都 带 老公、孩子 和 妈妈 一起 过 年。
Nǐ ne?
你呢?
Sure, every year I go to my mother's place with my husband and our child. How about you?

Wǒ míngtiān jiù yào zuò huǒchē huí lǎojiā guònián qù le .
A: 我 明 天 就 要 坐 火车 回 老家 过 年 去 了。
I'm taking the train back to my hometown tomorrow.

Nà zhù nǐ yílùshùnfēng , quán jiā guò ge tuányuánnián .
B: 那 祝 你 一路 顺风，全 家 过 个 团 圆 年。
Then I wish you a safe journey and a great family reunion.

Cānkǎo Cíhuì
☀ 参考词汇 Vocabulary

传统	chuántǒng	tradition
风俗	fēngsú	custom
习俗	xísú	custom
珍惜	zhēngxī	precious
祭祀	jìsì	to offer sacrifices to the gods or one's ancestors
祭祖	jìzǔ	to offer sacrifices to one's ancestors, to honour one's ancestors
祈福	qí fú	to pray for blessings
过年	guònián	to celebrate the New Year
年货	niánhuò	New Year's purchases
拜年	bàinián	to give good wishes for the New Year
团圆	tuányuán	reunion
阳历	yánglì	solar calendar
阴历	yīnlì	lunar calendar
农历	nónglì	lunar calendar

正月	zhēngyuè	first month of the lunar year
腊月	làyuè	twelfth month of the lunar year

Zhōngguó Bùfen Shǎoshù Mínzú Jiérì

二、中国部分少数民族节日
Ethnic Minorities' Festivals in China

ChángyòngJùxíng
常用句型 Useful Expressions

Měnggǔzú
1. 蒙古族 Mongolian Festivals

'Nàdámù' shì Měnggǔzú rénmín de chuántǒng jiérì.
"那达慕"是蒙古族人民的传统节日。
Naadam is a traditional festival of the Mongolians.

'Nàdámù' de nèiróng yǒu shuāijiāo, sàimǎ, shèjiàn, tiàowǔ děng.
"那达慕"的内容有摔跤、赛马、射箭、跳舞等。
The celebratory activities for Naadam include wrestling, horse racing, archery and dancing.

Dǎizú
2. 傣族 Festivals of the Dai People

Dǎizú de zhòngdà jiérì yǒu 'Pōshuǐ Jié', 'Guānmén Jié' hé 'Kāimén Jié' děng.
傣族的重大节日有"泼水节"、"关门节"和"开门节"等。
Major festivals of the Dai people include the Water Festival, the Door-closing Festival, the Door-opening Festival and others.

Dǎizú Pōshuǐ Jié shì fēngcháng yǒumíng de jiérì, zài sì yuè jǔxíng.
傣族泼水节是非常有名的节日，在四月举行。
The Water Festival falls in April and is a well-known Dai Festival.

Huízú
3. 回族 Festivals of the Hui People

Huízú yǒu sān dà jiérì: 'Kāizhāi Jié', 'Gǔ'ěrbāng Jié', 'Shèngjì Jié'.
回族有三大节日："开斋节"、"古尔邦节"、"圣纪节"。
There are three major Hui festivals: Eid ul-Fitr, Eid ul-adha, and Mawlid al-Nabi.

Zhò sān dà jiérì dōu shì zōngjiào de jiérì.
这三大节日都是宗教的节日。
These three festivals are religious festivals.

' Gǔ'ěrbāng Jié ' yě chēng ' Zǎishēng Jié ', shì Mùsīlín fù Màijiā cháojìn de
"古尔邦节" 也 称 "宰牲节", 是穆斯林赴麦加 朝觐的
zuìhòu yì tiān.
最后一天。
Eid ul-adha, also called the Festival of Sacrifice, marks the last day of the
pilgrimage to Mecca of the Muslims.

Zàngzú
4. 藏族 Tibetan People

Zànglìxīnnián shì Xīzàng zuì lóngzhòng de jiérì , shì Zàngzú rénmín sòng jiù- yíngxīn
藏历新年 是 西藏最隆 重 的节日, 是藏族 人民 送旧 迎新
de rìzi .
的日子。
Losar, the Tibetan New Year, is the most important holiday in Tibet, marking
the coming of the New Year of the Tibetans.

Duìhuà
对话 **Conversation**

Tīngshuō nǐ yào qù Yúnnán lǚxíng?
A: 听 说 你 要 去 云 南 旅行?
It is said that you will travel to Yunnan?

Shì a , wǒ hé péngyou yìqǐ qù.
B: 是 啊 , 我 和 朋 友 一 起去。
Yes, I will go with my friends.

Shénme shíhou zǒu?
A: 什 么 时 候 走?
When will you leave?

Sì yuè.
B: 四 月。
We shall leave in April.

Zěnme zhège shíhou qù?
A: 怎 么 这 个 时 候 去?
Why did you pick this time to go?

Wǒmen yào qù gǎn Dǎizú de ' Pōshuǐ Jié ' a .
B: 我 们 要 去 赶 傣族 的 "泼水节" 啊。
We want to be there in time for the Water Festival of the Dai people.

Zhège jiérì kě tài yǒumíng le .
A: 这个节日可太有名了。
It's a well-known festival.

Shì a , yǐqián wǒ zhǐ zài diànyǐng li jiànguo , zhè huí děi qīnzì qù tǐyàn yì bǎ .
B: 是啊, 以前我只在 电 影里见过, 这 回得亲自去体验一把。
That's right. I've only seen it in films. This time, I shall experience it in
person.

三、现代节日 Modern Holidays in China
Xiàndài Jiérì

常用句型 Useful Expressions
Chángyòng Jùxíng

Yuándàn (yánglì xīnnián)
1. 元旦（阳历新年）New Year (according to the solar calendar)
yī yuè yī rì
一月一日 January 1

Sān-Bā Guójì Fùnǚ Jié
2. 三八国际妇女节 International Women's Day
sān yuè bā rì
三月八日 March 8

Zhíshù Jié
3. 植树节 Arbor Day
sān yuè shí'èr rì
三月十二日 March 12

Wǔ-Yī Guójì Láodòng Jié
4. 五一国际劳动节 International Workers' Day
wǔ yuè yī rì
五月一日 May 1

Wǔ-Sì Qīngnián Jié
5. 五四青年节 Youth Day
wǔ yuè sì rì
五月四日 May 4

Liù-Yī Guójì Értóng Jié
6. 六一国际儿童节 International Children's Day
liù yuè yī rì
六月一日 June 1

Qī-Yī Gòngchǎndǎng Shēngrì
7. 七一共产党生日 The founding of the Communist Party of China
qī yuè yī rì
七月一日 July 1

Bā-Yī Jiànjūn Jié
8. 八一建军节 the founding of the People's Liberation Army
bā yuè yī rì
八月一日 August 1

Jiàoshī Jié
9. 教师节 Teachers' Day
jiǔ yuè shí rì
九月十日 September 10

Shí-Yī Guóqìng Jié
10. 十一国庆节 National Day
shí yuè yī rì
十月一日 October 1

☕ Duìhuà 对话 Conversation

A: Jīnnián 'Wǔ-Yī' zěnme fàngjià, nǐ zhīdào ma?
今年"五一"怎么放假，你知道吗？
Do you know how many days off we have for International Workers' Day?

B: Bú shì cóng jīnnián kāishǐ, 'Wǔ-Yī' jiù fàng yì tiān jià ma?
不是从今年开始，"五一"就放一天假吗？
From this year onwards, we shall have only a one-day holiday for that, right?

A: Wǒ zhīdào, kěshì jīnnián 'Wǔ·Yī' shì zhōu sì, zhōu wǔ jiù děi shàngbān ma?
我知道，可是今年"五·一"是周四，周五就得上班吗？
I know, but do we need to go to work on Friday after the holiday?

C: Bú yòng, bào shang shuō, zhōu sì, zhōu wǔ, zhōu liù fàngjià, zhōu rì shàngbān.
不用，报上说，周四、周五、周六放假，周日上班。
No, the newspaper says people will be off on Thursday, Friday and Saturday and will resume work from Sunday onwards.

B: Bǎ zhōu wǔ hé zhōu rì duìdiào le.
把周五和周日对调了。
So, Friday and Sunday have been swapped.

A: Zhè hái búcuò, kěyǐ qù jiāowài wánr liǎng tiān le.
这还不错，可以去郊外玩儿两天了。
That doesn't sound bad. I can go to the outer areas to enjoy myself.

四、风俗习惯 Fēngsú Xíguàn Customs and Conventions

☕ 常用句型 Chángyòng Jùxíng Useful Expressions

1. 生日 Shēngrì Birthdays

Zhōngguórén zuòshòu duō shì bàn zhěng shòu.
中国人做寿多是办整寿。
Chinese people usually celebrate their 40th, 50th, and 60th, etc. birthdays.

Miàntiáo hé táozi zài Zhōngguó xiàngzhēng chángshòu.
面条和桃子在中国象征长寿。
Noodles and peaches are symbols of longevity in China.

Zhōngguórén wǔshí suì yǐhòu de shēngrì duō chēng 'dàshòu', rú 'wǔshí dàshòu'.
中国人五十岁以后的生日多称"大寿"，如"五十大寿"。
When people turn more than 50 years old, their birthday will be referred to with the suffix 大寿 (important birthdays), for example, 五十大寿.

2. 婚礼 Weddings

Hūnlǐ

Zhōngguórén dàduō jiǎngjiū 'nán dà dāng hūn, nǚ dà dāng jià'.
中国人大多讲究"男大当婚，女大当嫁"。

Most Chinese will agree that, "Upon coming of age, every male should take a wife and every female a husband."

Hūnlǐ dāngrì, nánnǚ shuāngfāng dōu huì zài jiā ménkǒu tiēshàng dàhóng de shuāng xǐ zì.
婚礼当日，男女双方都会在家门口贴上大红的双喜字。

On their wedding day, the families of the bride and the groom will paste up pieces of red paper with the character 囍 written on them, a character made up of two 喜 (a happy event).

Xīnfáng yě huì yòng hóngsè lái zhuāngshì.
新房也会用红色来装饰。

The bridal chamber will also be filled with red decorations.

Hūnlǐ shang xīnniáng huì chuān báisè hūnshā, dàn yídìng huì zài huàn yí tào hóngsè lǐfú.
婚礼上新娘会穿白色婚纱，但一定会再换一套红色礼服。

During the wedding, the bride will wear a white wedding dress and will later change into a red dress.

Hóngsè xiàngzhēng xīngwàng, xǐqìng hé xìngfú.
红色象征兴旺、喜庆和幸福。

Red signifies prosperity, jubilation and happiness.

Zài hūnyàn shang, xīnláng xīnniáng yào xiàng láibīn jìngjiǔ.
在婚宴上，新郎新娘要向来宾敬酒。

During the wedding feast, the bride and groom will toast their guests.

Láibīn yě huì jiè jǐ yǔ xīnláng xīnniáng kāi wánxiào, xìnòng xīnrén, zēngtiān xǐqìng qìfēn.
来宾也会借机与新郎新娘开玩笑，戏弄新人，增添喜庆气氛。

The guests will take this opportunity to joke about the newly-wed couple, which will add to the joyous atmosphere.

Xiànzài nóngcūn hái yǒu 'nào dòngfáng' de xísú.
现在农村还有"闹洞房"的习俗。

In the countryside, there remains the custom of teasing the newly-weds in the bridal chamber on their wedding night.

3. 送礼 Giving Gifts

Sònglǐ

Xiànzài rénmen cānjiā biérén de hūnlǐ, yìbān sòng lǐjīn.
现在人们参加别人的婚礼，一般送礼金。

Nowadays when attending weddings, people will give money as gifts.

Lǐjīn dàdū zhuāng zài hóngsè de zhǐ dài li , súchēng 'hóngbāo'.
礼金大都 装 在 红色的纸 袋里， 俗称 "红 包"。

The gift money will be wrapped in red paper that is commonly referred to as a red packet.

Chūn Jié bàinián shí , wúlùn zhǔrén háishi kèrén , zhǐyào yǒu xiǎo háizi , dàren
春 节 拜年 时，无论 主人 还是 客人，只要 有 小 孩子，大人
dōu yào gěi 'yāsuìqián'.
都 要 给 "压岁钱"。

When paying New Year visits, adults will give children New Year's gift money, no matter whether they are the hosts or the guests.

Lǎorén guò shēngrì , sòng shénme lǐwù bǐjiào hǎo ne?
老人 过 生 日， 送 什么礼物比较 好 呢?

What would be a proper gift to give to an elderly?

Yìbān shénme dōu kěyǐ , zhǐshì bù néng sòng zhōng .
一般什么 都可以，只是 不 能 送 钟 。

Generally all gifts are acceptable, except clocks.

'Sòng zhōng' hé 'sòngzhōng' xiéyīn , tīng qǐlái bù jílì .
"送 钟" 和 "送 终" 谐音，听起来不吉利。

In Chinese, "giving a clock" sounds like the term for attending the funeral of a senior member of one's family. It is very ominous.

Zhōngguórén shōudào lǐwù , yìbān bù dāngzhòng dǎkāi bāozhuāng , chúfēi
中 国 人 收 到 礼物， 一般不 当 众 打开 包 装，除非
sònglǐ rén yāoqiú .
送礼 人 要求。

When receiving gifts, Chinese people will generally not open the gift immediately unless the gift giver asks them to do so.

Shùzì
4. 数字 Numbers

Zhōng Guórén duì shùzì hěn jiǎngjiu .
中 国 人 对数字很讲究。

Chinese pay a lot attention to numbers.

'Jiǔ' shì shùzì zhōng zuì dà de , yìbān yǔ huángjiā , tiāndì yǒuguān .
"九" 是数字 中 最大的，一般与 皇家、天地 有关。

Nine is the largest one-digit number and is often associated with the royal family, heaven and earth.

Bǐrú Gùgōng dàmén shang de méndīng shì jiǔ jiǔ bāshíyī gè .
比如故宫 大门 上 的门钉是九九八十一个。

For instance, there are 81 door studs, the square of 9, on the front gate of the Forbidden City.

'Jiǔ' yǔ 'jiǔ' xiéyīn , yě biǎoshì tiāncháng-dìjiǔ de yìsi .
"九" 与 "久" 谐音，也表示 天长地久的意思。

Nine is a homophone of the word for long-lasting and thus signifies eternity.

Shùzì 'liù' dàibiǎo shùnlì , jílì .
数字 "六" 代 表 顺利、吉利。

Six indicates smoothness and auspiciousness.

Rúguǒ liǎng gè liù zài yìqǐ , nà gèng shì ' liù liù dà shùn ' le .
如果 两个六在一起，那 更 是 "六六大顺" 了。

The combination of 66 means that things are going smoothly.

Shùzì ' bā ' de fāyīn jìnsì ' fā ', suǒyǐ chéngwéi ' fācái ' de
数字"八"的发音近似"发"，所以成为 "发财"的
xiàngzhēng .
象 征。

The word eight sounds similar to the word which means prosper, therefore, eight indicates becoming rich.

Hěn duō shāng jiā huì tiāoxuǎn zài bā hào , shíbā hào kāizhāng , xīwàng huì fācái .
很 多 商 家 会 挑选 在八号、十八号 开张，希望 会发财。

Many shops will open their businesses on the eighth or eighteenth in the hope that their business will prosper.

Hěn duō rén de hūnlǐ yě huì tiāoxuǎn zài yǒu ' liù ', ' bā ' huò ' jiǔ ' de
很 多人的婚礼也会 挑选 在 有 "六"、"八" 或 "九"的
rìzi jǔxíng .
日子举行。

Many will also have their weddings on dates that have the numbers six, eight or nine.

Zhōngguórén bù xǐhuan shùzì ' sì ', yīnwèi yǔ ' sǐ ' xiéyīn , bù jílì .
中国人 不 喜欢数字"四"，因为与 "死"谐音，不吉利。

Chinese people don't like the number four as it is nearly homophonous to the word meaning death and is considered very unlucky.

Qǐmíngr
5. 起名儿 Naming

Cóng háizi de míngzi kěyǐ kànchū jiāzhǎng duì háizi de xīwàng hé zhùyuàn .
从 孩子的名字可以 看出 家长 对孩子的希望和祝愿。

From someone's name one can see the expectations and wishes their parents had for them.

Gěi nánháir qǐ míngzi , yòng ' huī ', ' yǒng ', ' lì ' děng biǎoshì
给男孩儿起名字，用 "辉"、"勇"、"力" 等 表示
guāngmíng , yǒnggǎn de zì .
光 明、勇敢的字。

For males, names include the words representing brightness, braveness and strength.

Gěi nǚháir qǐ míngzi , yòng ' jiā ', ' qiàn ', ' xīn ' děng biǎoshì měihǎo、
给女孩儿起名字，用 "佳"、"倩"、"馨" 等 表示美好、
fāngxiāng de zì .
芳 香 的字。

For females, names include the words representing fineness and fragrance.

Hěn duō Zhōngguórén de míngzi fǎnyìngle shídài de tèdiǎn .
很 多 中 国 人的名字反映了 时代的特点。

Many Chinese names reflect certain events that occurred at certain times.

Rú jiào ' Jiànguó ' de rén , kěndìng shì sì jiǔ nián hòu chūshēng de .
如叫 "建国"的人，肯定是 49 年 后 出 生 的。

For example, someone named Jianguo (the founding of the country) must have been born after 1949.

Yǐqián Zhōngguórén háizi duō，　qǐ míngzi yě yǒu guīlù．
以前 中 国 人 孩子 多，起 名字 也有 规律。

In the past, couples might have had many children and there would be a certain pattern in the siblings' names.

Xiōngdì jiěmèi de míngzi zhōng huì yǒu　yí gè xiāngtóng de zì．
兄弟 姐妹的 名字　中　会 有 一个 相 同 的字。

It was very common to see siblings share the same character in their names.

Rú：Lǐ Yùfāng，　Lǐ Yùfèng，　Lǐ Yùxiù sān jiěmèi，dōu yǒu yí gè "yù" zì．
如：李玉芳、李玉凤、李玉秀三 姐妹，都 有 一个 "玉"字。

For instance, in the following names—Li Yufang, Li Yufeng, Li Yuxiu, there is a shared word, Yu.

Zhōngguórén gěi háizi qǐ míngzi，　yìbān bú yòng zhǎngbèi míngzi zhōng de zì．
中 国 人 给孩子起 名字，一般 不 用 长 辈 名字 中 的字。

The Chinese seldom name their children the names of their seniors.

Zài Zhōngguó，　tóng míng tóng xìng de rén hěn duō．
在 中 国，同 名 同 姓的人 很 多。

In China, many people share the same names.

Duì wàiguórén lái shuō，　yīnwèi tóngyīnzì de yuángù，　yòng Hànyǔ pīnyīn shíbié
对外国人 来 说，因为同音字 的 缘 故，用 汉 语拼音识别
Zhōngguórén de xìngmíng hěn nán．
中 国 人 的 姓名 很 难。

For many foreigners, it's hard to distinguish Chinese names by their pinyin since there are so many homophones.

Duìhuà　对话　Conversation

Wǒmen shuōhǎo le，　jīntiān yìqǐ qù Gùgōng de．
A:　我 们 说 好了，今天 一起去 故 宫的。

We've decided to go to the Forbidden City together today.

Wǒ bú huì wàng de，　wǒmen zǒu ba．
B:　我不会 忘 的，我们 走吧。

Yes, I haven't forgotten. Let's set off now.

Zěnme jīntiān lù shang zhème duō hūn chē?
A:　怎么 今天 路 上 这么 多 婚 车?

Why there are so many wedding cars on the road today?

Duì le，　jīntiān shì liù yuè liù hào，　yòu shì xīngqīliù，　liù liù dà shùn me．
B:　对了，今天是六月六号，又 是星期六，六六大顺 么。

Oh, today is Saturday, June 6, which constitutes the double six combination of smoothness.

Shénme jiào 'liù liù dà shùn' a?
A:　什么 叫 "六六大 顺"啊?

Why is it called the double six combination of smoothness?

Zhōngguórén rènwéi shùzì 'liù' jílì，'liù' yuè duō yuè hǎo．
B:　中 国 人 认为数字 "六" 吉利，"六" 越 多 越 好。

Chinese consider six to be a lucky number and having more sixes means more good luck.

A:
Suǒyǐ jīntiān cóng rìqī shang kàn, yǒu sān gè 'liù', dāngrán shì jiéhūn
所以今天从日期上看，有三个"六"，当然是结婚
de hǎo rìzi le.
的好日子了。

There are three sixes on today's calendar, which makes it a perfect day for a wedding.

B:
Nǐ zhēn cōngmíng. Gùgōng dào le.
你真聪明。故宫到了。

You are so smart. Here is the Forbidden City.

A:
Gùgōng dàmén shang de méndīng zhēn duō.
故宫大门上的门钉真多。

There are many door studs on its gate.

B:
Nǐ shǔshu yígòng duōshao gè.
你数数一共多少个。

Count them to see how many there are altogether.

A:
Yígòng jiǔ háng, měi háng jiǔ gè, nà jiù shì bāshíyī gè le. Wèishénme shì
一共九行，每行九个，那就是８１个了。为什么是
zhè-gè shù?
这个数？

There are nine lines, each with nine studs in them. So there are 81 of them altogether. Why 81?

B:
Yīnwèi 'jiǔ' shì zuì dà de shùzì, huángdì yě shì zuì dà de.
因为"九"是最大的数字，皇帝也是最大的。

Because nine is the largest one-digit number and the emperor was the most powerful person in the country.

A:
Wǒ míngbai le, 'jiǔ' zhège shùzì suàn shì hé huángdì lián zài yìqǐ le.
我明白了，"九"这个数字算是和皇帝连在一起了。

Oh, I see. The number nine is associated with the emperor.

B:
Nǐ zhēn yǒu cái
你真有才。

You are very quick.

Cānkǎo Cíhuì
☀ 参考词汇 Vocabulary

长辈	zhǎngbèi	senior; member of an older generation
晚辈	wǎnbèi	junior; member of a younger generation
婚嫁	hūnjià	marriage
喜庆	xǐqìng	jubilation
象征	xiàngzhēng	to symbolise, to embody
谐音	xiéyīn	of similar pronunciation
讲究	jiǎngjiu	to pay attention to, to be particular about

Dì-èrshíliù Piān　　Huán jìng Bǎohù
第二十六篇　　环境保护
Chapter 26　Environmental Protection

Huán jìng Wūrǎn
一、环境污染 Environmental Pollution

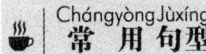

Chángyòng Jùxíng
常用句型 Useful Expressions

Kōngqì Wūrǎn
1. 空气污染 Air Pollution

Jīntiān kōngqì zhìliàng hěn chà.
今天空气质量很差。
The air quality today is bad.

Jīntiān kōngqì qīngjié dù shì qīngwēi wūrǎn.
今天空气清洁度是轻微污染。
Today's air cleanliness rating says that there is minor pollution.

Kōngqì qīngjié dù qìxiàng tiáojiàn shì sān bú lìyú kōngqì zhōng wūrǎnwù de kuòsàn.
空气清洁度气象条件是 3 不利于空气中污染物的扩散。
The meteorological condition rates three in terms of air cleanliness which is not favourable for the diffusion of pollutants in the air.

Kōngqì zhōng èryǎnghuàliú chāobiāo.
空气中二氧化硫超标。
There are excessive amounts of SO_2 in the air.

Kōngqì zhōng kěxīrù kēlìwù chāobiāo.
空气中可吸入颗粒物超标。
There are excessive amounts of exhalable particulates in the air.

Shuǐ Wūrǎn
2. 水污染 Water Pollution

Zhè tiáo hé de shuǐ tài zāng le.
这条河的水太脏了。
This river is extremely filthy.

Zhè tiáo hé de shuǐ zěnme zhème chòu a?
这条河的水怎么这么臭啊?
Why does this river smell so bad?

Yídìng yǒu gōngchǎng wǎng hé li páiwū le .
一定有工厂往河里排污了。
There must be factories that are discharging effluent into the river.

Zhèyàng de shuǐ hēle huì shēngbìng de .
这样的水喝了会生病的。
One may become sick drinking this kind of water.

Zàoyīn Wūrǎn
3. 噪音污染 Noise Pollution

Zhè jiā shāngdiàn de yīnxiǎng shēngyīn tài dà le .
这家商店的音响声音太大了。
The sound volume of this shop is too high.

Jiǔbā yèjiān de yīnxiǎng shēngyīn tài chǎo le , zhōuwéi de jūmín zěnme xiūxi a ?
酒吧夜间的音响声音太吵了，周围的居民怎么休息啊?
The level of noise coming from bars at night is so loud. How can the people living nearby them get any rest?

Zhège gōngdì wèile gǎn gōngqī yèjiān hái shīgōng , ràng bu ràng rén shuìjiào a ?
这个工地为了赶工期夜间还施工，让不让人睡觉啊?
This construction site is running 24 hours to beat their deadline. Are we to be allowed to sleep or not?

Gébì zài zhuāngxiū , zàoyīn tài cì'ěr le .
隔壁在装修，噪音太刺耳了。
My upstairs neighbour is renovating his apartment which is generating ear-piercing noises.

Wǒ de fángzi zài lù biān , yèli qìchē de zàoyīn chǎosǐ le .
我的房子在路边，夜里汽车的噪音吵死了。
My home is next to a main road, and it is really noisy at night with all the car traffic.

Línjū jiā zài kāi pàiduì , yòu chàng yòu tiào de , chǎo de sìlín bù'ān .
邻居家在开派对，又唱又跳的，吵得四邻不安。
My neighbour is having a party at home, singing and dancing to loud music and creating quite a disturbance in the neighbourhood.

Huánjìng Wūrǎn
4. 环境污染 Environmental Pollution

Nǐ zěnme méi bǎ lājī fēnlèi jiù rēngdiào le ?
你怎么没把垃圾分类就扔掉了?
How can you dispose of garbage without classifying it?

Nǐ kàn , shù shang guàzhe yí gè lājīdài .
你看，树上挂着一个垃圾袋。
Look, there is a plastic garbage bag hanging in the tree.

Zhè jiā rén yěcān wán le , diūle mǎn dì de sùliào cān hé hé sùliàodài , zhēn bù
这家人野餐完了，丢了满地的塑料餐盒和塑料袋，真不
wénmíng .
文明。
This family littered lunch boxes and plastic bags everywhere after their picnic.

That's very irresponsible and ill-mannered of them.

Bú yòng diànnǎo le , zěnme yě bù guānjī ne?
不 用 电 脑 了, 怎么 也 不 关机 呢?
Since you've finished using the computer, why don't you shut it down?

Nǐ yí gè rén zài wūzi li , gànmá kāi zhème duō dēng?
你 一个人 在 屋子里, 干吗 开 这么 多 灯?
Only you are at home. Why do you have so many lights on?

Zhège rén zěnme suíyì luàn diū fèi diànchí ne , duì huánjìng wūrǎn de duō lìhai ya .
这个 人 怎么 随意 乱 丢 废 电池 呢, 对 环境 污染 得 多 厉害 呀。
Don't discard used batteries randomly. They can cause severe pollution to the environment.

Shípǐn Ānquán
5. 食品 安全 Food Safety

Tīngshuō yǒude shípǐn hányǒu sūdānhóng , mǎi dōngxi shí yào zhùyì .
听 说 有的 食品 含有 苏丹红, 买 东西 时 要 注意。
I heard some food products were tested and found to contain Sudan Red. Be careful when you do your food shopping.

Zhè bāo shípǐn yǐjīng guò bǎozhìqī le , zěnme hái zài mài a ?
这 包 食品 已经 过 保质期 了, 怎么 还 在 卖 啊?
This package of food has expired. Why is it still on sale?

Zhè dài shípǐn de yánsè tài xiānyàn le , kěndìng sèsù tài duō , bié mǎi .
这 袋 食品 的 颜色 太 鲜 艳 了, 肯定 色素 太 多, 别 买。
This food is brightly coloured. It must contain a lot of additives, don't buy it.

Gāng mǎilái de shūcài shang kěnéng yǒu nóngyào , xiān zài shuǐ li pàopao .
刚 买来 的 蔬菜 上 可能 有 农药, 先 在 水里 泡泡。
Soak the vegetables in water after you buy them. There might be pesticides on them.

Duìhuà
对话 Conversation

Shí'èr diǎn le , gāi chī wǔfàn le .
A: 1 2 点 了, 该 吃 午饭 了。
It's 12 o'clock, time for lunch.

Zǒu, yìqǐ qù chī ba .
B: 走, 一起 去 吃 吧。
Come on, let's go and eat together.

Děng wǒ bǎ diànnǎo guānhǎo .
C: 等 我 把 电脑 关 好。
Wait until I shut down the computer.

Yí gè xiǎoshí jiù huílai le , hái guān tā gànmá?
B: 一个 小时 就 回来 了, 还 关 它 干吗?
Why bother? We'll be back in an hour.

Jiéyuē néngyuán , jiǎnshǎo fúshè ma .
C: 节约 能 源, 减少 辐射 嘛。
To save energy and reduce radiation.

Nǐ shuō de yǒu dàolǐ, wǒmen yě guāndiào ba.

A, B: 你 说 得 有 道理, 我 们 也 关 掉 吧。

You have a point there. Let's also shut down our computers.

Bàngōngshì méi rén le, bǎ dēng guānhǎo.

C: 办 公 室 没 人 了, 把 灯 关 好。

Nobody is in the office now. Turn the lights off as well.

Cānkǎo Cíhuì

❉ 参考词汇 Vocabulary

环境	huánjìng	environment
空气质量	kōngqì zhìliàng	air quality
噪音	zàoyīn	noise
污染	wūrǎn	pollution
污染源	wūrǎnyuán	source of pollution
生态环境	shēngtài huánjìng	eco-environment
生态平衡	shēngtài pínghéng	eco-balance
恶化	èhuà	to deteriorate
破坏	pòhuài	damage; to damage
臭氧层	chòuyǎngcéng	ozone layer
植被	zhíbèi	vegetation
有害气体	yǒuhài qìtǐ	hazardous gas
辐射	fúshè	radiation
排放	páifàng	emission, discharge
废水	fèishuǐ	waste water
废气	fèiqì	exhaust gas
化肥	huàféi	chemical fertiliser
农药	nóngyào	pesticide

Bǎohù Huánjìng

二、保护 环境 Protecting the Environment

Jiéyuē Néngyuán

1. 节约 能 源 Saving Energy

Wǒmen bǎ dēngpào huànchéng jiénéngdēng ba, kěyǐ shěng hěn duō diàn.

我们 把 灯 泡 换 成 节能 灯 吧,可以 省 很 多 电。

Let's replace our regular light bulbs with energy-saving ones that will save a lot of electricity.

Zhèngfǔ yāoqiú gōnggòng jiànzhùwù zhōng de xiàjì kōngtiáo wēndù bùdé dīyú
政府要求公共建筑物中的夏季空调温度不得低于
èrshíliù dù.
2 6 度。

The government ordered that air conditioning temperatures in public buildings shall not be below 26 degrees in summer.

Yǒude shāngchǎng hé xiězìlóu xiàtiān kōngtiáo wēndù tài dī le, jì bù huánbǎo,
有的商场和写字楼夏天空调温度太低了，既不环保，
yě bùshūshì.
也不舒适。

Some shopping centres and office buildings set their AC temperatures too low in the summer. It's neither environmentally friendly nor comfortable.

Bǎ diànshìjī deyīnliàng tiáodī yìdiǎnr, shěng diàn.
把电视机的音量调低一点儿，省电。

Turn your TV volume down a little, it saves electricity.

Chūmén qián kànkan suǒyǒude diànyuán shì bu shì dōu guānhǎo le, bié làngfèi diàn.
出门前看看所有的电源是不是都关好了,别浪费电。

Check to see if all power switches are turned off before you leave. Don't waste electricity.

Àoyùnhuì qījiān Běijīng shíxíng dān shuāng hào xiàn xíng, jì jiǎnshǎo kōngqì
奥运会期间北京实行单双号限行，既减少空气
wūrǎn, yòushěng qìyóu.
污染，又省汽油。

Odd-even licence plate number traffic controls were introduced into Beijing during the Olympics. These measures reduce the amount of pollution in the air and save petrol at the same time.

Dàjiā dōu shǎo kāi yì tiān chē, jiùhuì jiǎnshǎo wūrǎn, hái jiéyuē néngyuán.
大家都少开一天车，就会减少污染，还节约能源。

If everyone used their cars one day less a week, it would reduce overall pollution levels and save energy.

Jiéyuē Yòng Shuǐ
2. 节约 用 水 Saving Water

Xǐ cài deshuǐ dǎo zài dàtǒng li, liúzhe chōng mǎtǒng.
洗菜的水倒在大桶里，留着冲马桶。

Pour the water you used to wash vegetables into that big bucket and save it to flush toilet.

Wǒmen huàn yí gè jié shuǐ mǎtǒng ba?
我们换一个节水马桶吧?

Shall we change our toilet to one with water-saving flushing system?

Wǒmen yòng de shì wú lín xǐyīfěn, jì jiǎnshǎo wūrǎn, yòu shěng shuǐ.
我们用的是无磷洗衣粉，既减少污染，又省水。

We use phosphate-free washing powder. It reduces pollution and saves water consumption.

Bǎ píng li de kuàngquánshuǐ hē gānjìng, bié hē yíbàn jiù rēngdiào.
把瓶里的矿泉水喝干净，别喝一半就扔掉。

Finish all the mineral water in the bottle, don't discard it when it's still half-full.

Jiéyuē Yòng Zhǐ
3. 节约 用 纸 Saving Paper

Zhèxiē yòngguo yí miàn de dǎyìnzhǐ bié diūdiào, wǒ kěyǐ zuòchéng bèiwànglù běn.
这些 用过 一面 的 打印纸 别 丢掉，我可以 做 成 备忘录 本。

Don't discard pieces of printed paper that have only been used on one side. I can use them to make a memo pad.

Zhège wénjiàn kěyǐ shuāng miàn dǎyìn.
这个 文件 可以 双 面 打印。

This document can be printed on both sides.

Zhèxiē jiù bàozhǐ kěyǐ mài fèipǐn, fèiwù zài lìyòng.
这些 旧报纸 可以 卖 废品，废物 再利用。

These old newspapers can be sold to salvagers and be recycled.

Bǎ zhèxiē fèizhǐ fàng zài kě huíshōu lājītǒng li.
把这些 废纸 放 在可回收 垃圾桶里。

Throw these pieces of waste paper into the recyclables bin.

Liàn shūfǎ kěyǐ xiān yòng jiù bàozhǐ ma, liàn hǎole zài yòng hǎo zhǐ.
练书法可以先 用 旧报纸 嘛，练好了再 用 好纸。

Old newspapers are good to use to practise calligraphy; you can switch to using good paper when you are more skilled.

Shǎo Yòng Yícìxìng Yòngpǐn
4. 少 用 一次性 用 品 Using Less Disposable Items

Qù chāoshì zhǔnbèi hǎo dàizi le ma? Chāoshì bú zài gěi sùliàodài le.
去 超市 准备 好 袋子了吗？超市 不再 给 塑料袋了。

Have you gotten your own shopping bags ready to go to the supermarket? They don't provide plastic bags anymore.

Wǒ zìjǐ zuòle jǐ ge gòuwùdài, mǎi dōngxi fāngbiàn.
我自己 做了几个购物袋，买 东西 方便。

I have gotten together a few shopping bags for myself. They are very convenient for shopping.

Wǒ děi duō mǎi jǐ ge bōli bēizi, kèrén láile bù néng zài yòng zhǐbēi le.
我 得 多 买几个玻璃杯子，客人来了不 能 再 用 纸杯了。

I've got to buy more glasses to give to visitors to use so I can stop using disposable paper cups.

Wǒ gěi háizi mǎile jǐ zhī zìdòng qiānbǐ, jǐ kuài shǒujuànr, huánbǎo ma.
我 给孩子买了几支 自动 铅笔，几块 手绢儿，环 保 嘛。

I bought some propelling pencils and handkerchiefs for my child. They are more environmentally friendly, aren't they?

Fúwùyuán, qǐng bǎ shèngxia de cài fàng zài wǒ zìjǐ dài de fànhé li.
服务员，请把剩下的菜 放 在我自己带的饭盒里。

Waiter, please put the leftovers into the container I brought with me.

 Duìhuà
对话 Conversation

A:
Fúwùyuán, wǒmen búyòng yícìxìng kuàizi, qǐng gěi wǒmen huàn pǔtōng
服务员，我们 不用 一次性筷子，请 给 我们 换 普通
kuàizi.
筷子。
Waiter, we don't use disposable chopsticks. Please give us regular ones.

B:
Nǐ hái zhēn zhùyì huánbǎo a.
你还 真 注意环 保啊。
You really care about protecting the environment.

A:
Dàjiā dōu děi zhùyì a.
大家都 得注意啊。
Every one should care.

B:
Jīntiān diǎn de cài tài duō le, zěnme bàn?
今天 点 的菜太多了，怎么办?
We've ordered too much today. What shall we do?

A:
Dǎbāo dài huíqù.
打 包 带 回去。
Get a doggie bag.

B:
Fúwùyuán, qǐng dǎbāo.
服务员，请 打包。
Waiter, a doggie bag, please.

A:
Bú yòng, wǒ zìjǐ dàile fànhé.
不 用，我自己带了饭盒。
Don't bother. I brought my own take-home container with me.

B:
Nà wǒmen yào ge sùliàodài ba?
那 我们 要个塑料袋 吧?
Shall we ask for a plastic bag then?

A:
Nǐ kàn, wǒ yǒu bù dàizi.
你 看，我有布袋子。
No, look, I brought my own bag.

B:
Nǐ kě zhēnshì ge huánbǎo shíjiànzhě, xiàng nǐ xuéxí.
你可真是个环 保 实践者，向 你学习。
You are a real environmentalist. I should learn from you.

Cānkǎo Cíhuì
☀ 参考词汇 Vocabulary

节能减排	jiénéng jiǎnpái	energy saving and emission reducing
资源	zīyuán	resource
监测	jiāncè	to monitor
治理	zhìlǐ	to treat
低能耗	dī nénghào	low energy consumption
高效益	gāo xiàoyì	high efficiency
垃圾分类	lājī fēnlèi	garbage sorting
节约	jiéyuē	to save
消耗	xiāohào	consumption

Shùzì
数字 Numerals

líng	yī	èr	sān	sì	wǔ	liù	qī	bā	jiǔ	shí
0	1	2	3	4	5	6	7	8	9	10
〇	一	二	三	四	五	六	七	八	九	十

shíyī	shí'èr	shísān	èrshí	sānshí	sìshí	yìbǎi
1 1 ……	1 2 ……	1 3 ……	2 0 ……	3 0 ……	4 0 ……	100
十一	十二	十三	二十	三十	四十	一百

yìbǎi líng yī	yìbǎi yīshí	liùbǎi bāshí	jiǔbǎi jiǔshíjiǔ	yìqiān
1 0 1 ……	1 1 0 ……	6 8 0 ……	9 9 9 ……	1,000
一百零一	一百一十	六百八十	九百九十九	一千

yìqiān líng yī	yìqiān líng yīshí	sānqiān èrbǎi líng jiǔ	yíwàn
1 , 0 0 1 ……	1 , 0 1 0 ……	3 , 2 0 9 ……	10,000
一千零一	一千零一十	三千二百零九	一万

yíwàn líng yī	èrwàn líng sìbǎi líng liù	shí wàn
10,001 ……	2 0 , 4 0 6 ……	100,000
一万零一	二万零四百零六	十万

shíbā wàn wǔqiān sānbǎi èrshíyī	bāshíjiǔ wàn líng liùshí	yìbǎi wàn
1 8 5 , 3 2 1 ……	8 9 0 , 0 6 0 ……	1,000,000
十八万五千三百二十一	八十九万零六十	一百万

yìqiān wàn	yíyì	shí yì
10,000,000	……100,000,000	……1,000,000,000
一千万	一亿	十亿

附录（二）Appendix 2

Shíjiān
时间 Expressions of Time

天	tiān	年	nián
前天	qiántiān	前年	qiánnián
昨天	zuótiān	去年	qùnián
今天	jīntiān	今年	jīnnián
明天	míngtiān	明年	míngnián
后天	hòutiān	后年	hòunián
一天	yì tiān	一年	yì nián
两天	liǎng tiān	两年	liǎng nián
星期	xīngqī	月	yuè
星期一	xīngqīyī	一月	yī yuè
星期二	xīngqī'èr	二月	èr yuè
星期三	xīngqīsān	三月	sān yuè
星期四	xīngqīsì	四月	sì yuè
星期五	xīngqīwǔ	五月	wǔ yuè
星期六	xīngqīliù	六月	liù yuè
星期日（天）	xīngqīrì (tiān)	七月	qī yuè
		八月	bā yuè
		九月	jiǔ yuè
这个星期	zhège xīngqī	十月	shí yuè
上个星期	shàng ge xīngqī	十一月	shíyī yuè
下个星期	xià ge xīngqī	十二月	shí'èr yuè
一个星期	yí gè xīngqī	这个月	zhège yuè
一个礼拜	yí gè lǐbài	上个月	shàng ge yuè
一周	yì zhōu	下个月	xià ge yuè
		一个月	yí gè yuè

早上	zǎoshang	小时，钟头	xiǎoshí, zhōngtóu
上午	shàngwǔ	半	bàn
中午	zhōngwǔ	刻	kè
下午	xiàwǔ	点，点钟	diǎn, diǎnzhōng
晚上	wǎnshang	分，分钟	fēn, fēnzhōng
夜里	yèli		
8:00	bā diǎn	三个小时	sān gè xiǎoshí
8:05	bā diǎn líng wǔ fēn	两个半小时	liǎng ge bàn xiǎoshí
9:15	jiǔ diǎn shíwǔ fēn	五分钟	wǔ fēnzhōng
10:30	shī diǎn bàn		
14:00	shísì diǎn / xiàwǔ liǎng diǎn		
20:00	èrshí diǎn / wǎnshang bā diǎn		
2:00	língchén liǎng diǎn		
11:55	shíyī diǎn wǔshíwǔ		

附录（三）Appendix 3

序数词 Ordinal Numbers

第一	dì-yī	
第二	dì-èr	
第一个	dì-yī gè	
第一次	dì-yī cì	
第一名	dì-yī míng	

Fēnshù

分数 Fractions

二分之一	èr fēn zhī yī	1/2
三分之二	sān fēn zhī èr	2/3
四分之三	sì fēn zhī sān	3/4
五分之四	wǔ fēn zhī sì	4/5

Bǎifēnshù

百分数 Percentages

百分之二十五	bǎi fēn zhī èrshíwǔ	25%
百分之九十	bǎi fēn zhī jiǔshí	90%
百分之百	bǎi fēn zhī bǎi	100%

附录（四）Appendix 4

Chángyòng Liàngcí
常用量词 Common Measure Words

量词 Measwre Words		适用范围 Usage	应用举例 Examples
个	gè	用于没有专用量词的名词。	sān gè rén（三个人） yí gè píngguǒ（一个苹果） wǔ gè xīngqī（五个星期）
本	běn	用于书籍簿册。	yì běn xiǎoshuō（一本小说） liǎng běn cídiǎn（两本词典） jǐ běn zázhì（几本杂志）
张	zhāng	用于纸、嘴、桌子、床等。	yì zhāng zhǐ（一张纸） liǎng zhāng chuáng（两张床） sān zhāng piào（三张票） yì zhāng zhuōzi—张桌子
件	jiàn	用于上身的衣服、行李、事件等。	yí jiàn chènyī（一件衬衣） liǎng jiàn xíngli（两件行李）
条	tiáo	用于细长的及长条状的东西，如路、河、烟等。	liǎng tiáo kùzi（两条裤子） yì tiáo lǐngdài（一条领带） yì tiáo lù（一条路） sì tiáo yú（四条鱼）
双	shuāng	用于成对的东西。	yì shuāng xié（一双鞋） sān shuāng wàzi（三双袜子）
辆	liàng	用于车。	yí liàng zìxíngchē（一辆自行车） wǔ liàng qìchē（五辆汽车）
间	jiān	房屋的最小单位。	liǎng jiān wòshì（两间卧室）
份	fèn	用于搭配成组的东西，如报纸等。	yí fèn bàozhǐ（一份报纸）
块	kuài	用于块状或某些片状的东西。如手表、桌布等。	yí kuài miànbāo（一块面包） liǎng kuài táng（两块糖）
位	wèi	用于人，含敬意。	liǎng wèi kèrén（两位客人）
棵	kē	多用于植物。	wǔ kē shù（五棵树）
只	zhī	用于动物、船及某些成对东西的一个。	yì zhī niǎo（一只鸟）

支	zhī	用于笔、花、歌曲及队伍等。	yì zhī máobǐ（一支毛笔） liǎng zhī gēr（两支歌儿）
把	bǎ	用于有把手的器具。	yì bǎ dāo（一把刀） liǎng bǎ shànzi（两把扇子）

◆ 图书推荐 ◆
Highlights

"脱口说汉语"系列（共10册）
Talk Chinese Series (10 volumes)
汉英 Chinese-English edition
185×258mm

出行口语
Travel Talk
ISBN 9787802003781
180pp, ￥36.00

交际口语
Communicative Talk
ISBN 9787802002265
256pp, ￥35.00

校园口语
Campus Talk
ISBN 9787802002234
323pp, ￥38.00

运动口语
Sports Talk
ISBN 9787802002326
342pp, ￥39.80

购物口语
Shopping Talk
ISBN 9787802003774
195pp, ￥36.00

IT 口语
IT Talk
ISBN 9787802002258
213pp, ￥32.00

生活口语
Daily Life Talk
ISBN 9787802003811
171pp, ￥36.00

应急口语
Emergency Talk
ISBN 9787802002241
213pp, ￥32.00

休闲口语
Leisure Talk
ISBN 9787802003798
201pp, ￥36.00

职场口语
Office Talk
ISBN 9787802003804
155pp, ￥29.90

漫画汉语101句系列（共六本）
Chinese 101 in Cartoons Series (6 Volumes)
汉英 Chinese-English edition

漫画汉语 101 句（购物篇）
Chinese 101 in Cartoons
(For Shopping)
汉英 Chinese-English edition
ISBN 9787802093870，¥49.00
145×210mm

漫画汉语 101 句（学生篇）
Chinese 101 in Cartoons
(For Students)
汉英 Chinese-English edition
ISBN 9787802006287，¥45.00
145×210 mm，119pp

漫画汉语 101 句（应急篇）即将出版
Chinese 101 in Cartoons
(For Emergencies)
汉英 Chinese-English edition

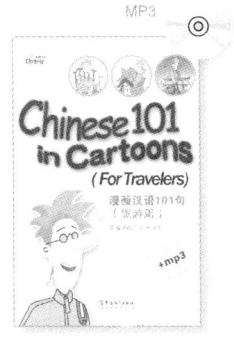

漫画汉语 101 句（旅游篇）
Chinese101 in Cartoons
(For Travelers)
汉英 Chinese-English edition
ISBN 9787802004566，¥46.00
145×210mm，128pp

漫画汉语 101 句（美食篇）
Chinese 101 in Cartoons
(For Eating Out)
汉英 Chinese-English edition
ISBN 9787802005976，¥46.00
145×210 mm，123pp

漫画汉语 101 句（CEO 篇）
Chinese 101 in Cartoons
(For CEOs)
汉英 Chinese-English editon
ISBN 9787802004085，¥45.00
145×210mm，132pp

For more information, visit us at www.sinolingua.com.cn
E-mail: hyjx@sinolingua.com.cn **Tel:** 0086-10-68320585, 68997826

责任编辑：韩　颖
英文编辑：张　乐
封面设计：胡　湖
印刷监制：佟汉冬

图书在版编目（CIP）数据

汉语口语大全 / 李金如编著 —— 北京：华语教学出版社，2012
ISBN 978-7-5138-0157-7

Ⅰ.①汉… Ⅱ.①李… Ⅲ.①汉语－口语－对外汉语教学－教材
Ⅳ.①H195.4

中国版本图书馆 CIP 数据核字(2011)第211626号

汉语口语大全

李金如 编著
*

©华语教学出版社
华语教学出版社出版
（中国北京百万庄大街24号 邮政编码100037）
电话: (86)10-68320585, 68997826
传真: (86)10-68997826, 68326333
网址: www.sinolingua.com.cn
电子信箱: hyjx@sinolingua.com.cn
北京市松源印刷有限公司印刷
2012年（大32开）第1版
（汉英）
ISBN 978-7-5138-0157-7
定价：48.00元